# Gesetz und Schuld im Strafrecht.

## Fragen des geltenden deutschen Strafrechts und seiner Reform.

Von

Dr. L. v. Bar,

ord. Professor der Rechte an der Universität Göttingen.

Band I: Das Strafgesetz.

Berlin 1906.

J. Guttentag, Verlagsbuchhandlung,

G. m. b. H.

# Das

# Strafgesetz.

Von

L. v. Bar.

Berlin 1906.
J. Guttentag, Verlagsbuchhandlung,
G. m. b. H.

# Vorwort.

Im Jahre 1882 übergab ich den ersten Band eines Hand buchs des deutschen Strafrechts der Öffentlichkeit. Als „Geschichte des deutschen Strafrechts und der Strafrechtstheorien“ war er zugleich eine selbständige, in sich abgeschlossene Arbeit. Die Fortsetzung der umfassenderen Arbeit unterblieb lange Jahre, obschon ich sie nicht außer acht ließ.

Als ich dann die Ausarbeitung der Fortsetzung begonnen hatte, war in den Zeitumständen eine wesentliche Veränderung eingetreten.

Der immer stärker ertönende Ruf nach radikaler Reform des Strafrechts und das unter der Ägide des Reichsjustizamts behufs Vorbereitung dieser Reform unternommene große Sammelwerk, an welchem fast sämtliche deutsche Theoretiker des Strafrechts als Mitarbeiter beteiligt sind, bedingten eine Änderung der von mir geplanten Arbeit.

Es war, ebenso wie in jenem Sammelwerke geschieht, unter Vergleichung des Rechts und der Rechtswissenschaft anderer Kulturstaaten auch die Reform unseres Strafrechts zu berücksichtigen, andererseits aber die Aufgabe, was die Anzahl der zu behandelnden Materien betrifft, zu beschränken. Materien, welche ganz wesentlich durch eine in sehr verschiedener Weise denkbare Reform des Strafrechts beeinflußt werden können, mußten ebenso unberücksichtigt bleiben wie solche Materien, bei denen die Arbeit eines einzelnen den Leistungen der geteilten Arbeit vieler auch nur entfernt gleichzukommen keine Aussicht hat. Das erstere trifft zu für die Lehre von den Strafen, das letztere für den besonderen Teil des Strafrechts.

Es blieb also nur eine freilich erhebliche Anzahl Materien des allgemeinen Teils. Ich glaube sie unter dem Titel „Gesetz und Schuld im Strafrecht“ zusammenfassen zu dürfen, um so mehr, da ihre Ergebnisse einheitlich getragen werden durch die Auffassung des Strafrechts, welche ich in der Geschichte des Strafrechts und der Strafrechtstheorien wie schon 1869 in der kleinen Schrift „Die Grundlagen des Strafrechts“ und später 1896 in der Festrede „Probleme des Strafrechts“, zuletzt 1903 in dem Vortrage „Die Reform des Strafrechts“ vertreten habe. Diese Auffassung scheint mir elastisch genug, dem Vergangenen und Gewordenen wie der in Aussicht stehenden Entwicklung eine gerechte Würdigung zuteil werden zu lassen.

Obgleich gewohnt, der sogenannten klassischen Schule der Kriminalisten zugerechnet zu werden, und keineswegs die Ansicht teilend, daß unsere Strafjustiz in einem Zustande völligen Bankerotts sich befinde, verkenne ich doch nicht, daß bedeutende Mängel zu beseitigen sind, und ebensowenig, daß die neue, besonders in der Internationalen kriminalistischen Vereinigung herrschende, Richtung mit der Hervorhebung solcher Mängel sich wesentliche Verdienste erworben hat, obwohl manche dieser neuen Ansichten mir überhaupt oder doch in ihrer Übertreibung irrig erscheinen. Ich gelange sogar zu einigen Konsequenzen, welche der Richtung der neuen Schule entsprechen, aber bis jetzt von ihren Vertretern nicht gezogen sind. Aus dem unleugbaren und aller Reformversuche ungeachtet schwer zu vermeidenden Übelstande, daß die öffentliche Strafe sehr oft den Bestraften zu einem für die Gesellschaft schädlichen und unbrauchbaren Menschen verbildet, ziehe ich insbesondere, abweichend von einer neuerdings oft beobachteten Methode, die Konsequenz, das Strafgesetz möglichst so zu behandeln, daß nur da gestraft werde, wo die allgemeinen Interessen es dringend verlangen, wie dies der jetzt zuweilen mißachtete und tatsächlich oft nicht beachtete alte Satz „*In dubio benignius*“ schon ausdrückt. Dies entspricht auch der Auslegung des Rechtes nach den realen Bedürfnissen des Lebens, einer Auslegung, welche meines Erachtens den Vorzug verdient vor der Anwendung immerhin scharfsinniger, aber dem allgemeinen Rechtsbewußtsein oft widersprechender und zugleich nicht unfehlbarer Begriffs-Dialektik. Denn auf diese letztere und überhaupt auf die praktische Anwendung des Gesetzes, nicht so sehr auf das gegenwärtig geltende Gesetz selbst, sind zu einem Teile zurückzuführen die Vorwürfe, mit denen wir zur Zeit die deutsche Strafjustiz belastet finden.

Es kommt dabei in Betracht einerseits, daß in Studium[1]) und Praxis das Strafrecht bei uns weit weniger geachtet wird, als das bürgerliche Recht, andererseits aber der Zustand unserer strafrechtlichen Literatur. Vielbeschäftigten Praktikern ist diese unübersehbar geworden. Sie müssen sich meist an die kurzen, oft, wie es nicht anders sein kann, apodiktisch gehaltenen Sätze eines angesehenen Lehrbuches oder Kommentars oder an die Entscheidungsgründe eines reichsgerichtlichen Urteils halten, die gleichwohl zuweilen den vorliegenden Fall nur scheinbar erschöpfend treffen. Es dürfte daher ein Werk nicht überflüssig sein, welches für die wichtigsten Lehren[2]) des allgemeinen Teils des Strafrechts nach dem gegenwärtigen Stande der Wissenschaft nicht nur die Ergebnisse der verschiedenen Ansichten formuliert, sondern auch ihre Begründung der Kritik des Lesers zugänglich macht.

Ich versuche, in der unternommenen Arbeit ein solches Buch herzustellen, welches zugleich die geschichtliche Entwicklung berücksichtigt.

Dabei schien mir die beste Art der Beweisführung diejenige, welche, neue Begriffe sparsam verwendend und dem Leser möglichst wenig Mühe verursachend, soweit tunlich schließlich den Eindruck des Selbstverständlichen macht. Ich werde dies Ziel nur in bescheidenem Maße erreicht haben. Aber ich war bestrebt, aus den verschiedenen Meinungen einen brauchbaren Kern herauszuschälen; denn es kann der einzelne dem Gesamtergebnisse vorangegangener Arbeiten doch nur ein Geringes hinzufügen, und der Möglichkeit des Irrtums muß sich besonders bewußt bleiben wer für die einzelnen Materien in genaueren Umrissen die Fragen zu beantworten sucht: Was war? Was ist? Was soll in Zukunft sein?

---

[1]) Nebenher mag bemerkt werden, daß die dem Universitätsstudium der Juristen zugemessene Zeit in Anbetracht der Zahl der gegenwärtig zu bewältigenden Materien ungenügend ist.

[2]) Der Frage, ob man drei Klassen der strafbaren Handlungen oder nur zwei (im Sinne des materiellen Strafrechts) unterscheiden solle, scheint mir nicht die Wichtigkeit zuzukommen, die man ihr häufig beilegt.

Meine Arbeit wird in drei Bänden erscheinen. Während der erste Band die Lehre vom Strafgesetze umfaßt: allgemeine Bedeutung des Strafgesetzes, Interpretation, Analogie, Reichs- und Landesstrafrecht, zeitliches Herrschaftsgebiet und räumliches Herrschaftsgebiet des Strafgesetzes, endlich Exemtionen, insbesondere Exemtion der Volksvertreter, der Berichterstattung über Reichstags- und Landtagsverhandlungen, wird der zweite unter dem Titel „Die Schuld nach dem Gesetze" bringen: die Lehre von der Zurechnungsfähigkeit (auch von der Verantwortlichkeit juristischer Personen), vom Kausalzusammenhange, von Vorsatz und Fahrlässigkeit (einschließlich der Lehre vom Rechtsirrtum), von Versuch und Vollendung, von der Teilnahme (einschließlich der Begünstigung). Der dritte Band wird unter dem Titel „Die Befreiung von Schuld und Strafe durch das Strafgesetz" enthalten: die Lehre von der Widerrechtlichkeit (Ausschluß derselben), vom Strafantrage des Verletzten, vom Wegfall der Strafe beim Tode des Schuldigen, von der Verjährung, von der Begnadigung, von der Konkurrenz strafbarer Handlungen.

Das Manuskript der beiden folgenden Bände bedarf nur noch einer Revision und einiger nicht umfangreicher Vervollständigungen. Es ist daher das Erscheinen des zweiten Bandes für den Herbst dieses Jahres, des dritten für das Frühjahr 1907 in Aussicht genommen. Dem letzten Bande wird ein alphabetisches Sachregister für sämtliche drei Bände beigefügt werden.

Göttingen, Mai 1906.

# Verzeichnis

der in mehreren Abschnitten meist abgekürzt zitierten Werke und Zeitschriften. Schriften und Aufsätze, die sich nur auf einzelne Materien beziehen, sind bei den einzelnen Abschnitten in besonderen Verzeichnissen angeführt, bzw. da wo sie benutzt sind. (Bei den außerhalb des Deutschen Reiches erschienenen Werken ist der Verlagsort angegeben.)

(Vervollständigung in Band 2 und 3 vorbehalten.)


Abegg, Lehrbuch der Strafrechtswissenschaft. 1836. (Zitiert: Abegg.)

Archbold, *Pleading, Evidence and Practice in Criminal Cases.* 23. Edit. by Craies and Stephenson, London 1905.

Archiv für öffentliches Recht, herausgegeben von Laband und Stoerk 1886ff.

Archiv des Criminalrechts. (1799 bis 1857, mit Unterbrechungen. Zitiert nach den Jahreszahlen der Jahrgänge. Arch. d. Cr.)

Archiv für preußisches Strafrecht, begründet von Goltdammer, 1853ff., seit 1871. Arch. für gemeines deutsches und preußisches Strafrecht, seit 1880, Archiv für Strafrecht seit 1900, Archiv für Strafrecht und Strafprozeß, herausgegeben von Kohler. (Zitiert nach der Bändezahl [jedes Jahr 1Bd.].) GArch.

Archiv für die strafrechtlichen Entscheidungen der obersten Gerichtshöfe Deutschlands, herausgegeben von Temme. 6 Bde. 1854—1859.

Angelus Aretinus, *De maleficiis tractatus.*

Baldus de Ubaldis, *Commentarii in Codicem. — Consilia.*

v. Bar, Handbuch des deutschen Strafrechts. Bd. I. Geschichte des deutschen Strafrechts und der Strafrechtstheorien. 1882. (Zitiert: Bar, Geschichte.)

v. Bar, Lehrbuch des internationalen Privat- und Strafrechts. 1892. (Zitiert: Bar, Lehrbuch.)

Bartolus de Saxoferrato, *Commentarii ad Digestum vet., Dig. nov., ad Codicem.*

Bauer, Abhandlungen aus dem Strafrechte und dem Strafprozesse. 3 Bde. 1840—1843.

Bauer, Lehrbuch des Strafrechts. 2. Aufl. 1833. (Zitiert: Bauer.)

Bekker, Theorie des heutigen deutschen Strafrechts. Bd. I. 1857. (Zitiert: Bekker.)

Beling, Grundzüge des Strafrechts. 3. Aufl. 1905. (Zitiert: Beling.)

Beling, Die Lehre vom Verbrechen. 1905.

Beltjens, *Encyclopédie du droit criminel belge.* Bd. 1. Bruxelles-Paris 1901.

Berner, Lehrbuch des deutschen Strafrechts. 18. Aufl. 1898. (Zitiert: Berner.)

Berolzheimer, Die Entgeltung im Strafrecht. 1903.

Berolzheimer, System der Rechts- und Wirtschaftsphilosophie. 3 Bde. 1904—1906.

Bibliothek für peinliche Rechtswissenschaft und Gesetzeskunde. Herausgegeben von Grolmann, später auch von Harscher v. Almendingen und Feuerbach. Bd. 1—3 1797—1803.

Binding, Die Normen und ihre Übertretung. 2 Bde. Bd. 1 in 2. Aufl. 1890. Bd. 2 1877.

Binding, Handbuch des Strafrechts. Bd. 1 1885. (Zitiert: Binding.)

Binding, Lehrbuch des gemeinen deutschen Strafrechts. Besonderer Teil. Bd. 1 und Abt. 1 des 2. Bandes 1902 bis 1904.

Birkmeyer, Das Strafrecht, Separatabdruck aus Birkmeyers Enzyklopädie. 2. Aufl. 1903. (Zitiert: Birkmeyer, Enzyklopädie.)

Bishop, *New Commentaries on the Criminal law.* 8. Edit. 2 Bde. Chicago 1892.

Boehmer, Jo. Sam. Friedr., *Meditationes in Constitutionem Criminalem Carolinam* 1770.

— *Observationes ad Carpzovii praxin rerum criminalium.* 1759.

Bonifacius de Vitalinis, *Tractatus super maleficiis.*

Breidenbach, Commentar über das großherzogl. hessische Strafgesetzbuch. 2 Bände. 1842/44.

Brunner, Deutsche Rechtsgeschichte. Bd. 1 1887, Bd. 2 1892. (Zitiert: Brunner.)

Brusa, *Saggio di una dottrina generale del reato.* Torino 1884.

Bened. Carpzov, *Practica nova Imperialis Saxonica rerum criminalium.* (Zitiert: Carpzov.)

Carrara, *Programma del corso di diritto criminale.* Parte generale. 5. Ed. 2 Bde. Lucca 1877.

Clarus, Jul., *Sententiarum receptarum libri* V.

*Congrès pénitentiaires internationaux, Actes* verschiedener dieser Kongresse.

Crivellari, *Il Codice penale per il Regno d'Italia, interpretato.* 8 Bde. Torino 1890—1898. (Von Bd. 6 an fortgesetzt von Suman.) (Zitiert: Crivellari.)

Damhouder, *Praxis rerum criminalium.* 1570.

Dohna, Graf zu D., Die Rechtswidrigkeit. 1905.

Engau, *Elementa juris criminalis Germanico-Carolina.* Editio quinta 1760.

Entscheidungen des Reichsgerichts in Civilsachen. Herausgegeben von den Mitgliedern des Gerichtshofes 1880. (Zitiert: E. C. nach der Ziffer der Bände.)

Entscheidungen des Reichsgerichts in Strafsachen. Herausgegeben von den Mitgliedern des Gerichtshofes. 1880 ff. (Zitiert: E. nach Ziffer der Bände I = Senat I usw.)

Farinacius, *Praxis et theoria criminalis*.

v. Feuerbach, Lehrbuch des gemeinen, in Deutschland gültigen peinlichen Rechts. 14. Aufl. Herausgegeben von Mittermaier 1847.

v. Feuerbach, Revision der Grundbegriffe des positiven peinlichen Rechts. 2 Teile 1799, 1800.

Finger, Lehrbuch des deutschen Strafrechts. Bd. 1. 1903. Zitiert Finger.

Finger, Das österreichische Strafrecht. Bd. 1, 2. Aufl., 1902.

Friese, Das Strafrecht des Sachsenspiegels. 1898. (Aus Untersuchungen zur deutschen Staats- und Rechtsgeschichte, herausgegeben von Gierke.)

Alb. Gandinus, *Libellus super maleficiis*.

Garraud, *Précis de droit criminel*. 7. Édit. Paris 1901.

Garraud, *Traité du droit pénal français*. 2. Édit. 6 Bde. Paris 1898. (Zitiert: Garraud).

Geib, Lehrbuch des deutschen Strafrechts, Bd. 1 Geschichte, Bd. 2 allgemeine Lehren. 1861, 1862.

Der Gerichtssaal, Zeitschr. 1849 ff. (Zitiert: GS. bis 1858, einschließlich nach der Jahreszahl der Jahrgänge, dann nach der Ziffer der Bände.)

Geyer, Grundriß zu Vorlesungen über deutsches Strafrecht. 2 Teile 1884, 1885.

Glaser, Jul., Kleine Schriften über Strafrecht und Strafprozeß. 2. Aufl. Wien 1881. (Zitiert: Glaser, Kl. Schr.)

Goltdammer, Die Materialien zum StGB. für die preußischen Staaten. 2 Bde. 1851, 1852.

v. Grolmann, Grundsätze der Kriminalrechtswissenschaft 4. Aufl. 1825. (Zitiert: Grolmann.)

Hälschner, Das gemeine deutsche Strafrecht, systematisch dargestellt. 2 Bde. 1881—1887. (Zitiert: Hälschner.)

Hälschner, System des preußischen Strafrechts. 2 Teile 1858, 1868.

Haus, *Principes généraux du droit pénal belge*. 2 Bde., 3. Édit. Gand 1872. (Zitiert: Haus.)

Chauveau Adolphe et Faustin Hélie, *Théorie du Code pénal*. 6. Edit. par Villey. 8 Bde. Paris 1887. (Zitiert: Hélie.)

Hefter, Lehrbuch des gemeinen deutschen Strafrechts. 5. Aufl. 1854.

Henke, Handbuch des Kriminalrechts und der Kriminalpolitik. 4 Teile. 1823—1838.

Hocheder, Das StGB. für das Königreich Bayern, erläutert Bd. 1. 1862. (Zitiert: Hocheder.)

Hold v. Ferneck, Der Begriff der Rechtswidrigkeit. 1. Bd. und 2. Bd. 1. Abt. 1903, 1905.

v. Holtzendorff, Handbuch des deutschen Strafrechts in

Einzelbeiträgen. 4 Bde. 1871 bis 1877.
v. Holtzendorff, Rechtslexikon. 3 Bde. 1880, 1881.
Hufnagel, Kommentar über das StGB. für das Königreich Württemberg. 3 Bde. 1840—1844.
Janka, Das österreichische Strafrecht. 4. Aufl., herausgegeben von Kallina 1902. (Zitiert: Janka.)
Impallomeni, *Il Codice penale Italiano illustrato.* 2. Ed. Bd. 1. Firenze 1904.
Jarcke, Handbuch des gemeinen deutschen Strafrechts. 3 Bde. 1827—30. (Zitiert: Jarcke).
Internationale Kriminalistische Vereinigung, Mitteilungen derselben. 1889ff. (Zitiert: Internation. Kr. Vereinig. nach der Ziffer der Bände).
John, Entwurf mit Motiven zu einem StGB. für den Norddeutschen Bund. 1868.
*Journal de droit international privé*, Paris. Herausgegeben von Clunet. 1874ff.
Jousse, *Traité de la justice criminelle de France.* 3 Bde. 4. Paris 1771.
Juristentag, Deutscher, Verhandlungen desselben, herausgegeben von dem Schriftführeramt der ständigen Deputation des Juristentags. 1860 ff.
Juristenzeitung, Deutsche. Herausgegeben von Laband, Stenglein, Hamm. 1896ff.
Klein, Grundsätze des gemeinen deutschen und preußischen peinlichen Rechts. 1796.
Kleinschrod, Systematische Entwicklung der Grundbegriffe und Grundwahrheiten des peinlichen Rechts. 3. Aufl. 3 Teile. 1805. (Zitiert: Kleinschrod.)
Koch, *Institutiones juris criminalis.* Editio nona 1791.
Kohler, Studien aus dem Strafrecht. Heft 1 1890. Heft 2—6, Das Strafrecht der italienischen Statuten, 1897.
Köstlin, Neue Revision der Grundbegriffe des Kriminalrechts. 1845. (Zitiert: Köstlin, N. Revis.)
Köstlin, System des deutschen Strafrechts. Bd. 1 (Allgemeiner Teil). (Zitiert: Köstlin I.)
Knapp, Das alte Nürnberger Kriminalrecht. 1896.
Kress, *Commentatio in Constitutionem Criminalem Caroli V.* Ed. 1760.
Krug, Abhandlungen aus dem Strafrechte. 1855. (Zitiert: Krug, Abhandl.)
Lammasch, Grundriß des Strafrechts. Separatabdruck aus der 2. Aufl. des Grundrisses des österreichischen Rechts, herausgegeben von Finger und Frankl. 1902.
Leonhardt, Commentar über das CrimGB. für das Königreich Hannover. 2 Bände. 1846/52.
Leyser, *Meditationes ad Pandectas,* 1713—1780.
v. Lilienthal, Grundriß zur Vorlesung über d. Strafr. 2. Aufl. 1900.
v. Liszt, Lehrbuch des deutschen Strafrechts. 14. und 15. Aufl. 1905. (Zitiert: Liszt.)
Luden, Abhandlungen aus dem gemeinen deutschen Strafrechte. 2 Bde. 1836, 1840. (Zitiert: Luden, Abhandlungen.)
Luden, Handbuch des deutschen gemeinen und partikularen

Strafrechts. Bd. 1 1847. (Zitiert: Luden.)

Mangin, *Traité de l'action publique.* 2. Éd. 2 Bde. Paris 1844.

Matthaeus, Ant., *Commentarius ad. libr. XLVII et XLVIII. Dig. de criminibus.* 1715.

Martin, Lehrbuch des Deutschen gemeinen Criminal-Rechts. 2. Aufl. 1829.

Meister, Geo. Jac. Friedr., *Principia iuris criminalis.* 7. Aufl. 1828.

Menochius, *De arbitrariis judicum quaestionibus et causis.*

Merkel, Adolf, Lehrbuch des deutschen Strafrechts. 1889. (Zitiert: Merkel.)

Meyer, Friedr., StGB. für das Deutsche Reich. Erläutert. 2. Ausg. 1871.

v. Meyer, Hugo, Lehrbuch des deutschen Strafrechts. 5. Aufl. 1895. (Zitiert: H. Meyer.)

Mommsen, Theod., Römisches Strafrecht. 1899. (Zitiert: Mommsen.)

Olshausen, Kommentar zum StGB. für das Deutsche Reich. (Bearbeitet unter Mitwirkung von Zweigert. 7. Aufl.) 2 Bde. 1905, 1906. (Zitiert: Olshausen.)

Oppenhoff, Das StGB. für das Deutsche Reich erläutert. 14. Aufl., herausgegeben von Delius. 1901. (Zitiert: Oppenhoff oder Oppenhoff-Delius.)

Oersted, Über die Grundregeln der Strafgesetzgebung. Aus dem Dänischen übersetzt. Kopenhagen 1818. (Zitiert: Oersted.)

Ortolan, *Éléments du droit pénal.* 5. Édit. par Desjardins. 2 Bde. Paris 1886.

Osenbrüggen, Das alamannische Strafrecht im deutschen Mittelalter. Schaffhausen 1860.

Osenbrüggen, Das Strafrecht der Langobarden. 1863.

*Pandectes Belges, Éncyclopédie de législation, de doctrine et jurisprudence belges* par Picard et Hoffschmidt. Bruxelles 1879 ff.

*Pandectes Françaises, Nouveau Répertoire de doctrine, de législation et de jurisprudence,* sous le direction de Rivière, continué par Weiß. dir., et Frennelet (Rédacteur en chef). Paris 1886 ff.

v. Quistorp, Grundsätze des deutschen peinlichen Rechts. Neu herausgegeben von Klein und Roß. 4 Bände. 1810 bis 1827.

Das Recht, Rundschau für den deutschen Juristenstand, herausgegeb. von Soergel. Hannover 1897 ff.

Rechtsprechung des deutschen Reichsgerichts in Strafsachen. Herausgegeben von den Mitgliedern der Reichsanwaltschaft. 1880—1888. 10 Bde. (Zit. R.)

Rein, Das Kriminalrecht der Römer. 1844. (Zitiert: Rein.)

*Revue de droit international et de législation comparée.* Begründet von Asser, Rolin-Jaequemyns, Westlake. Bruxelles. 1869 ff.

Rossi, *Traité de droit pénal.* 3 Bde. Paris 1829.

Rubo, Kommentar zum StGB. für das Deutsche Reich. 1872.

Russell, *On Crimes and misdemeanours.* 6. Edit. by Smith and Keep. 3 Bde. London 1896. (Zitiert: Russell.)

Rüdorff, Strafgesetzbuch für das Deutsche Reich mit Kommentar. 4. Auflage. Herausgegeben von Stenglein 1892. (Zitiert: Rüdorff oder Rüdorff-Stenglein.)

Schütze, Lehrbuch des deutschen Strafrechts. 2. Auflage. 1874. (Zitiert: Schütze.)

v. Schwarze, Kommentar zum Strafgesetzbuche für das Deutsche Reich. 5. Auflage. 1884. (Zitiert: Schwarze.)

Stoos, Grundzüge des schweizerischen Strafrechts. 2 Bde. Basel und Genf 1892, 1893.

Die Strafgesetzgebung der Gegenwart in rechtsvergleichender Darstellung. Herausgegeben von der Internationalen Kriminalistischen Vereinigung. Bis jetzt 2 Bde., 1894, 1899. (Zitiert: Strafgesetzgebung.)

Strafrechtszeitung, allgemeine deutsche, neue Folge. Herausgegeb. von v. Holtzendorff 1871—1873.

Stübel, Über den Tatbestand der Verbrechen. 1805.

Stübel, System des allgemeinen peinlichen Rechts. 2 Bde. 1790.

van Swinderen, *Esquisse du droit pénal actuel dans les Pays Bas et à l'Étranger.* 5 Bde. Groningue 1891—1903.

Tittmann, Handbuch der deutschen Strafrechtswissenschaft und der deutschen Strafgesetzkunde. 2. Aufl., 3 Bde., 1822—1824. (Zitiert: Tittmann.)

Tuozzi, *Corso di diritto penale.* 3 Bde. 2. Edizione, Padova 1899. (Zitiert: Tuozzi.)

Wachenfeld, Strafrecht in Bd. 2 der 6., von Kohler herausgegebenen Auflage der Enzyklopädie der Rechtswissenschaft v. Holtzendorffs.

v. Wächter, C. G., Deutsches Strafrecht, Vorlesungen. Herausgegeben von O. Wächter 1881.

v. Wächter, C. G., Lehrbuch des römisch-deutschen Strafrechts. 2 Teile 1825/26. (Zitiert: Wächter).

v. Wächter, C. G., Das königlich sächsische und das thüringische Strafrecht. Einleitung und allgemeiner Teil. 1857.

Wahlberg, Gesammelte kleinere Schriften über Strafrecht, Strafprozeß. 3 Bde. Wien 1875—1881. (Zitiert: Wahlberg, Ges. Schr.)

Weiß, Das Strafgesetzbuch für das Königreich Bayern. 2 Bde. 1863, 1865. (Zitiert: Weiß, Komment.)

Fr. Wharton, *A treatise on the Conflict of laws.* 2. Edit. Philadelphia 1881. (Zitiert: Wharton, *Conflict.*)

Fr. Wharton, *A treatise on Criminal law.* 2 Bde. *10. Edit. by* Draper. Philadelphia 1896. (Zitiert: Wharton).

Wilda, Das Strafrecht der Germanen. 1842.

Zeitschrift für Gerichtspraxis und Rechtswissenschaft in Deutschland, herausgegeben von Stenglein. Neue Folge 1872—1879. 8 Bände. (Zitiert: Stengleins Zeitschr. nach der Ziffer der Bände.)

Zeitschrift für internationales Privat- und Strafrecht, begründet von Böhm, fortgesetzt von Niemeyer. 1891 ff, seit 1902 Zeitschrift für internationales Privat- und öffentliches Recht.

Zeitschrift für das Privat- und öffentliche Recht der Gegenwart, herausgeg. von Grünhut, Wien 1874 ff. (Zitiert: Grünhuts Zeitschr.)

Zeitschrift für Schweizer Strafrecht, herausgegeben von Stoos 1888 ff.

Zeitschrift für die gesamte Strafrechtswissenschaft, begründet von Dochow und v. Liszt, jetzt herausgegeben von v. Liszt und v. Lilienthal u a. 1881 ff. (Zitiert: Zeitschrift.)

---

## Abkürzungen.

AM. = Anderer Meinung.
BGB. = Bürgerliches Gesetzbuch.
Bes. (oder bes.) = besonders.
Arch. d. Cr. = Archiv des Criminalrechts.
AG = Appellationsgericht.
CGB = Criminalgesetzbuch.
E. = Entscheidung, bzw. Entscheidungen.
GArch. = Goltdammer Archiv.
GS = Gerichtssaal.
KH = Kassationshof.
N. oder Nr. = Nummer.
OAG. = Oberappellationsgericht.
OG = Obergericht.
OLG. = Oberlandesgericht.
OT. = Obertribunal.
ROH = Reichsoberhandelsgericht.
RG. = Reichsgericht.
Rs = Rechtsprechung (des RG.).
StGB. = Strafgesetzbuch.
U. = Urteil.
Zeitschr. (ohne Zusatz) = Zeitschrift für die gesamte Strafrechtswissenschaft.
Bei Angabe des Datums von Entscheidungen sind bei Weglassung der beiden ersten Ziffern die Ziffern 18 ergänzend zu lesen; also z. B. 1/6. 86 = 1. Juni 1886.

## Berichtigungen und Zusätze.

Seite 5 Zeile 11 von oben zu lesen statt: dies Strafgesetz = das Strafgesetz.

„ 9 „ 9 hinter: spricht ein Komma zu setzen.

„ 19 „ 2 und Zeile 6 statt § 2 Abs. 2 zu lesen § 2 Abs. 1.

„ 99 In der Überschrift statt IV zu setzen V.

Zu § 47 S. 110 ist noch zu bemerken: Auch *Kleinschrodt* 2 §§ 122—124 kombiniert Territorialitäts- und aktives Personalitätsprinzip, indem er zugleich Bestrafung der Ausländer wegen Auslandshandlungen verwirft.

S. 157 Anm. 110 für die im Text angenommene Ansicht noch anzuführen *Berner* S. 611 Anm. 2, für die entgegengesetzte Ansicht *Binding*, Lehrb. bes. Teil **1** S. 428.

S. 176 sind die beiden letzten Worte des Textes „einen mir“ zu streichen.

S. 245 Zeile 6 von oben zu lesen statt: die Volksvertreter bedürften = der Volksvertreter bedurfte und Zeile 7 statt: die Beamten = der Beamte.

# Inhaltsverzeichnis.

## I. Bedeutung des Strafgesetzes im allgemeinen.



## II. Auslegung der Strafgesetze. Analogie. Redaktionsversehen. Druckfehler.

## V. Räumliches Herrschaftsgebiet des Strafgesetzes.

## VI. Exemtionen vom Strafgesetze.

# I. Bedeutung des Strafgesetzes im allgemeinen.

**§ 1.** Wer anerkennt, daß das Strafrecht seine erste Wurzel in dem ursprüngliche Rache- oder Reaktionstriebe hat, kann darüber nicht im Zweifel sein, daß das Strafgesetz im wesentlichen ursprünglich nur zur genaueren Feststellung und Einschärfung bereits bestehenden Rechtes bestimmt war —, wenigstens in allen denjenigen Gemeinwesen, die nicht ausschließlich von der Laune und Willkür eines völlig absoluten Herrschers geleitet wurden. Eine wichtige Bestätigung dieser ursprünglichen Auffassung des Strafgesetzes finden wir noch im Rechte der römischen Republik; manchen Strafgesetzen wird hier rückwirkende Kraft beigelegt: wie wäre das anders denkbar, als bei der Auffassung, daß das Gesetz nur ein genauerer Ausdruck des bestehenden Rechtes oder allenfalls eine Beschränkung des dem Gemeinwesen schon zustehenden Rechtes gegenüber dem Schuldigen sei?

Es widerspricht daher der geschichtlichen Entwicklung, die prinzipielle Bedeutung des Strafgesetzes darin zu erblicken, daß durch den Erlaß eines Strafgesetzes der Staat sich das Strafrecht verschaffe. Diese Auffassung ist überhaupt nur möglich (übrigens zu eng), wenn der moderne Rechtssatz gilt, daß Strafe nur auf Grund eines bestimmten dieselbe androhenden Gesetzes zulässig ist. Allerdings muß schon früh einerseits die Benutzung der Strafe als Zwangsmittel und andererseits die Möglichkeit einer Fortbildung des Strafrechts durch formelle Beschlüsse der maßgebenden Autorität, sei es der Volksversammlung, sei es eines Herrschers hervorgetreten sein. Die naive ursprüngliche Form des Strafgesetzes war dann wohl die besondere Hervorhebung desjenigen, was verboten oder geboten wurde — die Norm, wie es Binding nennt — und sodann die Drohung, daß, wer gegen das Verbot oder Gebot handle, die Strafe erleiden solle. Indes fehlt es keineswegs an frühen Beispielen für die kürzere Fassung des Strafgesetzes, welche — heutzutage die Regel — den Eintritt der Strafe als Rechtsfolge an die Bedingung oder Voraussetzung der Begehung (oder — auch bei sogenannten Omissivdelikten — der Unterlassung) einer bestimmten Handlung knüpft. Es erfordert nicht viel Verstand oder Überlegung, zu verstehen, welche Wirkung eine bedingungsweise gemachte Drohung auf den Bedrohten ausüben soll, welche Handlung oder Unterlassung mittels der bedingten Drohung gefordert wird.[1]) Andererseits liegt es auch nahe, daß selbst dann, wenn ein Satz des bereits bestehenden Strafrechts nur neu eingeschärft oder deklariert wurde, man die besonders eindringliche Form wählte, das Gebot oder Verbot der Strafbestimmung getrennt voranzustellen. Zuweilen kann dadurch das, was der Gesetzgeber will, auch klarer werden;[2]) aber im allgemeinen wird solche weitläufige und archaistische Fassung nicht zu empfehlen sein.[3])

**§ 2.** In jedem Strafgesetze wird selbstverständlich ein Strafrecht, wie man sich auszudrücken pflegt, in subjektivem Sinne gegen denjenigen festgestellt, der die betreffende Handlung vornimmt (oder bei positiven Geboten) unterläßt. Wem das Recht zur Bestrafung zukommt, und ob dies Recht zugleich eine Pflicht ist, braucht in dem Gesetze nicht gesagt zu werden; meistens wird es nicht gesagt sein, und heutzutage geschieht es nicht.

---

[1]) *Bentham*, Traités de législation, extrait par Dumont, Vol. **3** (Paris 1820) S. 199 hat bereits folgendes bemerkt: «La loi qui convertit en acte un délit et la loi qui ordonne une peine ne sont, à proprement parler, ni la même loi, ni parties de la même. ‚Tu ne déroberas point', voilà la loi qui crée un délit . . . Que le juge fasse mettre, en prison celui pui aura dérobé, voilà la loi qui crée une peine . . .» Aber *Bentham* sagt dann auch: «La première ne renferme point la seconde, mais la seconde renferme implicitement la première. Dire aux juges faites punir les voleurs c'est intimer clairement la défense de voler.»

[2]) Zuweilen ermöglicht die Trennung von Gebot und Verbot einer- und Strafdrohung andererseits eine kürzere Fassung des Gesetzes, nämlich dann, wenn eine und dieselbe Strafdrohung für eine Mehrheit verschiedenartiger Gebote oder Verbote zugleich gelten soll, oder die Gebote und Verbote in Verbindung mit Rechtssätzen auftreten, die sich als Erteilung von Berechtigungen darstellen. In solchen Fällen macht die neuere Gesetzgebung häufig von der Trennung in Formeln wie der folgenden Gebrauch: „Zuwiderhandllungen gegen die Bestimmungen der §§ . . . werden mit Geldstrafe usw. geahndet."

[3]) Man vergleiche über den Wert der sogenannten Normentheorie übrigens unten. Die archaistische Fassung war insbesondere der Gefahr ausgesetzt, Moral- und rechtliche Zwangsvorschriften nicht scharf zu trennen.

Es ist jetzt selbstverständlich, daß der Staat der Berechtigte ist, und im allgemeinen wird, insofern nicht ein weitgehendes sogenanntes Opportunitätsprinzip für die Strafverfolgung gilt, das Recht hier zugleich Pflicht sein. Aber die Beantwortung dieser Fragen folgt aus anderen Gesetzen und Einrichtungen: das Strafgesetz sagt regelmäßig darüber nichts, obwohl es geschehen könnte, wie das Beispiel verschiedener Gesetze der Römerzeit beweist, die ebensowohl strafprozessualen wie materiell-strafrechtlichen Inhalts waren. Genau genommen, wie Binding[3a]) sehr richtig bemerkt hat, spricht das Strafgesetz nicht einmal eine Verpflichtung aus für den Richter, den Schuldigen nach dem Gesetze zu strafen, höchstens dann, wie man noch genauer sagen dürfte, wenn der Richter inquisitorisch ohne weiteres vorzugehen und die erkannte Strafe dann auch selbst vollziehen lassen müßte.

Aber die Bedeutung des Strafgesetzes erschöpft sich darin nicht, daß es dem Staate unter einer bestimmten Voraussetzung ein Strafrecht in subjektivem Sinne beilegt — wie Binding meint. Die Hauptsache bleibt doch das in dem Strafgesetze enthaltene Verbot oder Gebot, mit welchem das Gesetz sich an das Volk im allgemeinen wendet und bestimmte Handlungen als verwerflich oder bei Geboten als notwendig charakterisiert. Freilich können Gebote und Verbote auch ohne Strafsanktion, aber mit rechtlichen Folgen bestehen[4]) und freilich kann erst später und nachträglich ein Gebot oder Verbot mit einer Strafsanktion versehen werden. Aber ein Strafgesetz ohne ein darinsteckendes Verbot oder Gebot ist ein Nichts, ist nicht denkbar.

Man darf hierin sich nicht irreführen lassen durch gewisse, in neuerer Zeit namentlich im Deutschen Reiche bei dessen komplizierten Verfassungs- und Verwaltungsverhältnissen zuweilen gebrauchte Formen der Gesetzgebung. Es kommt vor, daß die Gesetzgebung gegen die Übertretung gewisser Verbote

---

3a) Vgl. Normen I. S. 26ff.

4) Z. B. kann ein Verbot zunächst nur zivilrechtliche Bedeutung haben. Die dagegen verstoßende Handlung ist rechtswidrig, an sich aber strafrechtlich gleichgültig. Eine kausale Handlung kann aber zugleich unter ein strafrechtliches und unter ein zivilrechtliches Verbot fallen, das, abstrakt betrachtet, von dem ersteren verschieden ist; dann hat sie nicht die Entschuldigung zivilrechtlicher Rechtmäßigkeit und damit kann eine sonst begründete strafrechtliche Entschuldigung wegfallen.

oder Gebote, deren Inhalt gewisse Gegenstände oder Angelegenheiten betrifft, aber im übrigen noch völlig unbestimmt bleibt, nur bestimmte Strafen feststellt, während, was verboten oder geboten sein soll, der zukünftigen Bestimmung eines Faktors der Staatsgewalt (z. B. des Bundesrats) oder einer Behörde überlassen bleibt. Ein solches nach Binding sogenanntes Blankettgesetz ist nichts anderes als ein spezielles Strafgesetz gegen besondere Arten des Ungehorsams; dieser Ungehorsam wird verboten.[5] Deshalb aber ist es doch nicht das eigentliche Wesen aller Strafgesetze, daß sie gerade nur an den Ungehorsam — nach Binding[6] an die Unbotmäßigkeit — die Rechtsfolge des Rechts (bezw. der Pflicht) auf Strafe knüpfen.

Verbot oder Gebot sind also dem Strafgesetze wesentlich und Verbot und Gebot können völlig neu durch ein Strafgesetz eingeführt werden; ja sie können es selbst dann, wenn der Gesetzgeber von der Ansicht ausgeht, nur das bestehende Recht feststellen, deklarieren zu wollen. Erweitert er, ohne es zu wissen, den Kreis derjenigen Handlungen, welche durch die Strafsanktion getroffen werden sollen, so erläßt er damit ein umfangreicheres Verbot oder, was dasselbe, er vermehrt die Zahl der bestehenden Verbote.

**§ 3.** Der hier vertretenen Auffassung zufolge wendet sich das Strafgesetz an das gesamte Volk, und indem es die Folgen der Übertretung seiner Verbote und Gebote vorschreibt, im besonderen auch an die Organe der Staatsgewalt, welche diese Folgen in den einzelnen Fällen auszusprechen haben, an die Gerichte, wie an diejenigen, welche die Gerichte zu dieser ihrer Tätigkeit etwa erst in den Stand zu setzen haben, an die öffentlichen Ankläger und deren polizeiliche Hilfsorgane.[7] Es ist richtig, daß der Richter, der das einzelne Strafgesetz in dem geeigneten Falle nicht anwendet, nicht direkt wegen Verletzung dieses Gesetzes, vielmehr wegen Verletzung seiner

---

5) Dieser Gesichtspunkt wird unten für die Lehre von dem zeitlichen Herrschaftsgebote des Strafrechts verwertet werden.

6) Vgl. besonders **1.** S. 183 und Vorrede S. VIII.

7) *Binding* **1.** S. 189 sagt ausdrücklich: „Das Strafgesetz bedeutet keine Norm für den Strafrichter". Ich möchte das gerade im Sinne der Normentheorie behaupten. Das Gesetz gegen Verletzung der Amtspflicht ist Blankettgesetz, das durch das anderweite Strafgesetz, das der Richter anwenden soll, seinen Inhalt erhält.

allgemeinen Amtspflicht verantwortlich ist, und daß solche Verletzung ebenso vorliegt, wenn er einen Satz des Privat- oder Staatsrechts, wo dieser maßgebend sein müßte, anzuwenden unterläßt. Diese Unterscheidung ist von Erheblichkeit, wenn ein Richter, ein Beamter wegen Verletzung seiner Amtspflicht zur Verantwortung gezogen wird, falls jene Rechtssätze, die anzuwenden gewesen wären, gewechselt haben, nicht aber das Strafgesetz über Verletzung der Amtspflicht selbst sich geändert hat. Aber der Inhalt der Pflichterfüllung in den einzelnen Fällen wird doch wie durch Rechtssätze überhaupt, so auch durch die Strafgesetze gegeben, und somit kann dies Strafgesetz auch als an den Richter, an den Beamten gerichtet angesehen werden.

Neuerdings ist dagegen von M. E. Mayer (vgl. Literatur zu § 7) die Ansicht aufgestellt, daß bei dem heutigen Kulturzustande[8]) die Gesetze sich nicht an das Volk, vielmehr nur an den Richter und die Behörden des Staates wenden. Das beweise die dem Volke im allgemeinen kaum verständliche Ausdrucksweise der heutigen Gesetze, die Art ihrer Publikation, von der tatsächlich nur wenige Personen Kenntnis nehmen, und die doch die verbindliche Kraft der Gesetze begründe. Für das Volk bestehen die in demselben ererbten und sich fortbildenden Kulturnormen,[8a]) denen es im ganzen von selbst gehorche, und denen das Gesetz nur eine stärkere Garantie verleihe. Nur so erkläre sich auch, meint Mayer, daß das Gesetz den Rechtsirrtum nicht berücksichtige, wenngleich es auch auf die Fortbildung der Kulturnormen Einfluß habe und erziehend wirke. Nun ist es richtig, daß die Gesetze, und besonders die Strafgesetze im ganzen dasjenige bestimmen sollen, was ohnehin die Verständigen im Volke als richtige Norm ihres Handelns ansehen. Aber an dem Zugeständnis, daß es auch Gesetze gibt, die sich von den Kulturnormen entfernen, und gleichwohl verbindliche Kraft haben, leidet die Theorie Schiffbruch, und ein großer Teil gerade unserer neuesten Gesetze wendet sich so direkt an die

---

[8]) Welcher Zeitpunkt soll hier wohl für den Eintritt des heutigen Kulturzustandes als entscheidend gelten? Wer diesen Kulturzustand als von grundverschiedener Bedeutung betrachtet im Vergleich zu einem früheren, wird doch ungefähr jenen Zeitpunkt anzugeben haben.

[8a]) Diese Kulturnormen sind wohl nichts anderes als Moralnormen im weiteren Sinne; vgl. *Bar*, Geschichte S. 336ff.

beteiligten Privatpersonen, z. B. an Arbeitgeber, Unternehmer von gewerblichen Anlagen, und legt ihnen so direkt neue Pflichten auf,[9]) daß doch die Annahme seltsam erscheint, es enthalte das Gesetz nur Normen für den Richter. Das Rätsel aber, daß die Gesetze, obschon nach der gemeinen Ansicht auch an das Volk sich wendend,[10]) doch in ihrer Auslegung selbst dem Rechtsgelehrten vielfach Schwierigkeiten bereiten, löst sich, soviel die Strafgesetze betrifft, dadurch, daß in dem einzelnen, für den Menschen selbst bei seinem Handeln vorliegenden Falle das Aufgewachsensein und Leben in der Kultur eines bestimmten Volkes instinktiv regelmäßig dann zur Warnung wird, wenn das Handeln sich der Grenze des Verbotenen nähert, während dem Richter die schwierigere Prüfung obliegt, ob denn jene Grenze wirklich überschritten ist, und diese Prüfung soll er nicht nur nach dem unmittelbaren Gefühl, sondern nach allgemeinen und sich gleichwohl ihrer Natur nach vielfach gegenseitig beschränkenden und oft auch ergänzenden oder erklärenden Sätzen vornehmen; denn das Gesetz will die allgemeinen Normen geben, während doch absolut und ohne Ausnahme geltende Normen nicht existieren. Nicht immer aber ist leichte Verständlichkeit für den Rechtskundigen eben jener genaueren Prüfung nach allgemeinen Sätzen und leichte Verständlichkeit für den rechtsunkundigen Volksgenossen eins und dasselbe. Dann muß jene erstere im Gesetze vorgezogen werden, weil im ganzen das Volk doch nur instinktiv die Grenzen des Erlaubten innehält. Aber ein möglichst zu vermeidendes Übel bleibt die Schwierigkeit des Verständnisses doch, und insofern ist Mayers fesselnde und geistreiche Schrift nicht ohne Bedenken, da man aus ihr die Konsequenz zu ziehen geneigt sein könnte, daß Gemeinverständlichkeit der nach Mayers Ansicht gar nicht an das Volk selbst sich wendenden Gesetze nicht auch ein Ziel der Gesetzgebungskunst sei.

---

9) Richten sich nicht eine große Anzahl von Personen nach den für sie geltenden Bestimmungen des BGB.? Und manche Vorschriften, z. B. die der §§ 15, 20, 27 des Gesetzes über das Verlagsrecht werden in den meisten Fällen befolgt, ohne daß von einem Prozesse die Rede ist.

10) Auch das spezielle Verwaltungsgesetz (vgl. *O. Mayer*, Deutsches Verwaltungsrecht I S. 85 ff.) macht hier keine Ausnahme. Indem es die Verwaltungsorgane zu Handlungen und Anordnungen ermächtigt, befiehlt es allen, die es angeht, diese Handlungen und Anordnungen als rechtmäßig und maßgebend zu respektieren. Die Bedeutung der Verwaltungsgesetze ist damit freilich nicht erschöpft, worauf es aber hier nicht ankommt.

Die strafrechtlichen, d. h. die in dem Strafgesetze mit Strafsanktion versehenen Verbote und Gebote sind häufig auch Verbote in dem Sinne, daß ihre Verletzung auch in anderen Rechtsgebieten rechtliche Folgen nach sich zieht, z. B. namentlich auf zivilrechtlichem Gebiete die Folge, daß der Schuldige, wenn durch die Verletzung des strafrechtlichen Verbots oder Gebots ein Schaden für einen anderen verursacht wird, diesen Schaden ersetzen muß, oder daß eine Handlung, die mit Verletzung des Verbots oder Gebots vorgenommen ist, nicht die von dem Handelnden gewünschte oder beabsichtigte Rechtsfolge hat, zivilrechtlich oder staatsrechtlich (verwaltungsrechtlich (nichtig ist.[11]) Dies ist aber keineswegs in jedem Fall zutreffend,[12]) und erst eine genauere und häufig recht schwierige Untersuchung kann darüber für die einzelnen Fälle Aufschluß geben.

**§ 4.** Die strafrechtlichen Gesetze sind zum größten Teil nur accessorische Rechtsnormen in dem Sinne, daß sie andere Rechte, deren Existenz auch ohne das Strafgesetz gedacht werden kann, nur zu schützen bestimmt sind.[13]) Aber es ist auch möglich, daß das Strafgesetz sich gar nicht auf ein bestimmtes anderes Recht als zu schützendes Substrat bezieht. Strafgesetze, welche lediglich die guten Sitten, die allgemeine Moral schützen sollen, schützen nicht bestimmte Rechte, und wo das Gesetz für den Schutz bestimmter Rechte berechnet erscheint,

---

[11]) Vgl. Urteil des RG. vom 31./1. 82 Entsch. in Civils. **6**, S. 162. Ein Rechtsgeschäft, welches als solches verboten ist, wird allerdings der allgemeinen Regel nach als nichtig betrachtet. (Vgl. BGB. § 134.)

[12]) Nach der entgegengesetzten Ansicht würde der Erlaß einer beliebigen Polizeistrafvorschrift unübersehbare zivilrechtliche Konsequenzen nach sich ziehen. Daß nicht ohne weiteres derjenige, der ein Strafgesetz verletzt, für allen und jeden aus dieser Verletzung auch nur unmittelbar resultierenden Schaden zivilrechtlich haften soll, ist jedenfalls der Sinn des Abs. 2 § 823 des bürgerlichen Gesetzbuchs für das Deutsche Reich, wenn hier zur Begründung der Schadensersatzpflicht verlangt wird, daß das verletzte Gesetz gerade den Schutz des in Schaden gekommenen „Anderen“ „bezwecken“ müsse.

[13]) Wenn der Tatbestand eines Deliktes ein bestimmtes zivilrechtliches Verhältnis, z. B. Eigentum eines Anderen, als Schutzobjekt voraussetzt, so muß dasselbe nach zivilrechtlichen Grundsätzen auch vorhanden sein und es kann nicht etwa gesagt werden, daß der wirklich vorliegende Tatbestand, obschon er das civilrechtliche Verhältnis vermissen lasse, strafrechtlich ebenso zu beurteilen sei, als wäre dieses letztere Verhältnis vorhanden. Es würde dies unzulässige Verurteilung nach Gesetzesanalogie sein. Die Praxis der früheren preußischen O. T. hatte bekanntlich für die Unterschlagung einen besonderen strafrechtlichen Begriff des Eigentums aufgestellt. Diese Praxis ist aber vom RG. nicht gebilligt worden. Vgl. insbes. *Olshausen* zu § 246 Anm. 4.

will es doch keineswegs immer diese Rechte in allen und jeden Beziehungen schützen. Die Rücksichten, welche ich früher schon (vgl. Geschichte S. 108ff.) als für die Auswahl der mit Strafe zu belegenden Handlungen maßgebend bezeichnet habe, führen dahin, daß ein für den Schutz eines bestimmten Rechts bestimmtes, ja berechnetes Gesetz sehr oft eine Menge von Verletzungen eben jenes Rechts unbeachtet lassen muß. So kann insbesondere das Strafgesetz sich richten nur gegen absichtliche (dolose) Verletzungen, während die nur kulpose Verletzung entweder gar nicht beachtet oder etwa lediglich der zivilrechtlichen Reaktion des Schadensersatzes überlassen wird. Strafrechtliches, d. h. mit Strafsanktion verbundenes und zivilrechtliches Verbot sind nicht immer verbunden. Natürlich ist damit nicht gesagt, daß vom Standpunkte der Moral aus nicht auch nur kulpose Verletzungen der in Rede stehenden Art zu mißbilligen seien. Aber wenn man mit Binding Normen, d. h. Verbote oder Gebote ohne irgendwelche Rechtsfolgen annimmt, die aber gleichwohl dem Rechtsgebiete angehören sollen, so kann man auf einen Abweg gelangen.[14]) Gemessen an der Norm, welche in dem Strafgesetze vorhanden und der Leitstern des Gesetzgebers sein soll, erscheint die Bestrafung nur der dolosen, nicht auch der kulposen Verletzung als ein empfindlicher Mangel. Daher die unter dem Einfluß der sogenannten Normentheorie erwachsene, freilich in der Praxis und Interpretation des Gesetzes unbewußt, sofern es sich aber de lege ferenda handelt, bewußt auftretende Tendenz, das Strafgesetz, das bisher aus guten Gründen nur die dolose Verletzung bestrafte, nun auch auf die kulpose auszudehnen.[15])

---

[14]) *Feuerbach*, Betrachtungen über Dolus und Culpa in der Bibliothek für peinliche Rechtskunde I (1800) S. 207, der, wie vielleicht von Interesse ist zu bemerken, bereits die Norm (d. h. das Verbot), wenn auch nicht mit dieser Bezeichnung, als den wesentlichen Inhalt des Strafgesetzes („Du sollst nicht töten") annimmt, ist auch auf diesen Abweg geraten. Wenn der Staat sagt „Du sollst nicht töten", so sagt er, die Tötung eines anderen Menschen soll überhaupt nicht geschehen. . . Für den Bürger wird damit die Verbindlichkeit begründet, nicht nur jenen gesetzwidrigen Effekt nicht zu wollen, sondern auch alles zu tun und zu unterlassen, damit nicht jener Effekt wider seine Absicht eintrete."

[15]) Beispiel: Wenn man das Strafgesetz gegen die Bigamie in der sog. Normenform aufstellt: „Ihr sollt nicht, wenn ihr einmal eine Ehe geschlossen habt, solange diese nicht durch den Tod oder in Form Rechts aufgelöst oder für nichtig erklärt ist, eine andere Ehe eingehen", so schließt diese Form eigentlich auch das Verbot kulposer Bigamie in sich. Der Gesetzgeber könnte doch auch nicht gleichgültig sich gegen derartige Bigamien verhalten. Bei dieser forma-

**§ 5.** Das Strafgesetz als Verbot (und Gebot) betrachtet erscheint als Beschränkung der Freiheit; wenn es dem sittlichen Bewußtsein des Volkes und den sozialen Bedürfnissen desselben auf seiner jeweiligen Kulturstufe in Wahrheit entspricht freilich nicht der vernünftigen Freiheit, wohl aber der Willkür der Einzelnen. Erst allmählich und wesentlich erst in der Neuzeit ist ihm auch die scheinbar entgegengesetzte Funktion beigelegt, die Freiheit der Einzelnen dem Staate gegenüber zu gewährleisten, insofern keine Handlung mit Strafe belegt werden darf, wenn diese Strafe nicht in einer bestimmt zu bezeichnenden gesetzlichen Vorschrift für die Handlung angedroht ist: „Nulla poena sine lege poenali" in diesem modernen Sinne.

Zwar das versteht sich von selbst, daß, insofern überhaupt von Strafrecht und nicht von Strafwillkür[16]) die Rede sein soll, jede Strafverhängung auf einen Rechtssatz zurückgeführt werden muß; aber wenn als Recht auch das ungeschriebene Recht gilt, so ist tatsächlich oft Recht- und wirkliches oder vermeintliches Rechtsbewußtsein der richtenden Personen nicht zu unterscheiden. Eine ausdrückliche, insbesondere eine schriftlich niedergelegte Deklaration eines Rechtssatzes dagegen hat neben der deklarativen leicht zugleich eine limitative Bedeutung, nimmt sie wenigstens leicht an. Wenn man der Anwendung der Rechtsfolge einen größeren Kreis von Handlungen hätte unterwerfen wollen, so konnte man ja die Deklaration anders fassen; diese Argumentation liegt nahe und wird in vielen Fällen als siegreich sich bewähren. Indes ist sie andererseits mit dem Hinweise zu widerlegen, daß die Bestrafung zwar in dem geschriebenen Rechtssatze nicht pönalisierter, wohl aber nach dem allgemeinen Rechtsbewußtsein den speziell im Gesetze mit Strafe bedrohter Handlungen an Schädlichkeit und Störung der Rechtsordnung jedenfalls gleichstehender Handlungen doch durch den Gesetzgeber vernünftigerweise nicht ausgeschlossen sei. Das ist der Standpunkt des römischen Rechts gewesen, welches „ex sententia legis" zu strafen gestattete, und das war

---

listischen, scholastischen Behandlung des Strafgesetzes wird dann die nach Erwägung der realen Lebensverhältnisse notwendige Beschränkung außer acht gelassen.

[16]) Übrigens hat z. B. auch im deutschen Strafrecht die Strafwillkür innerhalb gewisser Grenzen eine Rolle gespielt. Vgl. *Bar*, Geschichte S. 67. *Brunner*, Deutsche Rechtsgeschichte **2** S. 596.

auch der Standpunkt des gemeinen Rechts[17]) in Deutschland und des französischen Rechts bis zum Ende des vorigen Jahrhunderts. Die allmählich einreißende Unsicherheit des Rechtes, die damit gegebene subjektive Willkür der Richter in Deutschland und Frankreich, auch die nach Montesquieu Wurzel fassende Theorie von der Teilung der Gewalten, führten zunächst im österreichischen Gesetzbuch Josephs II.[18]) zur Ausschließung einer Bestrafung auf Grund der analogen Anwendung des Gesetzes, dann aber in der Constitution française v. 1791 zu dem Satze «. . . nul ne peut être puni qu'en vertu d'une loi établie et promulguée antérieurement au délit et légalement appliquée.»[19]) Die psychologische Zwangstheorie Feuerbach's, die man vielleicht ebenso richtig als die Theorie von der Rechtfertigung der Strafe durch das positive Gesetz bezeichnen kann, die Überschätzung dessen, was das Gesetz als solches leisten kann, sowie die Unterschätzung dessen, was die Rechtswissenschaft unumgänglich leisten muß, haben dann vielleicht mitgewirkt, diesem französischen Satze allgemeine Anerkennung in der Gesetzgebung zu verschaffen.[20]) Es heißt aber die Tatsachen verkennen, wenn man in dem Satze des § 2 Abs. 1 des deutschen Strafgesetzbuchs:

> „Eine Handlung kann nur dann mit einer Strafe belegt werden, wenn diese Strafe gesetzlich bestimmt war, bevor die Handlung begangen wurde."

nicht den Ausdruck der allgemeinen Überzeugung finden will, daß zur Rechtssicherheit des Einzelnen unumgänglich gefordert

---

[17]) Vgl. *Wächter*, Arch. d. Criminalr. 1844 S. 423. Die CCC. Art. 104, 105 hatte nur den zu ihrer Zeit noch nicht rechtsgelehrten Unterrichtern das Strafen nach Analogie verboten. Siehe *Bar*, Geschichte I S. 122, 123.

[18]) *Bar*, Geschichte S. 158.

[19]) Code pénal art. 4. „Nul contravention, nul délit, nul crime, ne peuvent être punis de peines qui n'étaient pas prononcées par la loi avant qu'ils fussent commis."

[20]) Vgl. Bayr. CGB. von 1813 Art. 1.: „Wer eine unerlaubte Handlung oder Unterlassung, für welche das Gesetz ein gewisses Übel angedroht hat, begeht, ist diesem gesetzlichen Übel als seiner Strafe unterworfen", Württemberg. StGB. v. 1839 Art. 1: „Das gegenwärtige Strafgesetzbuch findet Anwendung auf Handlungen oder Unterlassungen, welche in den Bestimmungen desselben ihrem Wortlaut oder dem Sinne nach mit Strafe bedroht sind." Hannov. CGB. Art. 4 usw. Niederländisches GB. Art. 1 Abs. 1. Italienisches StGB. 1889 Art. 1. Österreichischer Entwurf v. 1893. § 2 Abs. 1 übereinstimmend mit StGB. § 2 Abs. 1. Schweizerischer Entwurf 1903: „Strafbar ist nur, wer eine Tat begeht, die gesetzlich mit Strafe bedroht ist." — Im norwegischen GB. 1902 findet sich solche Bestimmung nicht.

werde, daß jede zu verhängende Strafe in einem bestimmten gerade die in Rede stehende Handlung mitumfassenden Strafgesetze vor Begehung der Handlung angedroht sein müsse Bei der durch steigende Kultur herbeigeführten Trennung der Berufsklassen, der Bildung, bei der Ausbildung einer gelehrten Jurisprudenz und eines besonderen Juristenstandes, der in der Tat mit Denken, Fühlen und Urteilen sich in Gegensatz setzen kann gegen die allgemeine und unbefangene Volksüberzeugung, ist ein solcher Satz fast eine Notwendigkeit zu nennen. Nicht daß er willkürliche, verkehrte und der allgemeinen Rechtsüberzeugung widerstrebende Urteile absolut auszuschließen vermöchte. Immer wird man auch dem gut abgefaßten Gesetze einen verkehrten Sinn unterlegen können, und ungerechte Verurteilungen werden bei charakterlosen oder durch Partei- oder Standesrücksichten voreingenommenen oder unwissenden Richtern immer vorkommen. Aber eine Schranke gegen Willkür ist doch da, und nicht immer ist es leicht, sie mittels einer gewagten Interpretation oder einer seiltanzenden und halsbrechenden Logik zu überspringen. Freilich kann man sagen, daß die Schranke des unverkennbaren auch mit dem Wortlaute harmonierenden Sinnes des Gesetzes strafwürdiger Taten mitunter selbst zur Überraschung der öffentlichen Meinung vor der Strafe schützt; allein die menschliche Gerechtigkeit ist keine vollkommene, und eine einfache Betrachtung zeigt, daß der Staat aus mannigfachen Gründen auf die Bestrafung vieler moralwidriger (oder antisozialer) Handlungen verzichten muß.[21]) Das große Gut der besseren Rechtssicherheit der Einzelnen gegen irrige, zuweilen parteiische Rechtsprechung ist mit dem Verzichte auf die Bestrafung einer selbst erheblichen Anzahl schlechter Taten nicht zu teuer bezahlt,[22]) und der Rechtswissenschaft bleibt noch eine Aufgabe reichlich

---

[21]) Vgl. *Bar*, Geschichte S. 334.

[22]) Das ist z. B. übersehen worden in vielfachen Deklamationen gegen das meines Erachtens durchaus zutreffende Urteil des RG. IV v. 20. Okt. 1896 (E. **29** Nr. 43 S. 111 ff.) welches die widerrechtliche Entnahme von Elektrizität unter den Begriff des Diebstahls zu subsumieren ablehnte. Daß die fehlende oder nur auf den Titel anderer Delikte mögliche Bestrafung derartiger Fälle eine Lücke im Strafrechte war, mag anerkannt werden. Wenn aber das Reichsgericht, obschon die Elektrizität als körperliche Sache mit Sicherheit nicht betrachtet wurde, gleichwohl die Bestrafung als Diebstahl für zulässig erklärt hätte, so wäre damit ein für die allgemeine Rechtssicherheit höchst bedenkliches Beispiel der extensiven Ausdehnung des Strafgesetzes oder der Anwendung der Analogie, entgegen StGB. § 2, gegeben worden.

groß und bedeutungsvoll genug. Sie braucht nicht (mit Binding, Handb. I S. 28)[23] die Beseitigung der Schranke des § 2 Satz 1 zu fordern, um damit eine Verantwortlichkeit auf sich zu laden, die in schwierigen durch Partei- und Klassenkämpfe ausgefüllten Zeiten verhängnisvoll werden könnte: wird doch das Richteramt je mehr es von der Schranke des Gesetzes befreit ist, um so mehr für alle Fehler und Lücken des Rechtslebens verantwortlich.

Die Bestimmung des § 2 Abs. 1 des StGB. wird also unbedingt auch in ein neues Gesetzbuch aufzunehmen sein. Eine Übertreibung dagegen ist es, die negative Funktion des Strafgesetzes — die Sicherung der Freiheit des einzelnen — als die Hauptfunktion zu betrachten.[23] Die Einschärfung gewisser unverbrüchlicher Grundsätze des menschlichen Handelns und Treibens bleibt immer die Hauptsache. Wenn endlich das heutige Strafrecht eine Bestrafung nur auf Grund eines Gesetzes gestattet, so ist damit, wie auch die herrschende Ansicht annimmt, Bestrafung auf Grund eines Gewohnheitsrechtes ausgeschlossen. Durch kritiklose Anwendung von Präjudizien kann freilich tatsächlich eine Gewohnheit auch hier zur Herrschaft gelangen; aber sobald man erkennen würde, daß die Bestrafung über das Gesetz hinausginge, dürfte kein Gericht auf die frühere Übung mehr Rücksicht nehmen. Das Strafgesetz würde seine negative Funktion, zugleich die Rechtssicherheit und Freiheit der einzelnen zu garantieren, nicht erfüllen können, wenn eine Bestrafung auf Grund einer Gewohnheit zulässig wäre, die meist nicht ganz einfach und leicht festzustellen wäre, und von der der Angeklagte vielleicht Kenntnis sich nicht verschaffen konnte. Je größer das Rechtsgebiet ist, für welches das gesetzliche Recht gilt, und je mehr die Teilung der Berufe und Lebensverhält-

---

[23]) Unrichtigerweise hat auch *Ad. Merkel* (*Holtzendorff* Handb. 2 S. 83) diesen Satz nur auf eine mehr vorübergehende Veranlassung zurückführen wollen.

[23]) Diese Übertreibung — *Liszt* hat einst das Gesetz als die Magna carta des Verbrechers bezeichnet — hängt zusammen mit der Richtung, nach welcher das Strafrecht nicht sowohl an die Gesamtheit sich wendet, als vielmehr durch den Strafvollzug die einzelnen, welche verbrecherische (antisoziale) Neigungen haben, erziehen soll. Die allgemeine Tyrannei, die daraus sich entwickeln könnte, soll dann wieder durch eine große Bestimmtheit des Strafgesetzes verhütet werden. Aber beide Ziele sind in dieser Weise miteinander nicht zu vereinigen.

nisse fortschreitet, um so mehr Gründe sprechen gegen die Anerkennung der Gewohnheit auf dem Gebiete des Strafrechts. Dagegen kann allerdings, wie auch von vielen angenommen wird,[24]) eine gesetzliche Strafbestimmung durch Desuetudo ihre Kraft verlieren. Auf dem Gebiete des Polizeistrafrechts wird eine Berufung auf Desuetudo hier und da in der Tat Erfolg haben können.

Ein Gewohnheitsrecht, das auf anderen Gebieten des Rechts, z. B. im Privatrechte, Geltung erlangt, kann indirekt für die Entscheidung eines Straffalles maßgebend werden. Wenn das Delikt besteht in der Verletzung eines bestimmten Privatrechtes, so ist die Frage, ob dieses Recht existiert, für den Strafrichter eine rein zivilrechtliche ist, also abhängig von der Anerkennung des Gewohnheitsrechtes für das Zivilrecht.[25])

Gesetze in dem strafrechtlich maßgebenden Sinne sind aber auch rechtsgültige Verordnungen[26]) im staatsrechtlichen Sinne. Ein großer Teil des praktischen Polizeistrafrechts beruht eben nur auf Verordnungen. Staatsverträge kommen für das Strafrecht in Betracht, insofern sie als Gesetze oder Verordnungen publiziert sind.

---

24) So *Hälschner* 1 S. 85. *H. Meyer* § 14. 2. *Olshausen* zu § 2 Anm. 5. *Franke* J. Z. I. *Finger* 1 S. 110; im Ergebnis auch *Binding* 1 S. 210. Anderer Ansicht z. B. *Liszt* § 17, *Wachenfeld* S. 250 u. *Lilienthal* S. 10.

25) Für den Strafrichter kommt also jetzt zumeist in Betracht, inwieweit das BGB. ein Gewohnheitsrecht anerkennt. Partikulare Gewohnheitsrechte, welche dem Reichsrechte derogieren würden, sind nicht anzuerkennen. Vgl. im übrigen z. B. *Endemann*, Einführung in das Studium des BGB. I S. 12.

26) Verordnung ist rechtsgültig wirksame gesetzgeberische Willenserklärung der Staatsgewalt, bei welcher verfassungsmäßig die Mitwirkung der Volksvertretung nicht erforderlich ist, bezw. gesetzgebender Wille einer Behörde, der eine untergeordnete Gesetzgebungsmacht delegiert ist.

## II. Auslegung der Strafgesetze. Analogie. Redaktionsversehen. Druckfehler.

*Jordan*, Auslegung der Strafgesetze 1819 (veraltet). *Schaffrath*, Theorie der Auslegung konstitutioneller Gesetze 1842. *Wächter*, Arch. d. Cr., N. F. 1844, S. 413—436, 534—558 (Über Gesetzes- u, Rechtsanalogie im Strafrecht. *Hepp* das. 1846, S. 100—132, 161—205. *Heffter*, G. Arch. **1** S. 25—34. *Schütze*, G. Arch. **20** S. 350—373. *Sontag*, Die Redaktionsversehen des Gesetzgebers insbes. auf strafrechtlichem Gebiete 1874. *Wächter*, G. S. **29** (1877) S. 321—339. *Merkel* in *Holtzendorffs* Hdb. **2** S. 67—84 und **4** S. 75—86. *v. Mittelstädt*, G. S. **43** S. 1—22.

**§ 6.** Die Auslegung der Strafgesetze hat im allgemeinen denselben Regeln zu folgen, welche für die Auslegung von Gesetzen überhaupt gelten. Diese allgemeinen Regeln sind richtiger nicht in einer Darstellung des Strafrechts, vielmehr in einer allgemeinen Rechtslehre zu erörtern. Es soll deshalb hier von ihnen abgesehen werden. Nur auf folgendes möge aufmerksam gemacht werden.

Unser[1]) modernes Strafgesetz erhebt, indem es Bestrafung nur auf Grund bestimmter gesetzlicher Vorschriften will, im Interesse der Rechtssicherheit der Individuen den Anspruch der Vollständigkeit des Gesetzes, nicht nur des Rechtes. Dieser Anspruch ist nur im Strafrecht, nicht in anderen Rechtsmaterien, insbesondere nicht im Privatrechte möglich, denn in jeder anderen Rechtsmaterie muß schließlich dem einen oder anderen Teile ein Recht, eine Befugnis zugesprochen werden. Dagegen hängt es von mancherlei Rücksichten ab, ob die besondere

[1]) In England und nach Common law in den Vereinigten Staaten von Nordamerika gilt nicht das Prinzip der Vollständigkeit des Strafgesetzes (vgl. insbesondere *Wharton* **1** §§ 27, 28). Es ist hier auch wegen der ausgedehnten Mitwirkung der Geschworenen bei der Strafjustiz weniger notwendig; es wird niemand verurteilt, wenn nicht Richter und Geschworene ihn für strafbar erklären. Aber sobald ein Gesetz über bestimmte Arten strafbarer Handlungen ergangen ist, gilt eine ausdehnende Interpretation nicht hinsichtlich der, wie wir uns ausdrücken würden, in dem Gesetze behandelten Materie. Bei der immer zunehmenden Zahl solcher Gesetze befindet man sich also auch in jenen Ländern auf dem Wege zur Anerkennung der Vollständigkeit des Strafgesetzes.

Schutzmaßregel, die in dem Strafgesetze liegt, für bestimmte Fälle Anwendung finden soll oder nicht. Man kann da verzichten und verzichtet in gewissem Umfange immer, ohne daß eine unerträgliche Lücke entsteht.[2])

Es ergibt sich daher die Unzulässigkeit der Bestrafung einer im Gesetze nicht mit Strafe bedachten Handlung auf Grund der Analogie, und zugleich die Notwendigkeit gerade im Strafrecht, Interpretation des Gesetzes von analoger Anwendung möglichst streng zu unterscheiden.

Nun ist es eine heute zum Teil kaum bestreitbare Wahrheit, daß nicht nur dasjenige als Inhalt des Gesetzes gilt, was der Gesetzgeber als unter das Gesetz fallend sich vorgestellt, gedacht hat.[3]) Es gelten vielmehr unzweifelhaft und müssen gelten Konsequenzen, an welche der Gesetzgeber nicht gedacht hat, ja zuweilen solche, die dem mit dem Gesetze verfolgten Endzwecke zuwider sind. Aber eine Entscheidung, die durchaus nicht mehr durch den Wortlaut als mitumfaßt betrachtet werden kann, ist nicht mehr auf Interpretation, vielmehr auf Analogie gegründet;[4])[5]) man verwendet da ein dem Gesetze zugrunde liegendes Prinzip auf Fälle, die außerhalb der Erklärung des Gesetzgebers liegen, und daran ändert auch ein Zurückgehen auf Vorverhandlungen über den Erlaß des Gesetzes nichts.

Die Anwendung der Analogie ist aber nicht ausgeschlossen, wenn es sich darum handelt, einen Strafausschließungs-, Straftilgungs- oder Strafmilderungsgrund, der sich in einer gesetzlichen Bestimmung findet, auf Fälle auszudehnen, die an sich unter eine andere gesetzliche Bestimmung zu subsumieren sind.[6])

---

[2]) In diesem Sinne bereits *Schaffrath* S. 12, 13 und *Krug* S. 24, 25.

[3]) Vgl. in dieser Beziehung besonders *Merkel* in Holtzendorff II, S. 70. *Kohler* in Grünhut's Zeitschr. 13, S. 33ff., bes. S. 49.

[4]) Dagegen kann von einer Analogie — und deshalb auch von unzulässiger Bestrafung auf Grund der Analogie — nicht die Rede sein, wenn das Gesetz durch seine Fassung selbst den Richter auf ganz allgemeine Grundsätze und Begriffe verweist und nun der Richter untersucht, ob nicht an einzelnen anderen Stellen des Gesetzbuchs eine bestimmtere, verwendbare Gestalt des Grundsatzes oder Begriffs hervortritt, so wenn das Gesetz von „Vorsatz" wie „verursachen" spricht. Hier handelt es sich nicht um Ausdehnung, vielmehr um Präzisierung.

[5]) Für die Notwendigkeit dieser Unterscheidung, wenn einmal das Prinzip des § 2 Abs. 1 des Gesetzes gelten soll, auch *Binding* 1 § 46 I.

[6]) Anderer Meinung z. B. Merkel in *Holtzendorff* 2 S. 82, *Binding* 1 § 47 zu Anm. 8; richtig bereits *Mittermaier* zu *Feuerbach*, Lehrb. § 75a, Anm. 22 und besonders *Hepp* a. a. O. S. 132ff.

Darunter leidet die Rechtssicherheit der Individuen nicht, und richtige Anwendung der Analogie ist im allgemeinen richtige Handhabung des Rechtes. Andererseits dürfen Schärfungsgründe[7] und Zusatzstrafen nicht in solcher Weise übertragen werden,[8] während für die Strafzumessung im engern Sinne, soweit das Gesetz nicht besondere Bestimmungen enthält, der Richter auf die allgemeinen Prinzipien des Gesetzes in den einzelnen Strafbestimmungen, auf den Geist des Gesetzes angewiesen, die Analogie also unumgänglich ist.

Die grammatikalische Auslegung ist, wie Kohler[9] schon bemerkt hat, nur eine Umgrenzung der Auslegung, und was dem Worte des Gesetzes ganz fremd ist, ist im Gesetze nicht vorhanden.

Innerhalb dieser Grenzen ist auch eine sogenannte ausdehnende Interpretation[10] des Strafgesetzes, welche zu einer Bestrafung oder strengeren Bestrafung führt, durch den Wortlaut des § 2 Abs. 1 des Strafgesetzbuchs nicht ausgeschlossen.

Aber der Zweck, den der Gesetzgeber mit dieser Vorschrift erreichen will, Rechtssicherheit der Individuen, würde nur sehr unvollkommen erreicht werden, wenn es gestattet wäre, auf Grund allein einer sehr eingehenden, alle Hülfsmittel der gelehrten Jurisprudenz benutzenden Interpretation zu einer Bestrafung (oder zu einer strengeren Bestrafung) zu gelangen.[11] Nicht nur daß die Gefahr einer demnächstigen Widerlegung einer solchen Interpretation besteht: der Gesetzgeber, der eine Handlungs- oder Unterlassungsmaxime durch die Strafsanktion als eine unverbrüchliche einschärfen will, muß dies auch in klarer

---

Die Kontroverse ist allerdings praktisch nicht von großer Erheblichkeit. Die Anwendung der Analogie wird hier meist nach der Erwägung hin ausgeschlossen sein, daß der Gesetzgeber, wenn er den Milderungsgrund gewollt hätte, ihn sehr leicht hätte aussprechen können.

7) Auch dürfte, wenn das Gesetz zwar eine Handlung als strafbar bezeichnet, aber die Bestimmung der Strafe vergessen hätte, die Strafe nicht per analogiam nach anderen gesetzlichen Bestimmungen verhängt werden.

8) *Binding* **1**, 47, II. 4 will in gewissem Umfange auch Strafschärfungsgründe analog verwendet wissen.

9) *Grünhut's* Zeitschr. **13** (1886) S. 33, 35.

10) Die Ansicht, welche einst jede Interpretation des Strafgesetzes durch den Richter verwarf — vgl. darüber *Geib* **1** S. 328 —, bedarf heutzutage keiner Widerlegung.

11) *Hélie* a. a. O.: «On doit donc . . rejeter sans hésitation, en matière pénale ces interprétations tirées . . . de déductions plus ou moins ingénieuses . . .» Man vergleiche mit diesen Worten die Motivierung mancher unserer heutigen deutschen Strafurteile.

Weise tun.[12]) Nicht, daß bei einem nur völlig oberflächlichen Lesen oder einem Kleben an dem zunächst liegenden Wortsinn schon der maßgebende Inhalt sofort in die Augen springen müßte; aber eine Interpretation, die auch bei vernünftiger Überlegung über den Zweck des Gesetzes ohne Anwendung besonderer Hülfsmittel einem verständigen Laien nicht in den Sinn kommt,[13]) darf nicht dazu benutzt werden, eine Handlung für strafbar zu erklären.

Das Strafgesetz würde sonst geradezu statt aufzuklären irreführen. Daher[14]) muß allerdings die gelehrte und fachmännische Interpretation des Strafgesetzes richtigerweise einen mehr restriktiven Charakter tragen. Der Satz: »In poenalibus causis benignius interpretandum est« (L. 155 D. de R. I.) galt schon in der römischen Jurisprudenz, und in L. 42 D. 48, 19 heißt es: »Interpretatione legum poenae molliendae sunt potius quam asperandae.« Bei uns muß, da das Gesetz eine Bestrafung nach Analogie und ex sententia legis nicht mehr zuläßt, selbst der nur mittels besonderer Hülfsmittel klar zu erkennende Bestrafungswille des Gesetzgebers unbeachtet bleiben, wenn er in dem unmittelbar maßgebenden Wortlaut[15]) nicht gefunden werden kann. Andererseits ist man berechtigt, zur restriktiven Interpretation auch die legislativen Verhandlungen zu benutzen. Die völlige Verwerfung dieser Benutzung kommt auf eine Verwerfung des Gebrauchs der freilich vorsichtig zu benutzenden Entstehungsgeschichte des Gesetzes hinaus, und der Benutzung dieser Materialien zu einer einschränkenden Interpretation im Strafrecht läßt auch der Satz sich nicht entgegenstellen, daß niemand diese Materialien zu kennen verpflichtet sei. Im übrigen aber führt die restriktive Interpretation zu einer Betrachtung und Erwägung der realen Lebensverhältnisse, während die extensive Interpretation sich meist an der einfachen

---

[12]) *Faustin Hélie* I n. 24: »C'est au législateur à se faire comprendre, s'il veut être obéi.«

[13]) In der Zurückweisung solcher Auslegungen besteht ein Hauptteil des jetzt in Deutschland erkannten Vorzugs einer Strafjustiz, an welcher auch dem Nichtjuristen eine Teilnahme eingeräumt ist.

[14]) *Hugo Meyer*, S. 14 No. 8 führt den Satz auf den „allgemeinen Grund" zurück, daß jede belastende und beschränkende Maßregel voll begründet sein müsste, um zur Anwendung zu kommen.

[15]) Selbstverständlich muß ein Gesetz, das eine zusammenhängende Materie behandelt, auch im Zusammenhange gelesen werden.

Feststellung genügen läßt, daß doch in irgendeiner Weise die abstrakte Logik die Subsumtion des in Rede stehenden Falls unter die Wortformel des Paragraphen zulasse.[16]) Die völlig abstrakte Sprache unserer Gesetze — man sieht vornehm herab auf die freilich schwerfällige, aber sinnlich anschauliche mit Beispielen erläuternde Abfassungsweise der englischen Gesetze — leistet dieser Richtung selbstverständlich Vorschub.

So ist man z. B. nicht selten dahin gekommen, ungeachtet allgemein anerkannt wird, daß § 2 Abs. 2, der Bestrafung nach Analogie radikal ausschließt, gleichwohl die bei der Abfassung des Gesetzbuchs recht wenig beachtete, man möchte fast sagen versteckt sich findende Bestimmung über den „groben Unfug" zu einer Rechtfertigung der Bestrafung alles dessen zu verwenden, was das Gericht für ungebührlich, d. h. für strafwürdig erachtet, eine Bestrafung in der Tat auf Grund allgemeinster und unbestimmtester Rechtsanalogie.[17]) Dergleichen Bestrafungen, die nur auf Grund einer abstrakten, vielleicht zugleich recht bestreitbaren Logik ergehen, und deren Richtigkeit eine Betrachtung der realen Verhältnisse in keiner Weise dartut, schaden dem Ansehen und der Wirksamkeit der Justiz empfindlich.

---

[16]) Vgl. über alles dieses den zitierten trefflichen Aufsatz von *Mittelstädt*, der zugleich nachweist, daß gerade die neuere deutsche Jurisprudenz sich fast fortwährend — an der Hand einer abstrakten Logik — auf der Bahn extensiver Interpretation des Strafgesetzes bewegt. So ist der Begriff des Vorsatzes zum Bewußtsein, daß aus einer Handlung ein Erfolg sich ergeben könne — Dolus eventualis im weitesten Umfange —, der Begriff der Beweiserheblichkeit einer Urkunde bei der Urkundenfälschung zu dem Begriffe geworden, daß ein einerlei wie beschaffenes Schriftstück, ja irgendein Gegenstand unter igendwelchen Umständen zu irgendeinem Beweise benutzt werden könne.

[17]) Freilich nur innerhalb der Strafgrenze von Geldstrafen bis hundertfünfzig Mark und sechs Wochen Haft, aber immerhin genügend, um die gemeine Freiheit nach individueller Ansicht einzelner Gerichte höchst empfindlich zu beschränken. Erfreulicherweise ist gegen verkehrte Anwendung des Begriffs des groben Unfugs jetzt ein gewisser Umschwung eingetreten und RG. III, 3/6. 1889. E. **19** N. 85 bes. S. 295 hatte bereits ausgesprochen, daß in § 360, 11 keineswegs im allgemeinen subsidiäre Strafbestimmung enthalten sei. Vgl. ferner RG. II 28./4. 1903. E. **36**. N. 78. S. 213 RG. 14, 6 98. E. **31**. N. 62 S. 190ff. Wer z. B. es als groben Unfug im Sinne des Strafgesetzes bezeichnen will, daß jemandem bei Reichstagswahlen Stimmzettel entgegenstehender Parteien — etwa der sozialdemokratischen Partei — angeboten oder ins Haus gebracht werden, verkennt die realen Verhältnisse eines Wahlkampfes völlig und vergißt, daß das Wahlgesetz dergleichen Handlungen, wenn doch verschiedene Parteien sich sollen geltend machen können, gestatten m u ß. Daß einzelne oder viele empfindsame Seelen sich wirklich oder angeblich dadurch unangenehm berührt fühlen oder sich als beunruhigt ansehen, kann dem gegenüber nicht in Betracht kommen.

Bei der demnächstigen reformierenden Revision des StGB. wird § 2 Abs. 2 unverändert beizubehalten sein. Die Vorteile, die mit einer erweiterten Strafbefugnis der Gerichte zu erreichen wären, stehen absolut in keinem Verhältnis zu den damit verbundenen Nachteilen. Es erübrigt die Reihe der Gesetzgebungen anzuführen, in denen eine dem § 2 Abs. 2 entsprechende Bestimmung sich findet. Auch in dem Vorentwurfe des schweizerischen StGB. von 1903 findet sie sich in Art. 1. Ich entdecke sie freilich nicht in dem norwegischen StGB., welches ja vielfach sehr modernen Tendenzen huldigt. Vielleicht hat man sie in Norwegen für überflüssig gehalten. Das ist sie aber meines Erachtens nicht, selbst wenn man sie für selbstverständlich erachtet. In einer Zeit politischer und mehr noch sozialer Kämpfe scheint es durchaus nötig, die Justiz vor jeder Möglichkeit, ja vor jedem Verdachte unbestimmter Willkür zu bewahren, soweit dies überhaupt durch Gesetze und Einrichtungen geschehen kann.

In einem umfangreichen Gesetze sind oft Bestimmungen, die in einem späteren Abschnitte sich finden, nur, ganz oder teilweise, Konsequenzen vorangeschickter Bestimmungen: wenn man diese ändert, müßte man konsequent auch jene ändern. Es kann nun vorkommen — und gerade die Notwendigkeit des Zusammenwirkens verschiedener Faktoren bei der Gesetzgebung, insbesondere die parlamentarische Behandlung ist geeignet, dergleichen herbeizuführen —, daß bei Vornahme einer Änderung die danach der Konsequenz zufolge erforderliche Vornahme einer zweiten Änderung an einer anderen Stelle gleichwohl unterlassen wird. Im Falle eines solchen Redaktionsversehens[18]) ging aber bezüglich der in Betracht kommenden Stellen der Wille des Gesetzgebers dahin, dasjenige zu erklären, was wirklich erklärt worden ist;[19]) beide Erklärungen obwohl sie nicht miteinander im Einklang stehen, sind daher Gesetz mit allen für den Richter daran sich knüpfenden Folgen: es liegt also ein in sich, in einzelnen Teilen, nicht harmonierendes (oder im Falle der Weglassung einer der Konsequenz nach

---

[18]) Ein solches Versehen kann auch in Gestalt der Weglassung eines der Konsequenz nach erforderlichen Zusatzes bestehen.

[19]) Im Augenblick des Beschlusses eines bestimmten Paragraphen hat man ihn so wie beschlossen gewollt.

erforderlichen Spezialbestimmung ein lückenhaftes) Gesetz vor, und so wenig man in anderen Fällen, wo infolge eines mangelhaften Gedankenganges ein Gesetz Disharmonien aufweist, den einzelnen disharmonierenden Bestimmungen den Gehorsam weigern darf, so wenig darf man es auch hier. Bei einem vollkommenen Widerspruch zwischen einzelnen Bestimmungen müssen ebenfalls die für solche Fälle geltenden allgemeinen Regeln Platz greifen, nur daß, soviel das Strafrecht betrifft, im Zweifel auch in solchem Falle die dem Angeklagten günstigere Ansicht den Vorzug zu erhalten hat. Im Falle lückenhafter Bestimmungen muß in gleicher Weise verfahren werden; nur daß hier die Analogie nicht verwendet werden darf, um eine Handlung überhaupt zu strafen oder einer strengeren Strafe zu unterwerfen.[20]) So zu erkennen, als ob der Text des Gesetzes konsequent und harmonisch abgefaßt wäre, wie dies Sontag vertreten hat, ist der Richter nicht befugt; er würde ja sonst überhaupt für befugt zu erklären sein, seiner Ansicht nach die nicht harmonierenden Gesetze, bei denen ein Gedankenfehler sich eingeschlichen hätte — auch bei Abfassung eines Gesetzes, einer Verordnung lediglich durch einen Einzelverfasser können Redaktionsversehen vorkommen — in korrigierter Gestalt anzuwenden. Die gemeine Ansicht hat sich daher mit Recht gegen Sontag erklärt. Abhülfe ist nur durch die Gesetzgebung selbst möglich und auch — zum Teil wenigstens — für die bei der Abfassung des Strafgesetzbuchs vorgekommenen Versehen erfolgt.[21])

Anders steht es mit Druckfehlern. Hier stimmen Wille und Erklärung des Gesetzgebers überein; nur die

---

[20]) Auf dem im Text bezeichneten Wege, der auch bei den nicht gerade wenigen Redaktionsversehen des StGB. von der deutschen Jurisprudenz eingeschlagen worden ist, ist es häufig möglich, derartige Versehen unschädlich zu machen. Vgl. *Wächter* G.S. **29** S. 338.

[21]) Zu unterscheiden von einem Redaktionsversehen in dem obigen Sinne ist aber ein bloßes Vergreifen im Wortlaut einer Bestimmung, wobei der Sinn der letzteren — das, was das Gesetz gerade verordnet — ohne weiteres klar ist. So steht in § 275. 1. des Gesetzes: Wer 1. wissentlich von falschen oder gefälschtem Stempelpapier, falschen oder gefälschten Stempelmarken . . . . . Gebrauch macht . . . . . statt: Wer usw. von falschen oder verfälschten usw. Indes kann „gefälscht“ nicht in dem strengen Sinne gemeint sein, da dann der Zusatz oder „gefälschten“ überhaupt gar keinen Sinn haben würde. Dazu bedarf es keines Nachdenkens. Die gemeine Meinung wendet daher mit Recht den Paragraphen so an, als ob statt „gefälschten“ das Wort „verfälschten“ gesagt wäre.

Publikation ist fehlerhaft. Es kann also durch Neupublikation des Gesetzes oder eine spezielle den Druckfehler verbessernde Publikation auf Anordnung der die Publikation überwachenden Behörde geholfen werden. Ein Druckfehler, der keinen Zweifel läßt, über das, was gedruckt werden sollte, aber nicht gedruckt ist, wird einer solchen bessernden Publikation nicht bedürfen.

# Anhang.

## Der Begriff des Rechtsguts und die Normentheorie als Mittel der Auslegung des Strafgesetzes.

*Binding*, Normen **1** (1890) 328—364. Handbuch **1** S. 169 (§ 32 III l. c.). *v. Liszt*, Zeitschr. **9**. S. 663ff. und **8** S. 133 bis 156. *Keßler*, G. S. **39** S. 94—137. *Finger*, G. S. **40** S. 139—157. *Keßler*, das. S. 599—603. *Oppenheim*, Die Objekte des Verbrechens, 1894 S. 1—63. *Kitzinger*, G. S. **55** S. 1 ff., bes. S. 29ff. *Oetker*, Zeitschr. **17** S. 493ff. *M. E. Mayer*, Rechtsnormen und Kulturnormen. *Berolzheimer*, Entgeltung. S. 159ff. *Höpfner*, Zeitschr. **23** S. 643ff. *Beling*, Die Lehre vom Verbrechen S. 115ff.

**§ 7.** In der neuesten deutschen Rechtswissenschaft spielt der Begriff des Rechtsguts,[1]) und ebenso der Streit um denselben eine bedeutende Rolle. Welche Bewandtnis hat es damit?

Unter „Gut“ versteht man sprachlich das, was gut ist, was fördert. Güter des einzelnen sind zunächst seine persönliche Integrität, ohne die er nicht leben, sich nicht fortentwickeln, fördern kann, ja das Leben selbst, dann aber auch alle körperlichen Sachen, die ihm dafür zu Gebote stehen, förderliche Beziehungen zu anderen Personen (z. B. guter Ruf, Freundschaften), aber auch Rechte, denn mittels dieser kann er Sachen und Personen (jedenfalls Dienste und Arbeiten) seinen Zwecken förderlich machen. (Möglicherweise könnte man auch das Bestehen der gesamten Rechts- und Staatsordnung als ein Gut des einzelnen betrachten, da sie dem einzelnen die anderen Güter garantiert. Aber hier überwiegt doch naturgemäß die Auffassung, daß es sich um ein Gut der Gesamtheit handelt.)

Man sieht schon aus dieser Zusammenstellung daß „Gut“ ebensowohl ein körperlicher Gegenstand, als eine Beziehung zu Personen sein kann, etwas Körperliches und etwas Nichtkörperliches. Noch mehr tritt dies hervor, wenn von den

---

[1]) Anscheinend ist dies auf die *Krause-Ahrens*sche Rechtsphilosophie (vgl. insbesondere *Ahrens*, Naturrecht, 6. Aufl. I. S. 339) zurückzuführen. — *Oppenheim* S. 8 macht darauf aufmerksam, daß zuerst *Birnbaum*, Arch. d. Cr. 1834 S. 179 das Verbrechen als Verletzung oder Gefährdung eines durch die Staatsgewalt allen gleichmäßig zu garantierenden Gutes bezeichnet habe.

Gütern eines Volkes die Rede ist. Der Staat selbst hat reale Güter (Besitz), wie der einzelne, und auch der reale Besitz der einzelnen, deren Vermögen ist für den Staat ein Gut; ist es doch keineswegs für den Staat gleichgültig, ob die Bewohner einer Gegend, die Angehörigen eines bestimmten Standes verarmen; ebenso kann das Leben der einzelnen überwiegend als ein Gut des Staates bezeichnet werden. Aber als ein hohes Gut der Gesamtheit muß auch dem Staate die Rechtsordnung, ja er selbst gelten, wie ja auch der einzelne sein Leben (d. h. sich selbst) als Gut betrachtet, und ebenso muß dem Staate als ein hohes Gut erscheinen die Achtung der einzelnen von Recht und Moral, worauf schließlich die Aussicht auf Fortdauer von Recht und Moral im Staate, die Aussicht auf Fortdauer des Staates beruht.

Sagt man nun, das Verbrechen sei Verletzung eines Rechtsgutes und anderseits das Strafgesetz schütze die Rechtsgüter, sei „Rechtsgüterschutz“, was sind dann die Rechtsgüter, die der Verbrecher angreift, die das Strafgesetz schützt? Sind es die körperlichen Sachen, die dem Menschen, dem Staate förderlich sind, oder ist es die allgemeine Rechtsordnung, oder die Achtung vor dieser, oder alles dieses zusammen?

Die richtige Antwort kann nur folgende sein. Zunächst will und muß der Staat in der Tat die Güter im körperlichen Sinne schützen, mögen sie dem einzelnen oder ihm selbst, dem Staate, gehören. Jeder Unbefangene wird zugeben, daß er für sein Eigentum, Leben und Gesundheit den Schutz des Staates genießt; es kommen aber auch gewisse nicht-körperliche Dinge, bloße Beziehungen in Betracht, so der gute Ruf die Ehre, Rechte — aber z. B. nicht die Freundschaft, obwohl diese für den einzelnen sehr wertvoll sein kann. Der Staat kann nicht alles schützen, was dem einzelnen wertvoll sein mag. Abgesehen davon, daß der Staat für den Begriff des zu schützenden Gutes nicht die nur individuelle Schätzung und Neigung oder individuelles Bedürfnis, vielmehr allgemein als wertvoll anerkannte Eigenschaften eines Dinges oder Verhältnisses entscheiden lassen muß, kommen hier die Regeln über die Auswahl der mit Strafe zu belegenden Handlungen in Betracht. Die wirklichen Rechte aber werden meist als Schutzobjekte gelten müssen — freilich nicht in allen Beziehungen; denn auch hier machen sich die Regeln über die Auswahl der strafbaren Handlungen geltend. Allzu unbedeutende Verletzungen, Verletzungen nur durch Fahrlässigkeit[2]) werden strafrechtlich oft unbeachtet bleiben usw. Zuweilen wird die Handlung nach einem bestimmenden Strafrechtsatze nur bestraft, wenn sie physisch sich gegen bestimmte körperliche Gegenstände richtet, zuweilen wenn sie auf bestimmte Weise — z. B. Entziehung aus dem Gewahrsam, Inbrandsetzen — erfolgt.

Also sind Güter des einzelnen, mögen sie ihm auch rechtlich zukommen, nicht in allen und jeden Beziehungen Rechtsgüter. Sie sind es im strafrechtlichen Sinne nur insofern sie durch strafrechtliche Verbote und Gebote geschützt werden.

Dasselbe gilt, wenn es sich um Güter der Gesamtheit, des Staats handelt oder um dessen Existenz und dessen in die äußere Erscheinung tretende Einrichtungen; und aus dem oben Gesagten folgt, es müßte auch konsequent die Achtung von Recht und in gewissem Umfange selbst der allgemeinen Moral an sich betrachtet unter den Strafschutz gestellt werden.

Hier drängt indes als Regel sich die Betrachtung auf, daß die Leidenschaften und Triebe der Menschen sich meistens nicht gegen Recht und Moral in abstracto richten, und daß andererseits bloße abstrakte Kundgebungen von Ansichten weniger Schaden anrichten, während zugleich ein Strafschutz in dieser Richtung in richtiger Weise äußerst schwer zu begrenzen ist, vielmehr leicht zu einer verderblichen Fessel jeder freien Kritik und jedes Fortschrittes werden kann.[3]) Recht und Moral werden aber auch in abstracto angegriffen, wenn das konkrete Recht eines anderen verletzt wird, und auch wenn jemand eine Handlung begeht, nicht, weil sie moralwidrig ist, sondern obwohl er bedauert, daß sie dies ist. Es heißt nur logisch mit Worten spielen, wenn man gegen die allgemeine Ansicht behauptet, daß die allgemeine Rechtsordnung, die in unerreichbare Höhe throne,

---

[2]) Gegen absichtliche schnell vorübergehende körperliche Schmerzerregungen gewährt z. B. unser heutiges Strafrecht Schutz, nicht aber gegen nur fahrlässig verursachte.

[3]) Der dem Deutschen Reichstage im Herbst 1894 vorgelegte, aber gescheiterte Gesetzentwurf gegen die sog. Umsturzbestrebungen wollte unter anderm freilich auch den öffentlichen Frieden gefährdende Angriffe auf die Religion, die Monarchie, die Familie oder das Eigentum bestrafen, sofern sie durch beschimpfende Äußerungen erfolgen würden.

nie verletzt werden könne. Wenn täglich grobe Verletzungen auch nur am Recht einzelner ungehindert begangen würden, würde dann nicht schließlich die allgemeine Rechtsordnung aufhören zu gelten? Daraus ergibt sich, daß andererseits auch die im Publikum, in den einzelnen mehr oder minder herrschende Achtung vor der allgemeinen Rechtsordnung ein Gut, ein Rechtsgut genannt zu werden verdient, und eben dieses Rechtsgut wird praktisch meistens am besten dadurch geschützt, daß ein Schutz gegen konkrete Rechtsverletzungen gewährt wird. Wenn es der Gesamtheit und der Rechtsordnung gleichgültig ist, ob A oder B das Eigentum oder den Besitz einer Sache hat, so ist es ihr doch nicht gleichgültig, ob im allgemeinen jeder Eigentum und Besitz des andern achtet.[4])

Außerdem wird das strafgesetzliche Verbot (oder Gebot) gewisse Handlungen (oder Unterlassungen) treffen, obschon sie mit Verletzungen oder Gefährdungen bestimmter einzelner Rechte gar nicht in notwendiger Verbindung stehen, obschon sie nur gefährden oder beeinträchtigen den sicheren Gebrauch von Rechten überhaupt oder den Genuß von körperlichen Sachen, an denen jemand ein individuelles Recht hat, oder von Sachen, die niemandem gehören, oder die jeder aus dem Publikum mitgenießen soll. Ja das strafrechtliche Verbot kann Handlungen treffen, welche nur seelische Gefühle oder Ansichten anderer verletzen; Verbote dieser Art lassen sich dann oft auch als Verbote, ergangen im Interesse der allgemeinen Moral, darstellen. In allen diesen Fällen aber, je weniger ein bestimmtes Recht als verletzt oder gefährdet betrachtet werden kann, um so mehr wird von einem guten Strafgesetze eine genaue anderweite Bezeichnung (Beschreibung) der mit Strafe bedrohten Handlung gefordert werden müssen.

Selbstverständlich kann man es ebenso als ein Gut der Gesamtheit bezeichnen, daß auch vor Verboten der letzteren Art allgemeine Achtung herrsche, und so gelangt man in der Aufsuchung von Rechtsgütern konsequent wieder zurück zu dem Ausgangspunkte, d. h. zu den Geboten und Verboten des Rechtsordnung selbst, deren Wesen die Aufstellung eines besonderen

---

[4]) Die herrschende Verwirrung in der Lehre vom Rechtsgute ist zum großen Teile darauf zurückzuführen, daß man das Recht der einzelnen mit dieser allgemeinen Achtung des Rechts oder einzelner Rechte identifiziert.

„Rechtsgutsbegriffes" aufzuklären bestimmt war. Dieser Begriff ist also, abgesehen von seiner Mehrdeutigkeit, schwerlich von beträchtlichem Werte.

Nicht anders ist es, wenn statt des Begriffes „Rechtsgut" das Wort „Interesse" gesetzt und gesagt wird, das Recht schütze nicht Personen, Sachen und Rechte oder gar die allgemeine Rechtsordnung, vielmehr nur die Interessen der Personen, der einzelnen Personen, aber auch des allgemeinen Publikums, und wenn dann die Abgrenzung dieser Interessen wieder dem Strafgesetze entnommen wird. Die Benutzung dieses Zwischenbegriffs, die allerdings zweckmäßig ist, um das Wesen des Strafrechts im ganzen anzudeuten — als Schutz der allgemeinen Lebensinteressen durch die Strafe — ist mithin überflüssig. Daß sie nicht immer unschädlich, zeigen z. B. Keßlers Ausführungen über die Bedeutung der Einwilligung der Verletzten.

Statt den Begriff des Rechtsguts zu verwenden, ziehe ich daher vor, in der früher üblichen Weise nach den Zwecken des Gesetzes zu fragen. Dieser Ausdruck ist gleichsam weniger körperhaft; man verbindet mit ihm, da der Gesetzgeber einen Zweck mehr oder weniger vollständig erreichen, mehr oder weniger rücksichtslos verfolgen kann, die Vorstellung, daß Modifikationen und Korrekturen dabei zu berücksichtigen sind, und Verwechslungen von Begriffen sind dabei nicht möglich, wie sie bei dem Gebrauche des Wortes „Rechtsgut" doch häufig sich einstellen. Im übrigen kommt die Sache auf dasselbe heraus.[5]

Ähnlich verhält es sich mit der von Binding aufgestellten Normentheorie, welche zugleich dem Begriff des Rechtsguts eine ausgedehnte Erörterung widmet. (Vgl. oben S. 4ff).

Die Normen im Sinne Bindings sind die Verbote und Gebote, welche aus der allgemeinen Rechtsordnung sich ergeben und zugleich deren Schutz bilden. Jedes Strafgesetz beruht auf solcher Norm und enthält sie zugleich: aber die

---

5) *Oppenheim* hat in dem zitierten Werke untersucht, was das Objekt der einzelnen Verbrechen sei. Man bemerkt aber, daß Objekt und Rechtsgut sich nicht voneinander unterscheiden. Je nachdem das Objekt im Sinne *Oppenheims* verschieden genommen wird, ändert sich der Sinn der einzelnen Strafgesetze. Das ist eine Art dialektischer Beweisführung, bei welcher das, was bewiesen werden soll, in Wahrheit schon als bewiesen angenommen ist. Der Wert der Untersuchung im einzelnen ist von dem Deckblatt „Objekt" unabhängig.

Strafgesetze erschöpfen die vorhandenen Normen keineswegs. Dies alles ist richtig. Die Schwierigkeit besteht indes darin, jene Verbote und Gebote genau richtig zu fassen,[6]) angesichts der unendlichen Vielgestaltigkeit des Lebens. Binding sieht sich daher gezwungen, die von ihm gefundenen Normen mit Vorbehalt von Ausnahmen aufzustellen;[7]) dann aber wird der Wert der Normen ein sehr problematischer, wie denn überhaupt die Aufstellung der einzelnen Normen „das Schmerzenskind der Normentheorie" ist und die meisten der Anhänger der Normentheorie sich auf diesen von Binding selbst freilich unternommenen Versuch kaum einlassen. In Wahrheit ist die Normentheorie nur ein Hilfsmittel der Interpretation des Strafgesetzes durch Formulierung von Verboten und Geboten, wie diese aus dem Text des einzelnen Gesetzes und zugleich unter Berücksichtigung der gesamten Rechtsordnung, zu deren Schutz die Strafgesetze dienen, sich ergeben. Ein solches Hilfsmittel, das unausgesprochen freilich häufig benutzt wird und benutzt worden ist — man vergegenwärtigt sich doch eigentlich immer bei jedem Strafgesetze, was die Menschen unterlassen und was sie tun sollen, auch in einzelnen Fällen — kann aber kaum als besondere Theorie des Strafrechts bezeichnet werden. Es ist gewissermaßen ein besonders geschliffenes Glas zur Erfassung des Sinnes des einzelnen Strafgesetzes, ein Glas, bei dem zugleich die Gefahr sehr nahe liegt, daß es im einzelnen Falle schief oder verkehrt geschliffen wird.[7a]) Daher ist es im Grunde genommen nicht von ausschlaggebender Bedeutung, ob man es für nötig hält, sich jenes Hilfsmittels stets zu bedienen — was übrigens auch die Vertreter der Normentheorie keineswegs

---

6) Auf andere Fragen der unter ihren Anhängern selbst sehr bestrittenen Normentheorie soll hier nicht eingegangen werden, insbesondere nicht auf *Bindings* Behauptung, daß das Strafgesetz nicht neue und selbständige Normen aufstellen könne.

7) Vgl. insbes. Normen **1** S. 196.

7a) Daß das Aufsuchen der Normen nur ein Versuch ist, den Inhalt oder die Ratio legis (?) eines Strafgesetzes — abgesehen von der Straffolge — in einem kurzgefaßten Gebote oder Verbote darzustellen, scheint sich mir insbesondere auch aus *Fingers* Ausführungen (**1** S. 96ff. bes. S. 98) zu ergeben. *Finger*, ein Anhänger der Normentheorie, fragt: Wenn das StrGB. § 303 die vorsätzliche Sachbeschädigung mit Strafe bedroht, lautet dann die Norm: „man soll nicht vorsätzlich fremdes Eigentum beschädigen, oder allgemein: man soll nicht fremdes Eigentum (sei es vorsätzlich, sei es fahrlässig) beschädigen?" Natürlich muß die Antwort, sowie die Frage gestellt, in letzterem Sinne ergehen. Aber sind wir deshalb berechtigt, den Vorsatz in § 303 soweit zu deuten, daß er tatsächlich fast die gesamte Fahrlässigkeit umfassen würde — etwa als Dolus eventualis?

immer tun — oder ob man glaubt, ohne dies zu einem richtigen Ergebnisse gelangen zu können. Daher kommen auch Anhänger und Gegner der Normentheorie vielfach zu denselben Ergebnissen und ist der wahre Wert eines solchen Ergebnisses unabhängig davon, ob die Normentheorie dabei angewendet wurde. Aber das dialektische Hilfsmittel kann auch trügen: es ist, wie gesagt, nicht ganz leicht, dem optischen Glase die richtige Gestalt zu geben, und der Gebrauch dieses Hilfsmittels kann auch dazu führen, sich bei dem solchergestalt dialektisch gewonnenen Ergebnisse zu beruhigen, andere Hilfsmittel einer richtigen Auffassung des Strafgesetzes dagegen außer acht zu lassen. Mir scheint es im allgemeinen sicherer, ohne das Hilfsmittel ungefährer Formulierung von Verboten und Geboten nach Maßgabe eines bestimmten Strafgesetzes völlig zu verwerfen, die Interpretation des Strafgesetzes vorzunehmen unmittelbar nach Maßgabe der Konsequenz und Harmonie des Strafgesetzes wie des Rechts überhaupt, der realen Anforderungen des Lebens und der Erfahrung, endlich auch der rechtsgeschichtlichen Entwicklung.[8])

---

[8]) In ähnlichem Sinne *Liszt*, § 13 Anm. 2, der hervorhebt, daß die rein formalistische Auffassung des Delikts als Verletzung der Gehorsamspflicht die Richtung des Verbrechens gegen die Lebensbedingungen der rechtlich geordneten Menschengemeinschaft in den Hintergrund treten lassen. Nach *Beling* (Lehre vom Verbrechen S. 115, bes. S. 127, 128) ist normwidrig = rechtswidrig = Diskrepanz gegen das Recht (im ganzen). Wenn dies richtig ist — allerdings wird so das Aufsuchen und Feststellen der einzelnen Normen vermieden —, dann scheint mir der Begriff „normwidrig" überflüssig; denn daß der Begriff der Rechtswidrigkeit nur in einem einzelnen Rechtsgebiete bisher gesucht und nicht auf das Ganze der Rechtsordnung bezogen wäre (so *Beling* S. 127), wüßte ich nicht.

# III. Reichs- und Landesstrafrecht.

*Heinze*, Das Verhältniß des Reichsstrafrechts zu dem Landesstrafrecht. 1871. *Heinze* in Holtzendorff H. **2** S. 1—22. — *Binding*, Der Antagonismus zwischen d. StGB. und dem Entwurf des badischen Einführungsgesetzes 1871. — *Meves*, Allgemeine Deutsche Strafrechtszeitung 1871. S. 545—574. — *Bar*, Kritische Vierteljahrsschrift für Gesetzgebung u. Rechtsw. 1872. S. 254—272. 429—447. — *Kayser* in v. *Holtzendorff* H. **4** S. 1—65. — *Seyferth* (Inwiefern sind Strafgesetze eines deutschen Einzelstaates außerhalb desselben anwendbar?) in *Böhm's* u. *Niemeyers* Zeitschrift für internationales Privat- und Strafrecht. **10** (1900) S. 177—210. *Harburger*, Der strafrechtliche Begriff Inland 1882.

**§ 8.** In einem größeren Staatswesen wird ein absolut einheitliches Strafrecht kaum möglich erscheinen; mancherlei rein provinzielle und lokale Verhältnisse werden wenigstens eine größere Anzahl partikularer Polizeigesetze oder Verordnungen notwendig machen. Noch mehr wird partikulares Strafrecht Raum finden in einem Bundesstaate, in welchem die Autonomie der einzelnen Gliederstaaten prinzipiell in gewissem Umfange wird anerkannt werden müssen.

So konnte denn auch bei Abfassung des deutschen Strafgesetzbuchs nicht davon die Rede sein, ein vollkommen einheitliches Strafrecht für das ganze Gebiet des Reiches zu schaffen. Einerseits mußten eine Menge partikularer strafgesetzlicher Bestimmungen bestehen bleiben, und andererseits mußte den einzelnen Bundesstaaten in gewissem Umfange die Freiheit gewahrt bleiben, auch in Zukunft für ihren Bereich Strafgesetze neu einzuführen.

Aber wie die Motive zu dem ersten Entwurfe des norddeutschen Strafgesetzbuchs bemerken, man wollte doch in dem Gesetzbuche „das für das Bundesgebiet geltende gemeine Strafrecht geben, welches an Stelle der in den einzelnen Bundesstaaten kodifizierten Strafgesetzbücher, sowie des in einzelnen Territorien noch geltenden gemeinen deutschen Kriminalrechts treten“ sollte. Es mußten mithin die allgemeinen Landesstrafgesetzbücher und das in einigen Territorien noch geltende sogenannte gemeine Strafrecht nebst den etwa dasselbe nur zum Teil abändernden Landesstrafgesetzen formell aufgehoben werden, da eben an ihre Stelle das neue einheitliche Reichsrecht zu treten bestimmt war. Dieses Reichsrecht schloß dann von selbst, insoweit es eine Handlung unter seinen Bereich zog oder aber für straflos erklärte, als Reichsrecht Landesgesetze aus, welche ihrerseits eine derartige Handlung unter Strafe zu stellen erklärt hätten; denn Reichsrecht geht dem Landesrecht vor.

Ebenso aber wie die in der großen Mehrzahl der in den Bundesstaaten bis dahin geltenden Strafgesetzbücher mußte das neue gemeinsame Strafgesetzbuch die schweren Straffälle, das eigentliche Kriminalrecht erschöpfend behandeln, und da praktisch die Schwere der Straffälle sich bemißt an der Schwere der Strafen, so mußten die schweren Strafen dem Reichsgesetzbuche vorbehalten bleiben, die Landesgesetzgebungen beschränkt werden auf Strafen, die ein gewisses Maximum nicht überschreiten durften, und wie die Strafen der partikularen Nebengesetze sich anschlossen an das Strafensystem der allgemeinen partikularen Strafgesetzbücher, so konnte auch den Landesgesetzgebungen bei den Strafarten nicht eine irgend erhebliche Abweichung von dem Strafensystem des gemeinen Gesetzbuchs gestattet werden. Dem entspricht durchgreifend Einführungsgesetz § 6.

Im übrigen konnte man — wenn zugleich die Einzelstaaten veranlaßt wurden, in den bestehen bleibenden älteren strafrechtlichen Nebengesetzen etwa mit den Strafen des neuen Gesetzbuchs inkompatible Strafen durch Strafen des neuen Gesetzbuchs durch Ausführungsgesetze zu ersetzen — es einfach der Rechtsprechung überlassen, zu entscheiden, welche partikularen Nebengesetze neben dem neuen gemeinen Rechte in Geltung verblieben waren.

Dieser leicht gangbare, von dem ersten Entwurfe eingeschlagene Weg ist aber später verlassen worden. Es wurde entdeckt, daß in den partikularen Strafgesetzbüchern auch einige mehr oder weniger zum Strafprozeßrecht zu rechnende Bestimmungen sich fanden, z. B. Bestimmungen über die Modalitäten der Vollziehung der Todesstrafe, und überhaupt man wurde ängstlich: wenn die umfassenden Strafgesetzbücher der Einzelstaaten in Bausch und Bogen aufgehoben wurden, konnte da nicht mit einem Federstriche zu vieles aufgehoben werden?

Statt nun von Bundes wegen sich die Mühe zu geben, wie es doch nahe gelegen hätte, mit Hilfe der Sachkundigen der Einzelstaaten diejenigen Bestimmungen der allgemeinen partikularen Landesgesetze auszusondern, die bestehen bleiben mußten, fand man es angemessener oder bequemer, von der Aufhebung der allgemeinen Landesgesetzbücher und des gemeinen Strafrechts Abstand zu nehmen, und an einer Bestimmung der französischen und preußischen Gesetzgebung bei Einführung des Code pénal, bezw. des preußischen Strafgesetzbuchs sich genügen zu lassen — freilich in einer Weise, bei der gerade ein sehr wesentlicher Punkt des Vorbildes nicht beobachtet wurde. In dem Schlußartikel (484) des Code pénal heißt es: «Dans toutes les matières qui n'ont pas été réglées par le présent Code et qui sont régies par des lois et réglements particuliers, les cours et tribunaux continueront de les observer» und in dem Gesetze betreffend die Einführung des Strafgesetzbuchs für die preußischen Staaten im Art. II: „Mit diesem Zeitpunkt (1. Juli 1854) werden außer Kraft gesetzt: alle Strafbestimmungen, die Materien betreffen, auf welche das gegenwärtige Strafgesetzbuch sich bezieht: namentlich der zwanzigste Titel des zweiten Teils des Allgemeinen Landesrechts, das Rheinische Strafgesetzbuch, die gemeinen Deutschen Criminalgesetze und das usw. nebst allen dieselben ergänzenden, abändernden, erläuternden Bestimmungen. Dagegen bleiben in Kraft die besonderen Strafgesetze, insoweit sie Materien betreffen, in Hinsicht deren das gegenwärtige Strafgesetzbuch nichts bestimmt, namentlich die Gesetze über die Bestrafung der Post-, Steuer- und Zoll-Contravenienten, über den Mißbrauch des Versammlungsrechts . . . . Art. III. Wo in irgend einem Gesetze auf Bestimmungen des bisherigen Strafrechts verwiesen wird, treten die Vorschriften des gegenwärtigen Strafgesetzbuchs an die Stelle."

**§ 9.** Das Einführungsgesetz zum deutschen StrGB. § 2 hat den Begriff „Materie" ohne Bezugnahme auf Spezialgesetze benutzt und nur einige Materien als solche besonders bezeichnet. Der Begriff „Materie", angewendet auf Handlungen, die Gegenstand des Strafgesetzes, der strafgesetzlichen Drohung sind, ist aber ein durchaus unbestimmter, vieldeutiger.[1]) Man

[1]) Vgl. in diesem Sinne auch *H. Seuffert* in Liszt Strafgesetzgebung **1** S. 86. Unter „Materie" kann man eine Mehrzahl von Gesetzen verstehen, die ein

kann ebenso gut eine einzelne im Strafgesetzbuche mit Strafe bedrohte Handlung, z. B. den Meineid eines Zeugen oder Sachverständigen (StrGB. 154), als eine Materie bezeichnen, wie die Aussage vor Gericht oder vor einer Staats- oder öffentlichen Behörde überhaupt.[2]) Nach der ersten Auffassung würde ein Strafgesetzparagraph, der die falsche nicht-eidliche Aussage eines Zeugen mit Strafe bedroht, eine von dem neuen allge meinen Strafgesetzbuche nicht berührte Materie sein, anders nach der zweiten. Ein Gesetz, welches nur bestimmt, daß abweichende Bestimmungen früherer Gesetze außer Kraft gesetzt werden, soweit sie die in dem neuen Gesetze selbst behandelten Materien betreffen, sagt daher mit dieser, das Verhältnis zur früheren Gesetzgebung betreffenden Bestimmung genau betrachtet gar nichts: es hätte sich diese Scheinbestimmung sparen können, und so bemerkt denn auch Faustin Hélie Code pénal 6. § 2879ff., es handle sich im Art. 484 des Code pénal um die Frage der stillschweigenden Aufhebung früherer Spezialgesetze durch ein späteres generelles Gesetz. Aber der Code pénal ist doch nicht völlig nichtssagend, indem er die Bestimmung des Art. 484 aufstellt; es werden danach Strafgesetze über Materien, die im Code pénal nicht behandelt sind, nur aufrecht erhalten, wenn sie eben in besonderen Strafgesetzen enthalten sind. Daher ist denn auch Garraud (1 n. 129. 2) ganz entschieden der Meinung, es sei angesichts des Art. 484 unzulässig, noch irgendwelche Strafbestimmungen aus den vorangegangenen allgemeinen Strafgesetzen dem Code pénal von 1791, dem Code de police correctionnelle et municipale von 1791, dem Livre III des Code vom Brumaire des Jahres IV anzuwenden, und er tadelt die in einigen Punkten freilich abweichende Praxis des Kassationshofs. Indes nach den von Hélie a. a. O. §§ 2589—2591 angeführten von ihm zum Teil

---

gemeinsames Merkmal besitzen — Gleichheit oder Ähnlichkeit des zu schützenden Rechtes — Gleichartigkeit der Erscheinungsform der zu bestrafenden Delikte.

[2]) *Binding* 1 S. 290 stellt eine Anzahl verschiedener Meinungen über den Begriff der „Materie" im Sinne des EG. zusammen, Man wird ohne zu große Kühnheit behaupten dürfen, daß so ziemlich alle von demselben problematischen Werte sind. Das „Zusammengehörige", oder, wie *Binding* will, „dasjenige, was das Merkmal der Geschlossenheit an sich trägt", soll Materie im Sinne des Gesetzgebers sein. Aber was gehört zusammen? Was ist in sich geschlossen? Am Ende das ganze StrGB., etwa mit Ausnahme des letzten Abschnitts.

gebilligten Entscheidungen des Kassationshofs handelte es sich nur um Contraventions de police.

Sorgfältig war, wie man bemerkt haben wird, in dieser Hinsicht das Einführungsgesetz zum preußischen Strafgesetzbuche abgefaßt: die früheren allgemeinen Strafgesetzgebungen haben ihre Geltung gänzlich verloren.

Dagegen kann die Fassung des Einführungsgesetzes zum norddeutschen (deutschen) Gesetzbuche als ein wohl selten erreichtes Muster gesetzgeberischer Unbestimmtheit bezeichnet werden. Es fehlt hier dem früher Bemerkten zufolge der beschränkende Hinweis auf das Erfordernis der Spezialität der Gesetze, deren fortdauernde Gültigkeit angenommen werden soll. Dem Wortlaute zufolge bedarf es immer einer sehr genauen Untersuchung, um zu entscheiden, ob nicht aus den früheren allgemeinen Strafgesetzbüchern irgend ein Paragraph noch fortgilt, wenn der betreffende Tatbestand in dem Reichsgesetzbuch sich nicht oder doch nur so wiederfindet, daß der reichsgesetzliche Tatbestand weniger Fälle umfaßt als der landesgesetzliche; können doch die sozusagen überschießenden (d. h. weit weniger an Tatbestand erfordernden) Fälle der Landesgesetze auch als besondere Materien dem Wortlaute zufolge betrachtet werden; sie können es nur dann nicht, wenn angenommen werden muß, daß der Gesetzgeber sie positiv straffrei lassen wollte, oder wenn ihre Bestrafung mit den Grundsätzen, welche das Gesetz sonst befolgt hat, positiv nicht harmoniert; denn der Gesetzgeber hat dem Wortlaute zufolge den sonst allgemein gültigen und vernünftigerweise bei der Entscheidung der Derogationsfrage zu berücksichtigenden Unterschied der Lex generalis und der Lex specialis ignoriert.

**§ 9.** Daher ist es scheinbar richtig, wenn Liszt § 19 VI bemerkt „Die äußere Stellung eines Rechtssatzes in einem allgemeinen StGB., bezw. Polizei-StGB. oder aber in einem sog. Nebengesetze hat für unsere Frage keine Bedeutung.“

Die praktische Konsequenz dieser Ansicht ist aber eine äußerst bedenkliche; sie widerspricht einem der ersten Zwecke, den die Strafgesetzgebung bei vorgeschrittener Kultur überhaupt festhalten muß, dem Zweck der Klarheit des Strafgesetzes und damit der Rechtssicherheit; zugleich aber beeinträchtigt sie die erstrebte Rechtseinheit. Um zu wissen, ob eine Handlung nach allgemeinen strafrechtlichen Gesichtspunkten im Deutschen Reiche strafbar ist, genügt es nach dieser Ansicht nicht, das Reichsstrafgesetzbuch einzusehen und die zur Ergänzung desselben erlassenen Reichsgesetze; erst wenn man auch das ältere allgemeine Strafgesetz des einzelnen Landes gründlich zu Rate gezogen hat — und vielleicht ist dies nach Ablauf von Dezennien gar nicht mehr so einfach —, kann man sicher sein, nicht mehr der Strafe zu verfallen. Die erstrebte und so oft gerühmte Rechtseinheit auf dem Gebiete des Strafrechts besteht also nach dieser Ansicht für den Deutschen darin, daß eine einheitliche Sicherheit besteht, jedenfalls bestraft zu werden, wenn für die Bestrafung das einheitliche Gesetzbuch herangezogen werden kann, nicht aber darin, daß der Deutsche wie die Bewohner anderer Kulturstaaten in dem allgemeinen Strafgesetzbuch auch einen einheitlichen Schutz seiner Rechtssicherheit gegen unerwartete Anwendung der Strafgewalt besitzt.[3])

Und man wende nicht ein, daß ja in jedem irgend bedeutenden Kulturstaate eine ungeheure Masse von Spezialgesetzen mit besonderen Strafbestimmungen besteht, die, um volle Sicherheit vor Bestrafung zu haben, der Einzelne eigentlich fortwährend zu Rate ziehen müsse, eine Schwierigkeit, noch bedeutend größer, als diejenige, eines der früheren allgemeinen Strafgesetzbücher mitzuberücksichtigen. Gerade die Verbindung der Strafbestimmung mit anderen sachlichen Vorschriften hält die Erinnerung an die Strafbestimmung wach, und andererseits handelt es sich dabei meist um besondere Berufs- und Gewerbsverhältnisse oder doch um solche besondere Lebenslagen, bei denen, wenn das Gesetz nicht ganz unbillige Strafvorschriften aufstellt, der einzelne infolge der Gewöhnung des modernen Kultur- oder Polizeistaates nach dem Gesetze sich besonders erkundigen wird.

Allerdings aber darf man den Begriff „Spezialgesetz" hier nicht in dem rein formellen Sinne nehmen, daß das angebliche Spezialgesetz nur äußerlich von dem allgemeinen Strafgesetze getrennt zu sein brauche. Eine sog. Strafgesetznovelle, die das allgemeine Strafgesetzbuch nur ergänzt oder modifiziert, muß

---

3) Auf die Verwirrung, welche auf die Annahme der im Text bekhämpften Ansicht folgte, ist hingewiesen in dem Urteil des OAG. Jena v. 25. Okt. 1871 (*Stenglein's* Ztschr. 1 S. 162). In einer Anzahl Bundesstaaten siud landesgesetzlich die früheren allgemeinen Gesetzbüeher richtiger Weise aufgehoben.

das Schicksal des letzteren teilen. Ein Spezialgesetz in dem hier gemeinten Sinne kann nur ein solches sein, das entweder die Strafvorschriften nur im Anschluß an andere Vorschriften des Privat- oder öffentlichen Rechts oder aber Strafvorschriften enthält, die historisch nach deutscher Rechtsauffassung seit langer Zeit als besondere, dem allgemeinen Strafrecht mehr oder minder entzogene betrachtet werden.

Eine Konsequenz der Ansicht, welche den Platz der Strafbestimmung — ob in einem allgemeinen Strafgesetzbuche oder aber in einem Spezialgesetze — unberücksichtigt lassen will, würde übrigens auch sein, daß fortwährend Staatsanwälte und Richter die alten Landesgesetzbücher neben dem Reichsstrafgesetzbuche zur Hand haben und einsehen müßten! Da der Begriff der Materie,[4]) wie gezeigt worden ist, strafgesetzlich ein völlig unbestimmter und eigentlich nur ein Hinweis darauf ist, daß das Verhältnis des Reichsgesetzbuchs zu anderen Gesetzen und insbesondere zu den Landesgesetzen erst durch genauere Untersuchung festzustellen sei, so ist man konsequent für diese auf die Erforschung des, wie man sich ausdrückt, stillschweigend erklärten Willens des Gesetzgebers angewiesen,[5]) und dieser ist, da es auf den Platz der Vorschriften nicht ankommen soll, nicht leicht zu ermitteln; am besten aus parlamentarischen Verhandlungen und Vorarbeiten und Motiven. Wenn hier ausgesprochen wurde, daß eine bestimmte Handlung nicht strafbar sein könne oder nicht strafbar sein solle, so ist damit auch gesagt, daß jene Handlung mit den im Gesetzbuche an der betreffenden Stelle behandelten Delikten im Zusammenhang stehe, mit ihm eine Materie bilde. Sehr oft aber wird ein wirklicher Consensus[6])

[4]) In besonderer Weise behandelt *Binding* 1 S. 318 den Begriff der „Materie". Er ist der Ansicht, überall, wo ein Partikulargesetz eine nach dem Reichsgesetz nicht strafbare Handlung unter einen vom Reichsgesetze nicht berücksichtigten Gesichtspunkt bringe, könne das Partikulargesetz strafen und bestehe daher auch das frühere Strafgesetz des Landesrechts fort. Hiernach stände die gesamte Rechtseinheit im Strafrechte auf einem schwankenden Boden; denn bekanntlich sind die wesentlichen Gesichtspunkte für die Auffassung vieler Delikte in recht verschiedener Art denkbar und bestreitbar. Mit einiger dialektischer Kunst ließe sich da die Einheit des deutschen Strafrechts gleich einem Siebe durchlöchern.

[5]) So auch *H. Seuffert* in *v. Liszt*, Strafgesetzgebung 1 S. 85.

[6]) Aber ein bei Beratung eines umfangreichen Gesetzes erfolgender formeller Beschluß des Reichstags, daß eine bestimmte Handlung nicht bestraft werden solle, muß, wenn er auch nur in Ablehnung eines Antrags besteht, die Straffreiheit der betreffenden Handlung zur Folge haben. Anders *Binding*, 1 S. 281,

der gesetzgebenden Faktoren in dieser Hinsicht nicht festzustellen sein, und auf die Meinungsäußerungen nur einzelner Redner könnte schwerlich allein das entscheidende Gewicht gelegt werden. Andererseits wenn niemand während der Verhandlungen die im Landesgesetz mit Strafe bedrohte Handlung auch nur als mögliches Objekt einer Bestrafung erwähnte, wäre das nicht vielleicht ein noch stärkeres Argument, daß sie nach Ansicht und Absicht der Reichsgesetzgebung straflos sein soll?

Mit der Beschränkung auf das erste Argument könnte man dazu gelangen, der Bestrafung nach Landesgesetz einen Spielraum zu gewähren, bei welchem von einer Einheit des Strafrechts kaum noch zu reden wäre; bei Anwendung des zweiten Arguments würde die Landesgesetzgebung in äußerstem Maße eingeengt werden: in Wahrheit könnte sie sich nur insoweit betätigen, als aus den Vorverhandlungen über das Reichsgesetz der Konsens der gesetzgebenden Faktoren in jener Richtung nach Maßgabe ausdrücklicher Erklärungen nachzuweisen wäre.

Das der Natur der Sache entsprechende Prinzip für die Abgrenzung des gemeinen (Reichs-)Strafrechts und des partikulären (Landes-)Strafrechts kann nun wohl kein anderes sein als das folgende:

1. Für in allen Bundesstaaten gleichmäßig vorhandene strafrechtliche Bedürfnisse hat das Reichsrecht, für partikuläre strafrechtliche Bedürfnisse das Landesgesetz zu gelten.[7]

---

der hier die Annahme eines Gesetzentwurfes in einem bestimmten Sinne mit der Aufhebung eines Gesetzes durch besonderes Gesetz verwechselt. Zu der letzteren gehört die ausdrückliche Übereinstimmung der gesetzgebenden Faktoren; zu der ersteren genügt das Stillschweigen: der Bundesrat kann einen an ihn zurückgelangenden Gesetzentwurf der bona fides gemäß nur in dem Sinne annehmen, in welchem er durch die ausdrücklichen dem Bundesrat bekannten Beschlüsse des Reichstags festgestellt ist, und in diesem Sinne erfolgt auch die Publikation. Natürlich muß nach dem Wortlaut der fragliche Sinn möglich sein; aber das ist in unserem Falle außer Frage.

7) Da das im Texte vertretene Prinzip der Natur der Sache entspricht, so muß es gelten für alle Fälle, in welchen ein Reichsgesetz im ganzen Reiche gewisse Verhältnisse gleichmäßig regelt und dafür auch Strafvorschriften erläßt. So sind durch Einführung der Reichsjustizgesetze und durch die im Gerichtsverfassungsgesetz §§ 179 ff. über Ungebühr gegebenen Vorschriften alle partikulären Vorschriften über Ungebühr gegen Gericht und Staatsanwaltschaften der richtigen Ansicht nach beseitigt. Nach einem auf sehr künstlicher Argumentation beruhenden Urteil des StG. II. 28/12. 83 sollen freilich die Strafbestimmungen der preuß. allgemeinen Gerichtsordnung III. 1. über das Querulieren fortgelten. (E. 9 Nr. 108. S. 357.) Die preußischen Staatsanwaltschaften haben danach einen besonderen Schutz gegen Belästigung durch unbegründete Denunziationen, der anderwärts nicht nötig erscheint.

2. Unzulässig sind landesgesetzliche Strafbestimmungen, welche etwa dadurch gebildet würden, daß in dem reichsgesetzlichen Tatbestande einer Strafbestimmung einzelne Erfordernisse einfach weggelassen sind; denn für jedes Strafgesetz gilt das Argument: straffrei ist eine Handlung, die nicht den vollen Tatbestand des Gesetzes erfüllt, sofern nicht deutlich der Gesetzgeber — und hier ist der maßgebende allein der Reichsgesetzgeber — den entgegengesetzten Willen (etwa an anderer Stelle) ausspricht. Außerdem würde ja nach der entgegengesetzten die Reichsgesetzgebung die Reichsangehörigen geradezu irreführen, um sie wie in einem Falle unter die versteckten landesgesetzlichen Strafvorschriften zu bringen. Daher hat Binding (Handb. 1. S. 316) ganz recht, wenn er z. B. dem Landesgesetze die Befugnis bestreitet zu bestrafen: die Blasphemie und die nicht qualifizierte unzüchtige Handlung, sofern sie kein öffentliches Ärgernis geben (StrGB. 166, 183); ferner zu bestrafen eine Handlung, zu deren Bestrafung das Reichsgesetz gewohnheits- oder gewerbsmäßige Begehung fordert.

3. Daneben kommt allerdings noch in Betracht, daß historisch gewisse Klassen strafbarer Handlungen überall nach deutscher Rechtsanschauung unter besondere, von den übrigen Strafnormen stets geschiedene Gesetze und Gewohnheiten gestellt waren, daß diese Handlungen also im Sinne des Gesetzes auch als besondere „Materien" betrachtet werden müssen. Es sind historisch Leges speciales, die hier auch nach der neuen Lex generalis fortdauern. Dahin gehören Gesetze über sog. Holzfrevel, Zoll- und Steuerkontraventionen.

Nun wird es nicht zweifelhaft sein, daß die früheren allgemeinen Strafgesetzbücher auch der Einzelstaaten ebenso wie jetzt das Reichsgesetzbuch lokale Verhältnisse und spezielle Rechtsinstitute nicht berücksichtigen sollten. Es spricht also aus diesem Grunde, und weil zugleich die Notwendigkeit fortwährender Mitbenutzung der früheren allgemeinen Gesetzbücher erhebliche praktische Schwierigkeiten und Übelstände mit sich führen würde, eine sehr starke Präsumtion gegen die fortdauernde Geltung vereinzelter Strafbestimmungen der früheren allgemeinen Gesetzbücher,[8]) wie ja auch der erste Entwurf des Reichs-

[8]) Anderer Ansicht *Oppenhoff* zu E. G. § 2. Anm. 1 ff., der hierauf kein Gewicht legt.

Einführungsgesetzes jene allgemeinen Gesetzbücher ausdrücklich außer Kraft setzen wollte. Und diese Präsumtion wird zugleich durch den offenkundig erklärten Zweck, den die Gesetzgebung mit der Einführung des StGB. verfolgte, durch den Zweck der Begründung einer wirklichen und umfassenden, nicht einer auf das leichteste völlig zu durchlöchernden oder nur scheinbaren Reichseinheit auf das dringendste gefordert.[9])

In der Tat ist die Praxis im großen und ganzen auch nach dieser Präsumtion verfahren; man hat einfach nach dem neuen Strafgesetzbuch angeklagt und geurteilt, ohne nach den früheren allgemeinen partikulären Strafgesetzbüchern zu fragen; erst nach und nach sind einige Strafbestimmungen aus diesen Gesetzbüchern ausgegraben und von diesen wenige zur Geltung gebracht.[10]) Weniger befriedigend erscheint die Praxis da, wo die Frage zu entscheiden war, ob eine nicht in einem allgemeinen Strafgesetzbuche enthaltene partikuläre Strafbestimmung noch anwendbar ist; die eben erwähnte, freilich als solche nicht deutlich erkannte Präsumtion kann hier sich nicht geltend machen, und das eigentlich maßgebende Prinzip ist bis jetzt fast unbeachtet geblieben.

**§ 10.** Gehen wir einzelne Fälle durch. Selbstverständlich sollen sie wesentlich nur zur Prüfung der aufgestellten Prinzipien dienen.

1. Nach einer jetzt als konstant zu bezeichnenden Praxis des RG. werden Art. 412 des Code pénal und § 270 des preuß. Strafgesetzbuches[11]) noch als in fortdauernder Gültigkeit befindlich angewendet. Es wird dafür geltend gemacht, daß der

---

9) Zu welchen Ergebnissen man bei Nichtachtung dieser Präsumtion gelangen kann, zeigt z. B. die an sich scharfsinnige Ausführung *Heinzes*, Verhältnis S. 35. Ein Artikel des früheren königl. sächsischen StGB. (162) sollte danach zur einen Hälfte außer Kraft gesetzt sein, zur andern Hälfte fortdauern. Das wäre doch ein praktisch unerträglicher Zustand, wenn in solcher Weise minutiöse Untersuchungen über die Gültigkeit von halben und viertel Paragraphen aller Partikulargesetze angestellt werden müßten.

10) Das bayrische EG. 30. Dez. 1871 Art. 1 Nr. 1 und 2 hat daher sehr richtig nicht nur das bayrische Strafgesetzbuch, sondern auch das bayrische Polizei-Strafgesetzbuch ausdrücklich außer Kraft gesetzt und damit solche Zweifel abgeschnitten.

11) RG. I. 27/3. 84 (E. **10** Nr. 70 S. 221) RG. IV 6/3. 88 (E. **17** Nr. 50 S. 203) und aus neuerer Zeit RG. I. 18/3. 95 (E. **27** Nr. 40 S. 106). Das letztere Urteil zitiert noch andere Entscheidungen auch von Zivilsenaten (III 17/5. 87 E. Z. **18** N. 44 S. 219, 220), III 8/7. 90 (E. Z. **26** N. 60 S. 311) VI 11/12. 93 (E. Z. **32** N 65 S. 26).

fünfundzwanzigste Abschnitt des StGB. die Regelung einer einheitlichen Materie — des strafbaren Eigennutzes im ganzen — nicht enthalte, vielmehr nur eine Zusammenstellung ganz verschiedenartiger Strafbestimmungen, und demgegenüber wird sogar jede Bedeutung abgesprochen der durch den Reichstag erfolgten Ablehnung des dem preuß. § 270 entsprechenden § 282 des Bundesratsentwurfes, und selbst dem Schweigen des Bundesrats, d. h. der Annahme des solchergestalt modifizierten Entwurfes durch den Bundesrat auf diese unzweideutige Erklärung des Reichstages.[12]) Der Wert des Hauptmotivs dieses Prinzipes ist oben erörtert. Wenn im übrigen Deutschland gegen dergleichen die guten Sitten verletzende Abreden bei Versteigerungen durch öffentliche Behörden oder Beamte Strafbestimmungen nicht für notwendig erachtet werden, sind sie dann gerade in Preußen und in Elsaß-Lothringen notwendig? Bedeutet der Nachteil, der aus einer solchen Bresche der so viel gepriesenen Rechtseinheit entsteht, so gar nichts?

Und sagt nicht einer der bedeutendsten Mitarbeiter[13]) an dem Gesetzgebungswerke des StGB.: „Bei der Auslegung der Bestimmung im Einführungsgesetz wird man davon ausgehen müssen, daß die Einheit des Strafrechts der Zweck der Bundesgesetzgebung auf diesem Gebiete gewesen. Jede nur immer mögliche Beseitigung partikulargesetzlicher Strafbestimmungen war die Aufgabe der Gesetzgebung und ist somit auch die der Gesetzanwendung geworden.“[14])

2. Merkwürdig erscheint folgende Entscheidung, die sich auf das Verhältnis des Publikums gegenüber den Behörden bezieht.[15])

---

[12]) Gegen die reichsgerichtliche Praxis und gegen die Nichtbeachtung der Vorverhandlungen gerade in diesem Falle *Scherer* G. S. 39. S. 619.

[13]) *Schwarze* GS. **22** (1870) S. 385.

[14]) Bemerkenswert ist, daß das preuß. OT. in zwei Strafsachen mittels der Beschlüsse vom 25. Juni 1874 und 11. Sept. 1874 den § 270 des preuß. StGB. in Übereinstimmung mit den Vorinstanzen für beseitigt erklärt hatte. Der zweite dieser Beschlüsse läßt das von dem ersten mitbenutzte Argument, daß im Abschnitt XXV des StGB. eine einheitliche Materie behandelt sei, fallen, betrachtet aber — mit Recht — als entscheidend, daß die Verhandlungen des Reichstags darüber keinen Zweifel lassen, daß der dem § 270 des preuß. StGB. entsprechende § 283 des Entwurfs des StGB. als „veraltete Strafbestimmung“ überhaupt hat beseitigt werden sollen. Vgl. *Oppenhoff* § 2 Anm. 2.

[15]) III. 17/24. Sept. 1888 Rs. **10** S. 490.

§ 72 des hannoverschen Polizeistrafgesetzbuchs enthält die Bestimmung:

„Ungebührliche Äußerungen in Eingaben an öffentliche Behörden sind, sofern nicht wegen Beleidigung oder sonst strengere Strafe verwirkt ist, mit Verweis oder Geldbuße bis zu fünfundzwanzig Thaler zu bestrafen.“

Das Reichsgericht erklärt, ungeachtet der auch auf die Beleidigung von Behörden sich beziehenden Paragraphen des Reichsrechts diese Bestimmung für noch anwendbar, weil es sich hier um Gebote des Anstands und der Höflichkeit handle.

Daß ein Bedürfnis besteht, die Behörden in der Provinz Hannover in bezug auf die ihnen gegenüber zu beobachtende Höflichkeit anders zu behandeln, als die Behörden in anderen preußischen Provinzen oder im übrigen Deutschland, wird niemand behaupten wollen. (Wie soll auch entschieden werden, wenn ein Angehöriger einer anderen preußischen Provinz oder eines anderen deutschen Staates an eine hannoversche Behörde ungebührlich schreibt?)

Soll nicht gerade das Strafgesetz über die Grenze zwischen erlaubten Unhöflichkeiten und Derbheiten und andererseits strafbaren Mißachtungsäußerungen scharf bestimmen? Wie wäre es, wenn jetzt einzelne deutsche Gesetzgebungen neben den nach dem Reichsgesetze strafbaren Beleidigungen noch allgemein ein Delikt strafbarer Ungebühr gegen Respektspersonen aufstellen wollten?[16])

3. Sehr richtig und schließlich wohl unter allgemeiner Zustimmung ist dagegen von dem OAG. Dresden die Ungültigkeit eines Landesgesetzes ausgesprochen,[17]) welches die falsche nicht-eidliche Aussage mit Strafe belegte. Im Königreich Sachsen bestand nicht eine ganz besondere Art des Prozesses, welche irgendwie eine Abweichung von dem im übrigen deutschen Reiche geltenden Strafrechte in jener Richtung rechtfertigen

---

[16]) Daß im unmittelbaren persönlichen Verkehr mit einer förmlich amtierenden Behörde, insbesondere einem Gerichte gewisse Anstandsregeln beobachtet werden, deren Verletzung zwar nicht Beleidigung ist, wohl aber als „Ungebühr“ unmittelbar von dieser Behörde gerügt, bezw. bestraft werden kann, kommt dabei nicht in Betracht. Bestimmungen über dergleichen Ungebühr sind denn auch nicht sowohl im allgemeinen Strafgesetze, als vielmehr in anderen Gesetzen, Prozeßgesetzen usw. zu finden. Vgl. Gerichtsverfassungsgesetz §§ 179, 180.

[17]) Urteil vom 27. Sept. 1872 (*Stengleins* Zeitschr. **2** S. 33ff.).

konnte, und wenn das Reichsrecht nur die eidliche falsche Aussage straft, so erschien allerdings die Abweichung als gewaltige Bresche im Reichsrecht, von der im Zweifel anzunehmen war, daß sie vom Reichsrecht nicht geduldet werden sollte. Das Urteil des sächsischen OAG. geht natürlich auch hier von dem Begriffe der „Materie“ aus, nimmt denselben aber in einem so weiten Sinne,[18]) daß danach im Gebiete der Verbrechen und Vergehen, abgesehen von den speziell im Abs. 2 des Einf. Gesetzes der Landesgesetzgebung überlassenen Gesetzen, für das Landesrecht kaum etwas übrig bleiben würde. Das Gefühl hat hier wohl ohne weiteres die richtige Entscheidung diktiert, ebenso wie

4. gegenüber einer partikularen Strafvorschrift, nach welcher die Selbsthilfe als solche strafbar sein würde.[19]) Es konnte hier allerdings das Argument verwendet werden, daß das StGB. alle schwereren Fälle der Selbsthilfe unter besondere Strafdrohungen gestellt hat. Aber wenn ein Gesetz auf dem ängstlich-polizeilichen Standpunkt steht, bei welchem die Selbsthilfe als solche — eigentlich ein unfaßlicher Begriff — strafbar erscheint, ein anderes Gesetz aber diesen Standpunkt nicht teilt —, das würde im Deutschen Reich bei der Divergenz der früheren Landesgesetzgebungen der Fall sein —, so tritt darin eine fundamentale Verschiedenheit der Anschauungen hervor, bei welcher die erstrebte und gerühmte Rechtseinheit zu einem sonderbaren Gebilde zusammenschrumpfen würde. Es greift hier aber auch das Argument durch, daß das Delikt der Selbsthilfe herkömmlich seinen Platz in den früheren allgemeinen Strafgesetzbüchern fand, und daß, wenn ein Bedürfnis der Bestrafung dieses Delikts bestände,[19a]) dieses Bedürfnis keineswegs auf einzelne Bundesstaaten beschränkt sein würde.

---

[18]) So die meisten Autoren, so *Heinze* S. 36, *Windscheid*, Pandekten I § 123 Anm. 4a, *Olshausen* zu EG. § 2 Anm. 6b). Das OAG. Jena verwendet daneben bemerkenswerter Weise das Argument, daß die Selbsthilfe zu denjenigen Materien gehöre, die in die allgemeinen Strafgesetzbücher aufgenommen werden, und eben deshalb durch Unterlassung der Aufnahme in das StGB. außer Kraft gesetzt seien.

[19]) RG. II, 3. Okt. 1882 E. 7 N. 20. S. 64. Für diese Ansicht auch: *Heinze* S. 36, *H. Meyer* § 133. 2, *Liszt* § 19 I, *Olshausen* EG. § 2 Anm. 6b. — A. M.: *Binding* I S. 318, *Oppenhoff* EG. § 2 Anm. 20, *Frank* EG. § 2. III. 1. *Binding* begründet seine Ansicht durch die Erwägung, daß die Selbsthilfe als Delikt gegen die Rechtspflege aufzufassen sei, ein Gesichtspunkt, den das StGB. nicht einmal gestreift habe. Aber der Gesichtspunkt, aus welchem das Landesrecht ein Delikt auffaßt, kann, wie bemerkt, nicht entscheiden.

[19a]) So treffend: OAG. Jena 25. Okt. 1871 (*Stenglein's* Zeitschr. S. 261.).

5. Sehr richtig hat das Reichsgericht angenommen, daß die Bestimmung des französischen Preßgesetzes vom 25. März 1882 über Bestrafung Art. 8 von „Cris séditieux“ für Elsaß-Lothringen durch das StGB. beseitigt sei.[20]) Sehr richtig wird einmal[21]) das entscheidende Argument der Schöpfung der Rechtseinheit entnommen, welche, wie die Motive zum StGB. bemerken, ihren schärfsten Ausdruck da finden muß, wo es sich um den Kreis der dem öffentlichen Rechte angehörigen (richtiger wohl das öffentliche Recht treffenden) Straftaten handelt, und wie das RG. hinzufügt: „eine von dem gemeinsamen Schutze der Staatsgewalt im Reiche verschieden gestaltete Ordnung der Stellung eines Teiles der Reichsangehörigen zur öffentlichen Gewalt erscheint mit dem Einheitsgedanken vorzugsweise unerträglich.“ Herangezogen wird dann auch die durch den Reichstag erfolgte Ablehnung des dem Art. 8 des französischen Gesetzes ähnlichen § 931 des preußischen Gesetzbuches.[21 a])

Ebenso hat das Reichsgericht (I. 21. Sept. 1893 E. **24** No. 160 S. 313) die Bestimmungen der französischen Gesetze vom 27. Juli 1849 und 17. Mai 1819 über Bestrafung der »Attaque .... contre le respect dû aux lois« mit Recht als durch die Bestimmungen des StGB. über den „Widerstand gegen die Staatsgewalt“ für beseitigt erklärt. Es ist am Schlusse des Erkenntnisses sehr richtig gesagt, daß das StGB., da es den Angriffe auf die Gesetze, sei es unter den Gattungsbegriff des Widerstandes gegen die Staatsgewalt, sei es unter die Vergehen gegen die öffentliche Ordnung gestellt hat, daher jedenfalls von seinem Standpunkte aus andere Angriffe gegen die Gesetze für straflos ansieht, wie dies denn auch in den Motiven zu § 131 des StGB. (§ 129 des Entwurfes ausdrücklich

---

[20]) I. 17. Nov. 1887 (E. **16** No. 165 S. 340) und 20. Febr. 1888 (E. **17** Nr. 36 S. 134).

Motive des Urteils vom 17. Nov. 1887; die Motive des zweitgenannten Urteils beschäftigen sich mehr mit der Widerlegung von etwas kleinlichen Gegenargumenten.

[21]) Der Fall liegt anders und schwieriger, als die früher erwähnten, da es sich hier um eine Vorschrift eines Spezialgesetzes handelt.

[21 a]) Man sieht aus der Motivierung dieser Entscheidung deutlich, daß einerseits die Frage der Ausdehnung der „Materie“ nur eine ziemlich bedeutungslose Etikette ist, andererseits, eine wie verschiedene Wirkung der Ablehnung einer Bestimmung durch den Reichstag nicht selten beigelegt wird. (Vgl. oben zu Anm. 6).

ausgesprochen sei. Das Reichsgesetz vom 29. März 1888 (RGBl. 1888 S. 127) hat dann den Art. 2 des EG. zum StGB. in bezug auf Elsaß-Lothringen (in einer Fassung, welche Zweifel läßt, ob eine authentische Interpretation oder eine neue gesetzliche Bestimmung gegeben werde) auch für den zitierten Art. 8 des französ. Gesetzes von 1822 anwendbar und somit letzteren für geltendes Recht in Elsaß-Lothringen erklärt und damit — glücklicherweise nur für einzelne Fälle — kundgegeben, daß für den Gesetzgeber die Rechtseinheit nicht die hohe Bedeutung hat, welche das Reichsgericht dieser Idee, diesem Zwecke einmal zugeschrieben hatte.

6. Landesgesetzliche Bestimmungen über die besondere Bestrafung von Studentenduellen sind mit Recht vom RG.[22]) als mit dem StGB. unvereinbar erklärt. Ein besonderes Strafrecht für diese Duelle hatte nur insofern gegolten, als das Landesgesetz manche Fälle hier nur disziplinarisch bestrafte, also Disziplinar- und eigentlich öffentliches Strafrecht auf Kosten des letzteren abgrenzte. Eine solche Abgrenzung war nach dem Inkrafttreten des StGB. hinfällig, weil sie einfach auf eine Strafloserklärung der betreffenden Fälle in Ansehung des eigentlich öffentlichen Strafrechts hinauslief. Zu einer solchen Strafloserklärung war das Landesrecht zwar gegenüber dem früheren Landesrecht, nicht aber gegenüber dem Reichsrecht befugt. Daher mußten, was allerdings vor dem Eingreifen der Judikatur des Reichsgerichtes wohl meist übersehen ist, auch die Disziplinargesetze der Universitäten insofern ihre Kraft verlieren, ungeachtet sie dem Wortlaut nach die Gerichtsbarkeit und nicht direkt das materielle Strafrecht betrafen. Von einem dem Reichsrecht gegenüber verschiedenen Tatbestande konnte ja nicht die Rede sein, höchstens insoweit die tötliche Eigenschaft der in gewissen Fällen gebrauchten Waffen in Frage gestellt wurde.

7. Die Fortdauer der landesgesetzlichen Strafbestimmungen gegen das Spielen in auswärtigen Lotterien ist dagegen vom Reichsgerichte mit Recht angenommen.[23]) Erstens handelt es

---

[22]) III. 2. Juni 1880 E. 1. Nr. 205. S. 443. Ver. S. 8. März 1883. E. 8 Nr. 28. S. 87.

[23]) RG. II. 24. Febr. 1880 (E. 1. Nr. 112 S. 219) III. 13. März 1880 (E. 1. Nr. 137 (S. 274). Anderer Meinung insbesondere *Liszt* a. a. O.

sich hier um Spezialgesetze; zweitens hatten die Motive zum Entwurfe des StGB. ausdrücklich hervorgehoben, daß diese Bestimmungen ungeachtet des jetzigen § 286 1 des StGB., die von der Veranstaltung von Lotterien spricht, fortdauern würden, und drittens sollen jene Bestimmungen einem allerdings moralisch recht fragwürdigen Bedürfnisse des Einzelstaates Genüge verschaffen, dem Bedürfnisse, aus der Spielsucht der Untertanen möglichst den alleinigen Gewinn zu ziehen, daher nicht zuzulassen, daß andere Staaten an diesem Gewinn teilnehmen.

**§ 11.** Besondere Schwierigkeiten können gegenüber den Bestimmungen des StGB. über die Übertretungen entstehen. Wenn auch das Gesetzbuch nicht deshalb gerade Tadel verdient, weil es überhaupt eine größere Anzahl polizeilicher Strafbestimmungen als letzten Abschnitt in sich aufnahm, vielmehr als richtig und wertvoll angesehen werden kann, daß ein gewisser Grundstock auch gemeinen Polizeistrafrechtes für das ganze Reich besteht,[24]) so ist allerdings anzuerkennen, daß die Zusammenstellung der Polizeistrafbestimmungen eine systematisch recht wenig befriedigende ist, und von vornherein als eine der mannigfachsten Ergänzungen bedürftige gedacht ist. Hier ist die Entscheidung über Zulässigkeit oder Unzulässigkeit einer landesrechtlichen Strafbestimmung häufig nur durch ein Zurückgehen auf die legislativen Vorarbeiten und Vorverhandlungen zu gewinnen. Nur folgendes ist allgemein zu beachten. Das Landesrecht wird einen Tatbestand nicht dadurch bilden dürfen, daß ein Requisit des Tatbestandes eines Paragraphen des 29. Abschnittes einfach weggelassen wird. Das Reichsrecht hat dadurch erklärt, daß die Handlung nicht bestraft werden soll, wenn dies Requisit nicht zutrifft. Wenn z. B. nach § 360 14 das (in der dort bezeichneten Weise) unbefugte öffentlich betriebene Glücksspiel bestraft werden soll, so kann nicht als fortdauernd gültig bezeichnet werden eine landesgesetzliche Bestimmung, welche das Requisit der Öffentlichkeit streichend, überhaupt das Halten von Glücksspielen oder die Teilnahme an einem Glücksspiele für strafbar erklärt. Nach der entgegen-

[24]) Man vergegenwärtige sich z. B., welche Bestimmungen das partikulare Strafgesetz an die Stelle der Vorschrift des § 360 11 über den groben Unfug zu setzen geneigt sein könnte.

gesetzten Ansicht würden auch die reichsgesetzlichen Vorschriften geradezu auf eine Täuschung des Publikums, das sich über die Erlaubtheit oder Unerlaubtheit einer Handlung unterrichten wollte, hinauslaufen. Ebenso können für die in Abschnitt 29 behandelten Tatbestände nicht landesgesetzlich oder durch Polizeiverordnung andere Strafsätze substituiert werden, auch nicht durch einfache Herabsetzung dieser Strafsätze, denn das Reichsrecht will insbesondere die Freiheit des richterlichen Ermessens innerhalb der vollen Grenze der einzelnen Strafbestimmung des StGB. In sehr vielen Fällen aber wird sich die Entscheidung sehr leicht und einfach nach dem oben dargelegten Hauptprinzipe ergeben. Wo ein Verbot durch bestimmte lokale, nicht allgemein gleichmäßig für das Reich anzuerkennende Verhältnisse motiviert werden kann, ist es ohne weiteres zulässig.[25])

**§ 12.** Eine Anzahl von „besonderen Vorschriften", wie der Ausdruck lautet, hat das EG. in § 2 Abs. 2 ausdrücklich der Landesgesetzgebung belassen, selbstverständlich mit dem Vorbehalte, diese Materien später durch Reichsgesetz zu regeln und somit sie der Landesgesetzgebung zu entziehen, wie dies durch das Reichsgesetz vom 7. Mai 1874 auch bezüglich des Polizeistrafrechts bereits geschehen ist.

Kontrovers[26]) ist, ob damit nur hat exemplifiziert werden sollen, so daß in den daselbst besonders bezeichneten Gesetzen nur diejenigen besonderen Vorschriften als fortdauernd bezeichnet sind, die ohnehin nach der allgemeinen Bestimmung des Abs. 1 fortdauern würden, weil sie eben als besondere Vorschriften durch das Reichsrecht des StGB. nicht getroffen und verdrängt sind, oder ob die in Abs. 2 besonders bezeichneten landesgesetzlichen Vorschriften als ganze Komplexe aufrecht erhalten (und auch für die Zukunft zugelassen sind), so daß sie ihrerseits auf das Gebiet des allgemeinen Reichsrechts übergreifen

---

[25]) So ist das Verbot des Rauchens an bestimmten Orten ungeachtet der Bestimmung des § 368 5 zulässig. Die Feuerpolizei muß nach lokalen Verhältnissen sich richten und kann nicht mit der Bestimmung des § 368 5 ausreichen; vgl. RG. I 2. Nov. 82 (E. **7** Nr. 63 S. 202).

[26]) Über diese Kontroverse, die hier nicht genauer erörtert werden soll, weil sie voraussichtlich bei der bevorstehenden Reform der Gesetzgebung beseitigt werden wird, durch genauere gesetzliche Vorschriften vgl. namentlich *Olshausen* zu § 2 Anm. 8 bis 11 und *Binding* **1** S. 2894.

und dasselbe verdrängen können. Nach der Wortfassung sind beide Ansichten möglich.

Die erstere Ansicht[27]) kann für richtig nicht gehalten werden; es würde danach der ganze Absatz vollkommen überflüssig sein. Dazu kommt, daß er danach in einer Beziehung, in Beziehung auf den sog. Holzdiebstahl,[28]) sogar in einen unlösbaren Widerspruch mit Abs. 1 gerät. Endlich aber sind nach historisch begründeter Auffassung gewisse Handlungen, die zufolge abstrakter Logik als allgemeine Delikte gelten müßten, doch stets nur nach besonderen Rechtsnormen behandelt, so gewisse spezielle Feldfrevel nicht als Diebstähle, Zoll- und Steuerdefrauden nicht als wirklicher Betrug.[29])

Nun hat das StGB. da, wo seine allgemeinen Deliktsbegriffe für Deliktsbegriffe des partikularen Sonderrechts zutreffen, die Grenze gegenüber den partikularen Sonderbegriffen zu ziehen unterlassen, z. B. nicht bestimmt, wo der sogenannte Holzdiebstahl aufhört und der gemeine nach dem StGB. zu behandelnde Diebstahl anfängt. Hier muß also das Partikularrecht die Grenze bestimmen, und darin liegt der wesentliche Unterschied begründet zwischen anderen landesgesetzlichen Strafbestimmungen und den in Abs. 2 besonders genannten; bei ersteren bleibt für das Landesrecht nur Raum, soweit das Reichsrecht nicht positiv (oder negativ durch Wollen der Straffreiheit) gelten will, bei letzteren gilt Reichsrecht nur, soweit das Landesrecht nicht positiv gelten will.[29a]) Was die positive Inbeschlagnahme einer Handlung durch das partikulare Sonderrecht betrifft, so sind die Grenzen zwischen Bestrafung nach Reichsrecht und andererseits nach partikularem Sonderrecht, weil durch das letztere bestimmt, selbstverständlich in den einzelnen Ländern etwas verschieden gezogen. Aber da der Gesetzgeber auf historisch gewordene Sonderstrafgesetze in § 2 Abs. 2 die gesamte dem Landesrecht gemachte Konzession

[27]) Häufig wird mit dieser Frage die unten zu behandelnde verschiedene Frage vermischt, ob die Landesgesetze befugt seien, sich in diesen Spezialgesetzen völlig von den allgemeinen Grundsätzen des StGB. zu emanzipieren.

[28]) Insofern der Holzdiebstahl begrifflich unter das Reichsrecht des gemeinen Diebstahls fallen würde, und andererseits doch nicht anzunehmen ist, daß nach dem EG. für den Holzdiebstahl eine andere Bestrafung als die althergebrachte eintreten solle.

[29]) Diese historische Seite der Sache wird in der Literatur fast völlig übersehen.

[29a]) Vgl. besonders *Frank* zu § 2 IV.

gegründet hat, so ist das einzelne Landesrecht bei jener Grenzbestimmung nicht völlig unbeschränkt; es kann die Grenze seiner Anwendung nicht so weit erstrecken, daß Fälle, von denen mit Grund behauptet werden könnte, daß sie nach deutschem Herkommen in Gesetzgebung und Praxis nie unter das Sonderrecht gebracht wären, nun nach demselben behandelt werden müßten; Fälle, die z. B. bisher niemals als sogenannte Holzdiebstähle behandelt worden sind, könnte das Landesgesetz nicht der Behandlung als Diebstähle nach Reichsrecht entziehen.

Es ist danach zweifellos, daß eine Handlung, die unter ein Spezialgesetz einer der bezeichneten Kategorien fällt, nicht auf Grund einer Bestimmung des StGB. gestraft werden darf, obschon sie den Tatbestand eines im StGB. behandelten Deliktes enthält, z. B. darf eine Steuerdefraude nicht als Betrug bestraft werden.[29b]) Der zweite Absatz des § 2 des EG. hat aber, da er die daselbst aufgezählten Vorschriften als solche bezeichnet, die sich im StGB. nicht vorfinden, noch eine besondere, wichtige Bedeutung: wenn in einem Landesrecht eine Vorschrift fehlt über Bestrafung einer Handlung, die zu den daselbst besonders hervorgehobenen zweifellos gehört, so darf sie nicht etwa nach einer dem Wortlaute nach darauf freilich anwendbaren Vorschrift des StGB. gestraft werden. Und dies muß auch gelten für den Fall, daß in einem Reichsgesetze sich eine derartige Lücke findet. Daher hat der III. Senat des RG.[30]) auch sehr richtig angenommen, daß eine Steuerdefraude, begangen durch falsche Angaben des Steuerpflichtigen über das von ihm zu versteuernde Steuerquantum, nicht deshalb als Betrug nach dem StGB. zu bestrafen sei, weil in dem betreffenden Steuergesetze für den fraglichen Defraudationsfall eine Defraudationsstrafe nicht vorhergesehen sei. Die vereinigten Strafsenate[30a]) haben aber später auf Grund einer abstrakten Logik[30b]) unter

---

29b) *Kindervater*, G. Arch. **26** S. 310 sowie *Honemann*, Das Verhältnis zwischen der Defraudation der Zölle und dem Betruge nach deutschem Reichsrechte (Abhandlungen des Kriminalistischen Seminars zu Halle Bd. 3). 1894. S. 334. RG. III. 26. Juni 1880. R. **2** S. 113. III. 13. Juli 1886. E. **14** N. 73. S. 294.

30) In dem Anm. 29b zitierten Urt. v. 26. Juni 1880.

30a) 4. April 1881. E. **4**. N. 21. S. 50. Früher hatte das preuß. O. T. ebenso entschieden. Vielleicht haben die preußischen Traditionen gerade bei den vereinigten Senaten dieses Urteil herbeigeführt.

30b) „Es gibt keine allgemeinen Grundsätze über die Grenzlinien zwischen dem Strafgesetzbuche und den der besonderen Gesetzgebung abhaltenen Materien." (Es gibt aber historische Grenzlinien, und darauf eben beruht Abs. 2 des § 2.

Verkennung der geschichtlich feststehenden[31]) und im Volksbewußtsein begründeten[32]) Ansicht, daß Steuerdefraude und gemeiner Betrug doch verschiedene Dinge sind, die entgegengesetzte Ansicht angenommen und damit die Praxis einstweilen in dieser Richtung fixiert. So kann es geschehen, daß eine weit schlimmere Defraude mit der speziell bestimmten Geldstrafe abkommt, während eine geringere und moralisch eher entschuldbare andere Defraude auf den Übertreter den ehrenrührigen Makel der Betrugsstrafe bringt; so muß in der Tat der Schuldige für eine Unachtsamkeit der Gesetzgebung schwer büßen.[33])

**§ 13.** Ebenso wie mit dem Partikularrechte, welches zur Zeit des Inkrafttretens des StGB. bereits bestand, verhält es sich mit später erlassenen landesgesetzlichen Strafbestimmungen; nur wird selbstverständlich, da sie sich als Spezialgesetze ankündigen und die Autorität der Landesgesetzgebung für ihre Gültigkeit eintritt, ihre Ungültigkeit vom Richter nur nach reiflichster Prüfung ausgesprochen werden. Andererseits steht es fest, daß landesgesetzliche Vorschriften, welche etwa das Prüfungsrecht des Richters bezüglich der Rechtsgültigkeit von Gesetzen oder Verordnungen beschränken,[34]) hier, wo es sich um die Wirksamkeit des Reichsrechts handelt, keine Anwendung finden.[35])

Es ergibt sich aus dem Verhältnis des Reichsrechts zum Landesrechte aber auch die rechtliche Unwirksamkeit landesgesetzlicher Interpretationen[36]) nicht nur des Reichsrechts, insbesondere des StGB. selbst, sondern auch die Unwirksamkeit

---

[31]) Vgl. *Sickel*, Zum ältesten deutschen Zollstrafrechte, Zeitschr. **7** S. 505 ff. Es sind immer nur Geldbußen verhängt; nie aber ist im älteren deutschen Rechte von einer die Ehre berührenden Betrugsstrafe Gebrauch gemacht.

[32]) Steuer- und Zollgesetze sind, weil oft willkürlich und je nach den Machtverhältnissen abänderlich, nie so geachtet worden, wie die Privatrechtsordnung.

[33]) Dagegen hat das RG. III. 13. Juli 1891 E. **22** Nr. 34 S. 121 angenommen, daß eine unter falscher Versicherung an Eidesstatt abgegebene Steuerdeklaration lediglich nach der (milderen) Strafbestimmung des Landesgesetzes und nicht nach StGB. 161 zu strafen sei — wohl unrichtig. Die Frage, in welchem Umfange eidesstattliche Versicherungen stattfinden können, hängt von den Bestimmungen einerseits des Reichsrechts in der Prozeßordnung usw., andererseits vom Landesrechte ab; die strafrechtliche Bedeutung dieser Versicherung aber ist durch StGB. § 156 gegeben. Wählt die Landessteuergesetzgebung dieses scharfe Mittel, so muß es auch seine reichsrechtlich bestimmte Wirkung äußern.

[34]) Preußische Verfassungsurkunde Art. 106 Alin. 2: „Die Prüfung der Rechtsgültigkeit gehörig verkündeter Königlicher Verordnungen steht nicht den Behörden, sondern nur den Kammern zu."

[35]) Vgl. *Holtzendorff*, Allgemeine deutsche Strafrechtsztg. N. F. (1871) S 32.

[36]) Vgl. bes. *Heinze*, Verh. S. 23; *Binding* I S. 283. — Solche landesgesetzliche Interpretationen sind daher durchaus zu unterlassen.

landesgesetzlicher Äußerungen über das Verhältnis des Landesrechts zum Reichsrechte,[37]) es müßte denn das letztere dem Landesrechte dazu ausdrücklich und besonders die Befugnis erteilt haben. Für die im EG. Abs. 2 des § 2 besonders genannten Strafvorschriften ist diese Befugnis erteilt, freilich, wie bemerkt, nur innerhalb gewisser Grenzen, innerhalb der historischen Begriffe der daselbst bezeichneten Materien.

**§ 14.** Das EG. § 3 sagt ausdrücklich:

„Wenn in Landesgesetzen auf strafrechtliche Vorschriften, welche durch das Strafgesetzbuch für den Norddeutschen Bund (das Deutsche Reich) außer Kraft gesetzt sind, verwiesen wird, so treten die entsprechenden Vorschriften des letzteren an die Stelle der ersteren."

Diese Bestimmung hat unzweifelhaft auch für Bundesgesetze zu gelten, die vor der Einführung des StGB. erlassen sind, obwohl der Wortlaut nur von Landesgesetzen redet. Eine abweichende Meinung hat wohl nur Rubo (Kommentar Nr. 4) vertreten. Es ist ganz unmöglich anzunehmen, daß der Gesetzgeber, indem er das bisher das spezielle (Bundes-)Reichsgesetz ergänzende Landesstrafrecht außer Kraft setzte, den Ersatz nicht in den ergänzenden Vorschriften des Reichsstrafgesetzbuchs wollte.[38]) Darauf indes, wie die entsprechende Vorschrift des StGB. diesen Ersatz bewirkt, ob sie dasselbe oder ähnliches oder gerade das Entgegengesetzte bestimmt von demjenigen, was das frühere Landesstrafrecht bestimmte, kommt es nicht an;[39]) vielmehr nur darauf, daß die spezielle landesrechtliche Vorschrift der Ergänzung durch das frühere allgemeine partikulare Strafrecht bedurfte.

**§ 15.** Eine besonders wichtige, vielleicht die wichtigste der hierher gehörigen Fragen, ist aber die, ob Landesgesetze in

---

37) Daher kann z. B. das Landesrecht bezw. eine auf dem Landesgesetze beruhende Verordnung zwar die Mittel, welche bei Ausübung der Schulzucht zu verwenden sind, bestimmen, nicht aber rechtswirksam verordnen, daß gewisse Überschreitungen des Züchtigungsrechts nur disziplinarisch geahndet werden sollen; denn bei Überschreitung des Züchtigungsrechtes liegt eine nach dem StGB. zu beurteilende Körperverletzung vor. So richtig RG. II 29. März 1887 (E. 15 N. 117 S. 376.)

38) Vgl. besonders *Olshausen* Nr. 5. — Es handelt sich hier nicht darum, eine Handlung, die sonst nicht Delikt sein würde, auf Grund der Analogie für ein Delikt zu erklären.

39) So treffend *Binding* 1 S. 282.

Materien, die an sich ihnen überlassen sind, gleichwohl an die Vorschriften des allgemeinen Teils des StGB. gebunden oder umgekehrt befugt sind, sich davon durch abweichende Vorschriften zu emanzipieren; bezw. gelten die älteren speziell abweichenden Normen der betreffenden Landesgesetze fort, z. B. über das strafmündige Alter beim Holzdiebstahl? Die Ansichten gehen hier weit auseinander.

Rubo, S. 196ff. und Binding **1** S. 308 erachten die Vorschriften des allgemeinen Teils des StGB. für alle Landesstrafgesetze unbedingt bindend. Oppenhoff, EG. § 2 Anm. 2, Rüdorff, EG. § 2 Anm. 3, Schwarze, EG. § 2 Anm. 1 und 2, Meves,[40]) Seuffert in Liszt's Strafgesetzg. **1** S. 86[41]) sind der entgegengesetzten Ansicht, welche auch in der Praxis der Landesgesetze[41a]) und Gerichte mannigfache Anerkennung gefunden hat.

Aber abgesehen von der widerspruchsvollen und von Binding ironisch behandelten Ansicht Hälschners (1. S. 102. III) und der unbestimmten Ansicht H. Meyer's (§ 13), der jedes allgemeine Prinzip hier wie in vielen anderen Fällen verwirft, werden auch Mittelmeinungen vertreten.[42]) So betrachtet Heinze (Verhältnis S. 83) die Bestimmungen des StGB. über die allgemeinen Voraussetzungen jeder strafenden Tätigkeit

---

[40]) Strafrechtszeitung 1871 S. 563ff.

[41]) *Lisst*, der in früheren Auflagen sehr bestimmt seine Meinung vertreten hatte, äußert sich neuerdings nicht besonders (vgl. 13. und 14. Aufl. § 20 II).

[41a]) So verwandelt das bayerische EG. v. 26. Dez. 1871 wie *Binding* **1** S. 308 treffend bemerkt, das absolute gemeine Reichsrecht in nur subsidiär geltendes; es sollen die in der Einleitung und dem ersten Teile des StGB. sich findenden Bestimmungen insoweit zur Anwendung kommen, als nicht nach dem Inhalt der einschlägigen Landesgesetze anders bestimmt ist. Indes hat tatsächlich gerade das bayerische Gesetz in sehr korrekter Weise die allgemeinen Bestimmungen des StGB. auch bei den bayerischen Gesetzen für anwendbar erklärt, so daß dem eben erwähnten Ausspruche nur eine mehr theoretische Bedeutung zukommt. — Vgl. dagegen preuß. Forstdiebstahlgesetz v. 15. April 1878 § 4: Bestrafung des Versuchs und der verschiedenen Arten der Teilnahme mit der vollen Strafe der Täterschaft. § 10: Jugendliches Alter kein Milderungsgrund. Eine erhebliche Anzahl von Entscheidungen preußischer Gerichte, in denen Fundamentalsätze des StGB. in den der Landesgesetzgebung überlassenen Materien für letztere nicht bindend betrachtet werden, bei *Binding* a. a. O.

[42]) Vertreter dieser Mittelmeinungen sind auch *Wachenfeld* in Holtzendorff Kohler E. **2** S. 251, *Finger* **1** S. 156, *Olshausen* EG. § 2 Anm. 13 (letzterer so, daß prinzipiell die Landesgesetzgebung Freiheit haben soll, aber einzelne Ausnahmen anerkannt werden; an die Bestimmungen des StGB. über Strafwürdigkeit soll die Landesgesetzgebung unbedingt gebunden sein). Bedenklich: RG. V. S. 4. April 1881 E. **4** N. 21 S. 51; „es gebe hierüber keine allgemeinen Grundsätze“.

des Staates — z. B. die Bestimmungen über die Herrschaft des Strafgesetzes nach Zeit, Raum, Personen —, über die Zurechnungsfähigkeit als kategorische, das Partikularrecht unbedingt bindende; insoweit dagegen es nur um Abstraktionen aus einzelnen verbrecherischen Tatbeständen, deren Formen und Strafen sich handle, seien Abweichungen erlaubt; so soll z. B. den Landesgesetzen erlaubt sein, Vorbereitungshandlungen zu den dem Landesgesetze vorbehaltenen Delikten zu strafen, die Verjährungsfristen zu verändern (auch zu verlängern). Da aber genau betrachtet, alle Bestimmungen eines Gesetzes Abstraktionen aus Tatbeständen sind, und die Bestimmungen des allgemeinen Teiles sich als Abstraktionen aus vielfach wiederkehrenden Tatbeständen einzelner Deliktsarten darstellen, so verliert diese Ansicht sich völlig ins Unbestimmte, ebenso wie die von Binding angeführte und mit Recht angegriffene Ansicht Wächters, der die Landesgesetzgebung zu Abweichungen für berechtigt erklärt, soweit die Rücksicht auf den besonderen Charakter der strafbaren Handlung die Abweichung rechtfertige.

Prinzipiell richtig ist allein die erste Ansicht. Gerade der allgemeine Teil eines Strafgesetzbuches enthält die Grundanschauungen der Gesetzgebung über das Strafrecht. Hiervon Abweichungen gestatten heißt die Rechtseinheit nicht als großes Ganzes voraussetzen, vielmehr sich mit der Einheit in einzelnen Mosaikstücken der strafrechtlichen Bestimmungen zufrieden geben. Dazu kommt aber, daß man den meisten Bestimmungen des allgemeinen Teils des BGB. geradezu Gewalt antun muß, um sie nicht als kategorische zu verstehen, welche für alle und jede einzelnen Strafgesetze zur Anwendung kommen sollen. So spricht das StGB. §§ 55, 56, 61 allgemein von strafbaren Handlungen; daß damit nur die reichsrechtlich strafbaren gemeint sind, kann eine unbefangene Auffassung nicht zugestehen. Und wenn das Gesetz der allgemeinen Regel nach selbst bei schweren Verbrechen die Bestrafung von Vorbereitungshandlungen nicht will, wenn es den Versuch auch bei schweren Verbrechen nicht gleich der Vollendung straft, weil es der objektiven Seite der Tat eine bestimmte Bedeutung beilegt, soll man da glauben, daß bei den dem Landesrecht überlassenen Delikten, es gestattet sei, der strafrechtlichen

Untersuchung und dann der Strafe auch Handlungen zu unterwerfen, die von der Vollendung noch soweit entfernt sind, daß Irrtümer der Strafjustiz dabei in äußerstem Maße zu befürchten sind, oder daß das Landesrecht, indem es Versuch und Vollendung in der Strafe gleichstellt, das objektive Gewicht der Tat völlig außer acht lassen dürfe?[43])

Nur die Modifikation kann für zulässig erachtet werden, daß das partikulare Strafgesetz durch allgemeine Bestimmungen auf einen Teil der ihm überlassenen Strafgewalt verzichte oder sie in der Anwendung mindere;[44]) denn die einzelnen Staaten sind nicht von Reichsrechts wegen verpflichtet, von der ihnen verbliebenen Strafgewalt Gebrauch zu machen. Sie können also z. B. für nach Landesrecht strafbare Delikte die Strafwürdigkeit von einem höheren, nicht aber von einem minderen Lebensalter abhängig machen, einen von Strafe befreienden Notstand anerkennen in Fällen, welche das Reichsstrafrecht nicht zum Notstande rechnet,[45]) die Verjährungs- und Antragsfrist verkürzen (aber nicht verlängern).[46]) (So auch Finger 1 S. 156.)

(Von der Anwendung der Ausschließung allgemeiner Bestimmungen des StGB. ist aber überhaupt nicht zu reden, wenn ein Landesgesetz Handlungen, die an sich nur Vorbereitungs- bezw. Versuchshandlungen sein würden, durch Hervorhebung bestimmter Tatbestände zu besonderen Deliktsarten gestaltet.)

**§ 16.** Übrigens muß für eine Reihe allgemeiner Bestimmungen, die unmittelbar für das Landesstrafrecht nicht gelten können, die analoge Anwendung als absolut geboten angesehen werden. Die Vorschriften des StGB. über seine internationale Anwendung können direkt nur für das Reichsrecht und für das

---

43) In diesem Sinne auch *Wachenfeld* Encyklopädie S. 251.

44) Wesentlich übereinstimmend *Frank* EG. § 2 VI: „Die meisten Bestimmungen des allgemeinen Teils wollen die Strafgewalt des Staates schlechthin festlegen, also Rechte der Untertanen begründen. Diese . . kann das Landesrecht auf seinem Gebiete zwar ausdehnen, aber niemals einengen."

45) Ist z. B. Schwarzburg-Rudolstädtisches Ges. vom 27. Februar 71 zum Schutze der Holzungen § 12. Hier wird Straflosigkeit der Wegnahme von Holz aus Waldungen zur Reparatur geschädigten Geschirres anerkannt.

46) Unter die für die einzelnen Strafarten reichsrechtlich gesetzten Strafminima wird aber die Landesgesetzgebung nicht herabgehen dürfen. Indem der Gesetzgeber für eine Strafart ein Minimum ansetzt, bezeichnet er Strafen, die unter ein solches Minimum herabgehen würde, als der Strafart unangemessen. Für Geldstrafen hätte allerdings der Landesgesetzgebung ein geringeres Strafminimum zur Disposition gestellt werden können.

Verhältnis des Reiches zu dem außerdeutschen Ausland gelten. Wenn aber der einzelne Bundesstaat und dessen einzelne Angehörige und die in den einzelnen Bundesstaaten kraft der dortigen Gesetzgebung bestehende Verkehrsfreiheit geschützt sein sollen — bei der unbedingten Rechtshülfe unter den einzelnen Bundesstaaten — vor möglicherweise schwer zu ertragenden Übergriffen der Landesstrafgesetzgebung eines anderen Bundesstaates, so müssen die Grenzen, welche die Reichsstrafgewalt sich selbst in den §§ 4—7 des StGB. gezogen hat, auch für die den einzelnen Bundesstaaten belassene Strafgewalt gelten.[47]) Und auch dem außerdeutschen Auslande gegenüber muß das für die Landesstrafgesetzgebung gelten, weil Übergriffe in der Zuständigkeit der Strafgewalt sogar zu völkerrechtlichen Streitigkeiten und Komplikationen führen können, bei welchen dann doch das Reich die Verantwortlichkeit übernehmen müßte.[48]) Jene Vorschriften des StGB. bezeichnen die Ausdehnung der staatlichen Strafgewalt, welche im Verhältnis zu anderen Staaten das Reich für angemessen

---

47) Die Frage ist allerdings bestritten. Für die im Texte angenommene Ansicht: *Oppenhoff*, § 4 Nr. 35; *John*, Die Strafprozeßordnung erläutert 1. S. 204; *Harburger*, Der strafrechtliche Begriff Inland S. 91 ffff.; *Heinze*, S. 42, 43 (wenigstens für das Landesstrafrecht im Verhältnis zu dem außerdeutschen Auslande), und ausdrücklich mit dieser Beschränkung: *Olshausen*, § 4 Anm. 3. Dagegen allgemeiner: *Binding*, § 68; *Frank*, § 6 (StGB.) Anm. 2 und ausführlich *Seyferth*. *Binding* gesteht übrigens zu, es liege im Geiste des Reichsgesetzes daß die Landesgesetzgebung die Regelung im Sinne des StGB. vornehme. (Ist der Geist des Gesetzes aber nicht das Gesetz selbst, wenn der Wortlaut desselben nicht geradezu entgegen steht?) *Seyferth's* Beweisführung geht einfach davon aus, daß das Reichsrecht keine ausdrücklichen Bestimmungen enthalte, und daher die Bundesstaaten ihre absolute Freiheit in Ansehung der ihnen überlassenen Materien behalten haben; er übersieht dabei, daß wie z. B. in Bayern ausdrücklich erklärt ist, die allgemeinen Bestimmungen des Reichsstrafgesetzbuchs naturgemäß an die Stelle der allgemeinen Bestimmungen der früheren partikulären Strafgesetzbücher getreten sind; er erkennt aber auch an, daß es widersinnig sein würde, wenn die einzelnen Bundesstaaten ihren besonderen Gesetzen eine weitergehende extraterritoriale Wirksamkeit beilegen würden; ja er ist der Ansicht, daß, wenn diese Gesetze nichts Besonderes verordnen, sie nur auf die im Territorium begangenen Handlungen anzuwenden seien. *Seyferth* (S. 203—209) gibt übrigens eine Übersicht über die in den einzelnen Bundesstaaten in Ansehung der räumlichen Gültigkeit der Landesgesetze erlassenen Normen. In den meisten Bundesstaaten sind besondere Normen darüber nicht erlassen.

48) Das Reich kann für etwaige völkerrechtliche Fehlgriffe der Regierungen der einzelnen Bundesstaaten die völkerrechtliche Verantwortlichkeit nicht deshalb ablehnen, weil die fragliche Angelegenheit nach der inneren Gesetzgebung des Reiches nicht Sache des Reichs, vielmehr Sache des Einzelstaates sein mag; denn der auswärtige Staat kann äußersten Falles als Zwangsmittel zur Durchführung seines Rechtes dem einzelnen Bundesstaate nicht mehr den Krieg erklären.

erachtet. Darüber hinauszugehen kann den einzelnen Staaten um so weniger gestattet sein, als die Strafgesetzgebung, welche den Einzelstaaten verblieben ist, nur weniger wichtige Fälle betrifft und gerade bei den weniger wichtigen Fällen eine oft weitgehende Differenz der Rechtsanschauungen in den einzelnen Staaten sich bemerklich macht, es ist also ein Übergriff[49]) der Strafgewalt eines Staates in das der Strafgewalt eines anderen Staates um so weniger erträglich. Selbstverständlich kann aber auch das Landesgesetz auf eine nach Reichsrecht ihm gestattete Anwendung verzichten, z. B. die betreffende Handlung, wenn sie außerhalb des Territoriums begangen wurde, absolut auch für den Staatsangehörigen straffrei lassen.

**§ 17.** Es ist oben bemerkt worden, daß für die Verwirklichung der Idee einer freilich keineswegs vollständigen Rechtseinheit auf strafrechtlichem Gebiete es notwendig war, einerseits dem partikularen Rechte nur die im Reichsrechte zugelassenen Strafmittel (Strafarten) zur Verfügung zu belassen, andererseits zugleich das partikulare Strafrecht auf ein gewisses nicht allzuweit gehendes Maß der Strafmittel zu beschränken. Die erstere Bestimmung findet sich in durchgreifender Weise ausgesprochen in § 6 des EG. Den Gerichten ist es verboten, nach dem Inkrafttreten des StGB. noch auf eine im StGB. nicht enthaltene Strafart zu erkennen. Somit waren die Landesgesetzgebungen in die Notwendigkeit versetzt, bis zu jenem Zeitpunkte die in älteren Landesgesetzen enthaltenen, nach dem StGB. unzulässigen Strafen in Strafen des StGB. zu verwandeln. Im Falle der Unterlassung solcher Verwandlung würde der Richter nicht in der Lage sein, auf Strafe zu erkennen[50]) oder eine in dem früheren Gesetze enthaltene, nach

[49]) Anders ein GS. 26, S. 392 mitgeteilte mecklenburgische Entscheidung, welche umgekehrt sagt, daß die allgemeinen Bestimmungen des Reichsrechtes nicht zu gelten haben, wenn sie mit Fundamentalsätzen des Spezial-Landesgesetzes unvereinbar sein würden. Es war in Frage, ob nach StGB. § 4 Abs. 2 Nr. 3 Straflosigkeit einer Handlung in Gemäßheit der Gesetze des ausländischen Ortes der Tat anzuerkennen sei. Da es sich um ein mecklenburgisches Gesetz handelte, welches Trauungen im Auslande verbot, so war freilich bei Anwendung jenes Grundsatzes des StGB. indirekt das ganze Gesetz außer Kraft gesetzt.

[50]) So die gemeine Meinung. Anders *Binding* 1 S. 250. Aber es kann — abgesehen von ausdrücklicher gesetzlicher Bevollmächtigung — nicht Sache des Richters sein, allgemeine Strafvergleichungen vorzunehmen.

dem StGB. aber unzulässige Nebenstrafe zu erkennen.[51]) Es liegt in der Natur der Sache begründet, daß die erstere Beschränkung nicht nur auf künftig zu erlassende, sondern auch auf bereits existierende ältere Landesgesetze anzuwenden war: das Gebiet der schweren Kriminalfälle mußte vom Tage der Wirksamkeit des StGB. an Reichssache sein. Es wäre keine Rechtseinheit vorhanden, wenn sehr schwere Strafen noch für lange Zeit auf Grund von älteren, noch fortgeltenden Landesgesetzen erkannt werden könnten.

Liest man nun unbefangen den § 5 des EG., so wird man in der Tat in den Worten:

> „In landesgesetzlichen Vorschriften über Materien, welche nicht Gegenstand des Strafgesetzbuchs für das Deutsche Reich sind, darf Gefängniß bis zu zwei Jahren, Haft, Geldstrafe, Einziehung einzelner Gegenstände und die Entziehung öffentlicher Ämter angedroht werden."

eine Unterscheidung zwischen älteren und neueren (nach dem Inkrafttreten des StGB. publizierten) Landesgesetzen schwerlich entdecken. Auf Grund einerseits eines unstatthaften Zurückgehens auf eine in den Verhandlungen mit dem Reichstage nicht ausgedrückte, daher nicht beachtliche (nicht einmal im übrigen klar festgestellte) Absicht des Bundesrats[52]) und andererseits einer Pressung des Wortlauts wird von vielen[53]) jene völlig irrationelle Unterscheidung dem Gesetze untergelegt und die Beschränkung, welche § 5 aussprach, nur auf jene neueren

---

[51]) Aber nicht jede in einem Spezialgesetze ausgesprochene Folge einer Verurteilung ist deshalb als Nebensache zu betrachten, auch dann nicht immer, wenn der Richter sie zu verhängen hat. So richtig Rg. II, 18. Febr. 1887 E. 15 N. 95 S. 305. Es kommt auf den Zweck der Straffolge an, der nicht sowohl die Zufügung eines Strafurteils, als vielmehr ein rein polizeilicher sein kann, z. B. Verhütung von Gefährdung oder von Mißbräuchen, und der Gesetzgeber kann sehr wohl diese polizeiliche Maßregel unter richterliche Garantie stellen, ohne daß sie hierdurch ihren wahren Charakter verliert. Vgl. *Olshausen* N. 4 zu § 6.

[52]) Gegen solche Berufungen (vgl. namentlich *Olshausen* zu § 5) auf Vorentwürfe ist zu bemerken, daß die einzelnen Reichstagsmitglieder, auf deren Stimmen es schließlich doch mitankommt, meist gar nicht die Zeit finden und jedenfalls nicht die Pflicht haben, sich mit Vorentwürfen und den dabei gehegten An- und Absichten bekannt zu machen. Nur der dem Reichstage amtlich mitgeteilte Entwurf und die mitgeteilten Motive können in Betracht kommen.

[53]) So von *Schwarze* No. 3 zu § 5, *H. Meyer* § 13 No. 4, *Olshausen*, *Frank*, *Liszt* § 21 u. a. Dagegen besonders *Heinze* GS. 30 S. 561, *Hälschner* 1 S. 103, 104, *Binding* 1 S. 298. „Der Gesetzgeber droht eine Strafe nicht bloß im Augenblicke der Publikation des Gesetzes, sondern von da ab fortdauernd, so lange das Gesetz besteht." So treffend *Hälschner*.

Landesgesetze bezogen. Die Kontroverse ist aber wohl nicht von erheblicher praktischer Bedeutung.

**§ 18.** Nicht zu bezweifeln ist aber, daß das Disziplinarstrafrecht der Einzelstaaten wie des Reiches durch die allgemeinen Bestimmungen des StGB. in keiner Weise berührt ist, und daß auch das Disziplinarstrafrecht an die Strafmittel des StGB. nicht gebunden sein kann. Wie sollten z. B. auch in Strafanstalten mit den Strafmitteln des StGB. die Disziplin aufrechterhalten werden können? Das Disziplinarstrafrecht ist eben kein öffentliches Strafrecht im eigentlichen Sinne, und nur mit letzterem beschäftigt sich das StGB. und das EG. Andererseits liegt aber auch in dem Gebrauche eines Strafmittels im Gebiete des öffentlichen Strafrechts noch nicht die Ausschließung dieses Strafmittels für das Disziplinarrecht begründet. Geldstrafen und Verweise sind zweifellos Strafmittel sowohl im Disziplinarstrafrecht, wie im öffentlichen Strafrecht. Die Verwendung schwerer öffentlicher Strafen im Disziplinarstrafrechte würde allerdings einen Verstoß gegen Sinn und Geist des öffentlichen Strafrechtes, also wenn durch die Landesgesetzgebung erfolgend, eine Verletzung des Reichsrechts enthalten; aber eine Verletzung des Reichsrechts auf dem Gebiete des Disziplinarrechts, mit der wir uns hier nicht zu beschäftigen haben, gegen die aber freilich auch die Reichsgewalt einschreiten könnte.[54]

Die Kontroverse, ob und inwieweit durch das Strafgesetzbuch die Privatstrafen des Zivilrechts beseitigt sind, kann jetzt übergangen werden. Sie hat mit Einführung des Bürgerlichen Gesetzbuchs ihre Bedeutung verloren und könnte nur noch für Fälle in Betracht kommen, in denen schon vor dem 1. Januar 1900 die Privatstrafe angeblich begründet war.

**§ 19.** Mehrfach, wie wir bemerken werden, kommt der inländische Richter in die Lage, auswärtiges Strafrecht bei seinen Strafurteilen zu berücksichtigen. Es geschieht dies aber nur so, daß das auswärtige Strafrecht als Beschränkung[55] der an sich begründeten Strafgewalt sich darstellt,[56] nicht aber kann

---

[54] A. M. *Heinze*, Verhältnis. S. 100ff.

[55] Eine Beschränkung ist es auch nur, wenn der Richter die im Auslande geltende mildere Strafe anzuwenden hat.

[56] Das ist auch die herrschende Meinung. Vgl. insbesondere *Seyferth* S. 200ff.

der inländische Richter auf Grund eines ausländischen Gesetzes strafen, es müßte denn der inländische Gesetzgeber ausnahmsweise eine dahingehende Bestimmung getroffen haben, eine Ausnahme, die aber in Wahrheit nur eine scheinbare ist, da durch jene inländische Bestimmung das in Betracht kommende ausländische Strafgesetz insoweit zu einem inländischen erklärt würde. Dieser Satz gilt auch für das Verhältnis der partikularen Strafgesetze der einzelnen deutschen Bundesstaaten; die Landesgesetzgebung des Bundesstaates A ist für den Richter des Bundesstaats B eine ausländische; der preußische Richter z. B. kann nicht auf Grund einer bayerischen Strafbestimmung verurteilen. Daraus ergeben sich für den Fall der idealen Konkurrenz Schwierigkeiten in Ansehung der Wirkungen von Strafurteilen, die indes hier nicht zu erörtern sind.

**§ 20.** Bei einer umfassenden legislativen Revision des StGB. würden, betreffend das Verhältnis von Reichs- und Landesrecht, den vorstehenden Darlegungen zufolge an Stelle des § 2 folgende Bestimmungen zu setzen sein:

1. Außer Kraft gesetzt sind mit dem Tage des Inkrafttretens dieses Gesetzes alle in einzelnen Bundesstaaten oder Gebietsteilen einzelner Bundesstaaten noch für gültig angesehenen Bestimmungen früherer allgemeiner Strafgesetzbücher und Polizeistrafgesetzbücher, die für einzelne Bundesstaaten oder Gebietsteile derselben erlassen worden sind.[57][58])

2. Die in besonderen Gesetzen enthaltenen Strafdrohungen bleiben in Kraft, sofern nicht nach Ausdruck oder Sinn des (neuen) Strafgesetzbuchs oder eines anderen Reichsgesetzes solche Ergänzung des Reichsstrafrechts als unzulässig anzusehen ist.

3. In Kraft bleiben insbesondere und gehen den Bestimmungen des besonderen Teils des Strafgesetzbuchs vor die folgenden Strafbestimmungen des Reichs- und Landes-

57) Strafbestimmungen dieser allgemeinen Gesetzbücher, welche man in einzelnen deutschen Bundesstaaten noch zu erhalten wünscht, möge man von neuem beschließen und publizieren. So verlangt es die allgemeine Rechtssicherheit!

58) Zweckmäßig würde es auch sein, wenn daneben die etwa in einzelnen Bundesstaaten bestehenden umfassenderen einzelnen Polizeistrafgesetze und Polizeistrafverordnungen aufgehoben würden — vorbehaltlich einer Neupublikation desjenigen, was beibehalten werden solle.

strafrechts .... (vgl. § 2 Abs. 2 des gegenwärtig geltenden Einführungsgesetzes: . . .).

4. Die Bestimmungen des allgemeinen Teils des Strafgesetzbuchs gelten für das gesamte Landesstrafrecht wie für reichsgesetzliche Strafbestimmungen in besonderen Reichsgesetzen und Verordnungen, sofern nicht reichsgesetzlich besondere Ausnahmen stattfinden. Jedoch kann das Landesstrafrecht für die nur nach Landesstrafrecht strafbaren Handlungen die nach Reichsrecht geltenden Gründe, nach denen die Strafbarkeit einer Handlung ausgeschlossen oder vermindert oder getilgt wird, erweitern und solchen Gründen auch erweiterte Wirksamkeit beilegen.

5. Die Bestimmungen des Strafgesetzbuchs über die internationale Wirksamkeit der Reichsstrafgesetze finden auf das Landesstrafrecht im Verhältnis zu außerdeutschen Staaten wie zu anderen deutschen Bundesstaaten entsprechende Anwendung

Daneben wäre noch die strafprozessuale Bestimmung im Interesse der praktischen Aufrechterhaltung der Rechtseinheit zu empfehlen:

„Revision, für welche das Reichsgericht zuständig ist, findet gegen Urteile, welche in der Berufungsinstanz ergangen oder der Berufung gesetzlich entzogen sind, stets auch aus dem Grunde statt, daß eine angewendete landesrechtliche Strafnorm mit dem Reichsrecht unvereinbar ist. Das Reichsgericht kann seine Entscheidung auf diese Frage beschränken und im übrigen die Sache an das Instanzgericht zurückverweisen.“

# IV. Zeitliches Herrschaftsgebiet des Strafgesetzes.

*A. D. Weber*, Ueber die Rückanwendung positiver Gesetze 1811. *H. A. Zachariä*, Ueber die rückwirkende Kraft neuer Strafgesetze 1834. *Abegg*, Archiv d. Cr. XIV. 1833. S. 467 ff. *Berner*, Wirkungskreis der Strafgesetze nach Zeit, Raum und Personen 1853. S. 1—79. *Schwarze*, Arch. d. Cr. 1857. S. 371. *Bauer*, Abhandlungen aus d.' Strafrechte **1** S. 168 ff. *Lassalle*, Das System der erworbenen Rechte **1** (1861). *Seeger*, Abhandlungen aus d. Strafrechte **2** 1. Abt. 1862. *R. Schmid*, Die Herrschaft der Gesetze in ihren räumlichen und zeitlichen Grenzen im Gebiete des bürgerlichen und peinlichen Rechts 1863 S. 186—202. *Gabba*, Della retroattività in materia penale, Pisa 1869. *Pulvermacher*, G. Arch. **19** S. 1—18. *Heinze*, Das Verhältniß des Reichsstrafrechts zu dem Landesstrafrecht. 1871. S. 57—73. *Bar*, G. Arch. **19** S. 73—87. *Francke*, das. **20** S. 14—70. *Göppert*, Das Prinzip Gesetze haben keine rückwirkende Kraft (herausgegeben von Eck. 18884. S. A. aus Ihering's Jahrbüchern für Dogmatik des heutigen . . Privatrechts). *O. Lehmann*, Das zeitliche Herrschaftsgebiet der Strafrechtssätze, namentlich mit Rücksicht, auf das schweizerische Strafrecht, Berner Diss. 1897. *Goehrs*, Das mildeste Gesetz im Sinne des § 2 des RStGB., Straßburger Diss. 1898. *Silberschmid*, Zeitschr. **22** S. 58—71. *Kohlrausch*, das. **23** S. 41—63. *Brusa*, Osservazioni (Litteratur zu § 42).

## Verschiedene Ausgangspunkte.

**§ 21.** Die jetzt noch vielleicht vorherrschende Meinung[1]) betrachtet als maßgebendes, fast selbstverständliches Prinzip, daß eine Handlung strafrechtlich nur nach demjenigen Gesetz zu beurteilen sei, welches zu derjenigen Zeit galt, wo die Handlung vorgenommen wurde,[2]) nicht etwa nach demjenigen Gesetze, welches zur Zeit der Aburteilung das geltende ist. Wie dafür die Analogie des Zivilrechts[3]) spricht, welches nicht

[1]) Vgl. z. B. *Bauer* Abh. 1. S. 168; *Wächter* **1** § 34 Vorles. S. 178; *Heffter* § 21. *Zachariä* S. 12; *Berner*, Herrschaftsgebiet S. 53 und Lehrb. S. 251; *Abegg*. Arch. d. Cr. 1833; *Köstlin* **1** S. 48; *Bekker* **1** S. 194; *Schwarze* in *Holtzendorff* Hdb. 2. S. 96; *Geib* **2** S. 43; *Liszt* § 19, II; *Olshausen* § 2, 3; *Regelsberger* in *Holtzendorffs* Rechtslexikon: Rückwirkung; *Hélie* **1** n. 23; *Fessina* **1** S. 98.

[2]) So *Göppert* S. 126.

[3]) *Benjamin Constant* bezeichnete die Rétroactivité des Gesetzes als »le plus grand attentat que la loi puisse commettre«, als »Déchirement du pacte social«, vgl. *Lassalle* S. 1. Die französische Déclaration des droits de l'homme et du citoyen du 3 septembre 1791 art. 14 erhob die non-rétroactivité des Straf-

gestattet, den Handlungen einer Person früher unbekannte Rechtsfolgen beizulegen, so läßt sich auch dafür geltend machen, daß die Möglichkeit, jemanden auf Grund eines erst nach der Handlung in Kraft getretenen Strafgesetzes zu verurteilen auf das Äußerste gemißbraucht werden könnte. Doch für materiell gerecht oder billig wird es nach dieser Ansicht erachtet,[3a]) daß, wenn inzwischen eine mildere oder den Schuldigen gänzlich von der Strafe befreiende Würdigung der Tat in der Gesetzgebung geltend geworden ist, diese mildere Rechtsansicht dem Schuldigen zugute kommen zu lassen; es scheint das Gefühl zu verletzen, eine Strafe auszusprechen wegen einer Handlung, die im Augenblicke ihrer Aburteilung nicht mehr als verdammenswert, vielleicht — in Ausnahmefällen — sogar als löblich betrachtet wird, oder eine harte Strafe, vielleicht gar die Todesstrafe, auf einen Fall anzuwenden, der gegenwärtig als solche Strafe fordernd nicht mehr angesehen wird.

Die entgegengesetzte Auffassung — nach welcher neue Strafgesetze auch auf früher begangene Straftaten prinzipiell anzuwenden sind, dem Schuldigen aber aus Rücksicht auf die individuelle Rechtssicherheit und zur Vermeidung möglicher Mißbräuche das frühere Strafgesetz zugute kommt, wenn es das mildere ist — läßt sich aber ebenfalls begründen, und es wird sich zeigen, daß sie in Wahrheit dem Wesen des Strafrechts wie den praktischen Bedürfnissen des Rechtslebens besser entspricht.[4])

---

gesetzes sogar zu einem konstitutionellen Prinzip: »La loi qui punirait des délits avant qu'elle existât, serait une tyrannie; l'effet rétroactif donné à la loi serait un crime.« Jetzt ist diese Ausschließung der Rückwirkung in Frankreich nicht mehr ein konstitutionelles Prinzip, vielmehr ein Satz des Code civil. art. 2 und des Code pénal art. 4. — Vgl. *Garraud* Précis n. 70. — In den Ver. Staaten v. Nordamerika ist der Ausschluß der Rückwirkung des Gesetzes und insbesondere auch der Strafgesetze konstitutionelles Prinzip. Vgl. *Wharton* 1 § 39. *Bishop* 1 § 179.

[3a]) Es ist bei manchen Schriftstellern nicht leicht zu entscheiden, ob sie die Anwendung der neuen milderen Gesetze als ein Prinzip des Rechts oder nur der Billigkeit betrachten. Besonders hat *Bekker* S. 218ff. sich gegen die Annahme eines Rechtsprinzips ausgesprochen; er will nichts gegen die Maßnahme selbst einwenden, aber er meint, sie sei bloße Gnade, die im Gesetz ausgesprochen werde. — Dagegen hat *Abegg* Arch. d. Cr. 1833 S. 482 das in der Anwendung des neuen milderen Gesetzes zu erblickende Gerechtigkeitsprinzip besonders gut hervorgehoben. Man kann *Abegg* daher auch denjenigen zurechnen, welche für die Frage der zeitlichen Anwendung des Strafgesetzes zwei gleichberechtigte Prinzipien annehmen.

[4]) Über Mittelmeinungen vgl. unten Anm. 28.

**§ 22.** Geschichtliche Entwicklung. Wenn die Strafe nichts anderes ist als eine Reaktion des Verletzten oder der Gesamtheit gegen eine Handlung, welche die wirklichen oder vermeintlichen Grundbedingungen des Daseins oder der Fortentwicklung der menschlichen Gemeinschaft verletzt oder gefährdet, und wenn es für diese Reaktion ursprünglich ein bestimmtes Maß gar nicht gibt, so begreift es sich leicht, daß ein Gesetz, welches solches Maß festsetzt, ohne weiteres auch auf vorhergegangene Handlungen bezogen wird; da der Verbrecher sich vorher auf ganz unbestimmte Rache und Reaktion gefaßt machen mußte, kann er sich über die nun bestimmte nicht beschweren, selbst wenn das Gesetz faktisch wesentlich mit darauf berechnet ist, einer tatsächlich bei Unbestimmtheit der Strafe leicht einreißenden Milde zu steuern. Und selbst wenn das neue Gesetz eine Strafe an einen bestimmten Tatbestand knüpft, der vorher in dieser Bestimmtheit noch gar nicht ausgesondert war, kann die Beziehung auch eines solchen Gesetzes auf früher begangene Handlungen doch so lange kein Bedenken erregen, als die strafbaren Handlungen nicht sowohl durch einen genau begrenzten Tatbestand als vielmehr durch eine ihnen beigemessene schlechte, nichtswürdige oder staatsfeindliche Absicht charakterisiert werden, und das Bestrafen nach allgemeiner Rechtsanalogie für zulässig gehalten wird. Die Bestrafung nach allgemeiner Rechtsanalogie wird hier nur durch die Gesetzgebung zu einer sicher und bestimmt treffenden gemacht. Man kann in solcher Zeit von der Gesetzgebung sagen, was Binding zu allgemein und zu einseitig als Charakter und Bedeutung des Strafgesetzes überhaupt bezeichnet, daß sie die Strafpflicht des Staates einschärfe, sicherstelle.

Wir finden daher in der römischen Republik Strafgesetze, welche zweifellos die in ihnen bestimmte Strafe wie das durch sie geordnete Strafverfahren mit rückwirkender Kraft auch auf vorher begangene, nachher zur Aburteilung gelangende Handlungen anzuwenden verordnen, wie beweisend insbesondere eine Äußerung Cicero's[5]) bestätigt, daß man Strafgesetzen

5) In Verrem II. 1 c. 42 (vgl. darüber *Seeger* S. 3 ff.). Genaue Nachweisungen über solche Rückanwendungen bei *Seeger* S. 13 ff. — *Geib* 2 S. 45 ist der Ansicht, die Rückanwendung sei die Folge des in erster Linie strafprozessualen

Rückanwendung gebe, welche Handlungen betreffen, die schon ohnehin ihrer Natur nach als schlecht und verabscheuenswert erschienen.

Wenn es vom Ermessen des Volkes abhing, nach Zeit und Umständen eine Handlung als staatsfeindlich oder doch strafwürdig zu behandeln und mit einer willkürlich veranschlagten Strafe zu belegen, so konnte es nicht auffallen, dieses »nach Zeit und Umständen« schärfer zu präzisieren, wenn nicht mehr das Volk, sondern statt seiner eine Kommission richten sollte. Wenn man de facto auch die einzelnen der Anklage nach der Lex über die Quaestio unterworfenen Personen auch sicherer und schärfer faßte, de jure wurde doch nur eine bereits vorhandene Machtbefugnis eingeschränkt.

Allerdings ändert sich die Sache, wenn man die Möglichkeit einer wirklich materiell ändernden und nach bestimmten Zielen und Zwecken strebenden Gesetzgebung[6]) ins Auge faßt. Hier wird das Strafbare dies erst, oder kann es doch möglicherweise erst werden, durch die Erklärung der Autorität, der Staatsgewalt, welche seine Verwirklichung durch den Handelnden nicht will, d. h. eben für die Zukunft nicht will. Von diesem Gesichtspunkte erscheint die strafbare Handlung zunächst als Ungehorsam, und ungehorsam kann man nur sein, gegenüber einem bereits bestehenden Gebote; ein Ungehorsam gegen nur mögliche Gebote oder Verbote ist ein Unding. So ergibt sich von diesem Gesichtspunkte die Beurteilung und die gesamte Würdigung der Tat nach dem Gesetze, welches gilt zur Zeit der Handlung.[7])

---

Charakters der Leges über die sogen. Quaestiones perpetuae. Nicht zutreffend erscheint auch die Erklärung, welche *Gabba* S. 20 für die Rückanwendung der republikanischen Strafgesetze gibt. Er findet den Grund der Rückanwendung in dem Umstande, daß Richter und Gesetzgeber in denselben Personen, dem Volke, vereinigt waren, und daß so die Strafurteile als Spezialgesetze für den einzelnen Fall, für den einzelnen Verurteilten sich darstellten. Allein die Leges, welche die sogen. Quaestiones perpetuae einführten, beruhen gerade auf der beabsichtigten Trennung der richtenden und der gesetzgebenden Gewalt, wenngleich die Idee, daß die ausgelosten Richter das souveräne Volk vertreten, noch vielfach nachwirkt.

6) Damit steht es im Zusammenhange, daß die Vertreter relativer Theorien, insbesondere die Anhänger der Abschreckungstheorie meist von dem Prinzipe der Beurteilunp der Tat nach dem zurzeit der Begehung geltender Gesetze ausgehen.

7) Und zwar konsequent lediglich nach diesem Gesetze.

Auch zur Zeit der Republik[8]) fehlte dieser Gesichtspunkt nicht völlig. In einem auch nur einigermaßen vorgeschrittenen Staatswesen ist Zwang aus Zweckmäßigkeitsrücksichten, der durch Strafgesetze ausgeübt wird, nicht zu entbehren. Aber die Regel bleibt für das Gebiet des eigentlichen Kriminalrechts, wie wir sagen würden, für das Gebiet der Dinge, welche die Römer als »sua sponte scelerata ac nefaria«[9]) bezeichneten, die Rückanwendung des neueren Rechtes

**§ 23.** Dagegen ist es dem Dargelegten zufolge kein Zufall, vielmehr konsequente Entwicklung, daß in der römischen Kaiserzeit, in welcher das neue Strafgesetz nicht mehr nur aufgefaßt wird als eine bestimmtere Erklärung und Begrenzung des bereits vorhandenen Rechtes, sondern mehr als ein nach Zweckmäßigkeitsgründen sich ergebendes Autoritätsgebot des Alleinherrschers, der Grundsatz der Nichtanwendung des neuen Gesetzes auf früher begangene Handlungen mit großer Bestimmtheit auftritt und in den justinianeischen Quellen allein hervorgehoben wird. Das Gegenteil hätte da nur krasser Despotismus behaupten können. Daher sagt L. 7 C. de legibus 1, 14: »Leges et constitutiones futuris certum est dare formam negotiis, non ad facta praeterita revocari.«[10])

Über Rückanwendung eines neuen milderen Strafgesetzes hatten die Kaiser keinen Anlaß sich besonders auszusprechen. Im ganzen ist die Tendenz der Strafgesetzgebung in der Kaiserzeit bestrebt, die Strafen zu verschärfen und den Kreis der strafbaren Handlungen auszudehnen. Wenn aber ein Kaiser die unter seinem Vorgänger in gewissen Fällen vorgenommenen Bestrafungen exzessiv oder ungerecht fand,

---

[8]) Vgl. namentlich *Cicero* l. c. a. E. „Satque in his ipsis rebus multa videmus ita sancta esse legibus, ut ante facta in judicium non vocentur: Cornelia testamentaria, nummaria . . .“ und dazu *Seeger* S. 38. — Die Lex Julia de adulteriis (737) und die Lex Quinctia de aquaeductibus (747) schlossen die Rückwirkung ausdrücklich aus. Vgl. über erstere L. 12 D. 48, 5 und *Seeger* S. 12, 13.

[9]) Dieser Begriff (vgl. L. 42 D. de Verb. sign.) wird freilich für uns heutzutage wenig faßbar und deshalb auch wenig brauchbar sein; für die Römer war er klarer, wie *Gabba* § 23 sehr richtig bemerkt. Der Natur der Sache entspricht es außerdem, daß bei Gesetzen wesentlich zivilrechtlichen Charakters und insbesondere solchen, die früher allgemein übliche und anerkannte Dispositionen für ungültig erklärten, jede Rückanwendung ausgeschlossen wurde.

[10]) Vgl. auch L. 65 C. de decurionibus. Dagegen kann L. 1 pr. D. de poenis 48, 19 gar nicht, wie freilich noch *Geib* 2 S. 44 annimmt, hierher gezogen werden. — Vgl. unten Anm. 19.

so geschah dies meist in Form einer Entscheidung über einen einzelnen Fall, in Form einer Interpretation des bisher geltenden Rechtes, und es verstand sich von selbst, daß die kaiserlichen Beamten diese Interpretation zur Richtschnur nahmen. In einem Staate, wie der damalige römische, in welchem die Richter formell so wenig unabhängig waren von der obersten Regierungsgewalt, und in welchem diese letztere so oft unmittelbar die Funktionen des obersten Richters ausübte, machte sich die Anwendung eines neuen milderen Gesetzes von selbst; einem einzelnen wurde dadurch kein Nachteil zugefügt, und man konnte es als eine möglichst vollkommene Beachtung der kaiserlichen Autorität betrachten, wenn so weit möglich die neuen Anschauungen des allmächtigen Staatsoberhauptes zur Geltung gebracht wurden. Die Frage der Anwendung des neuen, milderen Strafgesetzes tritt als juristische erst dann hervor, wenn der Richter nur durch formellen Ausspruch der Gesetzgebungsgewalt gebunden wird, nicht aber einer von dieser zu unterscheidenden Regierungsgewalt unterworfen ist.

**§ 24.** Im Mittelalter hielt sich die Doktrin an die Aussprüche der justinianeischen Rechtsquellen, an welche sich auch das kanonische Recht anschloß. Wenn dies schon aus der Autorität erklärt werden kann, welche das römische Recht ausübte, so fehlte es auch nicht an anderen Gründen, die Rückanwendung des neuen Gesetzes auszuschließen. Die ältere kirchliche Lehre gründete Recht und Moral nicht sowohl auf ein von Anfang an wirksames natürliches und zugleich göttliches Gesetz, dessen Existenz ebensowohl der Natur Gottes wie des Menschen entspricht, als vielmehr auf den erklärten Willen Gottes, auf das Gebot der Autorität. Sünde, moralwidrige Handlung ist nichts anderes als Ungehorsam. »Abraham ante legem Moysi et ante evangelium fuit. Non ergo interdictum adulterium videbatur. Poena criminis ex tempore legis est, quae crimen inhibuit. Nec ante legem ulla rei damnatio est, sed ex lege« sagt Can. 3. causa 32 qu. 4.[11])

[11]) Vgl. auch Kap. 2 de constitutionibus 1, 2 »Quoties vero novum quid statuitur ita solet futuris formam imponere, ut ... dispendiis praeterita non commendet ... ne detrimentum ante prohibitionem possint ignorantes incurrere, quod eos postmodum dignum est vetitos sustinere« (Gregor III. 598). Diese Stelle spricht zwar nicht direkt von Strafen, aber so allgemein von »Detrimenta«, daß

Den Zivilisten[12]) aber kam die Frage der Rückanwendung neuer Gesetze wesentlich als Frage der Anwendung neuer statutarischer Bestimmungen, da das gemeine Recht eigentlich als unveränderlich von ihnen angenommen wurde. Wie die Willkürlichkeit vieler statutarischer Bestimmungen jede Möglichkeit der Rückanwendung höchst bedenklich erscheinen lassen mußte, so konnte die Begründung der verpflichtenden Kraft statutarischer Vorschriften auf einen Vertrag, auf den Consensus auch nur zu dem Resultate einer Beurteilung und Bestrafung der Handlung nach dem Gesetze führen, welches zur Zeit der Begehung galt, und zwar, da man die Analogie des Vertrages vollständig durchführte, ohne Rücksicht auf eine etwaige spätere Milderung des Strafgesetzes; das Gemeinwesen schien einen kontraktlichen Anspruch auf die einmal durch den freien Willen des Schuldigen von diesem übernommene Strafe zu besitzen. Besonders einleuchtend erschien dies, wenn es sich, wie häufig bei lediglich statutarisch strafbaren Delikten der Fall war, um Geldbußen handelte.[13])

Allerdings reagierte öfter das unmittelbare Gefühl und machte dann, wie es zuweilen auch heutzutage geschieht, die richtige Deduktion verfehlend, sich in scholastischen und unpassenden Argumenten geltend. Wenn man eine bis dahin erlaubt gewesene Handlung mit einer fast drakonischen Strafe im ersten Eifer belegte und alsbald, nachdem dieser nachgelassen, sich davon überzeugte, daß man zu weit gegangen sei, und nun die Strafe ermäßigte, so schien es doch unbillig, jemanden, der unter der Herrschaft der härteren Strafsanktion gehandelt hatte, später, nachdem dieselbe als exzessiv erkannt und durch eine mildere Strafsanktion ersetzt war, noch nach jener härteren zu bestrafen. Einen derartigen Fall behandelte das Gutachten des Ricardus Malumbranus[14]) nach dem Berichte, den wir bei Albericus de Rosciate[15]) finden.[16]) Die Stadt Padua hatte

---

Strafen auch unzweifelhaft darunter begriffen sind. Kap. 13. X. das. a. E. wiederholt die Worte der L. 7 C. de legibus.

[12]) Über die Meinungen der einzelnen Schriftsteller des mittelalterlichen Italiens vgl. *Seeger* S. 54 ff.

[13]) Vgl. *Gandinus* de malef. tit. de poenis reorum n. 17 und dazu *Seeger* S. 51.

[14]) † 1335 (vgl. über ihn *v. Savigny* Geschichte des röm. Rechts im Mittelalter VI. S. 49 ff.

[15]) In L. 7 C. d. legg. 1, 14. n. 7, 8.

[16]) Vgl. über die ganze Sache *Seeger* S. 52 ff.

während eines Streites mit Venedig über das Salzwesen, den Privatverkauf von Salz bei 100 Pfund Strafe verboten, nachher aber diese Strafe auf 25 Pfund ermäßigt. Malumbranus sprach sich für die Verurteilung nur zu der geringeren Strafe des neueren Statuts aus. Der Grund ist für ihn ein eigentümlich zivilistischer. Er meint, es seien zwei Tatsachen ins Auge zu fassen, das Vergehen selbst und die Tilgung der Schuld. Während ersteres der Vergangenheit angehöre, falle letztere unter das neue Gesetz, müsse also nach diesem sich regeln. Hiernach will er denn auch einem Gesetze, welches eine früher verbotene Handlung für die Zukunft erlaubt, jene anscheinend rückwirkende Kraft nicht einräumen; denn ein derartiges Statut betreffe ja die in der Vergangenheit liegende Tatsache des Vergehens selbst. Es ergibt sich daraus, daß ein Gesetz von umfassender Bedeutung eine weit weniger eingreifende Wirkung haben würde, als ein Gesetz, welches nur die Strafe herabsetzt. Die Schwäche der Deduktion würde sich gezeigt haben, wenn, statt die Handlung für erlaubt zu erklären, ein Gesetz die Reduktion der Strafe auf Null ausgesprochen hätte. Es ist doch gleich, ob man sagt, das Gesetz erlaubt strafrechtlich eine Handlung oder es reduziert die Strafe auf Null, sagt, es solle in Zukunft keine Strafe mehr darauf gesetzt sein. Nach Malumbranus mußte die verschiedene Ausdrucksweise des Gesetzes zu ganz differenten Resultaten führen. Bartolus sprach sich denn auch gegen die Begründung und das Resultat des Malumbranus aus.[17]) Er meinte, man müsse anders unterscheiden. Eine nicht vom richterlichen Ermessen abhängende, unmittelbar durch das Gesetz bestimmte Strafe sei nach dem zur Zeit der Tat geltenden Gesetze, eine vom richterlichen Ermessen abhängende Strafe nach dem zur Zeit des Urteils geltenden Gesetze zu bestimmen. „Ratio est in promptu. Nam quum poena est certa, statim quum deliquit, fuit adstrictus ad illam poenam. Sed quando imponitur poena arbitrio judicis, non poterit dici adstrictus ad illam poenam, nisi quum judex fuerit arbitratus.“[18])

---

[17]) Vgl. seine Bemerkungen zur L. 9 D. de J. et J. n. 48.

[18]) Bartolus benutzt zum Beweise seiner Ansicht die L. 1 D. de poenis 48, 19, eine Stelle, die aber nicht von Änderung der Gesetze, vielmehr von Änderung des Standes des Schuldigen handelt. In neuerer Zeit hat *Bekker* S. 119 diese hier nicht passende Stelle zur Begründung seiner Ansicht wieder benutzt. Siehe dagegen *Seeger* S. 54.

Die Strafverpflichtung erscheint ihm also im Falle einer absolut bestimmten Strafe — und solche Strafen waren im Mittelalter sehr üblich — eine perfekte, der Vergangenheit vollkommen angehörige, im Falle einer mehr unbestimmten Strafe als eine nicht perfekte, welche daher durch das neue Gesetz berührt wird.[19]) Auch diese Ansicht kann nicht befriedigen.[19a]) In der praktischen Anwendung war sie freilich nicht sehr verschieden von der des Malumbranus, da die immer mehr sich vollziehende Rezeption römischer Rechtssätze dem Richter in einer stets wachsenden Anzahl von Fällen ein freieres Ermessen gestattete, und da schon Albericus de Rosciate es als feststehenden Satz sogleich am Eingange seiner Erörterung erwähnt, daß Gesetze, die „in odium" jemandes gegeben seien, keine Rückwirkung auf vergangene Facta ausüben dürfen. Da hiernach strengeren Strafgesetzen jede Rückwirkung abgesprochen wurde, war es schließlich kein so sehr abweichender, wenngleich immerhin ein erheblicher Schritt, wenn Farinacius,[20]) nachdem die Communis opinio früher dem Bartolus gefolgt war, den einfachen Satz aufstellte, daß jedes neue die Strafe herabsetzende Gesetz die Verhängung dieser geringeren Strafe auch für früher begangene Delikte zur Folge habe.

**§ 25.** Die deutsche Jurisprudenz hatte lange Zeit kaum Gelegenheit, sich eingehend mit der Frage der Anwendung neuer Strafgesetze zu befassen. Die Gesetzgebung ging auf dem Gebiete

---

[19]) In Leg. 1 D. de poenis n. 3. *Seeger* S. 54 gibt den Sinn der Meinung des *Bartolus* nicht ganz richtig wieder. Er bezieht den von *Bartolus* gemachten Unterschied auf den Fall einer ordentlichen Strafe einerseits und andererseits auf den Fall einer Strafe, die wegen besonderer Zeitumstände (vorübergehend) angedroht ist. Allerdings wird beides von den Italienern nicht scharf getrennt, vgl. *Angelus Aretinus* De malef. Rubr. Dictum Sepronium n. 5. *Bartholomaeus de Saliceto* ad leg. 7 C. de legg. hat nicht, wie *Seeger* S. 56 annimmt, den Fehler des *Malumbranus* bei Begründung der Ansicht des letzteren vermieden. Vielmehr sind ihm ebenso wie *Malumbranus* Verbrechen und Strafe zwei voneinander unabhängige, daher nach verschiedenen Gesetzen zu beurteilende Dinge: „quia ex quo secundum statutum nihil mutat circa essentiam delicti, sed solum circa poenam et ejus impositionem, sequitur quod solum concernit actum futurum".

[19a]) Sie beruht eigentlich auf der Erwägung, daß im Falle einer absolut bestimmten Strafe das Urteil in Wahrheit überflüssig, also auch der Zeitpunkt desselben irrelevant sei. Dieser Gedanke hätte allerdings gegenüber der Idolatrie, welche heutzutage mit der Rechtskraft des Urteils in Strafsachen getrieben wird, eine gewisse Berechtigung.

[20]) Vgl. *Seeger* S. 59. Der französische Jurist *Connanus* († 1551) griff freilich ebenso wie *Perez* auf die altrömische bei *Cicero* erwähnte Ansicht zurück, beide fanden aber hierin keinen Anklang, vgl. *Seeger* S. 60.

des eigentlichen Kriminalrechts allgemein zunächst von der Ansicht aus, daß man neues Recht nicht einführe, vielmehr nur das bestehende einschärfe oder gegen irrige Interpretation sicherstelle, wie dies ja auch der Gesichtspunkt ist, unter dem die Carolina selbst aufgefaßt werden muß. So kann es denn begreiflich erscheinen, daß z. B. kursächsische Verordnungen mehrfach sich rückwirkende Kraft beilegten, auch da, wo sie tatsächlich die Strafen schärften,[21]) während man aus der Begründung derartiger Vorschriften und der ausdrücklichen Hinzufügung der letzteren selbst ersehen kann, daß Wissenschaft und Praxis jedenfalls dem härteren Strafgesetze jede Rückwirkung versagten, während sie umgekehrt die Gelegenheit nicht unbenutzt vorübergehen ließen, eine Strafe zu mildern.[22])

**§ 26.** Als daher die französische Gesetzgebung[23]) und das preußische allgemeine Landrecht gegen Ende des XVIII. Jahrhunderts[24]) die Anwendung des neuen Strafgesetzes, soweit es überhaupt dem Angeklagten günstiger sein würde, als gesetzlichen Grundsatz proklamierten,[24a]) gaben sie im wesentlichen nur dem schon bestehenden Gedanken der Theorie einen festen gesetzlichen Ausdruck. Seitdem ist praktisch das Prinzip selbst nie angefochten; es hat sich nur um seine richtige Be-

---

[21]) Die Publikationspatente zum Codex juris Bavarici crim. und zur Theresiana erwähnen daher die Frage der Rückanwendung überhaupt nicht. Joseph II. nahm von der sonst unbedingten Anwendung seines (seiner Ansicht nach) mildernden Gesetzbuches die bereits verhafteten Verbrecher aus (*Seeger* S. 67).

[22]) Vgl. hierüber die treffliche Darstellung *Seegers* S. 60ff.

[23]) Vgl. Code pénal v. 1791 art. «Pour tout fait antérieur à la publication du présent code, si le fait est qualifié crime par les lois actuellement existantes, et qu'il ne le soit pas par le présent décret; ou si le fait est qualifié crime par le présent code et qu'il ne le soit pas par les lois existantes, l'accusé sera acquitté sauf à être correctionellement puni, s'il échoit», vgl. *Hélie* I n. 27.

[24]) Einleitung § 14: „Neue Gesetze können auf schon vorhin vorgefallene Handlungen und Begebenheiten keine Anwendung finden." § 18: „Die Minderung der in einer älteren Verordnung festgesetzten Strafe kommt auch demjenigen Übertreter zustatten, an welchem die Strafe zur Zeit der Publikation dieses Gesetzes noch nicht vollzogen war." § 20: „Ist es zweifelhaft, ob das Verbrechen vor oder nach der Publikation des neuen Gesetzes vorgefallen sei, so muß bei der Bestimmung der Strafe das mildere Gesetz zum Grunde der Entscheidung genommen werden."

[24a]) *Weber* S. 126ff. sagt, die Strafe sei freilich nach dem zur Zeit der Begehung der Handlung geltenden Gesetze verwirkt; wenn aber ein milderes Gesetz folge, so erkläre der Gesetzgeber, daß er das frühere Strafübel zum Wohle des Staates nicht mehr bedürfe, und da gestraft werde nicht quia peccatum est, sed ne peccetur, so könne die frühere härtere Vorschrift nicht mehr angewendet werden. Die Rechtfertigung des letzteren Satzes liegt also in der psychologischen Zwangstheorie.

gründung, Anwendung und Begrenzung, wie um die beste Formulierung[25]) gehandelt, und allerdings ist es vielleicht einzelner praktischer Konsequenzen wegen nicht unwichtig, wie man sich das Verhältnis des alten und des neuen Gesetzes zu denken hat, ob die Anwendung des alten Gesetzes auf früher begangene Handlungen das Grundprinzip,[25]) die Anwendung des neuen Gesetzes als Ausnahme zu denken sei, oder umgekehrt die Anwendung des neuen Gesetzes das eigentliche Prinzip[26]), oder aber ob die beiden Prinzipe in einem Verhältnis der Gleichberechtigung stehen.[27]) Wie die Theorie[28]) hier Spaltung zeigt, so ist auch die Fassung der Gesetzbücher eine

---

[25]) Bessere Formulierung schon in einem arrêté der Consulte extraordinaire des États romains vom 9. juillet 1809. «Pour tout fait antérieur à la publication du présent arrêté on appliquera, au cas de condamnation, celle des deux lois, ancienne ou nouvelle, qui sera la plus favorable au prévenu.»

[26]) So *Köstlin* 1 S. 48, *Schütze* S. 48, *Seeger* S. 82ff., 96ff., *Geyer* 1 S. 89, besonders *Gabba* S. 55, und neuerdings *Finger* 1 S. 138.

[27]) So *H. Meyer* § 15, *Merkel* S. 272.

[28]) Besondere Ansichten haben einige Autoren aufgestellt. *Reinhold Schmid* S. 190ff. (vgl. übrigens auch *Hudtwalker* u. *Trummer*, Criminalistische Beiträge 3 (1826) Heft 2 S. 205) will wie die römische Jurisprudenz sog. natürliche und andererseits Verbrechen nach positivem Rechte unterscheiden, und bei ersteren (freilich mit einigen unklaren Limitationen) selbst Rückanwendung des neuen strengeren Gesetzes. Jene Unterscheidung der Verbrechen aber ist heutzutage nicht auszuführen. *Binding* (Normen 1 S. 170ff. und Hdb. 1 S. 235ff. besonders S. 237) unterscheidet nach Maßgabe seiner Normentheorie, ob die früher begangene Tat normwidrig war oder nicht; im ersteren Falle soll sie auch dem neuen härteren Strafgesetze und sogar einem neuen Strafgesetze unterliegen, welches überhaupt erst eine Strafe für die normwidrige Handlung einführt. Freilich wird in diesem Falle eine (wichtige) Ausnahme anerkannt, insoweit das positive Gesetz bestimmt (wie das StGB.), es dürfe eine Handlung nur dann mit Strafe belegt werden, wenn zu ihrer Begehungszeit gesetzlich eine Strafdrohung für sie bestand. Abgesehen von den Einwendungen, die gegen die Normentheorie selbst zu erheben sind, muß diese Theorie der Anwendung des neuen Strafgesetzes an praktischen Schwierigkeiten scheitern. Es wäre immer zu untersuchen, ob die früher straffreie Handlung nicht irgend rechtlich zulässig war, und davon würde es abhängen, ob sie nicht — dem Täter völlig unerwartet — mit Strafe hinterher belegt werden würde, und wer z. B. eine Übertretung begangen hätte, könnte plötzlich dafür eine erhebliche Vergehensstrafe gewärtigen. Neben der Schwierigkeit der Rechtsprechung wäre eine schlimme Rechtsunsicherheit die Folge. *Hälschner* 1 S. 119ff ist der Ansicht, es sei zwischen dem durch die Straftat begründeten Rechtsverhältnis, zwischen Täter und Staat und andererseits den Wirkungen dieses Rechtsverhältnisses zu unterscheiden. Danach würde zwar die früher begangene straflose Handlung nicht einem den gleichen Tatbestand unter Strafe stellenden neuen Strafgesetze unterliegen, wohl aber die früher mit geringerer Strafe bedrohte Handlung von der härteren Strafe des neuen Gesetzes getroffen werden. Diese Unterscheidung des Rechtsverhältnisses selbst und andererseits seiner Wirkungen ist aber genau betrachtet real nicht vorhanden: das Rechtsverhältnis besteht in seinen Wirkungen; ändert man diese, so ändert man das Rechtsverhältnis selbst. Die praktisch nach *Hälschners* Ansicht sich ergebende Rechtsunsicherheit des Individuums wäre zwar nicht so groß wie diejenige,

verschiedene gewesen. Einige Gesetzbücher[29]) bezw. Einführungsgesetze haben die Beurteilung nach dem alten, die meisten[30]) die Beurteilung nach dem neueren Gesetze als Regel vorangestellt, andere, indem sie einfach die Anwendung des milderen Gesetzes vorschrieben, es vermieden, sich über die Prinzipienfrage auszusprechen.[31])

Eigentümlich ist die Fassung des deutschen Strafgesetzbuches[32]) ausgefallen. Stände der Absatz 2 des § 2 allein — er würde für die Frage der Anwendung des neuen Gesetzes genügen, wie ja manche Gesetzgebungen sich auf einen derartigen Satz beschränkt haben —, so würde das deutsche Gesetzbuch sich über die Prinzipienfrage gar nicht ausgesprochen haben. Da aber Absatz 1, der allerdings zunächst mit der Ausschließung des Gewohnheitsrechtes und der Analogie bezüglich der Beurteilung der Strafbarkeit einer Handlung sich beschäftigt, durch den Gebrauch des Wortes „bevor" auch die zeitliche Anwendung des Strafgesetzes berührt, so scheint es, als sei durch diese teilweise Tautologie die Ansicht des Gesetzgebers über die Prinzipienfrage mitausgesprochen, und in dieser Weise wird auch Abs. 1 des § 2 meistens von der Wissenschaft aufgefaßt.[33]) Da

---

welche bei Annahme des Prinzips *Bindings* unvermeidlich wäre; sie wäre aber gleichwohl wenig erträglich. (Die nach dem neuen Gesetz stattfindende Straflosigkeit soll auch für früher begangene Handlungen gelten.) Mir scheint fast, als habe *Bartolus*, indem er anders unterschied (vgl. oben Anm. 19), eine mehr logische und praktisch mehr haltbare Theorie aufgestellt. Vgl. unten Anm. 40.

[29]) Vgl. die Nachweisung im einzelnen bei *Binding*, Normen 1 S. 171. — Das StGB. für Newyork in §§ 12, 719 schreibt Beurteilung nach dem zur Zeit der Tat geltenden Gesetze vor und bezeichnet die Anwendung seiner eigenen etwa milderen Bestimmungen geradezu als Ausnahme.

[30]) Daraus ist aber schwerlich ein Schluß für die Richtigkeit des Prinzips zu ziehen. Die Gesetze des XIX. Jahrhunderts enthalten fast nur Milderungen gegenüber dem früheren Rechte. Praktisch war daher der Grundsatz der Rückanwendung des neuen milderen Gesetzes die dem Gesetzgeber sich aufdrängende Hauptsache. Erst im letzten Viertel des XIX. Jahrhunderts ist wieder der Ruf nach neuen strengeren Gesetzen erschollen.

[31]) Der Code pénal (art. 4) selbst enthält nur den Satz, daß Strafen nicht verhängt werden dürfen, welche für die Tat zur Zeit ihrer Begehung nicht durch Gesetz bestimmt waren. (Es ist aber kein Zweifel auch in Frankreich über das Prinzip der Einwirkung eines späteren milderen Gesetzes. *Garraud* Précis n. 71.)

[32]) Das belgische GB. art. 2 und das niederländische art. 1 stimmen in der Anordnung wesentlich mit dem StGB. überein.

[33]) Die Motive des ersten hier unverändert gebliebenen Entwurfs sind unklar. Sie bezeichnen den Rechtssatz des Abs. 1 als einen solchen, der noch in der CCC. nicht gegolten habe. Allein dies ist nur richtig, sofern er die Analogie betrifft. Dagegen war die Nichtrückanwendung strengerer Strafgesetze, wie gezeigt worden ist, zur Zeit Karls V. bereits feststehende Rechtsansicht.

aber Abs. 2: „Bei Verschiedenheit der Gesetze von der Zeit der begangenen Handlung bis zu deren Aburteilung ist das mildeste Gesetz anzuwenden“ die Frage der Anwendung nicht nur des späteren, sondern auch des früheren Gesetzes vollständig und ex professo regelt, so ist auch dem Absatz 1 doch kaum etwas Bestimmtes für unsere Frage zu entnehmen. Wenn überhaupt im Gegensatz zu früheren Gesetzen vielleicht in neuester Zeit die Gesetzgebung eine gewisse Neigung zeigt, wieder den Satz an die Spitze zu stellen, nach welchem zunächst das zur Zeit der Tat geltende Gesetz maßgebend erscheint, so erklärt sich das aus der täglich anwachsenden Masse neuer Strafgesetze, welche infolge der modernen Industrie und der sozialen Fürsorge erlassen werden. Jener Satz kann praktisch bedeutsamer erscheinen als der Satz, der die Anwendung des neuen milderen Gesetzes verordnet.[34] [34a])

**§ 27.** Das richtige Prinzip kann nur gefunden werden, wenn man die doppelte Voraussetzung eines gerechten Strafrechts berücksichtigt. So gelangt man ohne weiteres zur Anwendung des milderen Gesetzes.

Von der einen Seite, von der Seite des Staates, der Gesamtheit betrachtet, stellt es sich dar als öffentliches Recht. Für die Gesamtheit kann nur die neuere Überzeugung gelten, welche das frühere Gesetz der Regel nach als unvollkommener oder, wenn man will, als weniger gerecht betrachten wird.[35]) Vom Standpunkte des Individuums aus betrachtet

---

34) Vgl. die Redaktion des österreichischen Entwurfs v. 1893 § 2. Die Anwendung des neuen milderen Gesetzes ist nicht hier, vielmehr in Art. XXIV ff. des Entwurfs des Einführungsgesetzes behandelt.

34a) Das italienische GB. art. 2 bestimmt: „Nessuno può essere punito per un fatto che secondo la legge del tempo in cui fu commesso non costituiva reato. Nessuno può essere punito per un fatto che, secondo la legge posteriore non costituisca reato: e, se vi sia stata condanna, ne cessano l' esecuzione e gli effetti penali. Se la legge del tempo in cui fu commesso il reato e le posteriori siano diverse, si applica quella le cui disposizioni sono più favorevoli all' imputato.“ Nach dem Wortlaute erscheinen die beiden Prinzipien des Gesetzes „Strafe nur, wenn die Handlung zur Zeit ihrer Begehung strafbar war“ und „Strafe auch nur, wenn die früher begangene Handlung nach dem neuen Gesetze strafbar ist“ als gleichberechtigt, und Abs. 3 enthält den Schluß der aus dieser Gleichberechtigung sich für die Höhe der Strafe einer nach beiden Gesetzen strafbaren Handlung ergibt. Allerdings betrachtet die italienische Wissenschaft das Prinzip des Abs. 1 wohl als das Grundprinzip. Vgl. *Crivellari* 1 S. 112 und *Impallomeni* zu Art. 2.

35) Vgl. *Lassalle* S. 53 ff., der das Problem der Anwendung neuer Gesetze, wenn auch nicht im Einzelnen richtig, so doch im Ganzen am tiefsten erfaßt

erscheint dagegen die Ausübung des Strafrechts als Eingriff in die Rechtssphäre des Individuums, welche der allgemeinen Regel nach in einer für das Individuum unberechenbaren Weise nicht beeinträchtigt werden darf. Freilich kann nicht davon gesprochen werden, daß der einzelne ein Recht habe auf diejenige Strafe, welche das zurzeit der Handlung geltende Gesetz bestimmt;[36]) ein solches Recht erhält er nicht einmal durch das rechtskräftige Urteil. Aber es darf die Rechtsordnung das Individuum nicht täuschen, welches im Vertrauen auf die vom Gesetze ausgesprochene Straffreiheit einer Handlung oder auch nur im Vertrauen auf die bestehende geringere Strafbarkeit seines Benehmens handelte. Gibt es doch Fälle, wo einem unbilligen oder harten Gesetze entgegenzuhandeln vom freien moralischen Standpunkte aus lobenswert erscheinen kann.[37]) Es muß also möglichst der Satz festgehalten werden, daß eine Minderung der Rechtssphäre des Individuums nur unter Mitwirkung des eigenen Willens[38]) des letzteren zulässig, jedenfalls aber die Minderung der Rechtssphäre des Individuums kraft des eigenen Willens des Individuums ver-

---

hat. *Bekker* 1 S. 218 hat freilich gegen diese Begründung der Anwendung des neueren Gesetzes polemisiert, „weil der Staat nicht eines seiner Gesetze für besser erklären dürfe und könne als das andere“, aber mit dieser Polemik (vgl. dagegen treffend insbesondere *Binding* 1 S. 239) wohl wenig Zustimmung gefunden. Eher könnte *Regelsberger* (*Holtzendorffs* Rechtslexikon s. v. Rückwirkung des Gesetzes) zugestimmt werden, der in dem Erlaß des neuen Gesetzes nicht ein Urteil des Gesetzgebers erblickt, daß das frühere Gesetz mangelhaft gewesen sei, vielmehr das neue Gesetz nur auf den Wandel des gesellschaftlichen Zustandes zurückführt. Ist dies auch, wenn man auf längere Zeitperioden sieht, gewiß richtig, so trifft es doch nicht zu für die kurze Zeitspanne, welche meist für die Rückanwendung eines neuen Strafgesetzes in Betracht kommt. Hier wird der Gesetzgeber wohl von der Ansicht ausgehen, daß, was jetzt geschieht, schon früher hätte geschehen müssen, und bei dem in dieser Beziehung mindestens existierenden Zweifel muß dieser dem Individuum zugute kommen, d. h. es muß nach dem milderen neuen Gesetze gesprochen werden.

36) Gegen dies Argument richten sich meist die Angriffe derjenigen, welche zwar die Straffreiheit nach Maßgabe des früheren Gesetzes anerkennen, nicht aber es ungerecht finden, das Individuum bei Ausmessung der Strafe härter zu behandeln, als das frühere Gesetz forderte. So *Binding*, 1. S. 240 und *Finger* Oesterr. Strafr. 1 S. 240 und Deutsch. Strafr. 1 S. 136.

37) Man denke hier z. B. an den Fall einer Bestrafung wegen Verweigerung des Zeugnisses, um das sogen. Redaktionsgeheimnis zu wahren, einen Freund vor Strafe zu schützen, oder an den Fall, daß jemand einem Freunde, der in sehr entschuldbarer Weise das Gesetz verletzt hat, zur Flucht behülflich ist und sich dadurch der Begünstigung schuldig macht.

38) Vgl. *Lassalle* a. a. O.

meidbar gewesen sei.[39]) Ist es doch im Grunde auch dieser letzte Satz, der es gegenwärtig absolut hindern soll, jemanden nach einem Gesetze zu strafen, das nicht in klarer Weise die Bestrafung in dem fraglichen Falle fordert. Nur soweit die Überzeugung der Gesamtheit die Bestrafung wie die Höhe der Strafe fordert und zugleich der Rechtsschutz des Individuums Bestrafung wie Höhe der Strafe zuläßt, ist Bestrafung gerecht. Es ist also nicht nur ein Prinzip des Staatsrechts,[40]) welches die Anwendung des neuen härteren Gesetzes ausschließt, vielmehr zugleich ein Prinzip des Strafrechts selbst.

**§ 28.** Hat seit Begehung der Handlung das Gesetz mehrfach gewechselt, so fragt sich, ob dem Schuldigen ein Zwischengesetz zugute kommen muß, welches ihm günstiger ist, sowohl als das zur Zeit der Handlung wie als das zur Zeit der Aburteilung geltende. Die französisch-belgische Jurisprudenz hat schon vor längerer Zeit diese Frage jedenfalls überwiegend, vielleicht ziemlich einstimmig bejaht,[40a]) und auch in Deutschland[40b])

---

[39]) In letzter Linie kann freilich auch die Berücksichtigung des Individualrechtes auf das Interesse und das Recht der Gesamtheit selbst zurückgeführt werden. Die Entwicklung der Gesamtheit beruht auf der Tätigkeit und Energie der einzelnen und setzt voraus, daß die einzelnen zur Stabilität der Verhältnisse Vertrauen hegen können.

[40]) So noch *Seeger* S. 86 ff. — Andere Begründung der Anwendung des milderen Gesetzes haben insbesondere gegeben *Abegg*, *Berner* und *Hälschner*. *Abegg* S. 470 ff. führt die Anwendung des aufgehobenen milderen Gesetzes darauf zurück, daß das Verbrechen wie das Gesetz in das Gebiet des Räumlichen und Zeitlichen falle und daher gerechterweise dem Gesetze zur Zeit der Begehung unterliege. Ersteres ist richtig, würde aber dann die Anwendung des neuen milderen Gesetzes ausschließen. *Berner* ist der Ansicht, die Anwendung des älteren Gesetzes würde formell, aber nicht materiell gerecht sein. Diese Wortunterscheidung dürfte kaum beweisen. Der Gegensatz von materieller und formeller Gerechtigkeit kann nur dahin verstanden werden, daß man unter ersterer die Befolgung des Geistes, unter letzterer die Befolgung des Wortlautes des Gesetzes versteht, oder daß man unter formeller Gerechtigkeit das versteht, was nach gerichtlichem Urteil gelten soll. Hier, wo es sich um die Prinzipien der Gesetzgebung handelt, versagt die Anwendung dieser gegensätzlichen Begriffe. *Hälschners* Theorie ist bereits oben kritisiert. — *Franckes* Theorie, die an *Savignys* für die Anwendung neuer Zivilgesetze aufgestellte und für diese allerdings eher einleuchtende Theorie erinnert, ist so kompliziert, daß ein Eingehen auf dieselbe hier nicht wohl möglich ist. Die Unhaltbarkeit der einfacheren Theorie *Pulvermachers* nachzuweisen, wird nicht erforderlich sein. — *Kohlrausch* Zeitschr. **23** S. 56 ist der Ansicht, es werde kaum mehr geleugnet, daß die Regel des Abs. 2 des StGB. nur Billigkeitserwägungen ihren Ursprung verdanke, theoretischer Begründung aber unzugänglich sei.

[40a]) Vgl. *Hélie* n. 28 (und die daselbst zitierten Urteile), *Ortolan* **1**, 588, *Garraud* **1** n. 133, III, *Haus* **1**, S. 126.

[40b]) *Mittermaier* Arch. d. Cr. 1857 S. 196. *Goltdammer* Materialien **1** S. 12.

und Italien[40c]) hat diese Ansicht Anhänger gefunden. Es ist dafür hauptsächlich angeführt:[40d]) 1) daß der Gesetzgeber doch einmal die mildere Behandlung der Tat ausgesprochen und der Schuldige daher auf diese mildere Behandlung ein Recht erlangt habe, und 2) daß das zur Zeit der Tat geltend gewesene Gesetz nicht angewendet werden könne, weil es nicht mehr gelte, das zur Zeit der Aburteilung aber geltende Gesetz nicht, weil ihm damit rückwirkende Kraft zum Nachteil des Angeklagten beigelegt werden würde. Diese Gründe sind jedoch schwerlich stichhaltig. Den ersten Grund anlangend, so kann doch der Gesetzgeber seine Ansicht ändern, und von der Gebundenheit des Gesetzgebers gegenüber dem Individuum kann nur dann die Rede sein, wenn in irgendeiner Weise das Individuum in Vertrauen auf die Erklärung des Staates gehandelt hat, oder der Staat auf Grund seiner Erklärung mit dem Individuum in Verbindung getreten ist. Dies trifft im vorliegenden Falle nicht zu. Mit dem zweiten Grunde wird aber einfach das als Beweisgrund geltend gemacht, was erst bewiesen werden sollte. Wenn die Anwendung des neuesten Gesetzes eine unzulässige Rückanwendung zuungunsten des Angeklagten enthalten soll, so muß erst feststehen, daß dem Zwischengesetze eine günstige Einwirkung zukam; hatte das Zwischengesetz solche Wirkung nicht, so enthält die Anwendung des neuesten Gesetzes im Vergleiche mit dem Gesetze, welches zur Zeit der Handlung galt, gerade eine dem Angeklagten günstige Rückanwendung. Mit Recht sagt daher Hälschner (1. S. 125), daß die Anwendung eines Zwischengesetzes einer rechtlichen Begründung nicht fähig sei. Es bleibt also nur der Billigkeitsgrund, daß zuweilen der Schuldige im Vertrauen auf das milde Zwischengesetz sich der Justiz übergeben oder wenigstens gestehen oder auf falsche Ausflüchte verzichten mag, und daß es unter dieser Voraussetzung dem Gefühle widerspricht, ihn gegen diese allerdings

---

40c) *Crivellari* 1 S. 187. *Impallomeni* 1 § 2 n. 10. Gegen die Anwendung des noch milderen Zeitgesetzes: *Wächter* Sächs.-Thüring. Strafr. S. 122 u. bes. S. 123, Anm. *Berner* Wirkungskreis S. 55 und Lehrb. S. 252. *Seeger* S. 125. *Geib* 2 S. 46 besonders *Gabba* S. 66 ff.

40d) Der Grund, daß die Nachlässigkeit der Strafjustiz während der Herrschaft des Zwischengesetzes dem Schuldigen nicht schaden dürfe, wird kaum Widerlegung fordern. Man kann die Lehre von der zeitlichen Anwendung des Strafgesetzes nicht auf die Annahme einer Nachlässigkeit der Strafjustiz zurückführen.

bei Begehung der Handlung selbst nicht vorhandene Erwartung zu strafen. In freilich wohl nur selten vorkommenden Fällen könnte der Schuldige auch bei Begehung der Handlung erwartet haben, nach dem damals in Aussicht stehenden, alsbald aber wieder aufgehobenen Zwischengesetze beurteilt zu werden. Die Berücksichtigung solcher Billigkeitsgründe[40e]) durch die Gesetzgebung wird indes nicht zu widerraten sein, namentlich, wenn es sich um sehr bedeutende Strafunterschiede oder um völlig inkommensurable Strafen handelt, und nach dem Beispiel eines württembergischen Gesetzes vom 17. Juni 1853 Art. 13, welches die Berücksichtigung eines milderen Zwischengesetzes verordnet hatte, ist im StGB. ausdrücklich bestimmt, daß bei Verschiedenheit der Gesetze von der Zeit der begangenen Handlung bis zur Aburteilung das mildeste Gesetz anzuwenden ist. Durch den Gebrauch des Superlativs „das mildeste“ sollte den Motiven zufolge ausgesprochen werden, daß auch ein milderes Zwischengesetz dem Schuldigen zugute kommen solle. Vielleicht fiel für diese Bestimmung noch besonders ins Gewicht, daß kurze Zeit vor der Abfassung des Entwurfs (und des Strafgesetzbuchs selbst) die Todesstrafe im Königreich Sachsen abgeschafft war, daß aber der Entwurf sie beibehalten wollte und das StGB. sie auch beibehalten hat. Gerade bei der Todesstrafe konnte es aber hart und das Gefühl verletzend erscheinen, wenn demjenigen, dem das Gesetz einmal die Hoffnung erweckt hatte, das Leben zu behalten, das spätere Gesetz diese Hoffnung wieder genommen hätte. Auch das niederländische GB. (§ 1) und das italienische[40f]) schreiben die Berücksichtigung des Zwischengesetzes vor. Dagegen kommt nach dem norwegischen GB. § 3 Abs. 2 und nach dem schweizerischen Vorentwurf Art. 10 ein milderes Zwischengesetz nicht in Betracht.

---

40e) *Berner* S. 262 führt dagegen an: „Gesetzt, ein Verbrechen ist zur Zeit der Begehung mit acht, in der Zwischenzeit mit vier, zur Zeit der Aburteilung mit sechs Jahren bedroht; dann müssen diejenigen, welche zur Zeit der Androhung von acht Jahren verbrochen haben, mit vier Jahren bestraft werden, während diejenigen, die zur Zeit der Androhung von nur sechs Jahren verbrechen, volle sechs Jahre erleiden.“ Ähnliche Ungleichheiten werden indes sich bei einem Wechsel der Gesetzgebung schwerlich vollständig vermeiden lassen, jedenfalls nicht, wenn vorherige rechtskräftige Aburteilung von der Wohltat eines neuen milderen Gesetzes ausschließt.

40f) Ebenso ungarisches GB. § 2, portugiesisches Art. 6 Nr. 2.

Auch für die Polizeigesetzgebung muß das Prinzip der Anwendung des milderen Gesetzes gelten,[41]) und nach dem allgemein lautenden, die Polizeistrafgesetze mit umfassenden Ausdrucke des StGB. (ebenso das Gesetz anderer Staaten) dürfte dies positiv-rechtlich unzweifelhaft sein. Freilich findet hier ein rascherer Wechsel der Ansichten über das, was verboten sein soll, nicht nur, sondern auch der Bedürfnisse statt. Aber ob das Eine oder das Andere der Fall ist, kann für die einzelnen gesetzlichen Bestimmungen nicht mit Sicherheit festgestellt werden.

**§ 29.** Zweifel könnte der Fall dagegen erregen, daß etwa wegen besonderer vorübergehender Umstände die Staatsgewalt mit außerordentlicher Strenge, z. B. durch Verkündigung des sog. Standrechts, einzuschreiten sich veranlaßt fände. Allein auch hier muß man sich einfach für die Anwendung des milderen Gesetzes erklären. Es läßt sich freilich unter Umständen behaupten, daß, wer in solch gefährlichen und unruhigen Zeiten eine vom Gesetz verbotene Handlung vornimmt, sich mit einer größeren Schuld belastet. Indes der wesentliche Zweck solcher vorübergehenden Strenge der Strafgesetzgebung ist nicht eine andere Abwägung der Schuld, sondern der unmittelbare Zwang, herbeigeführt durch Einschüchterung; wenn dann der Staat später selbst wieder erklärt, daß er dieser Einschüchterung nicht mehr bedürfe, indem er den Ausnahmezustand wieder beseitigt, so kann nicht für diesen vorübergehenden und vorübergegangenen Zweck unter dem Titel abstrakter historischer Gerechtigkeit hinterher noch ein Opfer gefordert werden. Darauf beruht es auch, daß nach Beseitigung des sog. Standrechts auch das von dem Ausnahmegerichte zu übende Recht ein Ende hat. Daher ist es durchaus unrichtig, wenn nicht selten die Ansicht aufgestellt wird,[42]) die Anwendung des milderen Gesetzes könne für den Fall nicht Platz greifen, daß ein Strafgesetz von vornherein auf eine bestimmte Zeitdauer beschränkt sei; sind doch die älteren

---

[41]) Vgl. *Oppenhoff* § 2 N. 6 und jetzt auch *Hälschner* **1** S. 124, der früher mit Rücksicht allerdings nur auf Art. IV des Einführungsgesetzes zum preußischen StGB. die entgegengesetzte Ansicht aufgestellt hatte.

[42]) So namentlich die Praxis des früheren O. T. zu Berlin G. Arch **3** S. 256. **16** S. 78, aus neuerer Zeit (22. Juni 1876) **24** S. 622 und auf Grund dieser Praxis *Oppenhoff* zu 2 N. 13, *Olshausen* I. § 2 No. 16 (S. 49). Vgl. aber auch Urteil des bayer. Kassationshofs v. 30. Dez. 1873, *Stengleins* Zeitschr. **3** S. 149ff., das sich freilich nicht so bestimmt, sondern ziemlich unklar ausdrückt, im ganzen aber der richtigen Ansicht näher kommt; vgl. Anm. 45ª und 55.

italienischen Juristen über die Anwendung des neueren milderen Gesetzes für diesen Fall besonders sich schlüssig geworden, und sehr richtig sagt Hälschner (1. S. 123): „Das aufgehobene Strafgesetz ist unwirksam, gleichviel ob ihm nun eine temporäre Geltung beigelegt war oder nicht."[43]) Daher kann dem RG.[44]) nicht zugestimmt werden, welches nach Ablauf des nur für eine bestimmte Zeitdauer — vorbehaltlich etwaiger Verlängerung — erlassenen sog. Sozialistengesetzes eine unter dessen Herrschaft begangene Handlung noch nach eben diesem hinfällig gewordenen Gesetze für strafbar erachtete. Und zwar ist diese Entscheidung um so weniger richtig, als die beschränkte Zeitdauer des Gesetzes nicht sowohl wegen besonders gefährlicher Zeitumstände, als vielmehr deshalb bestimmt war, weil von verschiedenen Seiten das Gesetz als bedenklich erachtet und daher gleichsam auf Probe gegeben war, diese Probe aber für die Verlängerung nach Ansicht des hier maßgebenden Faktors (der Gesetzgebung) ungünstig ausfiel.[45]) Freilich kann man, genau genommen, nicht sagen, daß in solchem Falle ein einzelnes Gesetz durch ein anderes ersetzt sei. Aber nie entscheidet ein einzelnes Gesetz allein; es kommt vielmehr der gesamte Rechtszustand in Betracht, und dieser wird ein anderer, wenn die Kraft eines Gesetzes mit Eintritt eines Endtermins erlischt.[45a])

**§ 30.** Anders steht es freilich bei einem Gesetze, welches seinem Wesen nach den Ungehorsam gegen ein von der

---

[43]) *Olshausen* § 2, 19 bemerkt dagegen, man könne deshalb nicht von verschiedenen aufeinanderfolgenden Strafgesetzen sprechen, weil das nur für bestimmte Zeit erlassene Gesetz kraft eigener Bestimmung seine Kraft verliere. Es kommt aber nicht darauf an, wodurch ein Gesetz seine Kraft verliert, sondern einfach darauf, ob dies der Fall ist. Auch ist (wie *Olshausen* selbst anerkennt) — vgl. unten — nicht das einzelne Strafgesetz, sondern die Gesamtwirkung der Strafgesetzgebung für den einzelnen Fall das entscheidende Moment.

[44]) III. 15/1. 91 E. **21** N. 103 S. 294. Dem RG. zustimmend: *H. Meyer* § 15 Anm. 19, *Olshausen* a. a. O. Dagegen aber *Liszt* § 19 Anm. 2: „Ob das Gesetz ausdrücklich oder stillschweigend aufgehoben ist, kann keinen Unterschied begründen." *Frank* Ztschr. **13** S. 358 u. Kommentar § 2 IV. 4.

[45]) Der italienische K. H. hat 1896 bezüglich eines am 31. Dez. 1895 von selbst außer Kraft getretenen Ausnahmegesetzes im Sinne des Textes entschieden, eine Entscheidung, die auch von *Impallomeni* **1** S. 48 gebilligt und vom K. H. darauf gestützt wird, daß ein Gesetz, auf Grund dessen verurteilt werden solle, vorhanden sein müsse sowohl zur Zeit der Verurteilung wie zur Zeit der Handlung.

[45a]) Verbietet aber eine Verordnung gewisse Handlungen in Beziehung auf konkrete Verhältnisse oder Objekte nur innerhalb eines bestimmten Zeitraumes, so wird mit Ablauf dieses Zeitraumes nicht das Gesetz aufgehoben, vielmehr seine Anwendbarkeit für künftige Fälle unmöglich. (Z. B. es wird Benutzung eines Weges für eine bestimmte Zeit verboten.) Vgl. *Liszt* § 19. Anm. 2 a. E.

zuständigen Behörde oder auch von der Gesetzgebung mit wechselndem Inhalt auszufüllendes Verbot oder Gebot mit Strafe bedroht. Hier kommt die Handlung nicht in ihrer sonstigen konkreten Entscheidungsform, sondern lediglich als Ungehorsam in Betracht, und Ungehorsam war es und bleibt es, mag die zuständige Behörde oder die Gesetzgebung selbst heute diese, morgen jene Handlung bei Strafe verbieten oder gebieten. Dies trifft namentlich zu bei den strafgesetzlichen Bestimmungen, welche man neuerdings nach Bindings[46]) Vorgang Blankettstrafgesetze genannt hat.[47]) Es trifft aber auch zu für Zolldefraudationen, insofern Zollfreiheit und Zollpflichtigkeit der verschiedenen Gegenstände als dem Wechsel unterworfen gedacht werden, und die Strafe eigentlich denjenigen treffen soll, der dem Staat berechtigte Abgaben zu entziehen unternimmt.[48]) Wenn aber ein neues Gesetz eine Handlung nicht mehr als strafbar oder nicht mehr als Hinterziehung und deshalb als weniger strafbar betrachtet, nicht weil das Objekt der Zollpflicht gewechselt hat, sondern weil es den erforderlichen Dolus in dem fraglichen Falle nicht als vorhanden ansieht, so ist allerdings das neue mildere Gesetz anzuwenden; denn hier hat die Anschauung der Gesetzgebung über das Wesen des Deliktes gewechselt; so wenn das neue Gesetz für einen Fall, der nach dem früheren Gesetz als Defraude bestraft wurde, nunmehr nur eine Ordnungsstrafe bestimmt,[49]) und die Anschauung der Gesetzgebung über die Gerechtigkeit der Strafe hat gewechselt, wenn der Kreis der Personen beschränkt wird, welche für eine Zoll- oder Steuerkontravention als Schuldige mehr

---

[46]) Normen **1** S. 74.

[47]) Vgl. auch z. B. § 327 des StGB. „Wer die Absperrungs- oder Aufsichtsmaßregeln, welche von der zuständigen Behörde . . .“ In Beziehung auf StGB. 145 „Wer die vom Kaiser zur Verhütung des Zusammenstoßens von Schiffen auf See . . . erlassenen Verordnungen übertritt . . .“ übereinstimmend: Rg. IV. 28/1. 98 E. **31** N. **71** bes. S. 277. — Im Ergebnisse gleichfalls übereinstimmend *Kohlrausch* S. 61, der aber die Entscheidung darauf gestützt wissen will, daß hier bei Änderung der zu beobachtenden Vorsichtsvorschriften eine Änderung des Rechtsschutzes (vgl. unten S. 80) eingetreten sei.

[48]) So auch *Lehmann* S. 65, 66 und selbstverständlich *Binding* **1** S. 259, dessen Normentheorie, da es hier sich wirklich um Ungehorsam gegen in Ansehung der Objekte wechselnde Gebote und Verbote handelt (zollpflichtige Gegenstände nicht ohne Zahlung des Zolls einzuführen), in dieser Spezialfrage zutrifft. Nachweisung über die übereinstimmende Praxis des O. T. Berlin bei *Binding* a. a. O.

[49]) Im Ergebnisse übereinstimmend: RG. I 10/6. 97 E. **30** N. 49 S. 147.

oder weniger haftbar gemacht werden, so daß also auch in diesem Falle das mildere Gesetz anzuwenden ist.[49a])

**§ 31.** Wie wenn nicht das Strafgesetz selbst geändert ist, vielmehr infolge der Änderung einer anderen außerhalb des Strafrechts liegenden Rechtsvorschrift die früher begangene Tat straffrei erscheint? Nach einer in der Theorie vertretenen Ansicht kommt es auf den Grund der Straffreiheit nicht an; die Tat ist also straffrei. Die Tragweite der Strafdrohung, sagt Seuffert, soll sich erweitern, wenn die Merkmale des bürgerlichen Rechtsbegriffes vermindert werden; die Tragweite der Strafdrohung soll dagegen sich einschränken, wenn die Voraussetzungen des bürgerlichen Rechtsbegriffes sich vermehren.[50]) Umgekehrt will Lehmann (S. 67) nur die Änderung des Strafgesetzes selbst[51a]) hier in Betracht gezogen wissen, und gelegentlich ist dieser Satz auch in Entscheidungsgründen des RG. verwendet,[51b]) während in den Entscheidungen selbst in Wahrheit meist eine dritte Ansicht[51c]) zugrunde gelegt wird, welche Unterscheidungen macht. Und letzteres ist unumgänglich.[52]) Wenn das BGB. 228 Beschädigungen einer fremden Sache unter bestimmten Voraussetzungen für nicht widerrechtlich erklärt, so ist klar, daß solche unter der Herrschaft des früheren Rechts begangenen Beschädigungen einer fremden Sache seit dem 1. Januar 1900 nicht mehr bestraft werden können. Wenn aber das Wesen eines Deliktes in einem Angriffe auf ein bestimmtes Recht besteht oder aber gegen die Rechtsqualität einer bestimmten Person, eines

---

[49a]) So auch RG. II 20/5. 90 E. **20** N. **144** S. 407 (unter ausdrücklicher Aufgabe der in der früheren Entscheidung E. **13** N. **79** S. 249 angenommenen Ansicht).

[50]) *Liszt* § 19 Anm. 2, *H. Seuffert*, Strafgesetzgebung **2** S. 456 Anm. 1.

[51a]) Mit der einzigen unten Anm. 53 erwähnten Ausnahme.

[51b]) Vgl. die Nachweisung bei *Kohlrausch* S. 48.

[51c]) *Finger* **1** S. 143 erachtet die Aufstellung einer bestimmten Formel der Entscheidung hier für unmöglich. Man müsse vielmehr auf die Gründe zurückgreifen, welche für die Gesetzesänderung maßgebend waren. Dies wird aber hier leicht ein unsicheres Ergebnis liefern; die gesetzgebenden Faktoren und der Richter können aus verschiedenen Gründen zu dem gleichen Resultate gelangen.

[52]) Vgl. *Bar*, G.Arch. **19** S. 79, *Frank* § 2 IV 3, *Finger* **1** S. 143 ff. Die Praxis der höheren Gerichte und bes. das RG. unterscheidet ebenfalls. *Olshausen* § 2 Anm. 19 vertritt ganz allgemein den Satz, daß nur Änderung des Strafgesetzes selbst in Betracht komme, und behandelt hiernach auch die sog. Blankettgesetze.

bestimmten körperlichen Objektes sich richtet, so kann gewiß eine Handlung, die sich gegen ein solches Recht richtete, eine solche Rechtsqualität nicht respektierte, nicht deshalb straflos werden, weil nach dem neuen bürgerlichen Gesetze, falls dies zurzeit der Handlung gegolten hätte, jenes Recht oder jene Rechtsqualität nicht existiert haben würde.[53]) Die Wegnahme einer Sache, die nach dem früheren Rechte mit einem stillschweigenden Pfandrecht behaftet war (BGB. § 289), kann dadurch nicht straflos werden, daß nach dem neuen Rechte im gleichen Falle ein Pfandrecht nicht mehr anerkannt wird (vgl. BGB. § 559. CPO. § 811).[54]) Kohlrausch, der sehr richtig bemerkt, daß die hier zu lösende Frage im Zusammenhange steht mit der Frage der Berücksichtigung des Rechtsirrtums, abstrahiert aus einer Zusammenstellung einer Anzahl in der Praxis entschiedener Fälle die Regel: „Wenn infolge einer Rechtsänderung ein Objekt die Eigenschaften verliert, derentwegen es strafrechtlich geschützt wird, so liegt darin keine Milderung des Strafgesetzes. Wenn ihm aber, obwohl es diese Eigenschaften behalten hat, der Strafschutz ganz oder teilweise entzogen wird, so ist dies eine Milderung des Strafgesetzes." Die Regel leidet aber, wie Kohlrausch zugibt, an dem Mangel, daß sie die Beantwortung der zweifelhaften Frage fordert, was als Objekt des Rechtsschutzes anzusehen sei. Zutreffender dürfte folgende Formulierung sein: Ist die Handlung strafbar, weil sie ein bestimmtes Recht verletzt und (falls die aus jenem Rechte folgenden oder gegen dasselbe zustehenden Befugnisse unverändert geblieben sind), so ist die Frage, ob das früher existierende Recht, beurteilt nach den späteren Gesetze, noch existiren würde, unerheblich.[55]) Sind dagegen die

[53]) Eine Ausnahme würde hier anzuerkennen sein in den seltenen Fällen, wo das früher bestandene Recht später von der Gesetzgebung als ein verwerfliches angesehen würde, z. B. wenn in einer Kolonie ein früher anerkanntes dauerndes persönliches Abhängigkeitsverhältnis (etwa Haussklaverei) später völlig beseitigt würde; eine nur als Verletzung des beseitigten Herrenrechts strafbare Handlung eines früheren Haussklaven könnte später nicht mehr bestraft werden. Übereinstimmend *Lehmann* S. 68.

[54]) So RG. III 25. Febr. 1895. E. **27** Nr. 38 S. 98, II 15. Febr. 1901. E. **34** Nr. 46 S. 157. Übereinstimmend *Frank, Kohlrausch* a. a. O.

[55]) Vgl. oben zu Anm. 54 Beispiele. 1. Fälschung einer Urkunde, die nach neuem Recht nicht mehr als Urkunde zu betrachten wäre — die Rechtsqualität der Urkunde steht in Frage. In Ergebnisse übereinstimmend (beiläufig) RG. III 9. Febr. 1881 E. **4** Nr. 3 bes. S. 5, auch *Kohlrausch* a. a. O. S. 61. 2. Ein Staatsvertrag ist unwirksam geworden, der ein ausländisches Unternehmen schützte

Befugnisse geändert, oder sind überhaupt neue Befugnisse der allgemeinen Handlungsfreiheit geändert, so ist in Wahrheit das Strafgesetz selbst geändert, denn das Strafrecht regelt diese allgemeinen, wie die aus bestimmten Rechten folgenden Befugnisse oder gegen dasselbe möglichen Befugnisse mit Beziehung auf das Strafgesetz selbst.[56])

**§ 32.** Da nach dem oben Dargelegten die Repression des Strafgesetzes auch in Ansehung ihrer Intensität auf den Willen des Schuldigen selbst mit zurückgeführt sein muß, wenigstens der Schuldige die Möglichkeit gehabt haben muß, diese Reaktion vorherzusehen, so kommt es, wenn Handlung und ein die Vollendung des Verbrechens bedingender Erfolg der Art auseinanderfallen, daß nur die Handlung unter die Zeit der Herrschaft des früheren Gesetzes fällt, allein auf den Zeitpunkt der Handlung im engeren Sinn an; denn sie ist der Willensakt.[57]) Ebenso verhält es sich, wenn die Strafbarkeit der Handlung von einem späteren Ereignisse abhängt, das nicht einmal als Erfolg jener Handlung braucht nachgewiesen zu werden, sollte auch das Gesetz formell dieses spätere in der Person des Schuldigen eintretende Ereignis als den Grund der Bestrafung bezeichnen; daher genießt eine der in Konkursordn. §§ 239, 240

---

(Das ausländische Unternehmen hatte damals ein Recht auf ausschließliche Benutzung der Handelsmarke.) OT. Berlin 12. Jan. 1872. GArch. 20 S. 78. 3. Das früher verbotene Betreten oder Befahren eines Weges wird freigegeben (das Rechtsverhältnis des Weges ändert sich). Vgl. das oben Anm. 43 zitierte Urt. des bayer. KH. 4. Spricht das Strafgesetz von Minderjährigen, gegen welche oder an welchen ein bestimmtes Delikt begangen werden kann, so bewirkt ein neues Gesetz, welches das Alter der Minderjährigkeit beschränkt, für die früher begangene Handlung Straffreiheit; spricht das Strafgesetz dagegen von Mündeln oder bevormundeten Personen, so kommt die minderjährige Person in ihrer Rechtsstellung als Mündel in Betracht, das neue das Alter der Volljährigkeit herabsetzende Gesetz hat also jene rückwirkende Kraft nicht. (Übereinstimmend *Finger* S. 144.) 5. Hebt ein Gesetz die Stempelpflichtigkeit eines Schriftstückes auf, so wird die früher begangene Stempelkontravention nicht dadurch straflos. Das Recht des Fiskus auf die einzelne Abgabe ist aufgehoben, nicht aber sind die allgemeinen Befugnisse des Publikums gegenüber dem Rechte des Staates auf Stempelabgaben geändert. (Im Ergebnisse übereinstimmend OT. Berlin, 19. Febr. 1875 GArch. **23** S. 115.)

[56]) Es ist z. B. das Recht von Beamten über den Waffengebrauch, das Recht der Festnahme, das Züchtigungsrecht der Lehrer geändert; eine gewerbliche Tätigkeit, die früher nur mit besonderer Erlaubnis (Approbation der Obrigkeit) ausgeübt werden konnte, wird später freigegeben. (So auch OT. Berlin, 9. Febr. 1870, zitiert von *Kohlrausch* S. 62.

[57]) Daher muß auch bei fahrlässigen Handlungen bei Eintritt des Erfolges unter der Herrschaft des neuen Gesetzes das etwa mildere ältere Gesetz in Betracht kommen, eine Konsequenz, die man zu übersehen pflegt (vgl. indes *Binding* **1** S. 246 Anm. 6).

bezeichneten Handlungen noch die Vorteile eines etwa zur Zeit der Vornahme dieser Handlungen gültigen milderen Gesetzes, sollte auch zur Zeit der Konkurseröffnung oder Zahlungseinstellung ein strengeres Gesetz in Kraft getreten sein.[57a]) Andererseits aber genügt es, um die Anwendung eines älteren (milderen) Gesetzes auszuschließen, wenn auch nur ein Teil der Handlung unter das neue Gesetz fällt; der Handelnde, der seine Tätigkeit unter der Herrschaft des neuen Gesetzes fortsetzte oder zum Abschluß brachte,[57b]) übte einen Willensakt, bei dem er sich die Repression des neuen Gesetzes schon vorstellen konnte. Aber bei einem sogenannten zusammengesetzten, aus verschiedenen Tätigkeiten bestehenden Delikte muß auch die frühere Tätigkeit mit in Betracht gezogen werden; denn das neue Gesetz betrachtet sie als einheitlich verbunden mit der späteren Tätigkeit, und den gesetzlichen Konsequenzen dieser späteren Tätigkeit nach Maßgabe eben dieser letzteren hat sich der Schuldige durch Vornahme dieser Tätigkeit unterworfen. Daher ist ein sogenanntes Dauerdelikt, bei dem angenommen wird, daß in jedem Augenblicke der Fortdauer eines Zustandes der Wille des Handelnden sich erneuere, nur nach dem neueren Gesetze zu beurteilen. Man kann indes hieraus nicht folgern, daß auch bei sogenannten Kollektivdelikten früher straflose Handlungen[58]) nun zur Begründung der Strafbarkeit (oder der höheren Strafbarkeit) einer Handlungsweise herangezogen werden dürften, welche als Kollektivdelikt nur durch das neue Gesetz überhaupt erst für strafbar erklärt oder doch

57a) Im Ergebnis übereinstimmend: *Birkmeyer* Strafr. S. 52, der dies Ergebnis damit begründet, daß die Konkurseröffnung (oder Zahlungseinstellung) nur Bedingung der Strafbarkeit der Handlung sei. — In Ansehung der territorialen Herrschaft des Strafgesetzes muß anders entschieden werden.

57b) Dies Ergebnis entspricht der fast übereinstimmend von den deutschen Autoren angenommenen Ansicht. (Die Begründung ist wohl überall eine von der im Texte gegebenen differierende.) Ebenso RG. III. 29. Sept. 80. E. 2 Nr. 141 S. 340. Vgl. *Kitzinger* S. 197, 198, der darauf aufmerksam macht, daß es nicht genau richtig ist, sich an die abschließende Tätigkeit zu halten, wie meistens gesagt wird. Zwar fällt, wenn irgend ein Teil der Tätigkeit unter das neue Gesetz fällt, auch die abschließende unter dasselbe. Aber man könnte unter abschließender Tätigkeit auch eine der entscheidenden Tätigkeit nachfolgende verstehen. (A. M. freilich *Binding* 1 S. 246.) Es ist also nicht erforderlich, hier spezielle positive Vorschriften der Gesetzgebung heranzuziehen, etwa für den Satz, daß die Zeit der Handlung im engeren Sinne entscheide, die Analogie des von der Verjährung handelnden letzten Satzes des § 67 StGB.

58) Ebensowenig können bei einem fortgesetzten Delikte früher straflose Handlungen in Betracht kommen.

einer höheren Strafe unterzogen wird: denn das Kollektivdelikt ist nicht eine wirkliche Handlungseinheit nach dem Gesetze; jede einzelne Handlung wird vielmehr zunächst erst gesondert gewürdigt — z. B. ob sie Wucher ist — und verliert diese Selbständigkeit auch nicht dadurch, daß sie einen Teil einer länger dauernden Tätigkeit der Lebensweise einer Person bildet, während bei dem zusammengesetzten Verbrechen das Gesetz eine wirkliche Einheit der Handlung annimmt, und diese Zusammenfassung auch der Intention des Handelnden selbst entspricht. (Der Räuber will Gewalt anwenden, um damit eine Sache zu erlangen; aber der gewohnheitsmäßig Wuchernde will nicht eine wucherische Handlung, um damit zu einer zweiten wucherischen Handlung zu gelangen.) Freilich können frühere Handlungen als Beweismomente dafür herangezogen werden, daß spätere Handlungen gewerbsmäßig, nicht aber dafür, daß sie gewohnheitsmäßig erfolgten;[58a]) da gewerbsmäßige Begehung sogar mittels einer einzigen Handlung möglich ist (wenngleich meistens die Gewerbsmäßigkeit aus der Begehung mehrerer Handlungen geschlossen wird) und hier die Absicht des Handelnden wesentlich ist, während für gewohnheitsmäßige Begehung die einzelnen Handlungen als konstitutive Elemente der Gewohnheitsmäßigkeit in Betracht kommen.

**§ 33.** Das Erfordernis des Strafantrags des Verletzten wird von einer Anzahl deutscher Autoren lediglich als prozessuale Norm — als Prozeßvoraussetzung oder als Voraussetzung des Strafklagerechts — aufgefaßt, und demnach, da bei Strafprozeßgesetzen lediglich das zur Zeit des Prozesses geltende Gesetz Anwendung findet, die Berücksichtigung des früheren Gesetzes prinzipiell abgelehnt, wenn nach dem späteren Gesetze das frühere Antragsdelikt als Offizialdelikt erscheint.[59]) Es ist aber das Erfordernis des Strafantrags,

---

58a) *Frank* § 2. III. will auch für die Gewohnheitsmäßigkeit frühere straflose Handlungen als Beweismomente gelten lassen. — Rg. II. 24. Jan. 82 E. 5 Nr. 126. S. 370 unterscheidet dagegen im Sinne des Textes.

59) So *Heinze*, Das Verhältnis des Reichsstrafrechts zum Landesstrafrecht S. 68 ff. *Nessel*, Die Antragsberechtigungen des deutschen RStGB. S. 9 ff.; *Koch* GArch. **19** S. 164. *Oppenhoff* § 2 Anm. 18. *Binding* **1** S. 254, auch *Liszt* § 19 S. 96. Besonders scharf in diesem Sinne *Finger* S. 142 und das Berliner OT. und OAG. in einer Anzahl von Urteilen (zitiert bei *Olshausen* § 2 Anm. 18). Nur vereinzelt begegnet die Ansicht, daß das Antragserfordernis zwar dem Prozeßrecht angehöre, aber gleichwohl der Vorschrift des StGB. § 2 Abs. 2 unterliege (*Fuchs* Strafrechtszeitung 1871 S. 413).

sofern es nur bei einzelnen Delikten gilt, keineswegs ein rein prozessuales Institut, wie daraus hervorgeht, daß die Aufstellung desselben eng mit der Auffassung der materiellen Bedeutung der einzelnen Delikte zusammenhängt, und auf den letzten Grund zurückgehend wird man anerkennen müssen, daß die Unterlassung des Strafantrags von dem Handelnden in vielen Fällen als eine vom Gesetze bedingungsweise in Aussicht gestellte und im einzelnen Falle — er darf hoffen, daß der Verletzte z. B. als naher Verwandter ihm verzeihen oder von vornherein fast einverstanden sein werde — ziemlich wahrscheinliche Straffreiheit betrachtet werde. Mag also der Schuldige auch über die Tatsache, wie der Verletzte sich verhalten werde, sich täuschen, so darf ihn doch das Gesetz nicht täuschen, indem es ihm nachträglich diese Möglichkeit der Straffreiheit entzieht. Freilich mag das nicht bei allen Fällen zutreffen; aber Unterscheidungen für einzelne Deliktsarten zu machen wird nicht durchführbar sein, und somit muß nach dem allgemeinen Grundsatze, daß der Gesetzgeber den Handelnden nicht zu dessen Nachteile täuschen darf, nach dem früheren Gesetze der Strafantrag gefordert werden, obschon das Gesetz zur Zeit der Eröffnung der Untersuchung ihn nicht mehr verlangt.[60])

Wird aber anerkannt, daß das Erfordernis des Strafantrags jedenfalls auch dem materiellen Strafrecht angehöre, so muß auch die Anwendung des jeweils milderen Gesetzes für richtig erklärt werden; denn milder als ein Gesetz, das den Schuldigen unbedingt der Strafe unterziehen will, ist ein Gesetz, das ihm unter einer Voraussetzung — Unterbleiben des Strafantrags — Straffreiheit gewährt, und nur vermöge eines unzu-

---

[60]) Erfordert das neue Gesetz den Strafantrag in einer Anzahl von Fällen, in denen das frühere Gesetz ihn nicht verlangte, so wird selbstverständlich auch nach der Ansicht, welche den Strafantrag dem Prozeßrechte zuweist, der Strafantrag für die Verfolgung und Bestrafung unter der Herrschaft des früheren Rechts begangener Delikte verlangt. Die Differenz kann nur insofern hier hervortreten, als wer den Strafantrag nur als prozessuales Erfordernis lediglich der Eröffnung der Untersuchung betrachtet, diejenigen Fälle, in welchen die Eröffnung der Untersuchung noch unter der Herrschaft des früheren Gesetzes erfolgte, als der Einwirkung des neuen Gesetzes entzogen ansehen wird, wie dies schon die Meinung *Breidenbachs* 1 S. 649 war. In dieser Weise trat die Verschiedenheit der Auffassung des Strafantrags hervor als das StGB. für die Bestrafung einer erheblichen Anzahl von Delikten das Erfordernis eines Strafantrags einführte.

lässigen Hervorhebens des Wortes „mildestes oder milderes Strafgesetz“ kann daraus ein Gegenargument entnommen werden, daß ganz streng genommen von einer größeren Milde des Strafgesetzes nur zu sprechen wäre, insofern das Gesetz die Strafen selbst herabsetzt, nicht aber sofern es bestimmte Handlungen überhaupt straffrei läßt, und diese einschränkende Bedeutung des im StGB. § 2 Abs. 2 ausgesprochenen Satzes wird doch nicht leicht verteidigt werden. Ebensowenig kann (mit Binding 1. S. 254) als Gegenargument der Fall benutzt werden, daß das Gesetz, welches das Erfordernis des Strafantrags für ein bestimmtes Delikt neu aufstellt, zugleich das Strafmaß dieses Deliktes erhöht; denn wie allgemein mit Recht angenommen wird (vgl. unten), ist die Frage, welches das mildere Gesetz sei, nicht in abstracto, vielmehr für den einzelnen konkreten Fall zu entscheiden; also nur dann kommt hier die Frage des Strafantrags in Betracht, wenn ein Strafantrag nicht gestellt ist, aber nach dem neuen Gesetz für die Bestrafung gefordert wird, und in solchem Falle fällt die Frage des Strafmaßes nach der hier vertretenen Ansicht fort.[61]) Mit Recht hat daher die Strafgesetznovelle von 1876, welche das Erfordernis des Strafantrags bei einer Anzahl von Delikten wieder beseitigte, im Art. III bestimmt: „Bei den Handlungen, welche vor dem Inkrafttreten dieses Gesetzes begangen sind, wird das Erfordernis des Antrags auf Verfolgung sowie die Zulässigkeit der Zurücknahme nach den bisherigen Gesetzen beurteilt“, und auch von solchen Autoren, welche in dem Strafantrage ein nur prozessuales Institut erblicken, wird anerkannt, daß damit für das deutsche Strafrecht die Frage in allgemeiner Weise gesetzlich entschieden sei. In Italien ist durch das legislative die Übergangsbestimmungen bei Einführung des StGB. enthaltende Dekret vom 1. Dezember 1889 bestimmt, daß ex officio nicht prozediert werden dürfe, weder wenn das frühere Gesetz, noch wenn das neue Gesetz den Strafantrag

---

[61]) Vgl. in diesem Sinne schon *Schwarze*, Arch. d. Cr. 1857 S. 387: „Sollte aber der Strafantrag in solchem Falle gestellt sein, so kommt dieses Erfordernis andererseits gar nicht in Betracht, und ist das Strafmaß nach dem neuen milderen Gesetz zu bestimmen.“ So auch die italienischen Autorer *Travaglia* und *Crivellari* (vgl. *Crivellari* **1** S. 192 zu Art. 2 des italienischen GB. n. 150).

fordere.[62]) In Frankreich und Belgien[62a]) steht, ungeachtet solche besondere gesetzliche Bestimmung fehlt, das Gleiche sowohl in der Theorie wie in der Praxis fest.[63])

Es dürfte für diese Ansicht[64]) auch das unmittelbare Gefühl sprechen, wenngleich die in manchen Beziehungen noch der Aufklärung bedürftige Unterscheidung von Strafrecht und Strafklagerecht von Binding und den ihm folgenden Autoren dagegen angeführt wird.[65])

---

62) Vgl. *Impallomeni* S. 45, *Tuozzi* **1** S. 85.

62a) Vgl. *Beltjens* Encyclopédie du droit pénal belge art. 2 n. 11: «L'article 2 du code pénal est applicable à tout ce qui améliore la position du prévenu: recevabilité de l'action, excuse . . .» *Garraud* **1** n. 130.

63) Für die Anwendung des milderen Gesetzes auf das Erfordernis des Strafantrags aus prinzipiellen Gründen *Wächter*, Sächs.-Thüring. Strafr. **1** S. 121, *Geib* **2** S. 48. G.Arch. **19** S. 75, *Fuchs* das. S. 87, *Hälschner* das. S. 366ff., *Spinola* das. S. 373ff., *Rönne* das. S. 453ff. bes. S. 439, *Reber*, Antragsdelikte S. 48ff., *Berner* § 123 a. E., *Schwarze* § 2 Anm. 7 und in *Holtzendorffs* Hdb. **2** S. 29, *H. Meyer* § 15 Anm. 14, *Rubo* § 2 Anm. 14, *Olshausen* § 2 20, *Oppenhoff-Delius* Anm. 18.

64) Die früher G.Arch. **19** S. 76 ausgesprochene Ansicht, daß der nach einem neuen Gesetze geforderte Strafantrag für früher begangene Handlungen nicht zu verlangen sei, wenn vor dem Inkrafttreten des neuen Gesetzes schon ein auf Strafe lautendes Erkenntnis vorliege, halte ich nicht mehr aufrecht. Ausschließung der Zurücknahme des Antrags und Erfordernis des Antrags überhaupt stehen nicht auf gleicher Linie.

65) Insofern das StGB. in seiner ursprünglichen Fassung von 1870/71 das Erfordernis des Strafantrags zur Verfolgung bei einer erheblichen Anzahl von Delikten neu aufstellte, konnte überhaupt nicht bezweifelt werden (vgl. oben Anm. 59), daß eine früher begangene bis dahin als Offizialdelikt strafbare Handlung nunmehr im allgemeinen nur auf Antrag verfolgt werden könne. Streitig war aber erstens, ob dieser Grundsatz auch auf bereits eröffnete Untersuchungen Anwendung zu finden habe, und zweitens, ob für die Verfolgung der nunmehr nur auf Antrag verfolgbaren Handlungen ein Antrag noch wirksam gestellt werden könne, wenn vor dem 1. Januar 1871 (bezw. 1872) die Antragsfrist schon abgelaufen war, oder ob für diese früher als Offizialdelikt verfolgbaren strafbaren Handlungen, die durch das StGB. bestimmte Antragsfrist erst seit dem 1. Jan. 1871 (bezw. 1872) laufe. Die bejahende Antwort für die erste Frage ergibt sich mit Evidenz, wenn angenommen wird, daß das Erfordernis des Strafantrags jedenfalls auch materiellrechtliche Bedeutung habe, und noch mehr nach dem positiven Recht des StGB., da dieses die Zurückziehung des Antrags (nach der ursprünglichen Fassung in allen Fällen) bis zur Verkündung eines auf Strafe lautenden Urteils gestattet, also den Zeitpunkt der Eröffnung der Untersuchung als gar nicht entscheidend betrachtet. Weit zweifelhafter ist die Beantwortung der zweiten Frage. In Wahrheit war hier eine Lücke der Gesetzgebung nicht abzuleugnen, wie denn auch frühere Gesetze (vgl. das Einführungsgesetz zum württemberg. GB. Art. 3, zum braunschweigischen Art. IX, zum badischen § 7, zum thüringischen [für Weimar und Schwarzburg-Rudolstadt und Sondershausen Art. 9, für Koburg-Gotha und Meiningen Art. 6] zum sächsischen § 8) besondere Fristen zur Nachholung des Antrags bestimmten. Nach der herrschenden Ansicht sollte die nach dem StGB. sonst vom Tage der Kenntnis laufende dreimonatige Frist jedenfalls erst mit dem 1. Jan. 1871 (1872) zu laufen beginnen. Ich habe mich damals GArch. **19** S. 73 dafür ausgesprochen, daß infolge jener Lücke die fraglichen Fälle, sofern nicht der Verletzte vor dem 1. Jan. 1871 die Bestrafung verlangt hätte, straflos seien.

**§ 34.** Die Verjährung[65a]) anlangend, so muß selbstverständlich eine nach dem früheren Gesetz unter dessen Herrschaft schon vollendete Verjährung ihre Wirksamkeit behalten, sollte auch, nach dem neuen Gesetze beurteilt, die Strafverfolgung der Tat oder bezw. der Strafe noch nicht verjährt sein. Die dem Schuldigen gegebene Zusicherung darf nicht getäuscht werden, oder wie man es auch ausdrückt: der Schuldige hat ein Recht auf Straffreiheit erlangt oder der Staat hat sein Recht auf Bestrafung (den Strafanspruch) verloren. Zuweilen könnte auch ein Unschuldiger im Vertrauen auf die eingetretene Verjährung es unterlassen (z. B. durch Aufbewahrung von Dokumenten), einen Entlastungsbeweis sich noch ferner zu sichern.

Ebenso klar ist, daß, wenn die Verjährung nach dem neuen Gesetze schon eingetreten wäre, nicht aber nach dem früheren zur Zeit der Handlung geltenden Gesetze, für die Verjährung das neue Gesetz maßgebend, also die Handlung straffrei sein muß. Wenn der Gesetzgeber nach Ablauf einer bestimmten Zeit die Bestrafung einer Handlung nicht mehr für zweckentsprechend (oder nicht mehr für gerecht) erachtet, so kann er diese Ansicht bei einer bestimmten Handlung nicht aus dem Grunde für unrichtig erklären, daß ein früheres Gesetz von der entgegengesetzten Ansicht ausging.[66])

In den Willensakt selbst, der das Wesen des Deliktes ausmacht, wird aber das zur Zeit geltende Verjährungsgesetz nicht in irgend einer Weise hineingezogen. Während in manchen Fällen der Handelnde erhoffen mag, daß der durch die Handlung Verletzte einen Strafantrag nicht stellen werde, eine Rechnung, welche das Gesetz als eine nicht völlig unberechtigte anerkennen darf, wäre die bei Begehung der Tat angestellte Berechnung, daß vermutlich die Tat durch Verjährung der Strafe werde entzogen werden, nichts anderes als eine Rechnung, gegründet auf die Mangelhaftigkeit der Strafjustiz, und diese übrigens von dem Verbrecher nur höchst selten angestellte Rechnung zu respektieren hat die Rechtsordnung

---

65a) Die Ansicht, daß die Verjährungsgesetze nur Prozeßgesetze seien, wird in der deutschen Jurisprudenz wohl nicht mehr vertreten.

66) So insbesondere *Berner*, Wirkungskreis S. 57.

keinen Grund.[67]) Ein neues Recht legt der Staat sich nicht bei, wenn er die früher begangene noch nicht verjährte Handlung dem neuen die Verjährung erschwerenden Gesetze unterwirft; er wahrt sich vielmehr, wie Zachariä richtig bemerkt hat,[68]) nur die Ausübung des alten Rechts.

Wenn aber das Gesetz vorschreibt, daß früher begangene Handlungen stets nach dem milderen (oder mildesten) Gesetze beurteilt oder bestraft werden sollen, oder daß auf solche Handlungen das mildeste Gesetz anzuwenden sei, so wird bei solcher allgemein lautenden Ausdrucksweise — da ein die Verjährung erleichterndes Gesetz dem Schuldigen günstig ist, ihn in gewissem Sinne doch milder behandelt — anzunehmen sein, daß unter dem milderen Gesetze auch ein die Verjährung mehr erleichterndes Gesetz zu verstehen sei, und dies ist auch nicht nur in der deutschen, sondern auch in der belgischen und französischen Jurisprudenz[69]) die allgemeine Ansicht, welche in dem bereits oben zitierten legislativen Dekrete vom 21. Dezember 1889 für Italien gesetzlich sanktioniert ist.[70]) Da ferner die Fälle, in denen eine Verlängerung oder die Erschwerung der Verjährung durch ein neues Gesetz in unserer Zeit praktische Bedeutung haben würde, selten sein werden, so empfiehlt es sich auch schwerlich, den einfachen Satz der Anwendung des milderen Gesetzes durch eine Ausnahme in Ansehung der Verjährung zu einem mehr komplizierten zu gestalten, und Unterscheidungen je nach der Bedeutung der einzelnen Verbrecher zu machen, wie Seeger (S. 171) andeutet, dürfte die gerade für die Verjährung wünschenswerte Einfachheit und Durchsichtigkeit des Gesetzes in schädlicher Weise beeinträchtigen.

---

67) Das letztere Argument wird schon von *Zachariä* S. 57 hervorgehoben; es reicht freilich nicht zur Begründung aus.

68) In diesem Sinne auch *Seeger* S. 167. Der Gegengrund *Berners* S. 58. 59 — der Staat habe nach dem früheren Gesetze nur ein Srafrecht innerhalb gewisser Schranken gehabt — würde auch die Anwendung neuer die Überführung des Schuldigen erleichternder Prozeßgesetze ausschließen. Gegen *Berner*: insbes. *Wächter*, Thüring. Strafr. S. 123 Anm., und *Seeger* a. a. O.

69) *Cousturier*, Traité de la prescription en matière criminelle S. 396ff. Die französische Jurisprudenz hat sich auf Grund eines Dekrets vom 23. Juli 1810 gebildet, welches die Verjährung nicht besonders erwähnt und nur die Rückwirkung des neuen milderen Gesetzes ausspricht. Vorher hatte man in künstlicher Weise die erforderliche Verjährungszeit teils nach dem alten teils nach dem neuen Gesetze berechnet.

70) *Impallomeni* 1 S. 46.

Da (vergl. unten § 36) die Frage, welches Strafgesetz das mildere ist, nach dem Ergebnis für den einzelnen Fall zu beurteilen ist, und nicht einzelne Bestimmungen des neuen mit einzelnen Bestimmungen des alten Gesetzes kombiniert werden dürfen, so ist für die Unterfragen, ob eine Unterbrechung der Verjährung und ob ein Ruhen[71]) der Verjährung eingetreten sei, in Ansehung der nach dem alten Gesetz zu beurteilenden Verjährung das alte, und in Ansehung der nach dem neuen Gesetz zu beurteilenden Verjährung das neue Gesetz entscheidend.

**§ 35.** Daß schon rechtskräftig abgeurteilte Handlungen der Einwirkung eines neuen milderen Gesetzes entzogen sind und nur vermittelst der Gnade dieser teilhaftig werden können, falls das Gesetz nicht ausdrücklich dafür einen gerichtlichen Weg eröffnet, ergibt sich daraus, daß die Gerichte kein Mittel besitzen, ein rechtskräftiges Urteil aus jenem Grunde zu modifizieren. Wenn es nun auch der Gerechtigkeit im idealen Sinne entsprechen würde, das Urteil nicht als hemmende Schranke für die Rückwirkung eines offenbar milderen Gesetzes gelten zu lassen, so stellen doch der Ausführung dieses Gedankens im gerichtlichen Wege sich Schwierigkeiten entgegen, jedenfalls nicht leicht überwindliche, wenn die Aburteilung in einem mündlichen Verfahren erfolgen muß oder erfolgt ist. Daraus erklärt sich, daß zwar § 18 des preußischen allgemeinen Landrechts bestimmte: „die Minderung der in einer älteren Verordnung festgesetzten Strafe kommt auch demjenigen Übertreter zustatten, an welchem die Strafe zur Zeit der Publikation des neuen Gesetzes noch nicht vollzogen war“, und daß die französische Assemblée constituante den nach dem alten Gesetze Verurteilten sogar gestattete, vor dem Tribunale erster Instanz Reduktion, Umwandlung oder Aufhebung der Strafe nach Maßgabe des neuen Gesetzes zu beantragen, daß dagegen die spätere Gesetzgebung sich mehr gegen einen Anspruch des Verurteilten auf Nachprüfung des früher ergangenen Urteils behufs anderweiter Beurteilung des Straffalles nach dem neuen Gesetze

---

[71]) In betreff des Ruhens der Verjährung in diesem Sinne *Seuffert*, Ztschr. **14** S. 494. *Frank* § 69 V *Olshausen* § 2 Anm. 19 und Rg. III 26/6. 99 E. **32** N. 75 bes. S. 251. Das zitierte italienische Dekret läßt den Unterbrechungsakt nur gelten, wenn er auch dem neuen Gesetze entspricht, vgl. *Impallomeni* S. 17.

ausgesprochen hat.[72]) Aber man wird bedenken müssen, daß eben nur praktische Schwierigkeiten der Rückwirkung des milderen Gesetzes hier entgegenstehen, und daß die Res judicata im Strafrechte keineswegs dieselbe Bedeutung hat wie im Zivilrecht; von einer notwendigen Stabilität eines durch Urteil festgestellten Rechtsverhältnisses kann im Strafrecht nicht die Rede sein. Daher bestimmt denn auch das italienische GB., daß, wenn das neue Gesetz die Handlung überhaupt nicht mehr als Delikt anerkennt, selbst eine in früherer Zeit ergangene Verurteilung ihre Kraft verliert, und eine Nebenfolge der früheren Verurteilung, welche von dem späteren Gesetze (wenn auch nur für das fragliche Delikt) als unzulässig betrachtet wird, muß der richtigen Ansicht nach, trotz des Urteils, welches sie verhängt, mit dem Inkrafttreten des neuen Gesetzes aufhören, z. B. die Unfähigkeit, ein Gewerbe zu betreiben, einen Zeugen- oder Parteieid zu leisten, und ebenso wenn das neue Gesetz die Dauer solcher Strafen beschränkt, sobald die Strafe die längste nach dem neuen Gesetze mögliche Zeit gedauert hat,[72a]) ebenso endlich wenn das neue Gesetz zwar einen lebenslänglichen Verlust jener Rechte noch zuläßt, aber nur bei einer Hauptstrafe, welche den Verurteilten nicht getroffen hat (z. B. bei lebenslänglichen Zuchthausstrafen, während eine Verurteilung nur zu zeitlicher Zuchthausstrafe stattgefunden hat). Das Gegenargument, daß der Verlust jener Rechte ein Teil der erkannten Strafe sei, beweist nicht;[72b]) denn auch erkannte Strafen können

---

[72]) Die Motive des Entwurfs für das StGB. lehnten das auch ausdrücklich ab.

[72a]) Diese schon von *Köstlin* **1** S. 54 begründete Ansicht vertrat ich 1871 in GArch. **19** S. 78, und der damalige preußische Generalstaatsanwalt führte in der GArch. **19** S. 533 mitgeteilten Strafsache aus, daß eine einfache Verurteilung zum Verluste der Ehrenrechte nach dem Inkrafttreten des StGB. ohne weiteres nur noch die Bedeutung des Verlustes der Ehrenrechte im Sinne des StGB. habe. Das preuß. OT. (19/4. 71) erkannte aber im entgegengesetzten Sinne, und nahm auch in einem späteren Urteile, übrigens nur mit Stimmenmehrheit, an, daß überhaupt rechtskräftige Strafurteile durch neue strafrechtliche Gesetze nicht berührt werden. (GArch. **20** S. 481 ff. bes. S. 500). — Daß meine Ansicht der materiellen Gerechtigkeit entspricht, verkennt auch der meine Ansicht de lege lata bekämpfende Aufsatz von *Ulrich* Allgem. deutsche Strafrechtszeitung, 1871 S. 301 ff., nicht, wie denn auch Verordnungen im Königreich Sachsen und in den thüring. Staaten bestimmt haben, daß der mit früheren Verurteilungen zu zeitlicher Freiheitsstrafe verbundene dauernde Verlust der Ehrenrechte (in Konformität mit dem StGB.) mit dem Ablaufe von zehn Jahren nach erledigter Hauptstrafe sein Ende erreichen soll. Ein später in der preuß. Gesetzsammlung (1872, S. 239) publizierter „Gnadenerlaß" hat das gleiche verordnet.

[72b]) Vgl. in diesem Sinne: *Abegg*, Arch. d. Cr. 1833 S. 488.

durch ein neues Gesetz geändert werden zugunsten der Verurteilten, und es fragt sich nur 1. ob diese Modifikation in der Konsequenz des neuen Gesetzes liegt, und 2. ob zu dieser Modifikation besondere Maßregeln erforderlich sind, welche ohne spezielle gesetzliche Autorisation nicht zu Gebote stehen. Das erste trifft nun sicher zu, das zweite muß verneint werden. In Wahrheit soll ein von der späteren Gesetzgebung als schädlich anerkannter Zustand[72c] — der Zustand in Freiheit befindlicher, aber der Ehrenrechte zeitlebens beraubter Personen — zur Verherrlichung der Res judicata in Strafsachen fortdauern, während selbst im Privatrechte, wo doch die Schonung der Privatrechte anderer Beteiligter eine Rolle spielt, der wesentlich entgegengesetzte Grundsatz zu gelten hat. Der italienische Kassationshof dagegen hat sogar, ohne auf eine spezielle transitorische Gesetzesbestimmung sich berufen zu können, eine wegen Konkurrenz verschiedener Verbrechen unter der Herrschaft des früheren Gesetzes ausgesprochene zeitliche Freiheitsstrafe auf die höchste nach dem gegenwärtig geltenden Gesetze zulässige Dauer reduziert.[72d] Weil aber die gegenwärtig bei uns herrschende Ansicht hier den Buchstaben eines früher erlassenen Urteils über den Geist eines neuen Gesetzes stellt, wird es sich empfehlen — falls das neue Gesetzbuch in der Schmälerung oder Aberkennung von Ehrenrechten größere Zurückhaltung beobachtet oder einzelne Arten der Unfähigkeitserklärungen nicht wieder aufnehmen würde — eine dem österreichischen Entwurfe eines Einführungsgesetzes zum Strafgesetze (1893) Art. XXVIII entsprechende Bestimmung, in das Einführungsgesetz aufzunehmen.[73] Eine Idolatrie endlich der Res judicata möchte man es nennen, wenn behauptet wird, daß, wenn das frühere Gesetz eine Verjährung erkannter Strafen nicht kannte, die unter der Herrschaft des früheren Gesetzes erkannten Strafen der neu eingeführten Verjährung nicht unterworfen seien. (Vgl. die Lehre von der Verjährung).

---

72c) Vgl. *Regelsberger*, Pandekten **1** S. 190.

72d) *Impallomeni* **1** S. 43, 44.

73) „Mit der Verurteilung nach dem derzeit geltenden Strafgesetze verbundene auf eine bestimmte Zeit beschränkte Rechtsfolgen erlöschen, wenn wegen der der Verurteilung zugrunde liegenden strafbaren Handlung nach dem gegenwärtigen Strafgesetze die Schmälerung der staatsbürgerlichen Rechte gar nicht oder etwa auf kürzere Zeit eingetreten wäre, im ersteren Falle sofort, im letzteren Falle mit dem früher eintretenden Zeitpunkte . . ." Die Worte „auf eine bestimmte Zeit beschränkte" würden unter gewissen Voraussetzungen wegfallen müssen.

Sollte übrigens das demnächstige Strafgesetzbuch ganz wesentliche Herabsetzungen der Freiheitsstrafen bei manchen Delikten mit sich bringen, so wird es eine Forderung materieller Gerechtigkeit sein,[73a] Kommissionen zu bilden, welche ermächtigt werden würden, auf Grund der schriftlichen die einzelnen Fälle betreffenden Akten in Berücksichtigung der neuen Bestimmungen nach einem weitgehenden Ermessen erkannte Strafen nachträglich herabzusetzen. Der sonst nur offenstehende Gnadenweg dürfte bei der großen Zahl der Fälle dann weder ausreichen, noch aus anderen Gründen unbedenklich sein.

Kein Zweifel besteht darüber, daß ein Urteil erster Instanz die Anwendung des milderen neuen Gesetzes nicht hindert, wenn der Richter höherer Instanz noch frei über die Sache urteilen darf; daher hat der deutsche Berufungsrichter das mildere Gesetz anzuwenden. Der dialektischen Konsequenz nach entscheidet man aber im entgegengesetzten Sinne, wenn das Gericht der höheren Instanz nur wegen eines vom unteren Gerichte bei Aburteilung der Sache begangenen Fehlers das Urteil der unteren Instanz beseitigen darf, falls das mildere Gesetz erst in Kraft getreten ist nach der Erlassung des unterrichterlichen Urteils; denn das letztere ist mit einem Fehler nicht behaftet, wenn es das noch nicht in Kraft befindliche Gesetz nicht beachtet hat. Dies ist denn auch die in der deutschen Jurisprudenz überwiegende Meinung.[74] Die französische und belgische Jurisprudenz[75] legt dagegen dem Kassationshof, obwohl der Kassationsrekurs nicht einmal als ordentliches Rechtsmittel gilt, und obwohl das unterrichterliche Urteil nicht kassiert wird, das Recht und die Pflicht bei, in solchem Falle die Sache zur nochmaligen Aburteilung nach dem neuen Gesetze an die

---

[73a]) Für solche Revision der älteren Strafurteile die beredten und treffenden Ausführungen *Drusus*, Osservazioni S. 11 ff. (Literatur zu § 42).

[74]) *Seeger* S. 178, 179. *Hälschner* **1** S. 126. *Schwarze* zu § 2 Anm. 14. *Oppenhof* § 2 Anm. 10. *Binding* **1** S. 252. (Unbestimmt *H. Meyer* § 15 No. 8, der Anwendung des neuen milderen Gesetzes will, sofern der höheren Instanz, noch solche Rechtsanwendung zustehe.) *Olshausen* § 2 12 b. Rg. I 15/2. 82 E. **22** N. 118 bes. S. 350. III. 1/2. 1900 GArch. **47** S. 159. Ausdrücklich in diesem Sinne norwegisches StGB. § 3 Abs. 2. So auch der italienische KH. vgl. *Impallomeni* § 2 n. 11. Doch soll der KH. nach Art. 675 des gegenwärtig (1906) noch geltenden Codice di procedura penale, wenn nach dem neuen Gesetze die Handlung überhaupt nicht mehr strafbar ist, das untergerichtliche Urteil aufheben.

[75]) *Garraud*, Précis n. 23 (und die daselbst zitierten Urteile des französischen KH.) — *Beltjens* § 2 n. 7. Dafür auch *Impallomeni* selbst (a. a. O.).

untere Instanz zurückzuweisen. Der Grund ist, daß eine endgültige Entscheidung noch nicht vorliegt. Man opfert also in Frankreich und Belgien das materielle Recht nicht dem Formalismus des Prozesses, wie denn auch Berner (S. 252) erklärt,[76]) der materielle Rechtssatz dürfe nicht aus prozessualen Gründen beeinträchtigt werden. Dieser Ansicht möchte ich beitreten; allerdings hat das Urteil nicht das noch nicht in Kraft befindliche Gesetz verletzt, wohl aber ist das Kassationsgericht noch in der Lage, zu erklären, daß durch das Fortbestehen des Urteils das neue mildere Gesetz verletzt werde.

**§ 36.** Da die Anwendung des älteren milderen Gesetzes sich dem oben Dargelegten zufolge darauf gründet, daß das Individuum[77]) eine Einbuße seiner Rechtssphäre nur soweit erleiden darf, als es sie zur Zeit der Handlung vorhersehen konnte, so muß die Frage, welches Gesetz das mildere sei, auch nach der Wirkung der gesetzlichen Bestimmungen für den individuellen Fall beantwortet werden; es muß gefragt werden: welche Strafe würde das Individuum wegen der konkreten Handlung zu erleiden haben 1. nach dem früheren, 2. nach dem zur Zeit der Aburteilung geltenden Gesetze? Von diesen beiden Strafen ist die mildere zu wählen, und durch diese mildere Strafe wird zugleich erst das anzuwendende Strafgesetz bestimmt. Dagegen ist es fehlerhaft, einzelne mildere Bestimmungen des älteren Gesetzes mit einzelnen milderen Bestimmungen des neuen Gesetzes zu kombinieren; denn dem Individuum, das vor einer nachteiligen Wirkung des der Handlung nachfolgenden Gesetzes geschützt sein soll, kann es nur auf die Gesamtwirkung der Gesetzgebung, überhaupt auf seine Rechtssphäre, nicht aber auch darauf ankommen, welche Wirkungen einzelne Gesetzesbestimmungen unter anderen für seinen, des Individuums, Fall nicht zutreffenden oder seinen des Individuums Fall nicht erschöpfenden Voraussetzungen haben

---

76) In diesem Sinne auch *Kirchmann*, Kommentar z. StGB. S. 24. auch *Rubo* § 2 No. 10. *Impallomeni* sagt: «La forma deve adattarsi alla legge in modo che questa abbia il suo effetto . . . E se la forma non si trova pronta nelle disposizioni scritte, il dovere del magistrato è quello d'inventarla.»

77) Daher muß im Falle der Teilnahme die Frage auch für jeden Teilnehmer besonders beantwortet werden, und es kann sein, daß für einen der Teilnehmer das frühere, für einen anderen das spätere Gesetz als milderes und daher als anzuwendendes sich herausstellt. Vgl. *Schwarze*, Arch. d. Cr. 1857 N. 394.

würden, oder mit anderen Worten: das Individuum kümmert nicht die theoretische Bedeutung der einzelnen Rechtssätze, vielmehr nur das, was es wirklich nach dem Gesetze zu leiden hat. Das ist auch die allgemein angenommene,[78]) freilich bis jetzt wesentlich nur postulierte oder auf die Widersprüche, in welche solche Kombination verwickelt wird, gegründete Ansicht. Ob dabei die Lage des Angeklagten sich günstiger gestaltet durch Bestimmungen, welche den Deliktsbegriff einschränken oder die Schuld ausschließen oder einen Straftilgungsgrund betreffen, ist gleichgültig: ein Gesetz, das die Bestrafung wegen im konkreten Falle eingetretener Verjährung ausschließt,[79]) oder wegen mangelnden Strafantrags, ist für den Angeklagten milder im Vergleich zu einem anderen Gesetze, welches zwar an sich eine mildere Strafe androht, aber im konkreten Falle überhaupt straft. Maßregeln, die überhaupt nicht als Strafen gelten, werden freilich nicht in Betracht kommen; indes sind sie nur zulässig, wenn das überhaupt anzuwendende Gesetz sie vorschreibt oder gestattet, und wenn ihr Charakter — ob Strafe oder bloße polizeiliche Sicherheitsmaßregel — zweifelhaft erscheint, so sind sie überhaupt unzulässig,[80]) falls nicht beide in Betracht zu ziehende Gesetzgebungen sie vorschreiben oder gestatten. Zivilrechtliche Folgen eines Delikts können aber ihrer Natur nach immer nur abhängen von dem Gesetze, welches zur Zeit der Begehung der Handlung galt.[81]) Das neue Gesetz kann hier aufhebende Rückwirkung nicht äußern, ebensowenig aber einen Zivilanspruch neu begründen oder auch nur in irgend-

---

78) *Abegg* a. a. O. S. 479. *Köstlin* 1 S. 54. *Hälschner* 1 S. 125. *H. Meyer* § 15, 6. *Rüdorff* § 2 Anm. 8. *Oppenhoff* § 2 Anm. 12. *Liszt* § 19 III. *Olshausen* § 2 Anm. 17ff. (Auch K. sächsische Verordnungen v. 31. März 1838 § 2 und 13. Aug. 1855 § 6, württemberg. KH. 17. April 1872. *Stengleins* Zeitschr. 1 S. 251. *Hélie* 1 n. 29. *Garraud*, Précis 1 n. 72. *Impallomeni* § 2 n. 22. *Crivellari* 1 198 (S. 209). — *Heinze* S. 61 meint zwar, dem Buchstaben des StGB. stehe die Auslegung näher, daß die Vergleichung der Strafnormen, welche in dem Falle zur Anwendung kommen, in abstracto entscheiden solle, weist aber auf die Unmöglichkeit hin, durch solche Vergleichung zum Ziele, d. h. zur Beantwortung der Frage zu gelangen, welches Gesetz das mildere sei. Die Ausdrucksweise des belgischen GB., «la peine la moins forte sera appliquée», ist allerdings genauer. *Rubo* S. 258.

79) RG. I 8. März 1900. E. 33 N. 57 bes. S. 190. *Olshausen* § 2 Anm. 19.

80) z. B. Aufenthaltsbeschränkungen.

81) Vgl. *Habicht*, Die Einwirkung des Bürgerlichen Gesetzbuches auf zuvor entstandene Rechtsverhältnisse, 3. Aufl. 1901, S. 166ff., 176ff.

einer Weise umwandeln, ihn z. B. zu einem solchen machen, dessen Existenz oder Höhe in besonders freier Weise festzustellen wäre. Dies muß insbesondere gelten von Ansprüchen auf Buße im Sinne des StGB.[81a]) Sollte ein späteres Gesetz einen Bußanspruch nur bei einem einzelnen Delikte ausschließen, so würde dieser Ausschließung rückwirkende Kraft nicht beizulegen sein; anders wenn das neue Gesetz solche Bußansprüche im Strafprozesse überhaupt nicht mehr zulassen würde, denn dann wäre das neue Gesetz ein strafprozessuales Gesetz.[82])

**§ 37.** Für die Frage, ob ein Rückfall vorliege, ist der Zeitpunkt, in welchem die spätere Handlung vorgenommen wurde, der Zeitpunkt der Handlung; denn diese, nicht die früher schon bestrafte Handlung wird bestraft, und nicht die in dem früheren Urteile vorgenommene technische Benennung der Tat kann darüber entscheiden, ob die früher begangene Tat die erforderliche strafrechtliche Eigenschaft besaß, vielmehr muß, wer über die spätere Tat urteilt, feststellen, daß der früheren Tat die nach dem neuen Gesetze erforderliche Qualifikation wirklich eignete. Diese Qualifikation aber ist festgestellt, wenn das frühere Urteil — sofern es überhaupt beim Rückfalle respektiert wird[83]) — sie im Sinne des neuen Gesetzes als vorliegend angenommen hat.[84])

**§ 38.** Ist es im einzelnen Falle zweifelhaft, ob die dem alten oder dem neuen Gesetze entsprechende Strafe die mildere sei, so muß in Konsequenz der oben begründeten

---

81a) OT. Berlin, 24. Jan. 1872 (*Stengleins* Zeitschr. 1 S. 231): Auf Buße sei nicht zu erkennen bei einer vor dem 1. Jan. 1871 begangenen Straftat. *Olshausen* § 2 Anm. 21: Die Buße sei überhaupt bei der Vergleichung der Strafgesetze nach StGB. § 2 nicht mit in Betracht zu ziehen. — A. M. *Binding* 1 S. 244 Anm. 11: weil die Buße nur ein gewöhnlicher im Wege des Adhäsionsprozesses geltend zu machender Ersatzanspruch sei. Die Lage der Schuldigen wird aber durch die Möglichkeit, daß auf Buße erkannt werde, jedenfalls verschlechtert. Vielleicht könnte im einzelnen Falle der Verletzte einen erlittenen Schaden im Zivilprozesse nicht streng nachweisen.

82) Der von *Olshausen* a. a. O. vertretenen Ansicht: „Konsequenterweise wird auf solche Nachteile nicht erkannt werden dürfen, wenn nicht gleichzeitig die Strafsanktion desselben Gesetzes Anwendung findet", kann ich daher nicht völlig beitreten.

83) Nach dem StGB. 244, 261, 264 werden für den Rückfall nur frühere inländische Urteile beachtet.

84) So auch *Olshausen* 244 Anm. 10, *Hälschner* 2 S. 335. Dafür auch *Nypels* Code pénal belge § 2 n. 6 und *Beltjens* Encyclopédie § 2 n. 4. (Der belgische KH. hat einmal anders entschieden.) A. M. ohne weitere Begründung *Meves*, D. Strafrechtszeit. 1872 S. 122.

prinzipiellen Auffassung das neue Gesetz Anwendung finden: denn nach dieser ist die Anwendung des neuen Gesetzes das Hauptprinzip, welches nur dadurch beschränkt wird, daß das Vertrauen des Individuums, es werde eine härtere Strafe nicht erleiden, nicht getäuscht werde. Wer dagegen die Anwendung des zur Zeit der Tat geltenden Gesetzes als das Hauptprinzip betrachtet, muß zu der entgegengesetzten Ansicht gelangen, welche aber, wenn durch das neue Gesetz der Strafvollzug geändert ist, leicht praktischen Schwierigkeiten begegnen wird.[85]) Die Gesetzgebung wird hier meist durch Übergangsbestimmungen helfen. Aber nach der Ansicht, welche das zur Zeit der Handlung geltende Gesetz als das eigentlich der Gerechtigkeit entsprechende betrachtet, beraubt man theoretisch den Gesetzgeber der Möglichkeit, überhaupt solche Übergangsbestimmungen zu treffen, welche einen Zweifel zu lösen bezwecken.[85a])

**§ 39.** Daß administrative Vorschriften über den Strafvollzug, welche zur Zeit der Begehung der Handlung oder zur Zeit der Verurteilung galten, nicht in Betracht kommen, vielmehr in solchen Beziehungen lediglich die neuere Bestimmung bezw. das neue Gesetz zur Anwendung gebracht wird, versteht sich von selbst. Eine im Vergleich mit früheren etwa milderen gesetzlichen Vollzugsvorschriften strengere Behandlung wird zwar, wie es scheint, allgemein für zulässig erklärt und ist auch praktisch eintretenden Falles schwer zu vermeiden; sie ist aber theoretisch nur zu begründen, wenn einerseits die Anwendung des neuen Strafgesetzes als das Hauptprinzip und andererseits die Besserung des Strafgefangenen als der wesentliche Zweck der Änderung des Strafvollzugs angesehen wird; denn Genugtuung oder Vergeltung könnte doch genau betrachtet nur nach dem zur Zeit der Tat geltenden Gesetze geschuldet und gefordert werden; aber daß der Staat den Versuch macht, zu bessern, muß, wer überhaupt nach dem Gesetze schuldig

[85]) *Seeger* S. 176 entscheidet für das ältere Gesetz, weil man sonst Gefahr liefe, ein Grundrecht der Person zu verletzen. Ebenso *Hälschner* 1 S. 125. *Binding* 1 S. 265. *Liszt* § 19 a. E. *Oppenhoff* § 2 Anm. 24. *Olshausen* Anm. 11. — Im Sinne des Textes: *Schwarze* in *Holtzendorff* Hdb. 2 S. 27. *Riedorff* § 2 Anm. 13. *H. Meyer* § 15. 6.

[85a]) Wäre nach dem älteren Gesetze auf eine Strafart zu erkennen, welche das neue Gesetz nicht mehr zuläßt, ohne dafür eine andere Strafart bestimmt zu haben, so müßte die Handlung straffrei bleiben. So auch *Olshausen* § 2 Anm. 22.

ist, innerhalb gewisser Grenzen sich gefallen lassen, auch wenn dieser Versuch über die Erwartungen, die der Schuldige hegen durfte, in der Ausführung hinausgeht.

**§ 40.** Die Anrechnung der Untersuchungshaft auf eine erkannte Strafe ist ein Verzicht des Staates auf eine sonst begründete Strafe oder einen Teil aus dem Grunde, daß der Schuldige das entsprechende Übel schon erlitten habe. Hierbei kann allein die zur Zeit des Urteils geltende Ansicht des Staates, also das dann geltende (neue) Gesetz maßgebend sein. Wie daher ein älteres die Anrechnung ausschließendes oder auch beschränkendes Gesetz nicht zur Anwendung kommen kann, so kann auch von einer zu beachtenden Erwartung des Schuldigen, einen Teil der verwirkten Strafe durch Untersuchungshaft zu verbüßen, nicht die Rede sein. Ein neues die Anrechnung der Untersuchungshaft regelndes Gesetz ist daher im richterlichen Urteile ohne Rücksicht auf früheres Recht, sobald es in Kraft getreten, anzuwenden.[86])

**§ 41.** Zum Schluß mag die Frage erhoben werden, wie der von dem Wechsel des Strafgesetzes handelnde Paragraph eines neuen deutschen StGB. etwa zu formulieren sein würde.

Dem oben Dargelegten zufolge halte ich nun zwar die Anwendung des neuen zur Zeit der Fällung des Urteils geltenden Gesetzes für das hier zunächst maßgebende Grundprinzip, während der Wortlaut des gegenseitig geltenden § 2 Abs. 2 im entgegengesetzten Sinne gedeutet werden kann. Gleichwohl möchte ich deshalb einer Änderung dieser Bestimmung nicht das Wort reden. Praktisch wichtiger als die Anwendung des neuen milderen (mildesten) Gesetzes ist es, absolut auszuschließen, daß neue Strafe androhende Gebote und Verbote — oder Strafen verschärfende Gesetze — auf früher begangene Handlungen angewendet werden, und wichtiger auch ist die Verbindung dieses

86) Im Ergebnisse übereinstimmen: Urteil d. bayr. K. H. 1/6. 74, *Stengleins* Ztschr. **4** S. 99, 100, *Binding* **1** S. 244 (*Francke* G. Arch. 20 S. 56, *Rüdorff* zu § 2 Anm. 10 und *Schwarze* § 2 Anm. 10 sagen, daß die Anrechnung in Gemäßheit des StGB. zulässig sei, wenngleich die Strafe nach dem älteren Gesetze erkannt werde; für diesen Fall a. M. *Olshausen* § 2 Anm. 24, *Oppenhof* § 2 Anm. 20, rechnet die Anrechnung der Untersuchungshaft zur Frage der milderen oder härteren Strafe selbst).

Prinzips mit dem Satze: „Nulla poena sine lege poenali", welchen Abs. 1 des § 2 ausspricht.

Genau betrachtet ist es auch nicht richtig, das mildere Gesetz für den Ablauf der Verjährungszeit für maßgebend zu erklären. Aber diese Frage ist nicht wichtig genug, um den Wortlaut des Paragraphen durch eine einschränkende Bestimmung verwickelter oder umfangreicher zu gestalten. Dagegen dürfte es sich empfehlen, statt die Anwendung des mildesten Gesetzes vorzuschreiben, zu setzen „bei Verschiedenheit der Gesetze ... ist das dem Angeklagten günstigste Gesetz[87]) anzuwenden". Bei dieser Redaktion ist einerseits klar, daß das Schlußergebnis der mehreren Gesetzgebungen für den einzelnen Fall entscheidet, und andererseits sind künstliche dialektische Unterscheidungen von Schuldmomenten, Strafbarkeits- und Strafanspruchs-Voraussetzungen usw. ausgeschlossen, Unterscheidungen, die wie gezeigt worden, dem Zwecke des hier maßgebenden legislativen Prinzips widersprechen.

Dagegen würde unter gewissen Voraussetzungen eine dem oben erwähnten Artikel des Entwurfs eines Einführungsgesetzes zum österreichischen Strafgesetze gleichkommende Bestimmung einzufügen sein.[88])

---

[87]) Vgl. übereinstimmend italienisches StGB. Art. 3; ebenso, nur in weitläufiger Fassung portugiesisches GB. Art. 6 Nr. 3; norwegisches § 3 Abs. 2.

[88]) In betreff der etwaigen Milderung rechtskräftig erkannter Strafen vgl. oben § 35.

# IV. Räumliches Herrschaftsgebiet des Strafgesetzes.[1])

## Internationales Strafrecht.[2])

*Tittmann*, Die Strafrechtspflege in völkerrechtlicher Rücksicht, 1817. *Abegg*, Über die Bestrafung der im Auslande begangenen Verbrechen, 1819. *Escher*, Vier Abhandlungen über Gegenstände der Strafrechtswissenschaft. Zürich 1822. S. 123 ff. *Berner*, Wirkungskreis des Strafgesetzes nach Zeit, Raum und Personen, 1853. *Villefort*, Des crimes et délits commis à l'Etranger. Paris 1855. *Arnold*, GS. 1857 **1** L. 321 ff. *Cornwall Lewis*, On foreign jurisdiction and the extradition of criminals. London 1859. *R. v. Mohl*, Staatsrecht, Völkerrecht und Politik. Bd. **1** 1860 (Die völkerrechtliche Lehre vom Asyle) S. 637—778. *Bar*, Das internationale Privat- und Strafrecht, 1862. *Reinh. Schmid*, Die Herrschaft der Gesetze nach ihren räumlichen und zeitlichen Grenzen, 1863. *Bremer*, GS. **17** S. 418—464. *Schauberg*, Zeitschr. für schweizerisches Recht, Jahrgang 1869 S. 107—220. *Binding*, Der Entwurf eines Strafgesetzbuchs für den norddeutschen Bund, beurteilt 1869. *Mauro Paretti*, Dei reati estraterritoriali. Torino 1875. *v. Rohland*, Das internationale Strafrecht, Abt. 1 1877. *Fiore*, Traité de

---

[1]) *Binding*, **1** § 78 und *Liszt* S. 21 polemisieren gegen die Bezeichnung „örtliches Herrschaftsgebiet der Strafgesetze". Der Ausdruck ist freilich ungenau. Aber es ist auch nicht richtig, mit *Binding* zu sagen, daß die Strafgesetze jeder territorialen Begrenzung spotten. In dem Begriffe „Inländer" und „Ausländer", den *Binding* selbst fortwährend zu benutzen genötigt ist, liegt doch eine örtliche Beziehung, und für den zivilisierten Staat wird ein bestimmtes Territorium als wesentliches Erfordernis aufgestellt. *Liszt* will als internationales Strafrecht nur die von internationalen Organen (Fluß- und Sanitätskommissionen) erlassenen Strafnormen gelten lassen; er bezieht das Beiwort „international" also lediglich auf den Ursprung, die Quelle des Strafrechtssatzes; dies ist indes sprachlich nicht notwendig; man kann das Beiwort ebensogut auf den Geltungs- oder Wirkungskreis beziehen, und dann würde der Ausdruck auf die von jenen Kommissionen erlassenen nur für ein bestimmtes territoriales Gebiet geltenden Normen gerade nicht passen.

[2]) Der Ausdruck internationales Strafrecht ist schließlich ganz passend (vgl. dafür auch *v. Martitz* S. 425); es handelt sich um das Strafrecht in internationaler Beziehung. Man hat den Ausdruck daher auch ganz überwiegend rezipiert, und vereinzelte Sprachkorrekturversuche werden dagegen um so weniger etwas ausrichten, als ein kurzer Ausdruck doch allgemein erwünscht sein muß, und es nur darauf ankommt, was man unter einem Ausdrucke versteht.

Die allgemeine Theorie des internationalen Strafrechts kann absolut vollständig nur gewürdigt werden in Verbindung mit der Theorie der internationalen Rechtshülfe in Strafsachen, insbesondere mit der Theorie der Auslieferung, wie denn auch *Martitz* mit Nachdruck diese Verbindung hervorgehoben hat. Damit würde aber der Rahmen einer Darstellung des materiellen Strafrechts überschritten werden.

droit pénal international et de l'extradition, traduit par *Antoine*. 2 Bde. Paris 1880. *Harburger*, Der strafrechtliche Begriff Inland und seine Beziehung zum Völkerrecht und Staatsrecht, 1882. Annuaire de l'Institut de droit international. Bruxelles 3ème et 4ème anné 1880. **2** S. 50 ff.: Rapport *Brocher*; 7ème année 1885. S. 127 ff.: Rapport de *Bar*, S. 123 ff.; Thèses de *Bar* et *Brusa*: S. 156 ff.: Résolutions adoptées par l'Institut (Die Beschlüsse auch in Übersetzung mitgeteilt GS. **34** S. 561 ff.). *Lammasch*, Auslieferungspflicht und Asylrecht, 1887. *Brusa*, Del reato comesso all' estero, Rivista penale Vol. **17** S. 277 ff., **23** S. 393 ff., **24** S. 1 ff. (1884 und 1887), auch S. A. *v. Martitz*, Internationale Rechtshülfe in Strafsachen, Bd. **1** 1888, Bd. **2** 1897. *Lammasch*, GS. **41** S. 1—26. Über die Wirksamkeit strafgerichtlicher Urteile des Auslandes, 1889. *Brusa*, Osservazioni sul Progetto del Codice penale . . . legge penale efficacia nel tempo e nello spazio. Milano 1889. *v. Lilienthal*, Der Ort der begangenen Handlung im Strafrecht, 1890. *Fervers*, Das sogen. internat. Strafrecht der Schweiz. Zeitschr. für schweiz. Strafr. **4** (1891) S. 271 ff. *Bar*, Lehrbuch des internationalen Privat- und Strafrechts, 1892. *Fiore*, Über fremde Strafurteile und deren exterritoriale Geltung in der Zeitschrift für internationales Privat- und Strafrecht von *Böhm* und *Niemeyer*, **6** S. 25 ff., S. 141 ff., S. 210 ff. (1896). *Kohler*, in derselben Zeitschr. **4** S. 225 ff. (Internat. Strafrecht in den italienischen Stadtrechten) u. **5** S. 232 ff. (Intern. Strafrecht bei den italien. Juristen). *Hintrager*, (Recht Großbritanniens und der Vereinigten Staaten von Nordamerika) in derselben Zeitschrift **9** (1899) S. 61—103. *Neumeyer*, Die gemeinrechtliche Entwicklung des internationalen Privatrechts, 1901. (Geltung der Stammesrechte in Italien.) *Kitzinger*, Ort und Zeit der Handlung im Strafrecht, 1902. *Tafel*, Die Geltung des Territorialprinzips im deutschen Reichsstrafrecht, 1902. *Hegler*, Prinzipien des internationalen Strafrechts, 1906.

**§ 42.** Solange das Strafrecht noch als Rache aufgefaßt wird, ist es der Verletzte, der nach seinem Rechtsgefühl sowohl das Maß der Rache bestimmt, wie auch ermißt, gegen welche Personen er Rache auszuüben hat. Es wird also, da lediglich sein Gefühl in Betracht kommt, Rache ausüben gleichmäßig gegen den Volksgenossen wie gegen den Fremden und ohne Rücksicht auf den Ort, an welchem die ihm seiner Ansicht nach geschehene Verletzung zugefügt ist, und wenn Strafgesetze anfangen, bestimmte Strafsätze festzusetzen, so können sie als gegeben betrachtet werden nur für die durch Volksgenossen geschehenen Verletzungen.[2a] Mit der Genauigkeit, welche die römische Jurisprudenz auszeichnet, hat diese nach Gajus IV, 37 die Actio furti, welche Selbsthülfe und Privatrache gleichsam abzukaufen bestimmt war, nur mittels der Fiktion, daß der Schuldige Cives Romanus sei, auf Peregrinen, die einen Diebstahl gegen einen Römer begingen, ausgedehnt. Wenn der Fremde dem strengen Rechte nach überhaupt rechtlos ist, so erscheinen Strafgesetze, mögen sie eine öffentliche oder eine Privatstrafe bestimmen, als Vergünstigungen, die nur dem

[2a]) Daher wurde nach römischer Sitte in älterer Zeit der Schuldige an den Staat des Verletzten ausgeliefert. *Rein*, Criminalr. d. R. S. 172.

Volksgenossen zugute kommen.[3]) Durch direkte Quellenzeugnisse nachweisbar ist diese Auffassung für das römische Recht freilich nur für Privatdelikte und Privatstrafen. Die öffentliche Gewalt[4]) wird leicht, wo sie selbst sich verletzt findet, wo also öffentliche Strafe Platz greift, dasjenige gegen einen Fremden anwenden, was sie gegen den Einheimischen für gerecht erklärt. So erklärt es sich vielleicht, daß über diesen selten vorkommenden Fall die römischen Juristen nichts berichten.

An jene ursprüngliche Bedeutung des Strafgesetzes sich zu erinnern, ist wichtig, wenn das Verfahren der modernen Strafgesetzgebung gegen die direkt das Staatswesen angreifenden Handlungen von Ausländern im Auslande verstanden und als Ausnahmefall gerechtfertigt befunden werden soll.[5])

**§ 43.** Ganz das gleiche wie historisch ergibt sich aber auch aus der Natur der Sache. Hätten unsere Strafgesetzbücher keine Bestimmungen über ihre Anwendung in internationaler Beziehung — und so verhielt es sich, als das gemeine deutsche Strafrecht auf Grundlage der Carolina noch galt —, so würde man sagen müssen: die Strafgesetzbestimmungen unseres Staates gelten universell, soweit unsere Gerichte faktisch in der Lage sind, sie zur Anwendung zu bringen, und soweit nicht nach anderweiten rechtlichen Prinzipien Beschränkungen anzunehmen sind. Diese beschränkenden Prinzipien können aber nur liegen im Völkerrechte[5a]) und im Strafrechte selbst.

---

3) Man vergleiche die mit dem Texte übereinstimmende Darstellung *Mommsens*, S. 106, 107.

4) Sittenpolizeigesetze galten in Rom ursprünglich nicht für Fremde. Ein merkwürdiges Beispiel bietet die Lex Oppia (a. c. 539). Während die römischen Matronen in einfacher Kleidung zu Fuß gehen mußten, durften die Weiber der Peregrinen mit Purpur und Gold ausstaffiert, die Stadt im Carpentum durcheilen. *Livius* XXXIV, c. 7, 5. Vgl. *Rein* S. 172 ff. und über die Lex Orchia a. c. 573 *Voigt*, das Jus naturale der Römer 2 S. 62. Das Scum de Bacchanalibus (a. c. 568) hat aber bereits das Prinzip der Erstreckung auf Fremde. *Voigt* a. a. O. S. 63.

5) Wenn wir mit völlig unzivilisierten Volksstämmen zu tun haben, kümmern wir uns, falls sie unsern Staat oder unsere Staatsangehörigen verletzt haben, nicht um das, was sie unter sich selbst oder gegen andere unzivilisierte Stämme für erlaubt halten. Die Besatzungen unserer Kriegsschiffe, unsere Kolonial-Schutztruppe züchtigen die Angehörigen solcher unzivilisierter Stämme, wenn sie Angehörige unseres Staates bestohlen, beraubt oder getötet haben, und kümmern sich um die rechtlichen und sittlichen Anschauungen dieser Wilden dabei nicht.

5a) Vgl. in diesem Sinne, wenn auch etwas unbestimmt, *Martitz* S. 135. „Es ist ein völkerrechtlicher Grund, warum bei Verfolgung exterritorialer Delikte die Strafgerichtsbarkeit nur ergänzende Funktionen zu erfüllen hat."

Sofern nun völkerrechtlich die Selbständigkeit des Territoriums eines Staates anerkannt wird, läßt sich gegen die allgemeine Anwendung des staatlichen Strafrechtes auf die in dem Territorium begangenen Handlungen (auch von Ausländern begangene) nichts einwenden. In seinem Territorium muß der Staat Herr sein und die allgemeine Handlungsfreiheit durch Strafgesetze begrenzen können, auch bei Ausländern, die dort verweilen.[6]) Sie waren ja früher rechtlos; wenn das für Einheimische geltende Strafrecht auf sie angewendet wird, so werden sie nicht nur nicht geschädigt, vielmehr erhalten sie einen besseren Rechtsschutz. Andererseits muß jeder Staat auch jedem anderen Staate, den er als gleichberechtigt überhaupt anerkennt, das Recht zuerkennen, alle in seinem Gebiete begangenen Handlungen seinem Strafgesetze zu unterwerfen. Daß aber, besondere Fälle abgerechnet, eine strafrechtliche Unbilligkeit nicht darin zu finden ist, wenn Angehörige eines anderen Staates von ziemlich gleicher Kultur mit dem unsrigen dem Strafgesetze unseres Staates während ihres hiesigen Aufenthaltes unterworfen werden, wird sich unten in der Lehre vom Rechtsirrtum ergeben. Das sog. Territorialitätsprinzip ist daher allgemein unbestritten in Geltung — nur ausnahmsweise kraft besonderer Konzession des Territorialstaates wegen stark abweichender Kulturverhältnisse durchbrochen durch die sog. Konsularjurisdiktion — wie es schon im späteren römischen Rechte anerkannt war und ebenfalls im späteren Mittelalter zur Anerkennung gelangte.

Die Frage ist jedoch, ob und in welchem Umfange der Staat berechtigt ist, auch außerhalb seines Territoriums begangene Handlungen seiner Strafgewalt zu unterwerfen — wobei von der tatsächlichen Möglichkeit, des Schuldigen oder seines Vermögens im einzelnen Falle habhaft zu werden, abgesehen wird — oder aber, ob das Territorialitätsprinzip als ein exklusives, die Anwendung anderer Zuständigkeitsgründe der Strafgewalt

---

[6]) Es kommt daher auch nicht darauf an, ob ein Ausländer freiwillig oder gegen seinen Willen in das Staatsgebiet gelangt ist, obschon die mittelalterlichen Juristen die Zuständigkeit der territorialen Strafgewalt auch auf die Annahme freiwilliger Unterwerfung gründen.

Gewisse Delikte, welche in der Verletzung einer nur Inländer treffenden Verpflichtung (z. B. Verpflichtung zum Wehrdienst) bestehen, können freilich nur von Inländern begangen werden. Dies ist, wie leicht ersichtlich, nur eine scheinbare Ausnahme.

nicht zulassendes, aufzufassen sei. Allerdings wird daraus, daß jeder Staat die in seinem Gebiete begangenen nach seinem Gesetze strafbaren Handlungen zu bestrafen berechtigt ist, häufig ohne weiteres gefolgert, daß kein Staat die in dem Gebiete eines anderen Staates begangenen Handlungen bestrafen dürfe, jedenfalls nicht anders als kraft einer Art von Stellvertretung. Aber dieser Schluß ist, wie gezeigt werden wird, nicht gerechtfertigt.

**§ 44.** Unternimmt es dagegen unser Staat, die Handlungsfreiheit im Auslande befindlicher Ausländer durch unser Strafgesetz zu bestimmen und zu beschränken, so ist dies ein Eingriff in die Souveränetätssphäre des Staates, in welchem die Ausländer sich aufhalten (möglicherweise auch desjenigen Staates, dem die Ausländer dauernd angehören); wenn davon ausgegangen wird, daß überhaupt die Souveränetätssphären rechtlich abgegrenzt werden.[6a] Dieser Eingriff ist freilich zunächst nur ein theoretischer.[7]

Der theoretische Eingriff — das Hineinschreiben einer Bestimmung auf das geduldige Papier des Gesetzblattes — kümmert freilich den fremden Staat regelmäßig nicht;[7a] er wird sich auch vermutlich nicht darum kümmern, wenn ein gemeiner

---

6a) *Bauer*, Abhandl. **1** S. 166 hat bereits richtig hervorgehoben, daß es hier an jedem Grunde für die Verbindungskraft unseres Gesetzes fehlt. Es muß beachtet werden, daß jedes Strafgesetz auch einen Zwang enthält. In diesem Sinne scharf und bestimmt *Haus* **1** § 224; ebenso auch *Alb. Rolin*, Revue de droit internat. (Bruxelles) **9** S. 473.

7) *Martitz* S. 51 folgert aus der Souveränetät des Staates die unbeschränkte Befugnis des Staates, auch Handlungen, die jenseits der Grenze des Staates begangen sind, nach seinem Interesse zu strafen. Es gibt aber, sobald eine Rechtsgemeinschaft der Staaten anerkannt wird, überhaupt keine unbeschränkte Souveränetät mehr. Das von *Martitz* S. 52 Gesagte dürfte mit dem unmittelbar vorher von ihm Bemerkten in Widerspruch stehen. Aus dem erstgenannten Satze folgt die Berechtigung jedes Staates, sein Strafrecht für universell geltend zu erklären, und doch sagt *Martitz* gleich darauf, es sei ein Bruch der völkerrechtlichen Ordnung, eine Anmaßung der Universalherrschaft, die in seine Machtsphäre gelangenden Personen dafür haftbar zu machen, daß sie auswärts sich an seine Gebote nicht gekehrt haben. (Vgl. auch Anm. 36 u. 37.)

7a) Der Unterschied in der völkerrechtlichen Behandlung eines einstweilen nur auf dem Papier stehenden Gesetzes und andererseits der praktischen Anwendung wird meist übersehen, so z. B. von *Hälschner* **1** S. 135, der der Ansicht ist, daß die Staaten bei Begrenzung des Herrschaftsgebietes ihres Strafgesetzes sich völlige Autonomie zugestehen, ebenso von *Beling*, Zeitschr. **17** S. 322. Evidentes, anmaßliches Hineinregieren in die Souveränetätssphäre eines anderen Staates durch Erstreckung der Geltung von Strafgesetzen und darauf gegründete ungerechte Verurteilung von Untertanen würde doch ein sein Recht und seine Würde wahrender Staat sich nicht gefallen lassen.

Verbrecher, ein internationaler Gauner im Auslande von einem international eigentlich unzuständigem Gerichte abgestraft wird; werden doch dem Staate in Ansehung seines straffälligen Angehörigen in solchem Falle meist nur Kosten erspart. Aber wenn jemand, der ein gewisses Ansehen genießt, in einem Falle, wo die Strafgesetze der in Betracht kommenden Länder in erheblicher Weise differieren, oder wo dem Gerichte die Unparteilichkeit in internationalen Bezeichnungen abgestritten wird, wegen einer im Inlande vorgenommenen, angeblich oder wirklich daselbst nicht strafbaren Handlung im Auslande zu Strafe gezogen wird, kann es zu schlimmen internationalen Reklamationen kommen, denen Berechtigung nicht abzusprechen ist.[8])

Die schrankenlose oder nur vom Interesse abhängig gemachte Ausdehnung des Strafrechts auf Handlungen der Ausländer im Auslande auch nur auf solche Handlungen, die unseren Staat schädigen oder verletzen, ist in der Tat, sofern eine Rechtsgemeinschaft des Staates[9]) anerkannt wird, nur aus einer Art von Vormachtstellung zu rechtfertigen, wie solche schon ziemlich früh allerdings von dem römischen Staate in Anspruch genommen wurde.[10])

Zu diesen völkerrechtlichen Erwägungen kommt aber folgende strafrechtliche. Es ist gezeigt worden, daß das

---

[8]) So protestierte 1886 im Falle *Cutting* die Regierung der Vereinigten Staaten von Nordamerika gegen die in Mexiko erfolgte Verhaftung eines Bürgers der Vereinigten Staaten, der wegen einer innerhalb des Gebietes der Vereinigten Staaten begangenen Handlung (Verleumdung eines Mexikaners) bestraft werden sollte. Die Gründe, auf welche die Regierung der Vereinigten Staaten sich stützte, waren zum Teil freilich verkehrt; aber der Hauptgrund, daß Mexiko sich eine so weitgehende Strafgewalt über im Auslande vorgenommene Handlungen nicht beilegen dürfe, war richtig. *Wharton*, Digest of intern. law of the U. St. **1** § 15 **2** § 189. Vgl. *Alb. Rolin*, Rev. de droit intern. (Bruxelles) **20** S. 559 ff. Anderer Ansicht freilich *Martitz* **1** S. 126 Anm. 27. Die Reklamation der Vereinigten Staaten stand allerdings in Widerspruch mit dem in Ansehung des Orts der Handlung von der englisch-nordamerikanischen Jurisprudenz sonst selbst behaupteten Prinzip.

[9]) Vom völkerrechtlichen Standpunkte gegen eine Bestrafung der Ausländer wegen im Auslande vorgenommener Handlungen auch *v. Holtzendorff* in *Bluntschlis* und *Braters* Staatswörterbuch **10** S. 331 ff. Bemerkenswert ist der 1879 erstattete Bericht der Kommission, die zur Ausarbeitung eines englischen Strafgesetzes niedergesetzt wurde. Derselbe führt aus, daß, abgesehen von dem Verbrechen der Piraterie, es nach der Rücksicht, welche das Völkerrecht auferlege, erforderlich sei, daß jemand, der dem englischen Strafgesetze unterworfen werden solle, ohne britischer Untertan zu sein, im Augenblicke der Handlung sich innerhalb der britischen Besitzungen oder an Bord eines englischen Schiffes unter der Jurisdiktion der englischen Admiralität aufgehalten habe. Vgl. *v. Swinderen* **1** S. 80.

[10]) Vgl. *Mommsen*, S. 106 ff.

moderne Recht der Kulturvölker eine wesentliche Bedeutung der Strafgesetzes gerade in dem Schutze der individuellen Freiheit erblickt. Das Gesetz soll dem einzelnen deutlich zeigen, was erlaubt und was nicht erlaubt ist. Dies aber ist unmöglich, wenn der Ausländer im Auslande durch unsere Strafgesetze verpflichtet werden soll; letzteres bedeutet auch, da völkerrechtlich kein Staat dem andern das abstreiten kann, was er sich selbst kraft allgemeiner Prinzipien zuspricht, daß unsere Staatsangehörigen, selbst wenn sie sich in ihrem Vaterlande aufhalten, nicht nur durch unsere Strafgesetze, sondern auch durch die Strafgesetze aller anderen Staaten verpflichtet werden sollen. Allerdings wird dies praktisch nur dann werden können, wenn jemand in demjenigen Staate, dessen Strafgesetze er verletzt haben soll, sich demnächst betreffen läßt. Aber bei dem jetzt so sehr gesteigerten und in Zukunft noch mehr sich steigernden Verkehr wird das Eintreten dieser letzteren Voraussetzung nicht zur völlig unbeachtlichen Unwahrscheinlichkeit gerechnet werden können.[10a]) Die Ausdehnung des Strafgesetzes auf im Auslande handelnde Ausländer bewirkt also eine allgemeine Rechtsunsicherheit.

Man behaupte auch nicht, daß dies nur theoretische Bedenken seien, weil die Strafgesetze der verschiedenen Länder doch so ziemlich gleichlautend seien.[10b]) Bei genauerer Betrachtung zeigt sich, daß diese Übereinstimmung nicht so groß ist. Man könnte sagen, die Strafgesetze decken sich im Kern; aber an der Peripherie treten sehr bedeutende Differenzen

10a) Wäre diese Unwahrscheinlichkeit unbeachtlich, so wäre andererseits die Ausdehnung der Strafkompetenz unnütz.

10b) *Rohland* 1 S. 126 ff. hat dagegen ausgeführt, daß zwar die Strafgesetze verschieden, die Normen aber in allen Ländern identisch seien. Das ist, selbst vom Standpunkte der Normentheorie betrachtet, höchstens richtig, wenn man den Begriff der Norm im allgemeinsten, unbestimmtesten Sinne nimmt, so daß z. B. unter den Begriff der Ehe auch die Polygamie fällt und Norm nichts weiter bedeutet als rechtliche Ordnung irgendwelcher Art ohne Rücksicht auf die wirkliche Gestalt dieser Ordnung. In England dagegen z. B. ist das nur wörtliche Ausstoßen von gewöhnlichen Schimpfworten gegen jemand nicht strafbar; im Deutschen Reiche kann man dadurch eine empfindliche Strafe sich zuziehen; ist nun die Norm über die Ehre in England identisch mit der deutschen Norm über die Ehre? — *Binding* 1 S. 389 meint, das Argument, es kenne der Ausländer im Auslande unsere Strafgesetze nicht und dürfe deshalb auch nicht nach unserem Gesetz bestraft werden, sei von *Rohland* „in seiner ganzen Nichtigkeit aufgedeckt“. Aber z. B. *Hälschner* 1 S. 148 hat *Rohlands* Dialektik zu überzeugen nicht vermocht. — Daß es für den einzelnen gerade auf die Strafbarkeit der Handlung in concreto ankommt, wird von *Rohland* nicht beachtet.

hervor. Es ist überall verboten, einen Nebenmenschen ohne besonderen Rechtfertigungsgrund zu töten; aber die Rechtfertigungsgründe decken sich gegenseitig nicht. Ist ferner nicht z. B. Tötung im Duell im Deutschen Reiche ein besonderes, nicht der gewöhnlichen Tötung gleichstehendes Delikt, in England und den Vereinigten Staaten dagegen ein gemeiner Totschlag oder Mord?[11]) Und wie verschieden werden nicht behandelt Beleidigung oder gar Delikte gegen die öffentliche Ordnung im engeren Sinne? Und der Buchstabe des Gesetzes interessiert hier nicht allein. Die Praxis der Gerichte kann aus ganz der gleichen gesetzlichen Bestimmung sehr verschiedene Ergebnisse ableiten, namentlich wenn in dem einen Lande fest angestellte Staatsrichter, in dem anderen Geschworne urteilen. Gerade in solchen Fällen würde bei Verurteilung eines Inländers wegen einer im Inlande vorgenommenen Handlung durch ein ausländisches Gericht die Beschuldigung einer parteiischen, verletzenden Handhabung des Gesetzes nahe liegen. Das gegenseitige Vertrauen in die Justiz der verschiedenen Länder könnte durch solche Strafprozesse nicht gewinnen, und der höchst problematische Nutzen stände in keinem Verhältnis zu dem Schaden, den sie den internationalen Beziehungen zufügen, zu den Schwierigkeiten, welche sie der Rechtsprechung bereiten würden.[12])

Ein wirkliches Bedürfnis zu solcher Bestrafung von Ausländern, die einem zivilisierten Staate angehören, ist auch nicht im mindesten anzuerkennen, da jeder zivilisierte Staat die in seinem Gebiete begangenen strafbaren Handlungen ohne Rück-

---

[11]) In Frankreich wird nach feststehender Erfahrung das Duell, wenn es mit Rücksicht auf die eingetretenen schweren Folgen zur Zuständigkeit der Geschwornengerichte gehört, ganz anders beurteilt, als wenn es von den Chambres correctionelles abgeurteilt wird. *Garraud*, 4 §§ 297, 298.

[12]) Auch die Rechtshülfe würde dabei auf Schwierigkeiten stoßen, selbst wenn es sich nur um Zeugenvernehmungen handeln würde. In manchen Auslieferungsverträgen ist ausdrücklich bestimmt, daß die Vernehmung von Zeugen verweigert werden kann, wenn das Verfahren gegen einen noch nicht verhafteten Angehörigen des requirierten Staates gerichtet ist, z. B. im Auslieferungsvertrage zwischen dem Deutschen Reiche und Italien v. 1874 Art. 12, zwischen dem Deutschen Reiche und der Schweiz. 1874 Art. 12. — *Hegler* S. 74, der als Vertreter eines eigenartigen Realprinzips (vgl. unten § 53) die Erstreckung der inländischen Strafzuständigkeit auf Handlungen der Ausländer im Auslande verteidigt, bemerkt zwar, daß Bestrafungen in solchen Fällen freilich selten sein mögen, meint aber, daß sie d a n n u m s o m e h r w i r k e n. Es fragt sich nur, in welcher Richtung sie wirken!

sicht auf die Staatsangehörigkeit des Verletzten bestraft, also unsere Staatsangehörigen den nach Maßgabe der auswärtigen Rechtsordnung, der sie sich ja unterworfen haben, eintretenden strafrechtlichen Schutz voll genießen läßt.

Die jetzt besonders vertretenen Strafrechtstheorien endlich versagen hier völlig. Von Abschreckung durch unsere Strafgesetze kann, wenn es sich um Verletzung unserer Staatsangehörigen im Auslande handelt, kaum die Rede sein. Erstens wird der Handelnde oft von der Staatsangehörigkeit desjenigen, den er verletzt oder dessen Gut er nimmt oder schädigt, keine Kenntnis haben und noch weniger oft irgend eine Wissenschaft des maßgebenden Strafgesetzes besitzen. Zweitens aber ist die Wahrscheinlichkeit, daß gerade unsere Staatsgewalt sich des Schuldigen bemächtigen kann, nicht sehr groß. Den ausländischen Täter aber auf unsere Kosten unschädlich zu machen oder gar zu bessern, haben wir nicht das geringste Interesse. Auslieferung und Ausweisung leisten hier für unseren Staat das Erforderliche in präsumtiv mehr der Gerechtigkeit entsprechender Weise, und nur im Verhältnis zu Angehörigen nicht zivilisierter Staaten, denen man den Schuldigen nicht wohl ausliefern kann, wird Bestrafung die Auslieferung zu vertreten haben.

**§ 45.** Ganz anders dagegen steht es mit der Anwendung des inländischen Strafrechtes auf Handlungen der Inländer im Auslande, mit dem sog. aktiven Personalitätsprinzipe. Von einer völkerrechtlichen Beschränkung kann hier keine Rede sein.[13]) Da es sich nicht darum handelt, den Inländer in den fremden Territorien eigenmächtig zu verhaften, vielmehr nur

[13]) In beredten Worten tritt *Hélie*, Traité de l'instruction crim. 2 n. 128 ff. für das aktive Personalitätsprinzip ein, während er Ausländer im Auslande den inländischen Strafgesetzen nicht unterworfen sehen will (mit Ausnahme der Staatsverbrechen). *Haus* (1 § 225) sagt: «Le regnicole est . . soumis à l'extérieur à une double loi: la loi de son pays, et celle dù pays ou il réside. En devenant sujet temporaire d'une autre nation, il conserve avec les droits de citoyen les devoirs qui sont attachés à ce titre.» Daß völkerrechtlich der Erstreckung des Strafrechts nichts entgegensteht, es in dieser Hinsicht vielmehr nur auf Sinn und Geist des Strafrechts ankommt, bemerkt auch *Westlake* (International law 1. Cambridge 1904, S. 243). — Für die Verbindung des aktiven Personalitätsprinzips mit dem Territorialitätsprinzipe und gegen Erstreckung der Strafgesetze auf Handlungen der Ausländer im Auslande: *Feuerbach* § 31 (jedoch unter Beschränkung auf Verletzungen von Mitbürgern oder des Heimatstaates), *Tittmann* § 21 ff., *Bauer*, Abhandl. 1 S. 162 ff., *Zachariae* Arch. d. Cr. 1852 S. 34 ff., *Heffter* §§ 25, 26, *Berner* §§ 125, 126.

darum, ihn dann zu strafen, wenn er in die unmittelbare Gewalt seines Vaterlandes anderweit zurückgelangt ist, so liegt eine Verletzung des auswärtigen Territorialrechtes nun und nimmer vor, und die Behandlung der eigenen Untertanen seitens ihres Staates ist im übrigen eine Angelegenheit, die prinzipiell andere Staaten nicht kümmert. Es liegt auch in der Verpflichtung des Inländers durch das heimatliche Strafgesetz keine Verpflichtung, das Gesetz des Aufenthaltortes zu verletzen, die dort geltende öffentliche Ordnung nicht zu beachten, und ein Widerstreit der betreffenden Gesetze ist nur dann möglich, wenn es sich um spezielle Leistungen des einzelnen an den Staat selbst handelt, z. B. der Aufenthaltsstaat würde von unsern Staatsangehörigen Kriegsdienste fordern, die dieser nach Völkerrecht nur seinem Vaterlande zu leisten hat.[13a]) Entweder liegt nun hier eine Völkerrechtsverletzung vor oder eine Ungewißheit über die Eigenschaft der Person als eines Angehörigen des einen oder des anderen der in Betracht kommenden Staaten. Wollte man solcher, jedenfalls seltenen Fälle wegen die Anwendung des Strafgesetzes auf die im Auslande befindlichen Inländer ausschließen, so müßte man auch die Anwendung des Strafgesetzes auf Handlungen die innerhalb des Territoriums begangen sind, deshalb angreifen, weil die Territorialhoheit in Ansehung des Ortes der Handlung im einzelnen Falle zweifelhaft sein kann.

**§ 46.** Auch die historische Entwicklung auf dem europäischen Kontinente spricht für das sog. aktive Personalitätsprinzip. Für das öffentliche alte deutsche Strafrecht, wie es uns in den sog. Leges Barbarorum begegnet, galt auch das Personalitätsrecht des Täters.[14]) Erst seit dem neunten Jahrhundert dringt das Recht des Tatortes mehr und mehr durch;

---

[13a]) Die Einwendung *Fiores* 1 S. 62, daß mit der Erstreckung des Strafgesetzes auf Handlungen der Inländer im Auslande das Strafgesetz dem Zivilgesetze in unangemessener Weise gleichgestellt werde, da doch das Strafrecht zum öffentlichen Recht gehöre, beruht auf der modernen, aber undurchführbaren und unhaltbaren italienisch-französischen Theorie des internationalen Privatrechts, welcher zufolge das Privatrecht die Personen ins Ausland begleitet, aber durch das streng territoriale «Droit public» überall beschränkt wird. Das Strafrecht ist selbstverständlich öffentliches Recht, folglich dieser Theorie zufolge streng territorial. Zum Glück ist diese Theorie im wesentlichen nur eine Etikette, welche die vielen trefflichen Einzeluntersuchungen, die wir Frankreich und Italien verdanken, meist freilich nicht beeinträchtigt, zuweilen jedoch irreleitet.

[14]) Anders, wenn die Compositio, insbesondere das Wergeld festzustellen war. Hier galt das Recht des Beschädigten; denn hier handelte es sich um ein

aber abgesehen von der Zuständigkcit der handhaften Tat galt als natürlicher Richter des Schuldigen noch lange Zeit der Richter der Heimat,[15]) später des Wohnsitzes, und die auf dem Boden des römischen Rechtes stehende italienische Jurisprudenz sah sich genötigt, neben dem Forum delicti commissi des römischen Rechtes das Forum domicilii als gleichberechtigt anzuerkennen.[16])

Die prozessuale Zuständigkeit des Judex domicilii bereitete der Jurisprudenz dabei keine Schwierigkeiten, sofern eine förmliche Accusatio vorlag; es ward dafür geltend gemacht, daß ja auch eine Zivilklage in foro domicilii angebracht werden könne. Zweifelhafter erschien die Zulässigkeit einer Inquisitio bei dem Gericht des Wohnortes, wohl des anfänglich mehr disziplinaren Charakters der Inquisitio wegen. Aber man beseitigte den Zweifel bald durch die Betrachtung, daß die Inquisitio die Stelle der Accusatio vertrete, oder man sagte, es liege im Interesse des Gemeinwesens, daß Angehörige des Territoriums auch außerhalb desselben ein vorwurfsfreies Leben führen „ut recte vivant". Das aktive Personalitätsprinzip stand somit im wesentlichen fest.[17])

Allerdings wird die Frage von der Jurisprudens regelmäßig nicht mit Rücksicht auf eine obwaltende Verschiedenheit des materiellen Strafrechts erörtert, vielmehr nur als eine prozessuale, da meist vorausgesetzt wird, der Schuldige habe sich gegen das gemeine, nach Ansicht der Jurisprudenz überall geltende Strafrecht vergangen. Wo aber eine nur nach dem besonderen Rechte des Domizils des Handelnden strafbare Handlung in Frage steht, wird angenommen, daß auch die außerhalb des Territoriums geschehene Handlung von dem Judex domicilii des Schuldigen zu strafen sei, falls — was noch besonderer

---

gesetzlich fixiertes Abkaufen der Rache. (Vgl. *Stobbe* in *Bekkers* und *Muthers* Jahrb. d. gem. d. Rechts **6** (1863) S. 26 ff.; *Brunner* **1** S. 261 und besonders Lex. Rib. 31, 4 „quodsi damnatus fuerit secundum legem propriam, non secundum Ribuariam damnum sustineat." Cap. a. 779 c. 10 — a. 783 c. 4. (Longobard). Die Lex Saxonum §§ 23, 35, 36 läßt aber schon die Lex loci delicti commissi entscheiden. *Stobbe* a. a. O. S. 29.)

[15]) *Martitz* **1** S. 147 ff. Sächs. Landr. II 25 § 2, III 26 § 2.

[16]) *Bartolus* in L. 10 § 1 D. de interdictis, L. 1 C. de S. Trinit n. 47, *Gandinus*, Rubr. quaestio an in loco. *Aretinus*, Rubr. Haec. est quaedam inquisitio n. 83, *Clarus* § fin qu 38 n. 4 u. 5, vgl. dazu *Martitz* **1** S. 125.

[17]) Vgl. *Kohler*, Zeitschr. f. internat. Privatr. **5** S. 224—238, besonders S. 237, *Meili* daselbst **9** S. 15 ff.

Untersuchung bedürfe — dies die Meinung des Domizilstatuts sei. Bestimmt aber das Recht des Tatortes eine andere, insbesondere eine mildere Strafe, so kommt nach der überwiegenden Ansicht diese, nicht aber die am Domizil des Schuldigen geltende (übliche) Strafe zur Anwendung.[17a]) Die deutsche Wissenschaft ist bis zum Ende des 18. Jahrhunderts im wesentlichen nicht über die Ansicht der Italiener hinausgekommen. Bei der Herrschaft der Carolina und schließlich eines sehr weiten richterlichen Ermessens hatte fast nur die Frage der prozessualen Zuständigkeit Bedeutung. Dem häufig mißgestalteten partikularen Strafrecht war die Wissenschaft ungünstig. So behauptete eine vielgenannte Göttinger Dissertation von Ruppel praeside G. L. Boehmer[17b]) 1748, daß zwar der Untertan wegen eines auswärts begangenen nach gemeinem Rechte strafbaren Delikts auch in der Heimat (in foro domicilii) bestraft werden könne, nicht aber wegen einer auswärts begangenen nur nach partikularem Recht strafbaren Handlung, und zwar selbst dann nicht, wenn die Handlung partikularrechtlich sowohl nach dem Rechte des Wohnortes, wie nach dem Rechte des Tatortes strafbar sei. Bei Verschiedenheit der Strafen sollte immer die mildere Anwendung finden. Diese Sätze wiederholt das viel verbreitete Lehrbuch Kochs (§§ 94, 674). Keine Rede ist von einer Verpflichtung durch partikulares Recht auswärts handelnder und nicht unter dem Gesetze des urteilenden Richters domizilierter Personen.

**§ 47.** Setzte man, als das gemeine Recht aufhörte, an Stelle des gemeinen Rechts in den von G. L. Boehmer und Koch angenommenen Prinzipien ein im Domizil und im Tatort gleiches Recht und ließ man die Straffreiheit der Untertanen dann konsequent nur gelten, wenn die beiden Rechte im konkreten Falle differierten, so hatte man den Satz: der Untertan wird durch das Strafgesetz der Heimat auch im Auslande verpflichtet, nicht jedoch insoweit das Gesetz des Tatortes Straffreiheit gewährt.

Es war das aktive Personalitätsprinzip mit einer sehr rationellen Milderung; nur kann diese nicht auf die völlige Unzulässigkeit einer Gebundenheit des im Auslande verweilenden Staatsangehörigen durch das heimatliche Gesetz — also nicht

---

17a) *Clarus* § fin qu. 85 n. 4. *Matthaeus*, de crim. 48, 18 c. 5 n. 24.

17b) De delictis extra territorium admissis.

völkerrechtlich — gegründet werden. Die Straflosigkeit des Inländers ist hier vielmehr nur ein Satz strafrechtlicher Billigkeit. Wer im Auslande längere Zeit lebt, kommt in gewissem Grade unter den Einfluß der im Auslande geltenden Anschauungen; das ist wenigstens die Regel, und soll unser Staatsangehöriger in dem Lande, wo er sich aufhält, nicht die allgemeine Bewegungsfreiheit genießen, die jedermann in diesem Lande gegen ihn in Anspruch nimmt, die allgemeine Bewegungsfreiheit, die durch die Straffreiheit nach dem Strafgesetze bezeichnet wird? Es ist daher nur billig, den Inländer wegen im Auslande vorgenommener Handlung dann nicht zu strafen, wenn ihm das Gesetz des Ortes der Handlung Straffreiheit sichert,[18]) ja nach der Konsequenz ihm auch die mildere Strafe zugute kommen zu lassen, wenn zwar das ausländische Strafgesetz straft, aber milder als das inländische. Wird die Straflosigkeit der Handlungsweise des Inländers nach Maßgabe des am Orte der Handlung geltenden Gesetzes nicht der Regel nach auch in der Heimat anerkannt, so wird in der Tat, wie Cornwall Lewis gegen das Personalitätsprinzip gesagt hat, das heimatliche Gesetz zu einem Stricke, den die Person mit sich in alle Welt herumträgt, zu einer Art von persönlichem „Status". [19])

---

[18]) Und zwar nicht nur dem seit längerer Zeit im Auslande sich aufhaltenden Inländer; denn die Unterscheidung von längerem und kürzerem Aufenthalte würde juristisch nicht durchführbar, vielmehr willkürlich und deshalb verletzend sein.

[19]) Nur teilweise erkennen in Gemäßheit des Gesetzes des Tatorts die Gesetzgebungen und Entwürfe bei gemeinen Verbrechen die Straflosigkeit von Auslandshandlungen der Inländer an. Vielleicht kann man sagen, daß von der Mitte des 19. Jahrhunderts an die Anerkennung der Straflosigkeit überwiegt, bis sodann Weltstraf-Tendenzen anfangen, Einfluß zu gewinnen, wie im norwegischen StGB. und im schweizerischen Entwurf. — Ohne Rücksicht auf das Gesetz des Tatorts verpflichten den Staatsangehörigen durch das inländische Gesetz die Gesetzbücher für Bayern (1813) (Verkündungspatent Art. 3), Hessen Art. 4, Österreich § 36, Sachsen Art. 2. — Dagegen erkennen die Straflosigkeit nach dem Gesetz des Tatorts an: Sachsen-Altenburg Art. 2 (in Verbindung mit dem Landesgrundgesetz § 72), ferner — allerdings mit einer durch das sog. Schutzprinzip gebotenen Modifikation — Württemberg Art. 3. Hannover Art. 2, Baden § 4, Thüringen Art. 2, Dänisches StGB. § 6, während Braunschweig § 2 nach Maßgabe des Landesgrundgesetzes nur die nach dem gemeinen Strafrechte strafbaren Auslandshandlungen der Inländer strafte. — Die Straflosigkeit wird mit Ausnahme der gegen den eigenen Staat gerichteten Staatsverbrechen dagegen anerkannt in folgenden Gesetzbüchern: Preußen § 4 Abs. 2 Nr. 3, Bayern (1861) Art. 10 Abs. 2, Niederlande Art. 5 Nr. 2, Portugal Art. 53 Nr. 5, 6, Bulgarien Art. 7, 1. — Nach dem französischen Gesetze vom 26. Juni 1866 wird der Franzose, der im Auslande ein Crime begangen hat, ohne Rücksicht auf das aus-

**§ 48.** Diese strafrechtliche Billigkeitsrücksicht fällt aber fort, wenn es sich um Verletzung des Treuverhältnisses handelt, das den Inländer als solchen oder als Angestellten eines Staates mit dem heimischen Staate verbindet. Hier kann das Ausland unserem Staatsangehörigen nichts erlauben. Da es sich eben nur darum handelt, eine dem Individuum sonst zugute kommende Forderung strafrechtlicher Billigkeit außer Wirksamkeit treten zu lassen, kann von einem Widerspruch des Auslandes keine Rede sein, um so weniger als das Ausland ein Interesse daran haben kann, z. B. bei Landesverrat, die Verletzung jenes Treuverhältnisses selbst zu begünstigen und zu benutzen. Hoch- und Landesverrat eigener Untertanen, der im Auslande begangen ist, selbst strafen zu können, und zwar

---

ländische Gesetz bestraft, dagegen ist bei Délits erforderlich, daß die Handlung auch nach dem Gesetz des Tatorts strafbar ist. — (Die etwas verwickelten Bestimmungen des belgischen Gesetzes von 1878 nehmen auf die Straflosigkeit am Tatorte direkt keine Rücksicht, wohl aber auf den Antrag der ausländisahen Behörde und die Bestimmungen des Auslieferungsgesetzes, wenn der Verletzte ein Ausländer ist.) — Das norwegische GB. straft eine sehr bedeutende Anzahl von Auslandsdelikten von Norwegern (und in Norwegen wohnhaften Personen) ohne Rücksicht auf das Gesetz des Tatorts. Im Anschluß an das bisherige Gesetz straft der österreichische Entwurf von 1893 § 4, 2, die von Österreichern im Auslande begangenen Verbrechen und Vergehen unbedingt nach dem österreichischen Gesetze; der schweizer Vorentwurf v. Art. 5, vgl. Art. 8 Nr. 2 verfolgt das von einem Schweizer im Auslande begangene Verbrechen (der Entwurf unterscheidet nur Verbrechen und Übertretungen) zwar ohne Rücksicht auf die Straflosigkeit am Orte der Tat, aber nur auf Antrag der Bundesstaatsanwaltschaft, in der Regel wird also die Straflosigkeit anerkannt. — *Zucker*, Zeitschr. f. intern. Privatr. **1** S. 208 findet die Bestimmung des österreichischen Entwurfs der Konsequenz wegen richtig und zieht sie der Bestimmung des deutschen Gesetzes vor. Es kommt aber im Rechte nicht auf rücksichtslose Konsequenz an. — Für die Straflosigkeit des Inländers in Gemäßheit des Gesetzes des Tatorts vgl. insbes. die treffenden Bemerkungen *Schwarzes* GS. **12** S. 188ff. („Soll der im Auslande erlaubte Selbsthülfe übende Inländer deswegen nach seiner Rückkehr ins Inland bestraft werden?“) — Beschränkt man, wie es nach dem englischen Gesetze der Fall ist, die Bestrafung von Auslandsdelikten des Inländers auf sehr schwere Verbrechen, so ist freilich eine Bestimmung über die nach dem Gesetze des Tatorts anzunehmende Straflosigkeit weniger erforderlich.

Es wird übrigens auch wohl eine Beschränkung des Personalprinzips durch das Schutzprinzip vertreten, so von *Arnold* GS. 1857 (**1**) S. 326, der dann die Bestrafung der Inländer wegen solcher Handlungen, durch die sie Ausländer im Auslande verletzen, lediglich darauf gründet, daß Inländer dem auswärtigen Staate nicht ausgeliefert werden, wobei Arnold jedoch die Annahme einer Stellvertretung abweist, aber kraft der „Internationalität“ bei Verletzung von Ausländern oder des Auslandes gleichwohl Straflosigkeit nach dem Gesetze (wie auch geringere Strafe) bewilligen will. (Arnold konnte sich hier freilich auf das hannoversche CGB. Art. 3 berufen.) Im Vergleich zu solchen künstlichen Konstruktionen ist die alte bei den Italienern sich findende einfache Begründung, daß der Staat ein Interesse daran habe, daß die Inländer im Auslande „recte vivant“, doch wohl einfacher, zutreffender und tiefer.

unabhängig von dem Gesetze des Auslandes, ist für jeden Staat unumgängliche Notwendigkeit, und tatsächlich hat noch jeder Staat dieses Recht in Anspruch genommen. Es läßt sich andererseits aber auch rechtfertigen, den Ausländer, der in Dienst unseres Staates getreten ist, in dieser unbedingten Weise für Amtsverbrechen verantwortlich zu machen; der Ausländer, der zu unserem Staate in ein Amtsverhältnis tritt, wird insoweit gleichsam Staatsangehöriger.[20] Von einer Ungerechtigkeit gegen ihn kann bei einer Anwendung des Amtsrechts als Strafrecht nicht die Rede sein. Der Staat, dem der Ausländer angehört, hat ebenfalls keinen Grund zur Beschwerde; denn entweder gestattet er seinen Angehörigen (allgemein oder speziell) den Diensteintritt, und dann muß er auch mit der strafrechtlichen Sanktion des Dienstes einverstanden sein, oder er hat den Diensteintritt verboten, und in diesem Falle hat er ebenso keinen Grund, die Folgen der Verletzung dieses Verbotes von dem Übertreter des Verbots fern zu halten.

**§ 49.** Die Rücksicht, welche dem Obigen zufolge eine Bestrafung ausschließt der im Auslande von Ausländern begangenen Handlungen, durch die unsere Interessen verletzt werden, ist, wie bemerkt, die Rechtsgemeinschaft der Staaten, die in einer gegenseitigen Anerkennung der Souveränetätssphären der einzelnen Staaten und einem Rechtsschutze auch der Ausländer besteht. Insoweit ausnahmsweise dieser Rechtsschutz nicht oder nicht voll, d. h. nicht in dem Maße gewährt wird, welches den Interessen des Inlandes zuteil wird, muß das ursprüngliche Prinzip seinen Platz behaupten, das Prinzip, welches allgemein galt, als Ausland und Ausländer noch als rechtlos betrachtet wurden, das Prinzip der Rache und Selbsthülfe, d. h. der Staat

---

[20]) Ebenso kann der Eintritt als Seemann in die Marine — auch in die Handelsmarine — als Unterwerfungsakt auch unter das Strafgesetz desjenigen Staates angesehen werden, dem das Schiff angehört, zumal der Seemann jedenfalls der Disziplin des Schiffsführers nach Maßgabe der Gesetze des Staates unbedingt unterworfen ist, dessen Flagge das Schiff führt. (Vgl. StGB. 298 deutsche Seemannsordnung von 1902 § 121; auch niederländisches StGB. Art. 7. England bestraft daher auch Seeleute anderer Nationalität, die auf britischen Schiffen Dienst genommen haben, wegen aller irgendwie „against property or person" begangenen „offences". Merchant shipping act 17 et 18 Vict. c. 104, c. 267, vgl. *Phillimore*, International law 4 § 978. Eine derartige Bestimmung ist praktisch empfehlenswert, besonders mit Rücksicht auf Verbrechen, deren Begehungsort sich nicht genau feststellen läßt, oder die in herrenlosen oder nur von unzivilisierten Stämmen bewohnten Gebieten begangen werden.

übt sein Strafrecht gegen jedermann, der irgendwo sein Recht verletzt. Jenes ist nun der Fall bei den Verbrechen, durch welche die höchste Staatsgewalt als solche angegriffen wird. Die Staaten gewähren den vollen Rechtsschutz der Hoch- und Landesverrat strafenden Gesetze allgemein nur sich selbst, nicht gegenseitig. Solange dies der Fall ist, kann also der Staat und muß er seiner Selbsterhaltung wegen, Hoch- und Landesverrat auch dann nach seinem Gesetze strafen, wenn ein Ausländer sich dieser Handlungen im Auslande schuldig macht.[21]) Aus der Lücke, die hier die im übrigen gegenseitig bestehende Rechtsanerkennung der Staaten läßt, blickt das im Anfange der geschichtlichen Entwicklung allein geltende Prinzip noch in einem Überreste hervor.[22]) Es ist aber heutzutage eben nur noch ein Überrest, eine Anomalie, aus der nicht Konsequenzen gezogen werden dürfen[23]) zur Widerlegung derjenigen Prinzipien des internationalen Strafrechts, welche im übrigen aus der gegenseitigen Rechtsanerkennung der Staaten und der Berücksichtigung der Rechtssicherheit der Individuen als möglicher Objekte des Strafrechtes sich ergeben.[24])

Der Gerechtigkeit wird es aber auch entsprechen, die Strafen der hier fraglichen Delikte bei deren Begehung durch Ausländer im Auslande geringer zu bemessen, als für die Fälle der Begehung im Inlande oder durch Inländer. Es besteht für Ausländer im Auslande kein Treuverhältnis gegen unseren Staat.[25])

---

[21]) Diese Lücke offen zu erhalten hat einstweilen noch, oder richtiger für lange Zeit noch, gute praktische Gründe für sich (vgl. unten).

[22]) Da der Kriegszustand dem gegenseitigen Vertrauen der kriegführenden Teile jedenfalls ein Ende macht, und für die Armeen der kriegführenden Teile den Selbstschutz auch durch Strafgesetze in Feindesland erforderlich erscheinen läßt, so ergibt sich, daß völkerrechtlich der Staat befugt ist, seine Armeen gegen feindliche nicht durch das Völkerrecht gedeckte Handlungen irgendwelcher Privatpersonen durch seine (militärischen) Strafgesetze zu schützen. So auch deutsches Militärstrafgesetz § 160, der indes nur die in den §§ 57—59 und 134 des MilitärStGB. bezeichneten Handlungen in solcher Weise bei Ausländern straft.

[23]) Die von *Binding* **1** S. 386 Anm. 25 gerügte Inkonsequenz ist also nicht vorhanden. Man vgl. z. B. auch *Helie*, Instruction criminelle **2** §§ 128, 129.

[24]) Die Bestrafung der Ausländer in diesem Fall hält Alb. *Rolin*, Brüsseler Rev. d. dr. i. **20** S. 568 für ungerecht und unnötig, und erheblichen Nutzen hat diese extraterritoriale Erstreckung des Strafgesetzes freilich nicht, außer in dem Falle, daß eine Teilnahme an einem im Territorium begangenen Verbrechen vorliegt. Die Staaten werden indes schwerlich darauf verzichten. Vgl. *Clunet*, Journ. de droit intern. privé **14**, S. 385. Das englische Recht kennt diese Strafzuständigkeit nicht.

[25]) Enthalten die betreffenden Handlungen zugleich gemeine Verbrechen, so würden deren Strafen, sofern sie höher sind, zur Anwendung kommen.

**§ 50.** Die Prinzipien der Anwendung des Strafrechts eines einzelnen Staates in internationaler Beziehung sind zusammengefaßt folgende:

1. Anwendung des Strafgesetzes auf alle innerhalb des Staatsgebietes vorgenommenen Handlungen.

2. Anwendung des Strafgesetzes auf Handlungen der Inländer im Auslande, jedoch nach Maßgabe des Gesetzes des Tatorts Straflosigkeit, bezw. mildere Bestrafung der Handlung, welche im Gebiete eines anderen zivilisierten Staates begangen ist. Aber Anwendung des inländischen Strafgesetzes ohne diese letztere Beschränkung bei Verbrechen, welche das besondere Treuverhältnis verletzen, das zwischen dem Staatsangehörigen und dem Heimatsstaate, bezw. dem Beamten und dem Staate besteht, in dessen Diensten der Beamte sich befindet. Dem Inländer kann hinsichtlich der Dienstverbrechen auch der angestellte Ausländer gleich behandelt werden.[26])

3. Anwendung des Strafgesetzes auch auf Ausländer, die im Auslande, ohne durch das Völkerrecht gedeckt zu sein, gewisse feindliche Handlungen gegen den Staat begehen, die man als Hochverrat bestraft.[27])

Es ist zu beachten, daß diese Sätze nicht abstrakt abgeleitet sind aus einer besonderen rechtlichen Eigenschaft des Territoriums oder aus einer a priori feststehenden Verpflichtung des Staatsangehörigen; daß sie vielmehr gefolgert sind aus der Betrachtung der Bedeutung des Strafgesetzes einer- und der gegenseitigen Anerkennung der Staaten andererseits.

---

[26]) In betreff der Amtsdelikte sagt mit einer allerdings etwas kühnen Wendung ein von *Mangin*, Traité de l'action publique **1** n. 71 auszugsweise mitgeteiltes Arrêt des franz. K. H. 1 v. 23 fructidor an XII: «En effet, un agent du gouvernement en pays étranger est toujours, en ce qui concerne ses fonctions, réputé présent en France; il n'est jamais absent, relativement au gouvernement qui lui a donné sa confiance.»

[27]) Mit den im Text gewonnenen Ergebnissen stimmen genau überein 1883 die gefaßten Beschlüsse des Institut de droit international, art. 1, 7, 8 (Annuaire **7** S. 156) (nur daß die Amtsdelikte nicht erwähnt sind); im Prinzip ferner das belgische Gesetz vom 17. April 1878 (vgl. *Haus* **1** §§ 221 ff.). Ebenso zeigen wesentliche Übereinstimmung die seit dem Gesetze vom 27. Juni 1866 geltenden Bestimmungen des französischen Rechts (*Garraud*, Précis §§ 87), welche die Zuständigkeit der französischen Strafgewalt in bezug auf Handlungen von Franzosen im Auslande stark erweitert haben, während der Code pénal solche Handlungen nur in sehr geringer Zahl der französischen Strafgewalt unterwarf; desgleichen der österreichische Entwurf von 1893 §§ 3—5; die sehr exakt gefaßten Bestimmungen des niederländischen GB. von 1881 Art. 3—8. Vgl. auch im Sinne des Textes bulgarisches StGB. von 1896 Art. 3—11 und *Lilienthal*, Grundriß S. 18.

Denn das internationale Strafrecht ist nichts anderes als das Strafrecht der einzelnen Staaten in internationaler Beziehung. Es kann daher nicht der Einwand erhoben werden, daß in prinziploser Weise verschiedene Prinzipien miteinander verbunden seien. Jene drei Prinzipien sind nur das Ergebnis eines einheitlichen umfassenderen Prinzips. Es kann insbesondere nicht ein Einwand aus der angeblich exklusiven Herrschaft des Gesetzes des einzelnen Staates in dessen Territorium geltend gemacht werden. Erkennt man doch auch an, daß die Privatrechtsgesetze eines Staates in gewissem Umfange in dem Gebiete eines anderen Staates Wirksamkeit ausüben müssen, ja daß die Anerkennung dieser Forderung bis zu einem gewissen Umfange völkerrechtliche Pflicht ist. Die Privatrechtssätze verschiedener Staaten geben aber in dieser Hinsicht weit mehr zu Schwierigkeiten Anlaß, als die Sätze des Strafrechts. Die hier in Betracht kommende Wirkung des Strafrechts ist die Einschränkung der allgemeinen Handlungs-(Bewegungs)freiheit der einzelnen Personen. Eine Kollision liegt aber nicht darin, daß dieselbe Person hin und wieder eine mehrfache Einschränkung ihrer Handlungsfreiheit durch die Gesetze mehrerer Staaten erfahren kann, und mit dem Eintritt der in der Strafe liegenden Reaktion gegen die Übertretung ist diese rechtlich ausgelöscht, während im Privatrecht die Wirkung der Handlungen einzelner Personen auf andere sich erstrecken, ja durch Generationen dauern können, und Handlungen und Rechtsverhältnisse verschiedener Personen sich in der mannigfachsten Weise verketten.

**§ 51.** Abweichende Prinzipien[27a]) sind folgende:

1. Das Territorialitätsprinzip in exklusivem Sinne.[28]) Der Staat straft alle innerhalb seines Gebietes begangenen

---

[27a]) Eine sehr vollständige nach den verschiedenen Prinzipien klassifizierende Übersicht der Gesetzesbestimmungen der Kulturstaaten hat *Harburger* in einem dem Congrès pénitentiaire intern. erstatteten gutachtlichen Berichte gegeben Actes du VIième Congrès **2** S. 226 (Deutsch in Zeitschr. **10** S. 588ff.).

[28]) Dies Prinzip hat in der deutschen Theorie eine Zeitlang — in der ersten Hälfte des 19. Jahrhunderts — angesehene Vertreter gefunden, so *Henke* **1** S. 606, *Martin* § 26, *Abegg* S. 17ff., *Köstlin*, N. Revis. S. 747ff. und **1** S. 28ff.; nach der Beendigung der Herrschaft des gemeinen Rechts wurde die Bedeutung des Territoriums als Grundlage der Herrschaft des Gesetzes leicht überschätzt. Es hat aber in der deutschen Wissenschaft nie völlig gefehlt an der richtigen Erkenntnis der Bedeutung des persönlichen Bandes der Staatsangehörigkeit. Vgl.

strafbaren Handlungen, aber auch nur diese. Hiernach wird a priori behauptet, daß nur das Territorium die Basis der Strafbefugnis des Staates bilden könne. Es wird dabei übersehen, daß neben der territorialen Basis der Staat auch eine persönliche in der Staatsangehörigkeit der Personen unabhängig vom Territorium hat und haben muß, und weder der geschichtlichen Entwicklung noch den Bedürfnissen und Verhältnissen der Gegenwart wird man gerecht. Denn kein Staat[29]) — auch England und die Vereinigten Staaten von Nordamerika nicht — kann mit dem exklusiven Territorialitätsprinzipe ausreichen.[29a]) Es ist schon alter englischer Rechtssatz, der in den Vereinigten Staaten ebenfalls unbestrittene Geltung besitzt, daß Verbrechen gegen den Staat selbst, die von Inländern im Auslande begangen werden, der englischen, bezw. nordamerikanischen Strafgewalt unterliegen,[30]) und da nicht bezweifelt wird, daß das Souveränetätsrecht es gestatte, allgemein Untertanen wegen im Auslande begangener Verbrechen nach dem inländischen Strafgesetz verantwortlich zu machen,[31]) so ist nach und nach eine immer größere Anzahl solcher Verbrechen durch ausdrückliche Bestimmungen der englischen Strafgewalt unterworfen — allerdings, wie es dem allgemeinen Gange der englischen Strafgesetzgebung entspricht, nach Maßgabe des erkannten Bedürfnisses nur langsam und schrittweise und so, daß noch höchst empfindliche

---

oben Anm. 13. Besonders gut ist das aktive Personalitätsprinzip von *Tittmann* in der zitierten kleinen Schrift vertreten, der sehr richtig auch die Grundsätze und Autoritäten des Völkerrechts berücksichtigt (*Abeggs* Polemik gegen *Tittmann* beruht nur auf unbewiesenen Prämissen). Mit Schroffheit und ohne Rücksicht auf die in irgend absehbarer Zeit nicht zu ändernden internationalen Verhältnisse ist das exklusive Territorialitätsprinzip noch vertreten in dem Aufsatze von *Bremer* GS. (1865) S. 418—463. Gegen *Bremer* treffend, *Schauberg* S. 165ff. und *Rohland* S. 97. Die geistvollste Verteidigung des Territorialitätsprinzips im exklusiven Sinne hat *Cornwall Lewis* geliefert. — Eigentümlich konfus in dieser Lehre ist *Geib* 2 S. 51ff.

[29]) Vgl. *van Swinderen* 1 S. 62—87.

[29a]) *Wharton* 2 § 1804.

[30]) Vgl. die genauere Nachweisung bei *Hintrager* S. 80ff. — *Abeggs* Ausführungen zeigen (bes. S. 41ff.) die Verlegenheit, in welche die Vertreter des exklusiven Territorialitätsprinzips bei den Staatsverbrechen geraten. Die Zufügung eines Übels soll nicht ungerecht, aber gleichwohl nicht Strafe sein.

[31]) Darüber *Stephen*, Journ. d. dr. int. pr. 14 S. 29ff.; *Martitz* 1 S. 193ff. Die englische Regierung liefert englische Untertanen wegen auswärts begangener Verbrechen nicht aus, weil die geforderte Reziprozität von den kontinentalen Regierungen nicht zugestanden wird. So haben Engländer, die im Auslande Verbrechen begangen haben, in ihrem Vaterlande meist ein bequemes Asyl.

Lücken bestehen, während die englische Rechtswissenschaft sich immer mehr für eine allgemeinere Bestrafung der im Auslande von Engländern begangenen Verbrechen ausspricht. So kann nicht einmal mehr das englische Recht für das Territorialitätsprinzip im exklusiven Sinne angeführt werden.[32]) Auch Frankreich hat durch das Gesetz vom 27. Juni 1866 — allerdings mit einigen formellen Einschränkungen[32a]) — die außerhalb Frankreichs von Franzosen begangenen Verbrechen und Vergehen[33]) dem französischen Gesetz unterstellt; desgleichen Belgien durch Gesetz vom 17. April 1878. Das exklusive Territoralitätsprinzip kann also, wie es theoretisch auf einer Petitio principii beruht, so auch den praktischen Bedürfnissen nicht genügen, und die Künsteleien — insbesondere Annahme einer stellvertretenden Strafgewalt,[34]) wenn der auswärtige Staat nicht straft, oder wenn man Inländer nicht ausliefert — durch welche die Verteidiger des Prinzips Abhülfe zu schaffen suchen, beweisen um so mehr seine Unhaltbarkeit. Es zählt in Deutschland wohl kaum noch Anhänger.

**§ 52.** Dagegen wird neuerdings das sog. Real- oder Schutzprinzip, oder Prinzip der beteiligten Rechtsordnung stark vertreten.[35]) Der Staat hat das Recht und die Pflicht, alle inländischen Rechtsgüter durch Strafgesetze zu schützen. Diese Theorie übersieht, daß der Begriff des Schutzes ein mehrdeutiger ist. Wenn der Staat z. B. innerhalb seines Territoriums mittels des Strafgesetzes schützt, so kann der Schutz außerhalb

---

[32]) *Wharton* **1** § 271; *Halleck-Baker*, International law, London 1878, **1** S. 192; *Schuster*, Strafgesetzg. **1** S. 619.

[32a]) Diese erklären sich daraus, daß man bei im Auslande begangenen Straftaten das französische Kontumazialverfahren ausschließen wollte.

[33]) Nur bei Vergehen (Délits) gilt Straflosigkeit im Gemäßheit des Gesetzes des Tatortes.

[34]) Man vgl. z. B. *Köstlin* **1** § 23.

[35]) Namentlich von *Binding* (Entwurf S. 116—136), Handb. **1** § 79, *Wächter*, Beitrag zur Geschichte u. Kritik der Entwürfe eines StGB. für den Norddeutschen Bund; *Fiore* **1** n. 75; *Rohland* S. 138—158; *Fuld*, GS. **45** S. 240 ff.; *Tafel* S. 95; aber auch *Liszt* § 21, der freilich das Realprinzip weniger prinzipiell, denn vielmehr als eine aus Nützlichkeitsgründen einstweilen bis zum Abschlusse genügender völkerrechtlicher Vereinbarungen erforderliche Grenzüberschreitung des Territorialitätsprinzips vertritt. Auch *Garraud* **1** § 144 befürwortet die Ausdehnung des inländischen Strafgesetzes auf Verletzungen von Inländern im Auslande aus dem Grunde, daß die «protection des lois françaises doit s'étendre sur nos nationaux, en quelque lieu qu'ils se trouvent». *H. Meyer*, (vgl. § 16 Nr. 1) kann man wohl kaum als prinzipiellen Vertreter des Realprinzips betrachten. Prinzipiell verteidigt *H. Meyer*

desselben sehr wohl nur ein völkerrechtlicher sein,[36]) und praktisch ist er es auch meistens nur, insofern nachdrückliche Vorstellungen bei einer auswärtigen Regierung erhoben werden, dahin gehend, daß diese den erforderlichen Schutz durch ihre Strafjustiz gewähre. In Wahrheit kommt die Theorie auf eine Petitio principii hinaus, gerät aber zugleich mit dem Völkerrecht und dem Strafrecht in Kollision. Denn der Gesetzgeber, der seine Strafgesetze auf Handlungen der Ausländer im Auslande erstreckt, kann dies, wie bemerkt, nur tun, indem er entweder in das Souveränetätsrecht des anderen Staates eingreift[37]) oder, die Rechtsgemeinschaft mit dem anderen Staate leugnend, auf das alte Prinzip der Rache, der Verfolgung des Ausländers zurückgreift. Zugleich aber bestraft er, wie bemerkt den Ausländer nach einem Gesetze, das dieser zu kennen regelmäßig weder Gelegenheit noch Veranlassung hatte, verletzt also ein wichtiges Prinzip des Strafrechts. Binding wendet in letzterer Beziehung zwar ein, auch der Fremde, der die Grenzen unseres Territoriums überschreite, wisse damit von unserem Rechte nicht mehr als unmittelbar vorher. Das mag sein. Aber daß er in einer veränderten Umgebung unmittelbar darauf hingewiesen wird, daß ihn auch eine andere Staats- und Rechtsordnung umfaßt, kann gewiß nicht geleugnet werden, und darauf kommt es allein an.[38]) Nicht das ist die Bedeutung der Rechtssicherheit, die das moderne

neben dem Territorialitätsprinzip auch das aktive Personalitätsprinzip; das sog. Realprinzip oder wie *Meyer* es bezeichnet, Prinzip der beteiligten Rechtsordnung nur „soweit . . . ein nicht auf andere Weise zu befriedigendes Bedürfnis der Rechtsordnung vorliegt“. Wie die Unterwerfung der im Auslande sich aufhaltenden Ausländer unter das inländische Strafgesetz mit *Bindings* Theorie von dem Wesen des strafbaren Unrechtes als einer „Unbotmäßigkeit gegen das Gesetz“ vereinbar erscheinen kann, ist von *Binding* nicht klargestellt.

36) In diesem Sinne schon *Bauer*, Abhandl. 1 S. 166.

37) Aus diesem Grunde wird auch von der englischen Jurisprudenz die Erstreckung englischer Strafgesetze auf Handlungen von Ausländern im Auslande im Prinzip verworfen, und wenn in wenigen vereinzelten Fällen die englische Gesetzgebung zu solcher Erstreckung eines englischen Gesetzes gegriffen hat, so wird von bedeutenden Autoritäten (*Lawrence*, *Hall*, *Phillimore*) bezweifelt, ob derartige Strafgesetze internationale Gültigkeit haben, d. h. in Kraft gesetzt werden können gegen den Widerspruch des Heimatstaates des Schuldigen. Vgl. *Hintrager* S. 88, 89.

38) Die Schriftsteller, die das sog. Realprinzip — das diesen Namen in einem Sinne jedenfalls nicht verdient — verteidigen, denken meist nicht daran, daß sie mit dem erstrebten Schutze zugleich die Stellung der eigenen Landsleute im Auslande in weit höherem Grade gefährden (vgl. unten Schlußwort dieses Abschnitts).

Strafgesetz geben soll, daß jedermann ohne weiteres genau über die Grenzen des Erlaubten und Unerlaubten unterrichtet sei; wohl aber daß ihm die Möglichkeit dieser Kenntnis gewährt werde. Das Schutzprinzip läßt zudem drei verschiedene Auffassungen zu. Nach der einen früher von Binding vertretenen Auffassung sollen geschützt werden nur die im Inlande befindlichen Rechtsgüter[38a] (Schutzprinzip auf räumlicher Grundlage), nach der anderen, deren Begründung Rohland (S. 138 55) unternommen hat, gilt der Schutz den im Auslande befindlichen Gütern der Inländer (nie des inländischen Staates) (Schutzprinzip auf staatlicher oder persönlicher Grundlage), nach der dritten, von Binding später (1 S. 390ff.) angenommenen Auffassung, soll der Schutz des inländischen Strafgesetzes sich auf beide Kategorien von Rechtsgütern erstrecken (Schutzprinzip auf räumlicher und staatlicher [persönlicher] Grundlage). Nach der ersten Auffassung erweitert sich der Schutz im Vergleich zu demjenigen, welchen das Territorialitätsprinzip gewährt, nicht sehr erheblich. Genau betrachtet ist es das Territorialitätsprinzip mit der Modifikation, daß als im Inlande begangene auch diejenigen Straftaten gelten, durch welche im Inlande befindliche Personen oder Sachen geschädigt werden, also mit der Modifikation, daß als Ort der Tat auch der Erfolgsort betrachtet wird. Davon soll später die Rede sein. Aber soviel ist klar: sehr viel auszurichten ist mit dieser Erstreckung des Strafgesetzes nicht; sie verdient nicht den Namen eines Hauptprinzips. Bedeutend wirksamer kann dagegen nach der zweiten oder selbstverständlich noch mehr nach der dritten Auffassung das Schutzprinzip erscheinen. Aber nun bedenke man die Konsequenzen eines nicht nur auf dem Papier vorhandenen, sondern wirklich und öfter angewendeten Schutzprinzips auf persönlicher Grundlage. Jede Möglichkeit der Kenntnis des Strafgesetzes fehlt dem Publikum, wenn von der Nationalität des Verletzten, des Eigentümers, ja etwa des indirekt durch eine Handlung Verletzten — wo ist hier die Grenze? — es abhängt, ob eine Handlung erlaubt ist, oder mit welcher Strafe sie belegt werden kann.[39]) Man stelle sich vor,

---

38a) Dieser Ansicht ist auch *Fiore* n. 75 bes. S. 79.

39) Von *Wächter*, dem *Binding* hiermit beitritt, ist verteidigungsweise bemerkt worden, es genüge für die Strafbarkeit das Bewußtsein der Widerrechtlichkeit. Sollte dieses Bewußtsein bei einem Ausländer im Auslande in Ansehung

daß in einem Gebiete regelmäßig eine in Ansehung der Nationalitäten sehr gemischte Gesellschaft sich bewegt und über die Staatsgrenzen hin und her fluktuiert. Welche Zustände sich da ergeben müßten, wenn Nachbarstaaten wirklich von der Befugnis Gebrauch machen wollten, Ausländer nach dem Rechte des Verletzten strafrechtlich zu verurteilen, ist leicht einzusehen.[40]) Und um so weniger kann ein solches Verlangen gestellt werden, als doch die Angehörigen anderer Staaten nicht durch äußere Abzeichen sich von den Angehörigen des Territorialstaates zu unterscheiden pflegen, und ebensowenig ihre Sachen mit einem die Nationalität des Eigentümers authentisch nachweisbaren und leicht wahrzunehmenden Stempel versehen werden. Von solcher Feststellung aber gar die Zuständigkeit zur Untersuchung abhängen zu lassen, ist praktisch verfehlt, und mit Recht hat Binding einst gegen das Schutzprinzip auf persönlicher Grundlage eingewendet, man müsse sich dann unter Umständen damit beschäftigen, ob ein im Auslande gestohlenes Portemonnaie ein französisches oder ein deutsches sei. (Rohland S. 45. Widerlegung dieser Einwendung, wenn sie überhaupt paßte, würde z. B. für den Fall des Funddiebstahls nicht zutreffen). Wie könnte eine solche Ausdehnung der Strafgewalt gegen reisende Ausländer gemißbraucht werden! Ja selbst bei gleichlautenden Gesetzen ist in verschiedenen Ländern eine sehr verschiedenartige Handhabung möglich. Vielleicht ist es beispielsweise dem Deutschen doch nicht ganz gleichgültig, selbst nach einem völlig gleichlautenden Gesetzesparagraphen von einem deutschen oder von irgendwelchem ausländischen Gerichte abgeurteilt zu werden. Der problematische Nutzen, den in seltenen Fällen[41]) das sog. Realprinzip gewähren kann, steht mit dem schädlichen Erfolge, dem Nachteil allgemeiner Rechtsunsicherheit und der

---

unseres Strafgesetzes einmal fehlen, so wäre das eine Frage der Zurechenbarkeit. Die Frage der Rechtssicherheit, welche letztere durch das Strafgesetz gewährt werden soll, wird aber damit nicht erledigt, und die Zulassung der Entschuldigung des Rechtsirrtums kann, schon weil sie im höchsten Grade bestritten ist, hier genügende Abhilfe nicht bringen.

[40]) Daß dem Schutzprinzip die Berücksichtigung der am Orte der Tat geltenden Straffreiheit, oder auch nur der dort gesetzlichen gelinderen Bestrafung durchaus widerspricht, bedarf kaum der Erwähnung.

[41]) Nützlich kann das Realprinzip nur sein, wenn man des Täters habhaft wird, und wenn zugleich das Ausland die Bestrafung verweigert.

Gefahr höchst unangenehmer internationaler Verwicklungen absolut in keinem Verhältnis.[42])

Diese letztere schon oben begründete Möglichkeit wird von Vertretern des Realprinzips freilich insbesondere deshalb geleugnet, weil die hier fragliche Anwendung des Strafgesetzes in einer erheblichen Anzahl von Strafgesetzgebungen sich finde, namentlich auch in früheren Strafgesetzgebungen der deutschen Staaten. Dagegen ist aber, wie gesagt, zu erwidern, daß man diplomatisch nicht gegen Gesetze eines Staates als solche, sondern gegen *Handlungen* einer anderen Staatsgewalt, die einen reellen Erfolg haben, protestiert. Es ist nicht bekannt geworden, daß früher diejenigen deutschen Einzelstaaten, die das Mögliche an universeller Straftendenz in ihrer Strafgesetzgebung leisteten, gerade so besonders energisch aufgetreten wären gegen Ausländer, die im Auslande gehandelt hatten; man hat vielleicht eher bemerkt, daß manche Ausländer selbst im deutschen Gebiete zur Zeit des ehemaligen deutschen Bundes sich allerlei Ungehörigkeiten glaubten herausnehmen zu dürfen, und man weiß nicht sicher, ob damals die Ausdehnung der Strafgewalt, auch gegenüber etwa angesehenen Ausländern, gegen diplomatische Interventionen mit Erfolg verteidigt worden ist. Nun können schwache Staaten in solchen Fällen eher nachgeben, ohne ihrer Ehre etwas zu vergeben. *Ein Staat aber, wie z. B. das Deutsche Reich, muß auch gesonnen sein, die Strafgewalt, die er sich einmal im Gesetze beigelegt hat, energisch zu vertreten.* Daher haben

---

[42]) Das Schutzprinzip verwickelt sich übrigens auch nicht selten in unlösbare Schwierigkeiten. *Heinze* (GArch. 17 S. 614) macht auf folgenden Fall aufmerksam. In Paris ist ein Haus in Brand gesteckt, dessen Eigentümer ein Deutscher ist. Bewohnt war dasselbe nur von Franzosen; alle Häuser der nahen und fernen Nachbarschaft sind sein Eigentum und bewohnt von Franzosen. Korrekterweise könnte das Deutsche Reich nur strafen wegen Eigentumsschädigung; nicht wegen Eigentums- und Lebensgefährdung von Deutschen. Umgekehrt: das Haus gehörte einem Franzosen, bewohnt war dasselbe von Deutschen. Wie soll hier das Deutsche Reich strafen? Man kann die Sache noch schwieriger gestalten, wenn zugleich Versicherungsbetrug vorliegt, die Versicherungsgesellschaft z. B. eine deutsche ist, im übrigen aber nur Franzosen in Betracht kommen. — Selbstverständlich treffen die im Text hervorgehobenen praktischen Bedenken nicht in solchem Maße zu, wenn das Schutzprinzip nur als Beschränkung des aktiven Personalitätsprinzips Anwendung findet, wie nach dem belgischen Gesetze (Gesetz v. 17. April 1874 u. 15. März 1874 bezw. 7. Juli 1875, (vgl. *Haus* I n. 233), denen zufolge strafbare von Belgiern *gegen Belgier* im Auslande begangene Handlungen in weiterem Umfange in Belgien verfolgt werden können, als wenn ein Ausländer der Verletzte ist.

gerade starke Staaten, wie England und Frankreich, sich mit gutem Grunde gehütet, ihre Strafgewalt auf das sog. Schutzprinzip hin auszudehnen, und bei Abfassung des preußischen Strafgesetzbuches hat man schließlich auch davon Abstand genommen.[42a] Die in dem Entwurfe der Strafgesetznovelle von 1876 vorgeschlagene Aufnahme des Realprinzips in das StGB. aber ist vom Deutschen Reichstage abgelehnt worden. Übrigens erklärt sich die Vorliebe älterer Kriminalisten für das Schutzprinzip wohl auch aus der Tradition. Die ältere Theorie ging ja eigentlich aus von der Annahme eines gemeinen, in der ganzen Christenheit gleichmäßig herrschenden Strafrechts. So war im wesentlichen nicht sowohl die Abgrenzung der auf der Souveränetät des Einzelstaates ruhenden materiellen Strafgewalt, als vielmehr nur die prozessuale Zuständigkeit in Frage. War auf Grund des Gerichtsstandes der Ergreifung gegen den Schuldigen wegen jedes überall, wie man annahm, strafbaren Deliktes der Prozeß möglich, so erschien es als Einschränkung, nicht als Ausdehnung der inländischen Strafgewalt, wenn diese nur in dem Falle zur Anwendung gebracht wurde, daß der inländische Staat oder ein Inländer als verletzt gelten konnte.

**§ 53.** Eine eigentümliche Gestaltung hat dem Schutzprinzipe die neueste das internationale Strafrecht behandelnde Arbeit Heglers gegeben. Das Strafrecht ist nach Hegler (S. 3255) Interessenschutz.[42b] Soweit des einzelnen Staates Interessen reichen, soweit wird er auch strafen können, er müßte denn durch besondere Rechtsgründe gehindert sein. Eine völkerrechtliche Schranke existiert hier (nach Hegler) nicht (S. 132ff.), eine Ansicht, für welche Hegler sich auf die in einzelnen Gesetzgebungen vorkommende (theoretische) Ausdehnung ihrer Strafzuständigkeit und sodann auf einzelne Autoren beruft.

---

[42a]) Es wurde (in den Motiven des Entwurfs von 1850) bemerkt, daß bei gemeinen Verbrechen keine Gesetzgebung unterscheide, ob sie gegen Inländer oder Ausländer begangen sind, also von seiten des ausländischen Staates die Bestrafung solcher gegen Preußen gerichteten Verbrechen eintreten werde, andererseits aber der Begriff der gegen eine Person begangenen Verbrechen sehr unbestimmt sei. Vgl. *Goltdammer*, Materialien 1 S. 66.

[42b]) Diese Definition (S. 32) dürfte nicht ausreichend sein, auch wenn, wie *Hegler* hinzufügt, die strafbare Handlung eine Gehorsam fordernde Norm verletzen muß. Man gelangt damit nicht zur Anwendung der Strafe gegen den Normverletzer.

Ebensowenig aber soll eine strafrechtliche Schranke (wie Hegler S. 192ff.) sagt, nach der „subjektiven Seite“ existieren. Sie existiert de lege lata nicht, weil davon in den Gesetzen keine Rede ist. (Daß dies implicite auch durch Nichterstreckung inländischer Strafgesetze auf Handlungen der Ausländer im Auslande geschehen kann, wird übersehen.) De lege ferenda aber braucht sie nicht zu existieren; denn das Fehlen des nötigen Bewußtseins (wie muß dies beschaffen sein?) kann im einzelnen Falle festgesetzt werden. Wie dieser schwierige Beweis geführt werden soll, und ob vom Angeklagten oder vom Ankläger, wird nicht gesagt, ebenso nicht der praktischen Konsequenzen gedacht, welche daraus sich ergeben, daß von solchem Beweise die Erstreckung der inländischen Strafgewalt also praktisch die Zuständigkeit zur Bestrafung für den inländischen Staat und den inländischen Richter abhängen soll.[42c]) Bei Beantwortung der Frage (S. 43—131), welche Handlungen es sind, an deren Bestrafung der Staat ein Interesse hat — mit Rücksicht auf den Ort der Handlung, oder auf den Handelnden, oder das verletzte „Rechtsgut“ hat natürlich Scharfsinn und subjektives Gefühl ein geräumiges Feld der Betätigung —, und so kann jeder nach Anleitung Heglers sich ein vielfarbiges Mosaikbild zusammenstellen; auch hinsichtlich der Frage, wie weit ausländische Urteile, Bestrafungen usw. bei uns als Straftilgungsgründe Anerkennung zu finden haben — natürlich möglichst wenig, falls inländische Interessen verletzt sind — während die Erstreckung des Interessenschutzes, wie bemerkt, schrankenlos ist.[42d])

---

[42c]) Sollte hier eine Präsumtion helfen, so würde praktisch entweder die Schranke ihrer Bedeutung beraubt, oder aber die Bestrafung der Ausländer ausgeschlossen werden, mit Ausnahme der gegen den inländischen Staat sich richtenden Staatsverbrechen.

[42d]) *Hegler* (S. 77) bezeichnet als „vortrefflich“ die Bestimmung des § 676 des StGB. für New York. „Wer eine Handlung außerhalb des Staates begeht, welche Personen oder Eigentum innerhalb des Staates, oder die öffentliche Gesundheit, Moral oder Sittlichkeit dieses Staates berührt, und die, wenn sie in diesem Staate begangen wäre, ein Verbrechen sein würde, ist zu bestrafen, als wenn die Handlung in diesem Staate begangen wäre.“ Nach Aufnahme einer entsprechenden Bestimmung in das deutsche Gesetz würde z. B. ein französischer Maler, der in Paris ein Bild gemalt und ausgestellt hätte, das Deutsche in Paris gesehen hätten, auf Grund des § 184 StGB. im Deutschen Reiche bestraft werden können, wenn es nach dem Urteile eines deutschen Gerichtes für unzüchtig erachtet werden könnte; denn die Moral der vielleicht zahlreichen Deutschen, welche das Bild in Paris gesehen haben und davon berichten, kann doch nicht ohne Einfluß bleiben

**§ 54.** Durchaus höher als das in jeder Beziehung hinfällige Schutzprinzip[43]) steht das Prinzip, welches jedem Staate ein universelles Strafrecht gegen alle irgendwie und von irgendwem begangenen strafbaren Handlungen zuschreibt, Prinzip des Weltstrafrechts, das bereits von Hugo Grotius[44]) aufgestellt ist und von zahlreichen Verteidigern[45]) auch in der neuesten Zeit wohl als das allein ausreichende System bezeichnet worden ist.[46]) Schwere Verbrechen sind — so wird gesagt — überall (in allen Kulturstaaten nach der naturalis ratio) strafbar, und in diesen Fällen ist das an sich (absolut) begründete Recht der Strafe

---

auf die Moral anderer Deutschen, also auch nicht ohne Einfluß auf die allgemeine Moral Deutschlands. Jedenfalls aber würde der Maler im Deutschen Reiche bestraft werden können, wenn z. B. Photographien des Gemäldes im Deutschen Reiche verbreitet werden würden. Ob man seitens Frankreich einen solchen Eingriff in das innere Leben Frankreichs sich wohl gefallen ließe, wenn der Maler während eines Aufenthaltes in einem deutschen Badeorte oder auf einem deutschen Seedampfer verhaftet würde? — Daß andere Staaten der nordamerikanischen Union sich die Ausdehnung beliebiger Strafgesetze eines Einzelstaates auf Handlungen, die lediglich in ihrem Gebiete vorgenommen werden, nicht gefallen zu lassen brauchen, und daß sogar die New-Yorker Gerichte derselben Ansicht sind — denn in Nordamerika urteilen die Gerichte auch über Verfassungsmäßigkeit von Gesetzen —, hätte übrigens *Hegler* aus *Bishop* **1** § 152 ersehen können. In konkreten Fällen würden die Bundesgerichte solche Übergriffe der Staatsgesetzgebungen für ungültig erklären. Außerdem steht es bekanntlich mit der Anwendung von Strafgesetzen in Nordamerika oft anders als bei uns.

43) Nicht empfehlenswert dürften die einschlagenden Bestimmungen des italienischen GB. art. 2, 3 sein, welche eine Art Kompromiß zwischen dem Real- und dem Universalprinzip darstellen. Der Ausländer, der einen anderen Ausländer im Auslande schädigt, wird gelinder bestraft als der Ausländer, der einen Italiener im Auslande durch eine nach italienischem Rechte strafbare Handlung schädigt. Das ist künstlich und wird auch durch den Strafzweck, den im Inlande durch die auswärtige Tat hervorgebrachten Eindruck (allarme) auszulöschen nicht gerechtfertigt. Wenn man den Fall unterstellt, daß kurze Zeit nacheinander zwei wesentlich gleiche Verbrechen bei demselben Gerichte abgeurteilt wurden, von denen das eine einen Inländer, das andere einen Ausländer schädigte, so müßte der Eindruck der ungleichen Bestrafung ein höchst nachteiliger sein. Allerdings wird nach jenen Bestimmungen des italienischen Gesetzes der Übelstand vermieden, die Zuständigkeit auch des Gerichtes von der Nationalität des Verletzten abhängen zu lassen.

44) De jure belli et pacis II c. 20 § 40. Zur Zeit des *Grotius*, lag das Universalitätsprinzip übrigens nahe infolge der Tradition, welcher das römische Recht als Universalrecht galt, und weil auf dem Kontinent die italienische Jurisprudenz auf Grundlage des römischen Rechts herrschte.

45) So *Mohl* **1** (1860) S. 711, 750, *Escher*, Vier Abhandlungen (1822 S. 123ff.), *Schmid* (S. 162 ff.), *Schauberg* (S. 192). Jeder Staat ist strafberechtigt, in dessen Gebiet der Täter sich aufhält.

46) So von *Getz* und in beschränkter Ausdehnung unter Berufung besonders auf die österreichische und italienische Gesetzgebung von *Harburger* in den Actes du Congrès pénitentiaire international 1900, Vol. **2** S. 199ff. (auch deutsch in der Zeitschr. **20** S. 588—612) und S. 215ff.

nicht sowohl durch den Staat begründet, als vielmehr auf den Staat übergegangen, oder wie Carrara[47]) in besonders fesselnder Weise ausführt: die einzelnen[48]) Staaten sind nur die Instrumente der absoluten Gerechtigkeit. Die Zuständigkeitsgrenzen der Bestrafung tragen somit für die einzelnen Staaten nur einen utilitarischen Charakter und können von ihnen selbst nach Zweckmäßigkeitsrücksichten geändert werden. Vorzugsweise soll dabei — nach Reinh. Schmid und Lammasch — der Staat zur Bestrafung berufen sein, in dessen Gebiet die Handlung begangen wurde, weil er das Verbrechen am besten zu konstatieren und zu würdigen vermöge. Oft wird auch die Universalitätstheorie durch die Anerkennung der Straflosigkeit nach dem am Ort der Tat geltenden Gesetze beschränkt.

Aber wie bereits bemerkt, die unbeschränkte Anwendung des Strafgesetzes auf Handlungen der Ausländer im Auslande

---

47) Programma **2** § 1040 ff. besonders § 1058.

48) Ohne Zweifel wirken hier Reminiszenzen aus der Zeit der italienischen Jurisprudenz. Schon *Clarus* § fin qu. **39** n. 6 erachtet die Bestrafung eines Non-subditus wegen eines auswärts begangenen Deliktes in Gemäßheit der Mailänder Praxis für zulässig, wenn der Non-subditus im Staatsgebiet einen Wohnsitz begründet hat. (Es spielt hier offenbar die Verwechslung des Gerichtsstandes im prozessualen Sinne mit der materiellen Zuständigkeit des inländischen Strafgesetzes eine Rolle.) Dieselbe Theorie findet sich bei *Jousse* Traité de la justice criminelle en France **1** S. 422 ff. (1776): Ausländer werden wegen im Auslande begangener Verbrechen überhaupt nie per viam inquisitionis verfolgt, sondern nur «sur plainte de l'offensé». Bei *Carrara* progr. a. a. O. § 1062 ist der Wohnsitz zu einer freiwilligen schon in einem zeitweiligen Aufenthalte gefundenen Unterwerfung verflüchtigt, wozu dann als weiterer Grund zur Strafzuständigkeit für das im Auslande begangene Verbrechen des Ausländers hinzukommen soll, der (ideelle) Schaden, den das Verweilen des nicht bestraften Verbrechers im Staatsgebiete verursacht. — Aber wenn der Verbrecher nur wenige Kilometer jenseits der Grenze sich aufhält, ist da der Schaden — *Carrara* verweist hier besonders auf die in der Bevölkerung erregte Furcht — nicht ziemlich derselbe? Und unterwerfen kann man sich zwar einem Forum, aber nicht für die Vergangenheit einem materiellen Strafgesetze. Verwandt der Theorie Carraras ist die eine gemilderte Universalitätstheorie enthaltende Theorie der sog. juristischen (idealen) Territorialität des Strafgesetzes, wie solche von *Hälschner* **1** S. 144 aufgestellt, und sodann in geistreicher Weise von *Brusa* (Del reato commesso al estero, s. oben Literatur) — genauer begründet und ausgeführt ist. Das Verbrechen existiert nach dieser Theorie da, wo der soziale Effekt (der soziale Schaden) eintritt. Daher muß auch da die Gegenwirkung durch die Strafe eintreten, in erster Linie also am Orte der Tat, und deshalb ist auch der Staat, wo die Tat begangen wurde, der nächstberechtigte, oder nach *Brusa* der nächstverpflichtete (bei Staatsverbrechen aber der verletzte Staat; denn bei den anderen Staaten tritt der Schaden nicht ein), sodann aber der Staat, in dessen Gebiet der Täter, ohne bestraft zu sein, sich begibt, sofern nicht infolge von Auslieferung ein anderer Staat die Bestrafung übernimmt. (*Brusa* hat indes mit mir die vom Institut de droit international 1883 angenommenen Thesen vertreten.) Vgl. übrigens die von *Martitz* **1** S. 109 gegen *Brusas* Theorie erhobenen Einwendungen, aber auch schon *Tittmann* Strafrechtspflege S. 23.

ist völkerrechtswidrig, da das Strafgesetz formell auch als Gebot und Verbot erscheint, und aus der materiellen Übereinstimmung des Strafrechts in den verschiedenen Staaten folgt noch keineswegs, daß jeder Staat sich desselben promiscue und nach seinem Belieben bedienen könnte. Aus der Natur der Strafe als eine Reaktion gegen die Rechtswidrigkeit folgt noch nichts über denjenigen, der diese Reaktion zu handhaben berechtigt ist. Die Universalität der Strafrechtspflege ist also nur eine dem heutigen Souveränetätsrechte der Staaten widersprechende Petitio principii, historisch ein Nachklang einer unrichtigen, naturrechtlichen Theorie, welche im Strafrechte die positive Wurzel des Rechtslebens der einzelnen Staaten und Nationen mißkennt. Sodann aber ist die Übereinstimmung der Strafgesetze nicht so groß, wie es scheint. In der praktischen Handhabung selbst gleichlautender Paragraphen können sich klaffende Differenzen zeigen. In manchen Ländern steht z. B. die Todesstrafe eigentlich nur auf dem Papiere, in anderen waltet meist ungehindert der Henker seines Amtes. In einem Lande erleiden Duellanten die gerichtlich erkannte Strafe, in einem anderen weiß man, daß die Begnadigung die Strafe auch schwerer Duelle auf ein Minimum herabzusetzen pflegt. In einem Lande gilt der Buchstabe des Gesetzes und von dem Satze „in dubio mitius“ ist kaum die Rede, in einem anderen mildert die Rechtsprechung von Geschworenen bei den meisten schweren Delikten das Gesetz in unverkennbarer Weise.

Bei einer unbeschränkt auf Ausländer anzuwendenden Strafjustiz muß ferner die peinlichste Beachtung des am Orte der Tat geltenden Gesetzes, so weit dieses milder ist, stattfinden, wenn anders von Gerechtigkeit die Rede sein soll. Diese Berücksichtigung der Lex loci actus ist hier unbedingte Forderung der Gerechtigkeit, während sie für den im Auslande handelnden Inländer nur als Forderung der Billigkeit erscheint. Schon das spricht gegen die Universaljustiz. Aber abgesehen von der Schwierigkeit richtiger Interpretation des ausländischen Strafgesetzes können dazu kommen Schwierigkeiten der Untersuchung und gegenseitige nationale Verdächtigungen, wenn der Staat durch seine Strafjustiz Ausländer wegen im Auslande begangener Delikte erfassen läßt. Endlich ist die Möglichkeit von absichtlicher Chikane und Erpressungen zu beachten, wenn unbeschränkt

Reisende wegen angeblich im Auslande begangener Straftaten in Untersuchung gezogen werden können.[48a])

Durchaus Forderung der Gerechtigkeit ist es übrigens, bei der Bestrafung im Auslande von Ausländern begangenen Handlungen — mit Ausnahme der sog. Weltverbrechen und der gegen die besonderen Rechte des strafenden Staates selbst begangenen Verbrechen[48b]) — stets das am Orte der Tat etwa geltende Gesetz anzuwenden, wenn es für den fraglichen Fall milder ist, als das Gesetz des strafenden Staates; denn der Weltjustiz übende Staat übt diese doch an Stelle des nächstbeteiligten Staates, d. h. an Stelle desjenigen Staates, in dessen Gebiet die Handlung begangen ist. Nun kann freilich die Anwendung eines milderen auswärtigen Strafgesetzes im internationalen Strafrecht gerechterweise nicht völlig entbehrt werden. Die Fälle aber zu häufen, in welchen dies nicht nur als Forderung der Billigkeit, vielmehr als Forderung strengster Gerechtigkeit bezeichnet werden muß, ist äußerst mißlich.

Praktische Bedenken sind es denn auch, nach denen die Anhänger des Universalitätsprinzips und die Gesetzgebungen, welche diesem huldigen, die Ausübung dieser Weltrechtspflege nur unter den mannigfachsten Beschränkungen und Kautelen gestatten wollen. Es bleibt da praktisch oft nicht gar viel übrig,[49]) und wenn etwa die wirkliche Anwendung des Strafgesetzes auf eine im Auslande begangene Handlung eines Ausländers abhängig gemacht wird von dem Ermessen hoher politischer

---

48a) *Fiore* 1 n. 59 bemerkt, bei wirklicher Anwendung des Universalitätsprinzips würde man nie Sicherheit dagegen haben, Unschuldige zu bestrafen. Jedenfalls läuft man Gefahr, unschuldige Personen, die sich fern von der Heimat, fern auch von dem Orte befinden, an dem das Verbrechen begangen sein soll, allen Qualen der Untersuchung und besonders der Haft auszusetzen, im Vaterlande der solchergestalt Betroffenen aber Haß und Feindschaft zu erregen.

48b) Bei Begehung dieser letzteren Verbrechen weiß der Schuldige, gegen welchen Staat sie sich richten, und kann daher auch auf die von diesem Staate angedrohte Strafe sich gefaßt machen.

49) Äußerst weit geht allerdings in der Anwendung des Weltstrafrechtsprinzips das norwegische GB. von 1902 § 12, Nr. 4. Nach diesem GB. ist die Zahl der Delikte sehr groß, die im Auslande von Ausländern begangen, in Norwegen ohne Rücksicht auf das Gesetz des Tatortes nach norwegischem Gesetze bestraft werden können, und es sind darunter Delikte, die weder durchgängig zu den besonders schweren gerechnet, noch in den verschiedenen Gesetzgebungen sehr gleichmäßig definiert werden. Allerdings soll nur auf Anordnung des Königs verfolgt werden. Meines Erachtens ist diese Einschränkung aber wenig empfehlenswert. Sie ist ganz besonders geeignet, Einmischungen ausländischer Diplomatie in die Justizpflege eines nicht besonders mächtigen Staates zu provozieren.

Beamten, so entsteht die Gefahr der Einmischung der Politik, ja der Geltendmachung persönlicher Interessen oder Einflüsse bei der Rechtspflege, und wechselnde Behandlung der einzelnen Fälle kann das Gerechtigkeitsgefühl schwer verletzen.

**§ 55.** Genau betrachtet gibt es nur ein einziges Weltrechtsverbrechen, das nach Völkerrecht von jedem Staate, der sich des Verbrechers bemächtigt, bestraft werden kann: die Seeräuberei (Piraterie),[50]) jedoch nur die Seeräuberei im eigentlichen und engeren Sinne, nicht etwa Handlungen, die allein durch Gesetze einzelner Staaten der eigentlichen Seeräuberei gleichgestellt worden sind, auch nicht der Sklavenhandel zur See.[51]) Es kann aber jetzt — abgesehen von Kriegsmaßregeln gegen barbarische Stämme, deren Angehörige sich einer Seeräuberei schuldig machen — nicht mehr die frühere Lynchjustiz der Seekapitäne geübt werden, vielmehr muß nach den Strafgesetzen und Strafprozeßgesetzen des Staates, welchem das arretierende Schiff angehört, vorgegangen werden.

Für den Verkehr mit Staaten von sehr verschiedener Kultur und Gesittung[51a]) mag man freilich für gewisse Notfälle die Ausübung einer Art universeller Strafjustiz sich vorbehalten da man Verbrecher an deren Heimatstaat zur Erduldung barbarischer Strafen oder zur Unterwerfung unter eine fragwürdige Strafjustiz auszuliefern nicht gesonnen sein wird, andererseits aber ausländische Verbrecher nicht wohl straffrei im Lande behalten mag, — in solchen Fällen kann auch die Ausweisung ihren Dienst versagen. Man kann es daher nur billigen, daß Österreich[52])

---

50) Vgl. *Stiel*, Der Tatbestand der Piraterie, 1905. Dieser Tatbestand ist freilich in mehreren Beziehungen bestritten und zweifelhaft. Vielleicht kann man definieren: Piraterie sind räuberische mittels Benutzung eines seetauglichen Schiffes (oder einer Mehrzahl solcher Schiffe) ohne Autorisation einer anzuerkennenden Staatsgewalt und ohne politischen Zweck in offener See, Küstengewässern oder Flußmündungen unternommene Handlungen gegen Schiffe, ohne evidente Beschränkung dieser Angriffe auf Schiffe nur einer bestimmten Nationalität und ohne absichtliche Beschränkung der Unternehmung auf Gewässer, welche der Territorialhoheit eines bestimmten Staates unterworfen sind.

51) *Rivier*, Principes du droit des gens. Paris 1 (1896) S. 201.

51a) Ebenso wie gegenüber einer völlig verschiedenartigen Kultur und Gesittung die sonst geltenden Grundsätze des internationalen Privatrechts eine Modifikation erfahren müssen, ist dies auch bei den Grundsätzen des internationalen Strafrechts der Fall.

52) Entw. von 1893 § 4: „Verbrechen und Vergehen, welche nicht im Inlande verübt wurden, unterliegen der Behandlung nur in folgenden Fällen:

. . . wenn die Auslieferung des Schuldigen an die Behörden des Thatortes oder an jene seines Heimatlandes zur Untersuchung und Bestrafung entweder

in Anbetracht seiner orientalischen Beziehungen auch in den neuesten Entwürfen seines Strafgesetzbuches für derartige Notfälle sich eine universelle Strafkompetenz wahren will. Man wird auch zweckmäßig aushülfsweise Weltstrafjustiz üben in Fällen, wo die Begehung eines schweren Verbrechens gewiß erscheint, der Ort der Begehung[52a]) aber sich nicht feststellen läßt, jedoch gerechterweise nur, indem man stets das mildeste der möglicherweise in Betracht kommenden Gesetze anwendet. Ein Beschluß des Instituts für internationales Recht deckt auch diese Fälle.[52b])

§ **56.** Geringfügige Verletzungen, insbesondere solche, die sich als Übertretungen nur polizeilicher Vorschriften darstellen, werden aus praktischen Gründen international nicht beachtet; häufig haben sie auch nur eine nach lokalen Verhältnissen lokal beschränkte Bedeutung. Es gilt daher der Regel nach nur die Zuständigkeit der Strafgewalt des Staates, in dessen Gebiete die Handlung begangen wurde. Indes kommen nach internationalen Verträgen auch — ebenfalls aus praktischen Gründen — Ausnahmen vor für gewisse in Grenzgebieten benachbarter Länder begangene hierher gehörige Delikte, welche von Untertanen des einen Staates in dem Gebiete eines anderen Staates begangen werden.[53])

---

nicht zulässig oder nicht ausführbar ist, und der Justizminister die Einleitung der strafrechtlichen Verfolgung anzuordnen findet . . . In dem unter Z. 3 erwähnten Fall darf die Strafe keine strengere sein, als welche nach den Gesetzen des Thatortes zu verhängen gewesen wäre . . . .“

Ähnlich italienisches Gesetz Art. 6 a. E. Doch geht das Gesetzbuch weiter, wenn es sich um Verbrechen zum Nachteile des (italienischen) Staates oder eines Inländers handelt.

52a) Oder gar Ort der Begehung und Staatsangehörigkeit der Schuldigen ungewiß oder zweifelhaft sind. In dem viel besprochenen Falle der furchtbaren in Bremerhafen 1875 erfolgten Dynamitexplosion, der wegen alsbald erfolgten Todes des Schuldigen nicht zur Verhandlung gelangte, konnte die Zuständigkeit der deutschen Strafgewalt in Zweifel gezogen werden, wenn, wie es die Absicht des Schuldigen war, die Explosion in offener See bewirkt worden wäre.

52b) Art. 10 der Beschlüsse des Instituts für internation. Recht besagt: «Chaque État chrétien (ou reconnaissant les principes du droit des pays chrétiens) ayant sous sa main le coupable, pourra juger et punir ce dernier, lorsque, non obstant des preuves certaines de prime abord d'un crime grave et de la culpabilité, le lieu de l'activité ne peut pas être constaté ou que l'extradition du coupable, même à sa justice nationale, n'est pas admise ou est reputée dangereuse. Dans ce cas, le tribunal jugera d'après la loi la plus favorable à l'accusé, eu égard à la probabilité du lieu du crime, à la nationalité du coupable et à la loi du tribunal même.»

53) Vgl. z. B. auch art. 2 des französischen Gesetzes v. 27. Juni 1866 § 2: «Tout Français qui s'est rendu coupable de délits et contraventions en matière

Die Abgrenzung der polizeilichen Übertretung vom kriminell strafbaren Unrecht ist aber genau nur nach den positiven Bestimmungen jedes einzelnen Staates möglich und tatsächlich nach den verschiedenen Gesetzgebungen stark verschieden vorgenommen. Hier kann also jeder Staat nur nach seiner Gesetzgebung entscheiden. Für den deutschen Richter ist eine Handlung als Übertretung nur, aber auch stets dann vorhanden, wenn das deutsche Gesetz die Handlung als Übertretung betrachtet. Eine in Frankreich begangene wörtliche Schmähung, die das französische Gesetz nur als «Contravention» bestraft, ist für den deutschen Richter Vergehen (also begangen von einem Deutschen nach StGB. § 4, 3), auch in Deutschland strafbar. Die hierin liegende Härte wird ausgeglichen, wenn der heimatliche Richter des Schuldigen das am Orte der Handlung geltende mildere Strafgesetz anzuwenden hat, was freilich nach dem StGB. nicht der Fall ist.[54])

**§ 57.** Die vom deutschen StGB. angenommenen Prinzipien sind die folgenden:

1. Vorangestellt ist, wie dies natürlich ist und auch von anderen Gesetzbüchern geschehen ist, die territoriale Herrschaft des deutschen Strafgesetzes im deutschen Gebiete auch über Ausländer.

„§ 3. Die Strafgesetze des Deutschen Reiches finden Anwendung auf alle im Gebiete desselben begangenen strafbaren Handlungen, auch wenn der Thäter ein Ausländer ist . . .“

2. Die exterritoriale Anwendung des deutschen Strafgesetzes wird sodann als Regel verneint.

„§ 4. (Alin. 1.) Wegen der im Auslande begangenen Verbrechen und Vergehen findet in der Regel keine Verfolgung statt.“

Darauf aber wird — angezeigt durch das Wort kann, d. h. nach dem Ermessen der strafverfolgenden Behörde (der Staatsanwaltschaft) — eine Strafverfolgung doch vorgesehen:

---

forestière, rurale, de pêche et de douane ou de contributions indirectes, sur le territoire de l'un des États limitrophes peut être poursuivi et jugé d'après la loi française, si cet État autorise la poursuite de ses regnicoles pour les mêmes faits commis en France. La réciprocité sera legalement constatée par des conventions internationales ou par un décret publié au bulletin des lois.» Vgl. auch Art. 9 des belgischen Gesetzes vom 17. April 1878.

54) Vgl. die Ausführungen meines Lehrbuchs S. 220, Anm. 20 und unten § 81.

1. gegen einen Deutschen oder Ausländer wegen einer Anzahl von Verbrechen und bzw. Vergehen, die eine besondere Beziehung zu dem deutschen Staate selbst oder den deutschen Staaten haben, und allgemein wegen Münzverbrechen;

2. gegen einen Deutschen, „welcher im Auslande eine landesverräterische Handlung gegen das Deutsche Reich oder einen Bundesstaat, oder eine Beleidigung gegen einen Bundesfürsten begangen hat“, und in allgemeiner Weise;

3. gegen einen Deutschen, „welcher im Auslande eine Handlung begangen hat, die nach den Gesetzen des Deutschen Reiches als Verbrechen oder Vergehen anzusehen ist und durch die Gesetze des Ortes, an welchem sie begangen wurde, mit Strafe bedroht ist“.

In dem Falle unter 1. ist die Bestrafung des Schuldigen nach dem deutschen Strafgesetz, wie sie unabhängig ist von der deutschen Staatsangehörigkeit, so auch unabhängig von der Strafbarkeit der Handlung nach dem Gesetze des Ortes, wo sie geschah. Abhängig dagegen von dieser Strafbarkeit ist die Strafverfolgung in dem Falle 3.

Was sodann die Übertretungen betrifft, so stimmt das StGB. völlig überein mit dem am Schlusse des vorigen Paragraphen Bemerkten. § 6 besagt:

„Im Auslande begangene Übertretungen sind nur dann zu bestrafen, wenn dies durch besondere Gesetze oder Verträge angeordnet ist.“

Bei unbefangener Betrachtung kann es nicht zweifelhaft sein, daß hiernach das deutsche StGB. neben dem Territorialitätsprinzipe[54a]) auch das sog. aktive Personalitätsprinzip anerkennt. Freilich könnte bei Betrachtung lediglich des Wortlautes des Gesetzes bei Staats- und Dienstverbrechen (Vergehen) Nr. 1 und

---

[54a]) *Hegler* S. 139 ff. führt aus, das StGB. habe in § 3 nicht das Territorialitätsprinzip in dem bisher angenommenen Sinne, vielmehr *Heglers* Interessenprinzip (vgl. oben) angenommen. (Er erblickt dafür einen Beweis in der Ausdrucksweise des singulären § 102, der feindliche Handlungen gegen befreundete Staaten betrifft. Es werde hier unterschieden zwischen „Begehung im Inlande“ und „Begehung während eines Aufenthaltes im Inlande“ — es beziehen aber diese Zusätze sich auf zwei verschiedene Subjekte, und folglich ist dieser Schluß durchaus falsch.) Der Beweis fällt übrigens auch deshalb in sich zusammen, weil während der gesamten Vorverhandlungen man nur an das Territorialprinzip in dem gewöhnlichen Sinne dachte, und das neue Prinzip *Heglers* absolut unbekannt war. — *Binding* 1 S. 402 ff. findet in § 3 Annahme des Realprinzips. Nimmt man letzteres in dem früher von *Binding* vertretenen

allenfalls bei Münzverbrechen[55]) auch von der Anwendung des sog. Schutz- oder Realprinzips geredet werden. Daß aber die sog. Staatsverbrechen wegen der hier in der Rechtsgemeinschaft der Staaten vorhandenen Lücke eine Ausnahmestellung einnehmen, ist oben dargelegt worden. Man kann also mit Fug — und dies ist wichtig für weitere Folgerungen — behaupten: das sog. Schutz- oder Realprinzip ist vom deutschen StGB. als Prinzip nicht angenommen worden.[55]) Dies Ergebnis wird bestätigt durch die Entstehungsgeschichte des preußischen StGB., dem die §§ 3 und 4 entnommen sind, bestätigt auch dadurch, daß diejenigen Kritiker des Entwurfs des norddeutschen StGB., welche die Einführung des sog. Realprinzips sehr vernehmlich forderten,[56]) bei den gesetzgebenden Faktoren einen Erfolg nicht erreicht haben.[57]) Es sind, abgesehen von den Münzverbrechen, genau diejenigen Sätze, welche oben aus einem allgemeinen Prinzipe abgeleitet wurden, und deren Richtigkeit dadurch bestätigt wird, daß sie in den Hauptpunkten[58]) in dem österreichischen Entwurfe von 1893 § 4 angenommen sind. Innere Widersprüche kann hier nur eine vorgefaßte Meinung entdecken, welche nicht zu

---

Sinne, so ist diese Auslegung freilich möglich, nicht aber wenn das Realprinzip auch als Schutz der Inländer (und ihrer Güter) im Auslande gelten soll. Hier fehlt die entsprechende Bestimmung, obschon der Gesetzgeber doch dringend veranlaßt gewesen wäre, sie einzufügen, und hier eine unabsichtliche Lücke anzunehmen, wie *Binding* will, ist völlig willkürliche Auslegung.

55) Die Münzverbrechen sieht das Gesetz als Delikte gegen den allgemeinen Weltverkehr an, als gleichsam gegen jeden Staat gerichtet. Zwei neuere deutsche Gesetze haben dies Prinzip auf zwei andere Verbrechen erstreckt. Vgl. unten § 83.

56) *Binding*, Der Entwurf eines Strafgesetzes für den Norddeutschen Bund 1869 bes. S. 132, und *Wächter*, Beitr. zur Geschichte und Kritik des Entwurfs eines norddeutschen StGB. 1870 S. 74 ff.

57) *Binding* (1 § 83) freilich erblickt in den exzeptionellen Vorschriften über Staats- und Münzverbrechen den wahren „Kern", also das eigentliche Prinzip. Daß der Gesetzgeber das Territorialitätsprinzip als Hauptprinzip behandelt, erklärt er nur als Ergebnis von „Praktikabilitätsrücksichten", welche die Wissenschaft nicht irre machen dürfe. Er behauptet die Unvereinbarkeit des Territorialitäts- und des aktiven Personalitätsprinzips. Es stimmt aber das StGB. hier in den Hauptbestimmungen wörtlich überein mit dem preußischen StGB., und nach den Vorverhandlungen ist mit Bestimmtheit das Territorialitätsprinzip als Hauptprinzip des preußischen StGB. angenommen (*Goltdammer* Materialien 1 S. 60). In diesem Sinne ausdrücklich Motive S. 12 des ersten Entwurfes unseres StGB.

58) Übereinstimmend mit dem im Texte dargelegten sollen von Ausländern im Auslande begangene Münzverbrechen von der österreichischen Strafgewalt nur bestraft werden, wenn inländische Münzen (Wertpapiere) gefälscht wurden. Dagegen wird Straflosigkeit der im Auslande handelnden Österreicher in Gemäßheit der Gesetze des Tatorts nicht anerkannt.

begreifen vermag, daß das sog. Territorialitätsprinzip doch keineswegs notwendig exklusiv ist, vielmehr einer Ergänzung durch ein anderes Prinzip Raum läßt.

**§ 58.** Eine ziemlich umfangreiche Literatur betrifft die streitige Frage der Bestimmung der territorialen Strafzuständigkeit, wenn Ort der Handlung (Tätigkeit) im engeren Sinne und Ort des Erfolgs der Tätigkeit verschiedenen Territorien angehören. Entscheidet hier der Ort, wo die schuldige Person sich im Augenblicke ihrer Tätigkeit aufhielt, oder der Ort des Erfolges, oder ist die Zuständigkeit der Strafgewalten beider Territorien begründet, oder ist neben der Strafzuständigkeit dieser Territorien auch die Zuständigkeit aller Territorien begründet, in welchen die Handlung, bevor sie mit dem Enderfolge abschließt, Zwischenwirkungen ausübt?

Die Frage ist wichtig nicht nur für die Zuständigkeit an sich, sondern auch für die Frage der Straflosigkeit, bzw. der Anwendung eines milderen Strafgesetzes, wenn ein Staatsangehöriger auf Grund des aktiven Personalitätsprinzips in der Heimat zur Verantwortung gezogen wird; sie ist auch wichtig für die Frage der Anerkennung der Akte einer auswärtigen Strafjustiz; denn nehmen wir an, daß eine Handlung im Gebiete unseres Staats begangen sei, so werden wir der Freisprechung und andererseits Bestrafung, bezw. Begnadigung seitens einer auswärtigen Strafgewalt vielleicht eine so umfassende Bedeutung nicht zuerkennen, wie wir für richtig halten, wenn die Handlung nicht in dem Gebiete unseres Staates begangen wurde, wenn sie etwa gar in dem Gebiete des Staates begangen wurde, dessen Justizakte in Frage stehen. Ist die Handlung im Gebiete unseres Staates begangen, so ist die Strafgewalt auch unseres Staates unbestritten die nächstbeteiligte, diejenige, deren Zuständigkeit von niemandem bestritten werden kann, andernfalls ist die Strafzuständigkeit unseres Staates meist eine mehr oder minder subsidiäre. Die Frage kann endlich auch in Betracht kommen, wenn es sich um eine Auslieferung handelt, auf welche etwa derjenige Staat, in dessen Gebiete die Handlung begangen ist, vorzugsweise oder ausschließlich Anspruch zu erheben berechtigt ist. Die Bedeutsamkeit der Frage hat denn auch hin und wieder zu ausdrücklicher Entscheidung durch die Gesetzgebung Anlaß gegeben, und es wird daher zu untersuchen sein, ob und in welcher Richtung die demnächstige deutsche Reformgesetzgebung eine derartige ausdückliche Bestimmung aufzunehmen habe.

**§ 59.** Schon die älteren italienischen Juristen[59]) haben sich mit der Frage des Orts der Handlung beschäftigt. Häufig, wenn nicht ein besonderes Staatsinteresse in Betracht kam, wenn also Bestrafung auf Grund des gemeinen Rechts erfolgte, war sie nur prozessual von Bedeutung, und so geschah es denn nicht selten, daß die Frage der materiellen Behandlung des Falles nach dem einen oder andern Territorialrecht und die Frage nach der prozessualen Zuständigkeit nicht von einander unterschieden wurden.[60]) Wenn von Cinus[61]) die Ansicht aufgestellt wird, der Ort der Tätigkeit sei allein maßgebend, so findet alsbald die entgegengesetzte Ansicht in Bartolus und Baldus höchst angesehene Vertreter,[62]) und schließlich wird die Ansicht, welche die Bestrafung des Verbrechers bei der Teilung und Kleinheit vieler Territorien und ihren verzwickt laufenden Grenzen am besten sichert, die herrschende: die Zuständigkeit wird behauptet sowohl für den Ort der Tätigkeit wie für den Ort des Erfolges. Allerdings schien es wohl nicht unbedenklich — es wird das freilich nicht gesagt — die Zuständigkeit völlig von demjenigen Enderfolge abhängig zu machen, der der Handlung den strafrechtlich maßgebenden Charakter gibt; denn dabei konnten willkürliche Handlungen anderer bestimmend eingreifen: der Verwundete konnte z. B. an einen anderen Ort transportiert werden. Schon Bartolus und Baldus betrachten daher den Ort der mehr unmittelbaren, aber doch augenfälligen Wirkung — eigentlich den Ort eines Zwischenerfolges — als den maßgebenden Erfolgsort: es ist der Ort, wo die Verwundung, nicht der Ort, wo der Tod des

---

59) Vgl. darüber *Kitzinger* S. 7 ff.

60) Ein vielfach benutztes Beispiel ist der Fall, daß jemand von einem Territorium aus eine in einem andern Territorium befindliche Person durch Pfeilschuß oder Wurf verwundet oder tötet. Man hat dabei früh eingesehen, daß die Beantwortung der Frage, ob der Anstifter an dem Orte, wo das Verbrechen ausgeführt wurde, bestraft werden könne, mit der Frage, ob Handlung oder Erfolg entscheide, zugleich beantwortet werde. Vgl. *Gandinus*, Rubr. *Ubi puniatur delinquens* n. 4.

61) L. 1 C. 3, 16.

62) *Bartolus* L. 3 D. 48, 2, n. 6 ff. *Baldus* L. § 5 C. 9, 2, n. 10.

63) So *Clarus*, fin. qu. 38 n. 9 und die von ihm zitierten Autoren. *Farinacius* I qu. 7 n. 44 ff.

Verwundeten erfolgte;[64]) verallgemeinert würde man sagen: der Ort, wo das Objekt des Delikts von der Handlung getroffen wird.

Die nun folgende deutsche durch Berlich und Carpzov[65]) repräsentierte Jurisprudenz erachtet, wohl unter dem Einflusse deutsch-rechtlicher Anschauungen, nach denen der Erfolg als das die Handlung eigentlich gestaltende Element erschien, ebenfalls den Ort des Erfolgs, in Wahrheit des nächsten augenfälligen Erfolgs, des Orts, wo das Objekt des Verbrechens getroffen wird, wieder für ausschließlich bestimmend; sie verwirft ausdrücklich die Zuständigkeit der Strafgewalt des Orts der Tätigkeit.[66])

Es wird aber, wie schon Farinacius getan hatte, von Carpzov in Verbindung mit dem Falle, daß Tätigkeit und Erfolg verschiedenen Territorien örtlich angehören, der Fall behandelt, daß die Tätigkeit sich über verschiedene Territorien erstreckt: die *„puella, rapta in Perusino territorio, compressa (est) in Cortonensi territorio“*.[67]) In letzterem Falle mußte nun die Zuständigkeit der Territorialgewalt des Gebiets, in welchem die frühere schon ein Delikt darstellende Tätigkeit (in dem genannten Beispiel die Entführung) vor sich ging, zweifellos anerkannt werden, wenigstens für einen Teil der verbrecherischen Tätigkeit. So kam man nach und nach überwiegend dazu, die Tätigkeit als das Wesentliche des Verbrechens und demnach im Widerspruch gegen die frühere Ansicht den Ort der Tätigkeit als den allein maßgebenden zu betrachten. Die Tätigkeit — so wurde diese Ansicht tiefer begründet — ist das für die Schuld, also für das Strafrecht Wesentliche, die Folgen sind außerwesentlich.[68])

---

[64]) Schon *Bartolus* hatte am Schluß seiner Anm. 62 zitierten Erörterungen gesagt, dies sei *„de cautela“*.

[65]) *Berlich*, *Decisiones aureae*, pars II dec. 181 (Der Empfangsort eines beleidigenden Briefes bestimmt das Forum für die Beleidigungsklage). *Carpzov* qu. 110 n. 13 ff. (unter Berufung auf *Zanger*).

[66]) Die ebenfalls behandelte Frage, welches Gericht zuständig sei, wenn ein Leichnam auf der Grenze zweier Territorien gefunden wird, hat übrigens mit der uns hier interessierenden Frage direkt nichts zu schaffen. Die Lage der Füße und andernfalls des Kopfes ist nur ein Beweisgrund dafür, ob der Getötete diesseits oder jenseits der Grenze des einen oder des andern Gebietes sich zu der Zeit befand, als er getötet wurde. Aber wenn ein direkter Beweis darüber nicht zu erlangen war, hing die Zuständigkeit indirekt tatsächlich von der Bedeutung ab, welche man dem einen oder anderen jener Umstände beilegte.

[67]) So *Carpzov* a. a. O. n. 20 und später *Matthaeus* de cr. 48, 13, c. 5 n. 8.

[68]) Vgl. *Henke* 4 S. 254. *Feuerbach* S. 512.

**§ 60.** Ungeachtet dieser für das materielle Strafrecht passenden Begründung findet die Behandlung unserer Frage aber bei den Schriftstellern dieser Periode ihren Platz im Prozeßrecht. Ist es nun richtig, daß Zuständigkeit der territorialen Strafgewalt in materiellem Sinne und prozessuale Zuständigkeit der einzelnen Gerichte in einem und demselben Staate nach den gleichen Erwägungen sich bestimmen und prinzipiell daher für beide Fragen dieselbe Antwort erteilt werden muß?

Wenn auch im Mittelalter die autonome Gesetzgebung mit und aus der Jurisdiktion sich entwickelte, und z. B. auch in England die Herrschaft des exklusiven Territorialitätsprinzips eng zusammenhängt mit der Zuständigkeit der durch die Normannen nach England gebrachten *Inquisitio*, aus welcher die Rügejury hervorging,[69] so ist doch begrifflich eine genaue Scheidung notwendig,[70] und praktische Erwägungen können eine verschiedene Behandlung der örtlichen Zuständigkeit im internationalen Strafrecht und andererseits im internen Prozeßrecht angemessen erscheinen lassen. Die Bejahung der materiellen Zuständigkeit im internationalen Strafrecht ist an die durch das Völkerrecht gezogenen Schranken gebunden und zugleich Voraussetzung der prozessualen Zuständigkeit für sämtliche Gerichte und jedes einzelne der Gerichte des einzelnen Staates. Ist sie vorhanden, so kann der einzelne Staat frei nach Zweckmäßigkeitsgründen dem einen oder dem anderen seiner Gerichte oder einer Mehrzahl von Gerichten die prozessuale Zuständigkeit zuteilen. Es können solche Zweckmäßigkeitsgründe selbstverständlich auch dieselben sein und zu denselben Ergebnissen führen, welche für die Begrenzung der materiellen Zuständigkeit im internationalen Sinne angenommen werden müssen, und insoweit Zweckmäßigkeitsgründe in ziemlich zwingender Weise die

---

69) Vgl. *Hintrager* S. 63.

70) Für dieselbe richtig *Binding* **1** S. 415 Anm.; *Wach*, Handb. d. deutschen Zivilprozeßrechts **1** S. 463. — Die Identifikation beider Zuständigkeiten wird noch von vielen festgehalten, so von *Hälschner* GS. 30 S. 52ff., *Lilienthal* (weil die prozessualen Vorschriften zur Verwirklichung des materiellen Rechts dienen), *Olshausen*, Anm. 6 zu § 3; *Schneidler*, Der Ort der begangenen Handlung. Diss. 1886. S. 19ff.; *Betz*, Das *Forum delicti commissi* und der Ort der Tat. Diss. 1896. S. 8, 13; dessen Ausführungen auf dieser Identifikation beruhen, und *Bennecke*, der seine frühere Ansicht später in der zweiten Auflage seines Lehrbuchs des d. Strafprozeßrechts (vgl. *Bennecke-Beling*, Lehrbuch des d. Strafprozeßrechts 1900 S. 88) zurückgenommen hat, in etwas unbestimmter Weise auch von *H. Meyer* § 20 Anm. 2.

interne prozessuale Zuständigkeit dem Gerichte eines bestimmten Ortes ausschließlich zuzuschreiben veranlassen, wird man jene Zweckmäßigkeitsgründe auch international für die Zuständigkeiten der materiellen Strafzwecke geltend machen können. Aber notwendig ist diese Übereinstimmung nicht, und insbesondere die Schlußfolgerung nicht gerechtfertigt, daß, weil das Gesetz den einzelnen Gerichten im Staate im Verhältnis zu einander eine bestimmte Zuständigkeit beilegt, diese Zuständigkeitsbestimmung auch im Verhältnis der inländischen Strafgewalt zur ausländischen zu gelten habe. Der Bestimmung der Zuständigkeit der einzelnen Gerichte im Staate kommt nun zwar ein bedeutender Wert für die Rechtssicherheit zu. Aber die Bedeutung der Abgrenzung der materiellen Strafgewalten verschiedener Staaten ist ungleich größer. Sie kann eine stark verschiedene Beurteilung derselben Tat bedingen, und selbst bei gleichlautenden Gesetzen kann deren Handhabung sehr verschieden sein, während innerhalb desselben Staates die Gerichte meist unter einem und demselben obersten Gerichtshofe stehen.

Sofern nun die rein prozessuale interne Zuständigkeit bestimmt werden soll, kann ausgegangen werden von dem Begriffe der Handlung. Die frühere Theorie hatte, wie bemerkt, da sie internationale Zuständigkeit und eine prozessuale Zuständigkeit nicht unterschied — weil lange Zeit auch ein praktisch bedeutender Grund zu solcher Unterscheidung in Anbetracht der Geltung des gemeinen Rechts nicht vorzuliegen schien —, eben jenen Ausgangspunkt genommen. Da später bei der Herrschaft partikularer Strafgesetze, dem allmählichen Verschwinden des gemeinen Rechts als eines wirklich gemeinen die Wichtigkeit der Abgrenzung der Zuständigkeit stärker hervortrat, wurde dagegen eine genauere Prüfung des Handlungsbegriffs erforderlich.

Und diese Prüfung schien zu ergeben, daß zwar der Erfolg nicht allein in Betracht kommen könne,[71]) daß aber allerdings auch der Erfolg mit zur Handlung gehöre, ihr die Bedeutung verleihe. Daher die Folgerung, daß nicht nur die Strafgewalt

[71]) Die Ansicht, daß der Ort des Erfolges ausschließlich in Betracht komme, ist wenig vertreten worden. Dafür freilich *Häberlin* G. Arch. **25** S. 432 ff. und *Liszt* in früheren Auflagen seines Lehrbuchs (vgl. z. B. 3. Aufl. S. 130) *Neumeyer*, Histor. dogmatische Darstellung der Lehre vom strafbaren Bankbruch S. 191 (1891).

des Orts der Tätigkeit im engeren Sinne, sondern auch die Strafgewalt des Ortes des Erfolges zuständig sei.[72]) Sie konnte um so mehr einleuchten, weil die falsch verstandene Schutzidee (vgl. oben) ihre Rolle zu spielen anfing. Sollte es nicht richtig sein, demjenigen, der vom Auslande her unsere Gesetze verletzt, Objekte verletzt, die sich im Gebiete unseres Staates befinden, die Bedeutung dieser Gesetze fühlen zu lassen und so, ohne der zweifelhaften, unter Umständen prinzipiell — z. B. wenn es sich um Verletzung sog. fiskalischer Gesetze handelt — verweigerten Hülfe des Auslandes zu bedürfen, unsere Einrichtungen und die im Inlande befindlichen Personen zu schützen?

**§ 61.** Aber wie schon Carpzov und andere ältere Juristen getan hatten, wollen manche Vertreter dieser Ansicht durch eine etwa von anderer Seite eingreifende Willkür die Zuständigkeit nicht bestimmen lassen.[72a]) Sie schneiden daher ab mit dem Momente, in welchem die von den Handelnden in Bewegung gesetzten Kräfte das Objekt treffen (Theorie der Zwischenwirkungen),[72b]) oder aber sie lassen den Ort des Erfolgs nur entscheiden, insoweit das Eintreten des Erfolgs an diesem Orte dem Willen des Handelnden entspricht;[73]) wie man auch gesagt hat: der Handelnde ist mit langer Hand[74]) an einem Orte

72) So *Binding* **1** S. 416: „jedes Verbrechen ist im Inlande begangen, das sich, sei's ganz, sei's z. T., im Inlande entwickelt"; *Olshausen* § 3 Anm. 6, 7; *Lilienthal* S. 7.

72a) *Liszt*, der seine Ansicht über den Ort des Deliktes mehrfach geändert hat, wollte eine Zeitlang (vgl. B. 10. Aufl. S. 116), ebenso wie *Lilienthal* (S. 27) bei der Verschiedenheit des Ortes der Verwundung und andererseits des Todes sogar durch den letzteren Ort ausschließlich die Zuständigkeit bestimmen lassen; konsequent ist dies allerdings.

72b) Gegen diese besondere Theorie ist einzuwenden, daß die angeregten Wirkungen doch sich weiter fortsetzen, insbesondere die pathologischen Wirkungen eines Schlages oder Schusses bis zum Tode oder bis zur Heilung des Getroffenen. So treffend *Frank* § 3 IV n. 3.

73) So *Berner* § 125, *Nessel* G. Arch. **25** S. 1 ff., *Francke* G. Arch. **20** S. 48 ff., *Oppenhoff* § 3 Anm. 6, *Olshausen* § 3 Anm. 6, *Binding* **1** S. 418 ff., *Betz* S. 35, *Tafel* S. 28. *Wachenfeld*, Enzyklopädie S. 257. Dies dürfte im wesentlichen auch die vom RG. angenommene Ansicht sein, vgl. I. 3. Januar 1881 E. **3** N. 120, bes. S. 318, II. u III. 11. Februar 1886 E. **13** N. 101 S. 337, II. 17. Juni 1892 E. **23** N. 47 S. 155, und III. 12. und 19. Mai 1884 E. **10** S. 123. Nach I. 23. Dezember 1889 E. **20** N. 48, bes. S. 147 soll einfach genügen, daß die Wirkung im Inlande eintritt, im fraglichen Falle, daß eine strafbare Äußerung im Inlande gehört wurde; indes konnte an dem Willen des Handelnden nicht gezweifelt werden. Das RG. hat hiermit einer vom preußischen OT. 21. Januar 1872 (G. Arch. **20** S. 129) angenommenen Ansicht sich angeschlossen. In dem Urteil vom 24. Februar und 4. Mai 1853 (G. Arch. **1** S. 226, 369) hatte das OT. sich sogar ausschließlich für die Zuständigkeit des Erfolgsortes (bei beleidigenden Briefen) ausgesprochen.

74) Dieses Ausdrucks bedient sich auch das Urteil des RG. II. u. III. E. **13** S. 339.

tätig, oder französisch ausgedrückt, es liegt eine „activité prolongée“ vor, und daher, wie auch gesagt worden ist, eine „Compétence quasi territoriale“.[75]) Bedenklich aber ist auch bei dieser Theorie noch, daß die solchergestalt als verlängert gedachte Tätigkeit verschiedene Territorien durchlaufen kann, ehe sie ihr Ziel erreicht, und daß gleichwohl in jenen durchlaufenen Territorien irgend greifbare Wirkungen nicht hervortreten (sg. Transitdelikte): der beleidigende oder eine erpresserische oder betrügliche Proposition enthaltende Brief durchläuft verschiedene Territorien, bevor er in die Hände des Adressaten gelangt. Die Zuständigkeit der Strafgewalt solcher Zwischenterritorien wird von Binding (S. 423) vorsichtigerweise, da sie doch dem unmittelbaren Gefühl und praktischen Rücksichten allzu sehr widerstreitet, geleugnet, aber freilich, wie Tafel (S. 29) richtig bemerkt, auf Kosten der Konsequenz. Daß der Staat, dessen Gebiet das Delikt gewissermaßen als Transitgepäck durchläuft, an der Bestrafung kein Interesse hat, wie Binding bemerkt, kann kaum als Begründung der Einschränkung gelten,[76]) man müßte denn als Grund der Strafkompetenz lediglich das Interesse des Staates betrachten, und dies scheint namentlich dann nicht zu passen, wenn man, wie Binding, das sogen. Opportunitätsprinzip bei der Verfolgung im Auslande begangener Handlungen verwirft.

Indes die Wirkungen einer Handlung können oft gar nicht örtlich festgestellt werden;[77]) sie verlieren sich örtlich betrachtet ins Unbestimmte. Wo ist der Ort der Wirkung einer verleumderischen Äußerung — doch etwa nicht nur da, wo dieselbe von irgend jemand, den dieselbe gar nicht interessiert, zuerst vernommen wurde? — eines strafbaren Bankerotts, wenn die geschädigten Gläubiger in den verschiedensten Ländern wohnen, ihrerseits aber z. B. wieder Regreß für den Ausfall im Konkurse gegen andere Personen nehmen können? Könnte

75) So *Brocher* in seinem dem Institut f. internationales Recht erstatteten Berichte (*Annuaire de l'Institut 1880.* **1** *S. 66*).

76) *Lilienthal* (S. 27) schließt die Orte aus, an denen nur unerhebliche Zwischenwirkungen eintreten.

77) *Hälschner* **1** S. 152 sagt sogar: „Weil die Möglichkeit vorliegt, daß Handlung und Erfolg zeitlich und räumlich mehr oder weniger weit auseinanderfallen, so läßt die Handlung ebensowenig eine Zeit- wie eine Ortsbestimmung zu. Nur in betreff der verbrecherischen Tätigkeit ist dies der Fall.“

nicht bei Preßerzeugnissen, die an den verschiedensten Orten verbreitet und gelesen werden, eine Unzahl solcher Wirkungsorte angenommen werden?[78])

Daß eine solche Vervielfältigung der Strafkompetenz und indirekt der Gerichtsstände einen schweren Übelstand, eine schlimme Rechtsunsicherheit für denjenigen bedeutet, in dessen Handlung möglicherweise ein Delikt erblickt werden könnte, ist unbestreitbar, während die Ansicht, welche allein den Aufenthaltsort der Person im Augenblicke der Tätigkeit als maßgebend betrachtet, von vornherein Zuständigkeit wie der territorialen Strafgewalt überhaupt so auch des einzelnen Gerichtes fest bestimmt. Dieser praktische Grund in Verbindung mit der bereits erwähnten Erwägung, daß das Strafrecht sich wesentlich gegen die strafbare Willensbetätigung richte, läßt denn auch nicht wenige deutsche Theoretiker[79]) die ausschließliche Zuständigkeit des Orts der Tätigkeit festhalten; auch Liszt hat sich neuestens[80]) für diese Ansicht erklärt. Der eigentlich entscheidende Grund aber, kann nicht in diesen freilich sehr beachtenswerten Konsequenzen erblickt werden, welche möglicherweise den Gesetz-

---

[78]) Im Deutschen Reiche hatte die Ansicht des Reichsgerichts zur Konsequenz des sog. fliegenden Gerichtsstandes der Presse geführt. Gegen ein Preßerzeugnis konnte bei jedem beliebigen deutschen Gerichte Anklage erhoben werden, in dessen Bezirke Exemplare des Preßerzeugnisses verbreitet waren. Dem ist auf Andringen des Reichstags ein Ende gemacht durch Reichsgesetz vom 13. Juni 1902. Als zuständiges Gericht gilt nunmehr (abgesehen von der Befugnis des Beleidigten, eine Privatklage an seinem Wohnorte oder gewöhnlichen Aufenthaltsorte zu erheben) nur der Ort, wo die Druckschrift erschienen ist.

[79]) *Planck*, System. Darstellung des deutschen Strafverfahrens (1857) S. 77. (Im Augenblicke der Handlung liegen die von dem Tun des Schuldigen abhängenden Erfordernisse der Strafbarkeit schon sämtlich vor: das Auseinanderfallen der Wirkung nach Zeit und Ort ist etwas Zufälliges). *Goltdammer* G. Arch. **18** S. 248ff., *Wächter* das. S. 526 und Vorlesungen S. 89, *Schwarze* S. 45, *Hälschner* GS. 30 S. 62ff. und **1** S. 152, *Geyer*, Lehrb. d. g. deutschen Strafprozeßrechtes S. 360, *H. Meyer* § 20 zu Anm. 6, *Schütze* S. 56, *Birkmeyer*, Deutsches Strafprozeßrecht S. 188, *Beling*, Zeitschr. **17** S. 316, *Seuffert*, Strafgesetzg. d. Gegenwart **1** S. 17, *Kitzinger*, bes. S. 173, *Frank* § 3 IV. — Früher haben auch angesehene deutsche Gerichtshöfe sich gegen die Zuständigkeit nach dem Erfolgsorte ausgesprochen, so das frühere höchste braunschweigische Gericht (OG. Wolfenbüttel 20. Januar und 20. Februar 1877, *Stengleins* Zeitschr. **7** S. 222) und das frühere hamburgische OG., welches aus diesem Grunde die Vollstreckung preußischer Strafurteile verweigerte, deren Strafzuständigkeit nur auf den Erfolgsort gestützt werden konnte (vgl. darüber *Heinsen* GS. **28** S. 526ff. und dagegen die — m. E. nicht zutreffenden — Ausführungen von *Lodemann* GS. **29** S. 143ff.). Diese hamburgische Praxis hat nach Errichtung des Reichsgerichts bei dessen konstant entgegengesetzter Praxis selbstverständlich das Feld räumen müssen.

[80]) 14. 1. 15. Aufl. § 31, IV.

geber veranlassen könnten, zwar für die prozessuale interne Zuständigkeit ausschließlich den Ort der Tätigkeit für zuständig zu erklären, für die internationale Zuständigkeit seiner Gerichte aber auch den Erfolgsort als mitbestimmend festzuhalten, um einen Schutz zu haben auch durch die eigenen Gerichte gegen von auswärts kommende Verletzungen.

**§ 62.** Der entscheidende Grund ist vielmehr ein völkerrechtlicher. Jedes strafgesetzliche Verbot und Gebot schränkt, wie bemerkt, die allgemeine Handlungsfreiheit ein, und seine Wirksamkeit kann daher völkerrechtlich nur auf den dauernden Staatsverband oder auf den augenblicklichen Aufenthaltsort der Person gegründet werden.[81]) Bei der angeblichen Begründung der Strafzuständigkeit allein dadurch, daß der Erfolg einer Handlung im Gebiete unseres Staates sich verwirklicht, fehlt die eine wie andere dieser Voraussetzungen. Völkerrechtlich kann also gegen die Zuständigkeit, sofern sie lediglich auf den Erfolg gestützt wird, Einspruch erhoben werden, und so war es auch in dem oben erwähnten Falle Cutting. Strafrechtlich aber ist gerade bei solcher Zuständigkeit die allergrößte Rechtsunsicherheit die Folge; weder das Strafgesetz des Orts, wo wir uns aufhalten, noch dasjenige unserer Heimat kann uns Aufschluß geben darüber, ob nicht an irgendeinem Orte der Welt ein wirklicher oder vermeintlicher Erfolg unseres Handelns eingetreten ist, der uns einem unbekannten Strafgesetze unterwirft. Dieser Nachteil aber wiegt weit schwerer als der Vorteil, in seltenen Fällen einmal jemanden, der von außen her unsere Gesetze oder unsere Angehörigen verletzt hat, die Strafgewalt unseres Staates fühlen zu lassen; denn Auslieferung wird nicht leicht in solchen Fällen erreicht werden. Man kann also nur eine zufällige Anwesenheit des Anzuklagenden benutzen, und dann ist von einem wirklichen Vorteil doch nur die Rede, wenn der Anzuklagende wirklich schuldig ist und überführt werden kann, während der immense Nachteil der Rechtsunsicherheit sich schon in der Eröffnung eines objektiv grundlosen Verfahrens zeigt, eines Verfahrens, das sehr leicht auch chikanös veranlaßt werden kann,

---

[81]) In diesem Sinne auch *Zitelmann* (Internationales Privatrecht **1** [1897] S. 112 und **2** S. 480ff.), der übrigens an von mir früher Gesagtem sich anschließt. Vgl. meine Theorie und Praxis des internationalen Privatrechts **2** S. 114. Lehrb. S. 125 (vgl. mit S. 20) und S. 235 ff.

aber auch gerade aus diesem Grunde leicht ein diplomatisches Einschreiten des Heimatstaates des Angeklagten und etwa Verhafteten herbeizuführen geeignet ist.

Das Institut für internationales Recht hat daher 1883[81 a)] an die Spitze seiner Resolutionen über den Konflikt *des lois penales* die Sätze gestellt:

»*1. La competence territoriale de la loi pénale est celle ou se trouve le coupable lors de son activité criminelle.*

*2. La justice pénale d'un pays dans le territoire duquel se realisent ou devaient se réaliser, selon l'intention du coupable, les effets de son activite n'est pas compétente à raison de ces effets seuls.*«

**§ 63.** Wenn demungeachtet gerade im Auslande, insbesondere in England, Nordamerika und Frankreich, die territoriale Zuständigkeit auch auf den Ort des Erfolgs gegründet wird,[81 b)] so hat dies seinen Grund einerseits in der historischen Tradition, welche die Fragen der territorialen Zuständigkeit des Strafgesetzes von der Frage der prozessualen Zuständigkeit nicht unterschied — denn bei schweren Verbrechen, welche bleibende äußere Spuren hinterlassen, kann für die Zuständigkeit des Gerichts des Erfolgsorts die Erleichterung der Beweiserhebung geltend gemacht werden —, andererseits aber in der Nichtanerkennung oder doch allzu beschränkten Anerkennung des aktiven Personalprinzips; denn soll das Strafgesetz auf Handlungen der Inländer im Auslande in der Regel nicht oder nur unter selten zutreffenden, besonderen Voraussetzungen angewendet werden, so wird ein Inländer, der vom Auslande aus Personen, die sich im Inlande befinden, verletzt, leicht straflos ausgehen, wenn man ihn nicht an das Ausland zur Bestrafung ausliefern will, und man kann ihn auch als Inländer

---

81 a) *Annuaire de l'Institut, 7ième année* S. 156.

81 b) In England nach altem *Common law* (vgl. *Stephen, Journal de droit international privé* **14** S. 131, *Bishop* **1** S. 110, *Hintrager* S. 66, *Wharton, Conflict of laws* **2** *edit.* S. 811, (Zitate der Gesetze einzelner Staaten der nordamerikanischen Union bei *Hintrager* a. a. O.), *Garraud*, **1** n. 145 und eingehend *Alb. Rolin* in seinem dem *Congrès pénitentiaire international de Bruxelles* erstatteten Rapport (*Actes du VI. Congrès* **2** S. 392 ff.). Die gegen meine und für *Liszts* frühere Ausführungen von *Rolin* geführte Polemik dürfte aber schwerlich für treffend zu erachten sein; was *Rolin* hier sagt, ist jedenfalls für die deutsche Wissenschaft nicht neu und bereits anderwärts widerlegt. Vgl. auch unten das über die Teilnahme Bemerkte.

nach modernen Grundsätzen nicht einmal ausweisen. Hier bietet die Zuständigkeit gegründet auf den Erfolg eine willkommene Aushilfe.[81c])

Außerdem aber ist zu beachten, daß die Entscheidung der Streitfrage nach allgemeinen Prinzipien noch nicht unbedingt eine Entscheidung für die einzelne positive Gesetzgebung enthält. Die Ansicht, welche dem Staate des Erfolgsortes die Zuständigkeit zuerkennt, macht in Wahrheit nur eine besondere Anwendung von dem sogen. Schutz- oder Realprinzipe, insofern der strafrechtliche Schutz erstreckt wird auf alle im Territorium befindlichen Objekte. Für eine Gesetzgebung, welche das Realprinzip angenommen hat, muß daher der Ort des Erfolgs die territoriale Zuständigkeit begründen,[82]) und umgekehrt für eine Gesetzgebung, welche das Schutzprinzip nicht kennt, aber das aktive Personalitätsprinzip zu Grunde legt, muß der Ort der Handlung entscheiden, und dies gilt für unser StGB,[82a]) während allerdings für das italienische GB. die entgegengesetzte Folgerung sich ergibt und daher auch wohl von italienischen Autoren als weiterer Begründung bedürftig nicht angesehen wird.[83]) Das norwegische GB. von 1902 § 12 und der schweizerische Vorentwurf von 1903 Art. 9 haben indes eine ausdrückliche Bestimmung, der zufolge auch der Ort des Erfolges die Zuständigkeit der norwegischen, bezw. der schweizerischen Strafgewalt begründet.[83a])

[81c]) Der *Congrès pénitentiaire intern.* hat aber gleichwohl die allgemeine internationale Zuständigkeit gegründet auf den Ort des Erfolges bis jetzt nicht in seine Beschlüsse aufgenommen, *Actes du VIème Congrès* **1** S. 177, 178, 540.

[82]) Die früheren deutschen Gesetzbücher hatten mehr oder weniger auch das sog. Schutzprinzip angenommen. Daraus erklärt sich auch die Entscheidung für den Erfolgsort bei manchen Autoren.

[82a]) *Tafel* (S. 30) leitet die entgegengesetzte Ansicht daraus ab, daß das StGB. an anderen Stellen den Erfolg in den Begriff der Handlung einbeziehe. Aber das Gesetzbuch hat regelmäßig keinen Grund, Tätigkeit im engeren Sinne und Erfolg zu unterscheiden; im Gegenteil: es bemißt ja die Bedeutung der Handlung entweder nach dem wirklichen oder nach dem von dem Wollen erfaßten Erfolge. Dadurch kann aber die Lehre von der internationalen Zuständigkeit ein Fundament nicht erhalten, bei dessen Bestimmung gerade jene Unterscheidung wesentlich ist.

[83]) Vgl. *Impallomeni* **1** n. 30.

[83a]) Der von *Kitzinger S.* 44 ff. unternommene Versuch, den Ort der Handlung *a priori* nach philosophischen Prinzipien zu bestimmen, konnte nicht gelingen; denn der Begriff der Handlung in dem Sinne, daß dadurch bestimmt werden solle, wie weit sind Wirkungen in die Handlung einzurechnen, und welchen Zeitraum füllt ein Lebensabschnitt eines Menschen, den wir Handlung nennen,

**§ 64.** Besondere Bedeutung kommt übrigens der Streitfrage über den Ort des Delikts in einem Bundesstaate zu, in welchem, wie im Deutschen Reiche der Fall, den strafgerichtlichen Entscheidungen der Gerichte der einzelnen Bundesstaaten überall Rechtshilfe geleistet werden muß.[84]) Soll hier auch durch den Erfolgsort die Strafzuständigkeit begründet werden, so kann indirekt von einem Bundesstaate aus in die Handlungsfreiheit der Angehörigen eines anderen Bundesstaates eingegriffen werden. Freilich hat man seinerzeit seitens der preußischen Staatsanwaltschaften sich darauf beschränkt, die Lotteriekollekteure anderer Bundesstaaten, insbesondere hamburger Lotteriekollekteure nur dann zu verfolgen, wenn sie durch Mittelspersonen oder durch Inserate in preußischen Zeitungen Lose in Preußen nicht zugelassener Lotterien anboten.[85]) Aber man hätte der Konsequenz nach eigentlich auch die hamburger Kollekteure verfolgen müssen, die lediglich in den großen hamburger Zeitungen Lose der Lotterien ihres Heimatsstaates anboten, da die Inserenten hier bestimmt wußten, daß eine bedeutende Anzahl der Exemplare dieser Zeitungen auch in Preußen verbreitet wurden. Man hätte also nicht einmal des beliebten *Dolus eventualis* bedurft, um eine recht große Zahl von Erfolgsorten in Preußen ausfindig zu machen. Es wäre jedoch ein allzu bedenkliches Hineinregieren in die dem anderen Bundesstaate zustehende autonome Staatsgewalt gewesen, und so hat man vor dieser, der Konstruktion des fliegenden Gerichtsstandes der Presse genau entsprechenden Konsequenz sich gescheut. Das zeigt aber, wie bedenklich die Konsequenzen der Theorie des Erfolgsorts sind, und wie gerade diese Theorie Schwierigkeiten bereiten kann, wenn etwa in Zukunft das Verbrechertum international auch durch Anerkennung

---

ist nur positiv nach den Zwecken zu bestimmen, zu welchen wir jenen Begriff gebrauchen wollen. Die Ergebnislosigkeit dieser Untersuchung *Kitzingers* über jene aprioristische Bestimmung zeigt sich m. E. auch klar in demjenigen, was er S. 86 und S. 105 ff. selbst darlegt (vgl. übrigens in Bd. 2 die Lehre von der Einheit der Handlung).

84) In der nordamerikanischen Union ist das nicht der Fall.

85) Der zivilprozessuale Gerichtsstand der Vertragsobligation hat dabei mit der Strafzuständigkeit nichts zu schaffen. Indes ist bei brieflich oder telegraphisch oder telephonisch abgeschlossenen Geschäften für jeden der Kontrahenten das Gesetz seines Wohnortes (bezw. Aufenthaltsortes) der richtigen Ansicht nach maßgebend, vgl. *Bar*, Lehrb. § 31 a. E. Ein Unterschied ergibt sich also nicht für den Fall, daß der Abschluß gewisser Geschäfte mit Strafe bedroht ist.

auswärtiger Strafurteile in großem Umfange bekämpft werden soll; denn kein Staat wird geneigt sein, ein auswärts gefälltes Strafurteil anzuerkennen, wenn durch solche Ausdehnung der Zuständigkeit seinen eigenen Angehörigen in seinem Gebiete mittelbar Vorschriften gegeben werden könnten.

**§ 65.** Die Tätigkeit desjenigen, der ein Delikt wirklich ausführt, des Täters, erscheint im Verhältnis zur Tätigkeit eines Teilnehmers, des Gehilfen und insbesondere des Anstifters als ein von diesem erstrebter Erfolg. Knüpft man daher die Zuständigkeit der territorialen Strafgewalt lediglich an die Tätigkeit im engeren Sinne, so ist kraft des Territorialitätsprinzips nur diejenige territoriale Strafgewalt zuständig, in deren Gebiet sich der Teilnehmer zur Zeit seiner Teilnahmetätigkeit aufhielt.[86]) Der häufig für die entgegengesetzte Ansicht angeführte Satz, daß die Teilnahme nur ein Akzessorium der Haupttätigkeit sei, beweist nicht, da dieser letztere Satz, so verbreitet er auch sein mag, nur ein Satz des Strafrechts des einzelnen Staates ist und keineswegs auf notwendig allgemeine Geltung Anspruch hat; ist doch, wie im römischen Rechte, die strafrechtliche Auffassung möglich, zwischen Gehilfen und Haupttäter einen prinzipiellen Unterschied gar nicht zu machen und andererseits den Anstifter als einen durch das Medium des Täters wirkenden intellektuellen Urheber zu behandeln. Bei der Berufung auf die akzessorische Natur der Teilnahme wird also in Wahrheit die Zuständigkeit der einzelnen Strafgewalt, welche erst bewiesen werden soll, schon als existierend vorausgesetzt. Einzelne Autoren, welche sonst das richtige Prinzip in Ansehung des Handlungsortes vertreten, haben sich dadurch irre führen lassen.[87]) Dagegen bedarf, wer für die Zuständigkeit des Staates des Erfolgsortes sich allgemein entscheidet, jenes Hilfsatzes freilich nicht; von selbst ergibt sich dann zwingend die Konsequenz, daß die für die Haupttat zuständige Strafgewalt auch für alle und jeden Teilnehmer zuständig ist — nur nicht für Begünstiger, deren Tat erst der Haupttat nachfolgt, also letztere nicht zum Erfolge haben

---

[86]) Übereinstimmend: *Hälschner* **1** S. 153, *H. Meyer* § 20, Nr. 4 der Beschlüsse des Instituts für internationales Recht *Annuaire* **7** S. 156.

[87]) So *Rüdorff-Stenglein* § 3 Anm. 5, *Birkmeyer*, Lehre von der Teilnahme S. 176. Gegen die Anwendung dieses Hilfssatzes auch *Olshausen* § 3 Anm. 9 a. E.

kann. Daher denn meist diejenigen, welche die Zuständigkeit an den Erfolgsort knüpfen, auch die Zuständigkeit der Strafgewalt des Staates der Haupttat für alle Teilnehmer behaupten;[88]) doch wird von einigen nach der Theorie, welche nur die nächste bemerkbare Wirkung berücksichtigt, nicht der Ort der Ausführung, sondern der Ort als maßgebend erachtet, wo die Teilnahmehandlung solche Wirksamkeit äußert, also z. B. wo der Angestiftete sich befindet zur Zeit, da ihn die Aufforderung des Anstifters erreicht.[89]) Eigentümlicherweise gilt aber nach altem englischen *Common law* nicht bei allen Straftaten das für die Ausführungshandlung zuständige Gericht als zuständig auch für die Teilnehmer. Dies ist vielmehr für *Accessories befor the fact* erst seit einem neueren unter Georg IV. erlassenen Gesetze bei allen Straftaten Rechtens, und in den meisten Staaten der nordamerikanischen Union hat man sich veranlaßt gefunden, ebenfalls diese Zuständigkeit ausdrücklich festzustellen.[90]) Auch der sechste *Congrès penitentiaire international*[90a]) hat sich für die Anwendung des Strafgesetzes der Haupttat auf alle und jeden Teilnehmer ausgesprochen, aber die Frage offen gelassen, welches Gesetz dann entscheiden soll, wenn mehrere Mittäter vorhanden sind, aber jeder an einem anderen Orte und für denselben Zweck, aber unter der Herrschaft verschiedener Gesetze tätig geworden ist. Man darf auch bemerken, daß ein erheblicher Teil der Mitglieder des Kongresses als Anhänger des sog. Universalprinzips abstimmten und deshalb vom Gesichtspunkte eines abweichenden insbesondere des Territorialitätsprinzips beurteilt, die Abstimmung weniger

---

[88]) So RG. I 24. Juni 1884 E. **11** Nr. 6, bes. S. 22, 23 (Beihilfe) III 18. März 1889, E. **19** Nr. 40 S. 147 (Beihilfe), I 14. Juni 1894 E. **25** Nr. 142, bes. S. 426, *Tafel* S. 42, *Garraud* **1** n. 145 und *Précis* S. 102 Anm. 1, *Haus* **1** n. 241.

[89]) *Oppenhoff* § 48 n. 1a, *Olshausen* § 3 Anm. 9, 10, *Binding* **1** S. 424 betrachtet für den Anstifter und mittelbaren Täter den Ort der Ausführung, für den Gehilfen dagegen den Ort der nächsten Wirksamkeit der Handlung des Gehilfen als entscheidend, da der Gehilfe nur eine einzelne Bedingung, nicht die Ursache zum Verbrechen setzen wolle. Solche Unterscheidungen sind aber nach richtiger Auffassung nicht haltbar und außerdem deshalb unpraktisch, weil der Unterschied zwischen Anstiftung (und Mittäterschaft) einerseits und Beihilfe andererseits fließend und deshalb zur Begrenzung der territorialen Zuständigkeit ungeeignet ist. Dieselbe unhaltbare Unterscheidung macht jetzt auch *Liszt* § 31 IX 3, nur daß für die Teilnehmer — abgesehen von Anstifter und mittelbarem Täter — der Ort der Tätigkeit entscheiden solle.

[90]) *Bishop* **1** § 111, *Wharton* **1** § 287, *Hintrager* S. 67.

[90a]) *Actes du Congrès* **1** S. 178, 540.

ins Gewicht fällt. Das Institut für internationales Recht hat nicht verkannt, daß eine gleichzeitige Aburteilung der in verschiedenen Ländern tätig gewesenen Teilnehmer vor einem und demselben Gerichte zweckmäßig sein könne, aber in seinen auf die Teilnahme bezüglichen Beschlüssen gleichwohl die materielle Beurteilung der einzelnen Teilnehmer nach dem Gesetze desjenigen Landes gewahrt, in dessen Gebiete der einzelne tätig war, und diese gleichzeitige Aburteilung von darauf gerichteten Staatsverträgen abhängig gemacht.[91])

Dagegen muß Straflosigkeit des Teilnehmers anerkannt werden, wenn nach den Gesetzen des Orts, wo die Haupttat stattfinden soll, diese erlaubt ist, sollte auch nach den Gesetzen des Orts, wo die Tätigkeit des einzelnen Teilnehmers erfolgt, eine dort sich vollziehende Vollendung strafbar sein,[92]) vorbehaltlich einer etwa für diesen Ort geltenden gesetzlichen Bestimmung, der zufolge die Teilnahmehandlung als besonderes Delikt strafbar ist.[92a]) Der erstrebte Erfolg ist bestimmend für das Wesen der Handlung; fällt er in Gemäßheit des Territorialitätsprinzips in den Bereich einer anderen Souveränetät, so kann diese die Erlaubtheit oder Straflosigkeit der gesamten Handlungen feststellen. Das ist kein Widerspruch[93]) gegen die Bestimmung der Strafzuständigkeit, wie sie oben angenommen ist; denn dabei wurde nicht die Bedeutung des Erfolgs für die Handlung geleugnet, vielmehr die Strafzuständigkeit, aus dem Aufenthaltsorte und andrerseits aus dem dauernden Staatsver-

---

[91]) Vgl. die bereits zitierten Beschlüsse (Ann. 7 S. 157) n. 5.

[92]) Übereinstimmend *Hälschner* GS. **30** S. 73, 74 und **1** S. 154. Vgl. auch die Ausführung in GArch. **6** S. 273. Genau übereinstimmend auch die bereits zitierten Beschlüsse des *Institut de droit internatonal* unter n. 3. Aber eine nur persönliche Unverantwortlichkeit des im Auslande handelnden Haupttäters kommt ebensowenig in Betracht, wie wenn dieser im Inlande handelte und persönlich vom Strafgesetze eximiert wäre. So richtig OT. Berlin 14. Juni 1874 (GArchiv **23** S. 440) in Ansehung einer im Deutschen Reiche erfolgten Teilnahmehandlung an einer Publikation des damaligen Pabstes.

[92a]) Daher ist auch das Anwerben von Mädchen im Deutschen Reiche für ein im Auslande befindliches Bordell im Deutschen Reiche strafbar, auch wenn in dem auswärtigen Staate das Einbringen in ein Bordell (mit Zustimmung der Eingebrachten) straflos ist. So schon OT. Berlin 30. September 1854 GArch. **2** S. 830, freilich mit unzutreffender Begründung (vgl. weitere übereinstimmende Urteile, zitiert von *Oppenhoff* § 3 Anm. 6; *Olshausen* § 180 Anm. 4. RG. IV 25. März 1887 E. **15** Nr. 112 S. 361). Die Vollendung der Kuppelei fällt hier schon (nach der herrschenden Auffassung dieses Deliktes) in den Bereich der territorialen inländischen Strafgewalt.

[93]) Wie *Schauberg* S. 174 freilich annimmt.

bande der Person abgeleitet. Es folgt aus dem Gesagten aber auch, daß die Strafbarkeit der Handlung eines Teilnehmers dadurch bedingt ist, daß die Haupthandlung an dem Orte, wo sie erfolgt oder erfolgen soll, strafbar ist,[93a]) anders selbstverständlich, wenn die Handlung des Teilnehmers auch als selbständiges Delikt betrachtet werden kann, wie z. B. nach StGB. § 49a.

**§ 66.** Wenn aber im Inlande eine Handlung begangen ist, die überhaupt unter das inländische Strafgesetz fällt, d. h. genau gesagt, wenn jemand im Staatsgebiete sich befand in dem Augenblicke, als er einen ihn der Strafgewalt unterwerfenden Willensimpuls[94]) in die Außenwelt treten ließ, so ist es mit der hier vertretenen Ansicht[95]) sehr wohl vereinbar, daß dann die Strafgewalt des Staates bei Bestimmung der Strafe auch noch andere Willensakte des Schuldigen mit in Betracht zieht;[96]) denn in Wahrheit handelt es sich hier nur um eine höhere Ausmessung der Strafe.[97]) Wenn X im Gebiete des Staates A einen strafbaren Versuchsakt begangen hat und im Gebiete

[93a]) A. M.: RG. III 14. Juni 1883, Rs. 5 S. 434, bes. S. 436 (im Ergebnis kam es in dem entschiedenen Falle nicht darauf an, da die Handlung an dem Orte der Haupttat gemäß ebenfalls strafbar war). Die Richtigkeit der im Text vertretenen Ansicht wird besonders klar, wenn man an den Fall denkt, daß A, der im Deutschen Reiche sich aufhält, den B, der sich im Staate X aufhält, dazu bewegt (anstiftet), eine Handlung zu begehen, die bei uns als Übertretung strafbar ist, im Staate X aber straflos, z. B. einem bei uns, nicht aber in X verbotenen Vereine beizutreten, usw.

[94]) Daher kommen nach allgemein anerkannter Ansicht bloße Vorbereitungshandlungen, sofern sie nicht strafbar sind, nicht in Betracht, wohl aber Versuchshandlungen (selbstverständlich nicht, wenn der Versuch aufgegeben, nachher aber ein neues Unternehmen mit demselben Ziele begonnen wurde). Übereinstimmend *Binding* **1** S. 419; *Schneidler* S. 69ff.; *Kitzinger* S. 230. — Für die interne prozessuale Zuständigkeit wird stets der letzte Tätigkeitsakt als die früheren absorbierend anzusehen sein. (Nicht vollständig übereinstimmend: *Glaser*, Handb. d. Strafprozeßr. **2** S. 184). (*Oppenhoff* § 13 Anm. 11 nimmt dies auch für die internationalen Zuständigkeit an.)

[95]) n. 6 der Beschlüsse des *Inst. d. dr. international* «*Lorsque la loi pénale d'un pays compétente d'après le principe de la territorialité* (n° 1—3) *considère comme infraction une et indivisible dans le sens juridique des actes commis en partie au dedans des frontières en partie au dehors, la justice pénale de ce pays pourrait juger même les actes commis à l'étranger.*» Vgl. auch die Entscheidungsgründe des in RG. I 6. Mai 1897 E. **30** Nr. 29, bes. S. 100.

[96]) Wenn im folgenden von einer Handlung im Gebiete des Staates gesprochen wird, so ist das nur ein kurzer Ausdruck für das hier genauer Bezeichnete.

[97]) Das Prinzip selbst wird auch in Frankreich anerkannt (vgl. bes. *Hélie*, Instr. crim. **2** § 131).

Man faßt aber dort das Prinzip zu äußerlich in dem Sinne auf, daß dasjenige, was der Dolus des Schuldigen bei Vornahme der Handlung schon mit umfaßte, in denjenigen Akt nicht mit eingerechnet würde, der in Frankreich

des Staates B das Verbrechen durch eine zweite Tätigkeit vollendet, so kann der Staat A, falls er des Schuldigen habhaft wird, den X wegen des vollendeten Verbrechens bestrafen, und andernfalls der Staat B bei Bestrafung des vollendeten Verbrechens den früheren Versuchsakt[98]) mit in Rechnung ziehen; z. B. X. will die Y., die mit ihm reist, vergiften; die Dosis Gift, die er ihr in einem Hotel in A. beibringt, genügt nicht, den Tod herbeizuführen; er läßt sie nun in einem im Gebiete des Staates B. belegenen Hotel eine zweite Dosis genießen, die erst den Tod bewirkt. Der Staat A. könnte ja zweifellos den Versuch ebenso wie die Vollendung strafen, wie dies nach französischem Rechte prinzipiell der Fall ist; wenn er nun statt dessen, falls in einem anderen Staate die Vollendung eintritt, in die Handlung, welche zweifellos seiner Strafgewalt anheimfällt, auch die an sich der anderen Strafgewalt anheimfallende Handlung mit hineinrechnet, sie beide juristisch als eine Einheit behandelt, so überschreitet er seine Zuständigkeit nicht. Es ist denn auch hier nicht zu behaupten, daß der Staat Ausländern, die im Auslande handeln, Handlungsnormen vorschreibe — das Individuum hielt sich in einem entscheidenden Momente im Staatsgebiete auf — oder daß man jemanden nach einem Gesetze bestrafe, das er gar nicht zu kennen brauchte, vielmehr wird im wesentlichen, wie eine spätere Untersuchung zeigen wird, regelmäßig für den Schuldigen der Vorteil erreicht, daß er nur einmal bestraft wird wegen der mehreren in verschiedenen Territorien vorgenommenen Willensakte, für die internationale Justizpflege aber der Vorteil, daß nicht mehrere Prozesse ohne erkennbaren Nutzen statt eines geführt werden müssen. Jeder Staat ist also für das Ganze des Verbrechens zuständig, wenn auch nur einer der das Ganze bildenden Willensakte in seinem Territorien vorgenommen

---

vorgenommen würde. So erklärt *Hélie* die französische Strafgewalt in dem Falle für unzuständig, daß bei Begehung eines Betrugs die *manoeuvres frauduleuses* in Frankreich vorgenommen wurden, die Übergabe des Objektes aber, welches der Betrüger erlangen wollte, im Auslande erfolgte.

[98]) Nicht aber Handlungen, die der im Auslande begangenen Straftat nachfolgen und nach inländischem Recht bei Existenz solcher vorangegangener Tat als deren straflose Konsequenzen betrachtet werden. Die deutsche Strafgewalt ist auf Grund des Begehungsortes nicht zuständig, den im Deutschen Reiche geschehenen Verkauf von Wertpapieren zu bestrafen, die der Verkäufer durch eine in Frankreich vorgenommene Partiererei erlangt hat. So RG. I 15. März 1880 E. 1 Nr. 138 S. 279 und *Olshausen* § 3 Anm. 6.

würde,[99]) und so auch jeder Staat für das Ganze eines fortgesetzten Verbrechens, selbst wenn das, was in dem Gebiete eines anderen Staates oder mehrerer anderer Staaten geschah, an sich betrachtet, als ein vollkommen daselbst ausgeführtes Delikt erscheinen sollte. Denn bei dem fortgesetzten Verbrechen werden die mehreren Delikte juristisch als Einheit behandelt, als Straferhöhungsgründe für dasjenige unter ihnen, das an sich in das Zuständigkeitsgebiet des einzelnen Staates fällt. Dies ist auch die überwiegende Ansicht.[100]) (Der richtigen Ansicht nach wird durch die Ausübung des Strafrechts seitens eines Staates in diesem Falle wie im Falle einer auf mehrere Staatsgebiete sich verteilenden Versuchshandlung und bezw. der Vollendungshandlung das Strafrecht der übrigen, vorbehaltlich der bei Staatsverbrechen zu machenden Ausnahmen konsumiert, und selbstverständlich macht der Staat von seiner Zuständigkeit Gebrauch, der dazu tatsächlich imstande ist!)[101])

---

99) Auch den Staat als zur Bestrafung zuständig zu erklären, in welchem der Schuldige sich zu einer Zeit aufhielt, wo er noch den Erfolg willkürlich hätte abwenden können (so *Schneidler* S. 48, auf Grund der von *H. Meyer* gegebenen Definition der „Handlung"), dürfte unpraktisch sein, da sich dergleichen schwer bestimmen läßt; es ist außerdem prinzipiell unrichtig, da die Unterlassung eines Entschlusses (noch einzugreifen) nicht gleichsteht dem positiven Fassen des Entschlussses, nicht mehr einzugreifen, etwas zu unterlassen.

100) So *H. Meyer* S. 20 Anm. 9, der früher anderer Ansicht war. *Schwarze* S. 45, *Liszt* § 31 Nr. 5, *Binding* 1 S. 416, *Lilienthal* S. 217, *Betz* S. 48, *Schneidler* S. 65 ff., *Kitzinger* S. 240, *Tafel* S. 44. — Vgl. *Glaser*, Handbuch d. Strafprozesses 2 S. 182: „Fortgesetzte Verbrechen ... sind überall begangen, wo einer dieser Akte gesetzt wurde."

A. M. *Hälschner* 1 S. 153, der als Ort der Tat nur den letzten Tätigkeitsort betrachtet. Es ist aber nicht einzusehen, wie die einmal begründete Strafzuständigkeit einem Staate dadurch wieder entzogen werden kann, daß der Schuldige noch eine Handlung innerhalb eines anderen Territoriums vornimmt. Konsumierende Kraft kann doch nur Jurisdiktionsakten zugeschoben werden. Bezüglich der internen nur prozessualen Zuständigkeit könnte freilich jeder Staat eine Bestimmung im Sinne der Ansicht *Hälschners* treffen.

101) Der bloße Genuß eines Vorteils, den jemand sich durch ein vollendetes und abgeschlossenes Verbrechen verschafft, ist aber nicht fortgesetztes Verbrechen. Wer auswärts gestohlene Sachen im Auslande, wissend, daß sie gestohlen waren, gekauft hat und sie dann in das Gebiet des Deutschen Reiches bringt, begeht hier eine strafbare Handlung nicht, wenn er die Sachen im Deutschen Reiche verkauft, ohne zugleich eines Betruges gegen den Käufer sich schuldig zu machen. (So RG. I 15. März 1880 E. 1 Nr. 138 S. 279 und *Mangin*, *Action publique* 1 n. 72.) (Bemerkenswert ist, daß *Bartolus* und *Baldus* die Ansicht vertraten, daß der Dieb, der die gestohlenen Sachen in ein anderes Territorium bringe, den Diebstahl hier von neuem begehe und daher auch hier bestraft werden könne, und daß diese Ansicht, wenn sie auch nicht allgemein herrschend wurde, doch vielfache Anwendung fand (vgl. *Aretinus*, *Rubr. Etiam vestem coelestem* n. 15 und dazu *Kitzinger* S. 15, 16.) Im englischen *Common law* ist sie aber vollständig vorherrschend geworden und durch 7 und 8 Geo. IV c. 29 s. 76 gesetzlich

Es verhält sich ebenso, wenn ein Delikt aus mehreren Tätigkeiten besteht, von denen jede an sich schon mindestens als strafbarer Versuch des ganzen Deliktes strafbar sein würde. (Zusammengesetztes Delikt.) Dabei kann aber die konkrete Begehungsweise des Delikts in Betracht kommen; ein Betrug z. B. kann durch mehrere an verschiedenen Orten begangene Handlungen verübt werden.[102])

**§ 67.** (Kollektivdelikte.) Steht eine gewohnheitsmäßige Handlungsweise in Frage, so wird man unterscheiden müssen. Ist die Handlung an sich nicht strafbar und wird sie es nur durch gewohnheitsmäßige Wiederholung, so wird erforderlich sein, daß so viel einzelne Wiederholungen in einem und demselben Territorium vorgenommen sind, daß sie als gewohnheitsmäßige Handlungsweise angesehen werden können. Wäre aber schon die einzelne Handlung strafbar, und die gewohnheitsmäßige Vornahme nur ein Erschwerungsgrund, so würde der für das fortgesetzte Delikt anzunehmende Grundsatz entsprechend zur Anwendung kommen müssen.[103]) Ebenso verhält es sich mit der Bestrafung gewerbsmäßiger Tätigkeiten, falls die Gewerbsmäßigkeit aus der mehrfachen Vornahme derselben Tätigkeit gefolgert wird. Aber die Annahme gewerbsmäßiger Tätigkeit kann — freilich nur in seltneren Fällen — auch dann begründet sein, wenn nur eine einzige Handlung vorliegt. In diesem Falle könnten die im Auslande vorgenommenen Handlungen als Beweisgründe gelten der Gewerbsmäßigkeit der einen im Inlande vorgenommenen Handlung.

---

sanktioniert, freilich nicht für außerhalb des Vereinigten Königreichs begangene Diebstähle. In letzterer Ausdehnung gilt sie aber statutarisch in vielen Staaten der nordamerikanischen Union, und durch gerichtliche Entscheidungen ist diese Ausdehnung der Strafzuständigkeit als rechtmäßig anerkannt, *Blackstone*, *Commentaries on the law of England* **4** S. 305; *Stephen*, Journ. d. dr. int. pr. **14** S. 131; *Wharton* **1** § 292 und *Hintrager* S. 67.

Enthält dagegen die im Inlande begangene Handlung den vollen Tatbestand eines Deliktes, so wird die Zuständigkeit der inländischen Strafgewalt nicht deshalb ausgeschlossen, weil jene im Inlande vorgenommene Handlung die regelmäßige Folge einer im Auslande vorgenommenen und daselbst strafbaren Handlung ist; so ist der im Inlande erfolgte Ehebruch hierorts strafbar, obschon er infolge einer im Auslande begangenen Bigamie geschah (vgl. Urt. des *Appellhofs* Brüssel v. 14. Februar 1878, Journal d. dr. internat. pr. **8** S. 71 ff.)

[102]) *Kitzinger* S. 263 ff. und bezüglich der prozessualen Zuständigkeit RG. IV 25. Januar 1887 E. **15** Nr. 72 S. 232.

[103]) Vgl. in diesem Sinne für die prozessuale Zuständigkeit *Glaser*, Handb. d. Strafprozesses **2** S. 183.

Dauerverbrechen. Rein logisch betrachtet müßten entweder alle Delikte, durch die ein gewisser, wahrnehmbar dauernder Zustand herbeigeführt wird, als Dauerdelikte angesehen werden, z. B. eine Körperverletzung, die dauerndes Siechtum des Verletzten herbeigeführt hat; oder es würde gar keine Dauerdelikte geben. Man kann daher von Dauerdelikten nur in dem Sinne einer positiven, vom Gesetze anerkannten Auffassung reden. Dieser zufolge wird angenommen, bei einigen Delikten enthalte der durch die Vollendung des Delikts geschaffene Zustand die stillschweigend an den Täter gerichtete Aufforderung, dem durch ihn geschaffenen Zustande ein Ende zu machen, so daß es so anzusehen ist, als würde bei Fortdauer des Zustandes, z. B. der Gefangenhaltung eines Menschen, der Entschluß, den Zustand zu verwirklichen, in jedem Augenblicke neu gefaßt und ausgeführt. Daher begeht der Schuldige das Delikt auch an jedem Orte, wo er nach Vollendung desselben sich aufhält, ohne daß es (wie freilich Schneidler S. 66 annimmt) darauf ankommt, ob es dem Schuldigen in jedem Augenblicke auch faktisch möglich ist, dem von ihm herbeigeführten Zustande (z. B. der Gefangenhaltung) ein Ende zu machen, eine Beschränkung des Deliktes, deren Feststellung sehr problematisch ist, und die deshalb nicht in Betracht kommen kann, weil der Schuldige von vornherein mit der Möglichkeit rechnen muß, daß er einmal nicht imstande sein könne, dem Zustande ein Ende zu machen.

Gehört zum Tatbestande eines Delikts, daß die Handlung öffentlich begangen sei, so ist die Öffentlichkeit der Handlung im engeren Sinne gegenüber Erfolg.[104])

**§ 68.** Kommissivdelikte begangen durch Unterlassung — Unterlassungsdelikte im uneigentlichen Sinne — bieten theoretisch keine besonderen Schwierigkeiten dar. Es ist der Staat zuständig, in welchem der Schuldige sich aufhielt, als sein Wille, das Delikt zu begehen, in erkennbarer Weise hervortrat.[104a]) Eine Mutter, die ihr Kind, um es verhungern zu lassen, in dem Gebiete des Staates A verläßt, und dann in das

---

104) So auch *Schneidler* S. 26.

104a) Meine früher (Lehrb. S. 242) vertretene Ansicht halte ich, die Richtigkeit einer von *Olshausen* § 3 Anm. 4c gemachten Bemerkung anerkennend, nur noch aufrecht für die Fahrlässigkeitsfälle.

Gebiet des Staates B sich begibt, hat das Verbrechen der Tötung in dem Gebiete des Staates A begangen, wenn das hülflose Kind verhungert. Die hier zuweilen hervortretenden praktischen Schwierigkeiten sind wie in manchen anderen Fällen durch das sog. aktive Personalitätsprinzip zu lösen.[104b])

Bei Fahrlässigkeitsdelikten, die darauf beruhen, daß der Schuldige einer früheren Tätigkeit eine spätere komplementäre Tätigkeit nicht folgen ließ oder einer übernommenen Pflicht oder einer gegründeten Erwartung nicht entsprach, fehlt es an einem bestimmten Willensakte, der darauf gerichtet wäre, die den Erfolg abwendende Handlung nicht vorzunehmen. Dagegen ist die frühere Tätigkeit kausal und ebenso die Übernahme der Pflicht oder die Erregung der Erwartung, insofern sie andere Personen veranlaßt, im Vertrauen auf die von dem Schuldigen vorzunehmende Handlung die Kräfte in Bewegung zu setzen oder sich der Wirkung der Kräfte und Zustände auszusetzen, welche schließlich den schlimmen Erfolg herbeiführen. Dies Ergebnis entspricht sowohl der natürlichen Anschauung wie dem praktischen Bedürfnis. Der Fabrikbeamte, der, die ihm obliegende Aufsicht unterlassend, einen Brand, eine Explosion in der Fabrik verursacht, da er sich jenseits der Staatsgrenze bei einem Gelage zu lange aufhält, hat den Brand, die Explosion am Orte der Fabrik verursacht und ist nach den dort geltenden Gesetzen und von dem dortigen Gerichte zu bestrafen.

Bestrafung der Unterlassungsdelikte im eigentlichen und engeren Sinne beruht darauf, daß der Staat einen bestimmten Erfolg — häufig auch gerade an einer bestimmten Stelle — herbeigeführt sehen will.[105]) Der gesetzlich allein mögliche Ort der Begehung ist also in der Regel das Inland, möglicherweise der Sitz einer inländischen Behörde im Auslande — z. B. bei vorgeschriebener Meldung bei einem Konsul —, und zwar muß dann der Konsequenz nach gefordert werden, daß 1. sowohl der unterbliebene Erfolg sich auf das Inland bezieht, als auch 2. daß der zu Bestrafende im entscheidenden Augenblicke, d. h. in dem Augenblicke, wo die Strafbarkeit begann,

---

104b) *Schneidler* S. 61 ff. will hier entscheiden lassen den Ort, an welchem es dem Unterlassenden noch zuletzt möglich gewesen wäre, die ihm obliegende Pflicht zu erfüllen. Dagegen gilt das oben § 67 Gesagte.

105) Vgl. in dieser Hinsicht treffend *Binding* I S. 423.

sich im Inlande befand, wenn nicht auf das Personalitätsprinzip aushilfsweise zurückgegriffen werden kann.[106])

Es kommen aber auch Unterlassungsdelikte in dem Sinne vor, daß der Eigentümer, Besitzer einer Sache, Inhaber eines Gewerbes zu einer Handlung verpflichtet wird.[107]) Den im Auslande sich aufhaltenden ausländischen Eigentümer usw. hier zu eximieren, wäre bedenklich. Es ist aber auch nicht nötig; denn soweit eine Verurteilung zu Geldstrafen eintreten und diese nur in den betreffenden Vermögensgegenstand vollstreckt werden soll, kann von einer völkerrechtlichen Schranke nicht die Rede sein. Es läßt sich behaupten, daß der Staat den Besitz, den Betrieb nur unter der Bedingung gestatte, daß die bei Strafe geforderten Handlungen vorgenommen werden; der Ausländer hat sich also, indem er das Grundstück besitzt, das Gewerbe betreibt, insoweit dem Gesetze unterworfen, und von strafrechtlicher Unbilligkeit ist deshalb nicht zu reden, weil der Regel nach der Besitz der Sache (z. B. eines Hauses), der Betrieb des Gewerbes dem Ausländer Veranlassung genug gibt, sich nach dem in Betracht kommenden Gesetze zu erkundigen. Mit der Zuständigkeit des Staates aber, Geldstrafen zu ver-

[106]) Viele sehen überhaupt den Ort, an welchem die unterlassene Handlung vorzunehmen war, als Ort des Deliktes an. (Strafprozessual dürfte dies auch richtig sein, aber nicht ohne weitere Voraussetzung im internationalen materiell rechtlichen Sinne.) So *Glaser*, Unterlassungsverbrechen in *Holtzendorffs* Rechtslexikon III, 2; *Olshausen* zu § 3 Nr. 4; *Liszt* § 32 II; *Seligsohn*, G. Arch **28** S. 219. (Das aus StGB. §§ 322 hergenommene Argument des Letzteren trifft nicht zu, da der öffentliche Beamte seiner Dienstpflicht durch Aufenthalt im Auslande nicht ledig wird.) *Schwalbach* GS. **32** S. 615; *Finger* **1** S. 330. *Binding* will den Aufenthaltsort des Schuldigen und zugleich den Ort, wo die Handlung vorzunehmen war, anscheinend also an beiden Orten Strafzuständigkeit annehmen. (Für die interne prozessuale Zuständigkeit dürfte dies auch richtig sein.)

*Kitzinger* S. 122 ist ebenfalls der Ansicht, daß der Aufenthaltsort der Person im Grunde entscheidend sei; die Nichterfüllung der Verpflichtung erscheine der Untätigkeit gegenüber als Erfolg.

[107]) Bei Unterlassungsdelikten, die nicht auf eine bestimmte Örtlichkeit sich beziehen, z. B. bei dem Delikte des StGB. § 139 (unterlassene Anzeige eines Vorhabens eines gemeingefährlichen Verbrechens usw.), müssen einfach die allgemeinen Regeln zur Anwendung kommen, wie bei Kommissivsdelikten. Fraglich kann nur sein, ob die Verpflichtung zur Anzeige auch besteht bei Verbrechen jener Art, die im Auslande oder gegen ausländische Objekte ausgeführt werden sollen. Die Frage ist im allgemeinen zu bejahen; denn unser Gesetz schützt gegen im Inlande vorgenommene Handlungen auch ausländische Objekte. Aber einerseits ist die Verpflichtung *cum grano salis* zu verstehen; die Anzeige an die betreffende ausländische Behörde kann mit besonderen Schwierigkeiten verbunden sein, und der Inländer braucht den Organismus ausländischer Behörden nicht zu kennen; andererseits beziehen die Vorschriften des Strafgesetzes betreffend Hoch- und Landesverrat sich nur auf den inländischen Staat.

hängen bis zu jenem Betrage, dürfte dem praktischen Bedürfnisse genügt sein.

Nach diesem Gesichtspunkte ist auch die Konfiskation von Waren ausländischer Eigentümer zu rechtfertigen, wenn der Import unter Verletzung von Zollgesetzen oder Einfuhrverboten erfolgt, während gegen den im Auslande verweilenden Ausländer eine über den Wert der eingebrachten Waren hinausgehende Strafe meines Erachtens durch das Territorialitätsprinzip nicht zu begründen ist.

**§ 69.** Selbstverständlich muß man, um den Ort der Handlung zu bestimmen, die Elemente der Handlung von deren Voraussetzungen unterscheiden, sollte auch bei den Voraussetzungen der Schuldige mittätig gewesen sein. (Der Ehebruch ist nicht da begangen, wo die Ehe geschlossen wurde, die Bigamie nur da, wo die zweite Ehe eingegangen wurde.)[107a] Ein Element der Handlung liegt nur in einem Willensakte, der es bewirkt, den Handelnden strafbar zu machen.

Zweifel kann in dieser Hinsicht erregen das Delikt des betrügerischen und insbesondere des einfachen Bankrotts. Nach richtiger Auffassung, die aus der geschichtlichen Entwicklung dieses Deliktsbegriffes für das deutsche Recht folgt, wird als die eigentlich strafbare Handlung die Gesamthandlung des Bankbruchs selbst behandelt:[108] danach erscheinen juristisch die einzelnen Handlungen, mögen sie auch für die Frage der Strafbarkeit des Bankbruchs erforderlich sein, als Voraussetzungen, wenn sie auch nach allgemeinen Grundsätzen um die Strafbarkeit des Bankbruchs zu begründen,[109] Zurechnungsfähigkeit des Angeklagten voraussetzen. Diese Ent-

---

107a) Vgl. *Hélie*, *Instr. crim.* **1** § 131 a. E. und daselbst Entscheidungen des franz. KH. v. 20. November 1828.

108) Der Bankrott ist früher als strafbar behandelt worden, wenn nicht besondere Umstände die Schuldlosigkeit dartaten; jetzt wird er nur als strafbar behandelt, wenn besondere Umstände betrügliches oder doch leichtsinniges Gebaren dartun. Der Text folgt hier der zutreffenden Begründung des RG. II 20. September 1887 (E. **16** Nr. 56 S. 188). In dem hier entschiedenen Falle hatte der Angeklagte in Monte Carlo übermäßige Summen verspielt und wurde deshalb Anklage wegen leichtsinnigen Bankrotts erhoben.

109) Entgegengesetzt die von *Hélie*, *Instr. crim* **2** § 131 a. E. mitgeteilte und von ihm gebilligte Entscheidung des franz. KH. v. 1. September 1827, wonach die franz. Strafgewalt für zuständig erklärt wurde, das in Frankreich erfolgte Überdieseitebringen gegen einen belgischen Falliten zu bestrafen.

scheidung entspricht den praktischen Bedürfnissen.[110]) Das geschäftliche Verhalten eines Gemeinschuldners kann nur da sachgemäß beurteilt werden, wo der Mittelpunkt oder einer der Mittelpunkte seiner geschäftlichen Tätigkeit sich befindet, wo also der Konkurs eröffnet wird, nicht da, wo er eine einzelne, als solche oft gar nicht einmal strafbare Handlung vorgenommen — z. B. große Summen im Glücksspiele verloren hat.[111]) Freilich wird dabei nach dem allgemeinen hier vertretenen Grundsatze vorausgesetzt, daß der Anzuklagende im Inlande gewohnt oder behufs Leitung einer Handelsniederlassung daselbst sich persönlich aufgehalten habe. Für die immerhin seltenen Fälle, wo jemand lediglich vom Ausland aus, ohne in das Gebiet des Staates jemals sich zu begeben, ein Geschäft durch Mittelspersonen führen läßt, würde allerdings nur das Personalitätsprinzip die Bestrafung des Schuldigen sichern.

**§ 70.** Eine besondere Schwierigkeit der Bestimmung des Deliktsortes zeigt sich bei den durch die Presse begangenen Delikten. Der Ort, an welchem das strafbare Preßerzeugnis verfaßt wurde, ist oft kaum festzustellen, namentlich wenn es sich um anonyme Veröffentlichungen in Zeitungen und Zeitschriften handelt. Indes läßt sich behaupten, daß die Anfertigung des Manuskripts in Wahrheit nur eine Vorbereitungshandlung enthält: der Verfasser geht von der richtigen Voraussetzung aus, daß er bis zum Erscheinen seines Aufsatzes, seines Artikels, seiner Mitteilung daran Veränderungen vornehmen könne, und das technische Personal (Setzer, Drucker) erscheint der allge-

---

[110]) Besonders in dem Falle, daß der Schuldige ein Ausländer ist, der bei uns ein Geschäft betreibt. — Zu demselben Ergebnisse gelangen auch — freilich auf Grund der Erfolgstheorie — *Cohn*, G. Arch. **41** S. 208; *Betz* S. 46. *Liszt* § 136 will den Ort der einzelnen Handlungen entscheiden lassen, was sehr unpraktisch sein dürfte. Dann würden, wie *Betz* bemerkt, sehr viele Bankrotteure in Monte Carlo verfolgt werden müssen.

[111]) Vom Standpunkte derjenigen Ansicht, die den Erfolg als maßgebend betrachtet (so *Neumeyer*, Historische und dogmatische Darstellung des strafbaren Bankerotts 1891 S. 157), ist diese Entscheidung doch nicht für alle Fälle so einfach zu begründen, wie es freilich scheint. Erfolg setzt Kausalzusammenhang voraus; nun aber ist nach unserem positiven Rechte gar nicht erforderlich, daß ein Kausalzusammenhang zwischen den einzelnen den strafbaren Bankrott bedingenden Handlungen und dem Bankrott selbst nachgewiesen werde. *Georg Schmidt*, Der strafbare Bankbruch 1893, macht sich die Sache leicht, indem er die Zuständigkeit einer staatlichen Strafgewalt durch die Verwirklichung irgend eines Tatbestandsmomentes im Staatsgebiete als begründet ansieht.

meinen Auffassung nach im allgemeinen insoweit nur als willenloses Werkzeug, das, wenn nicht schon die Vorbereitungshandlung für strafbar erklärt ist, bis zur wirklichen Publikation von Verantwortung frei ist und jedenfalls als Vertrauenspersonal betrachtet wird, dessen Kenntnisnahme von dem Inhalte des Preßerzeugnisses auch das Delikt (z. B. die Beleidigung) nicht zur Vollendung zu bringen vermag. Hiernach wird der Ort, wo das Preßerzeugnis erscheint,[112]) als Ort der Tätigkeit des Verfassers jedenfalls dann anzusehen sein, wenn die Veröffentlichung anonym erfolgt. Ein ohne Nennung des Verfassers in einem ausländischen Preßorgan erscheinender Aufsatz wirkt tatsächlich auch nur als ausländisches Preßerzeugnis. Es kommt dem Verfasser also, wenn er nicht eines Staatsverbrechens oder Amtdeliktes sich schuldig macht, die am Orte des Erscheinens etwa geltende Straflosigkeit der Publikation der legislativ richtigen Bestimmung zufolge auch in seiner Heimat zu statten. Veröffentlicht er dagegen seine Gedanken unter Nennung seines Namens, so kennzeichnet er seine Tätigkeit zugleich als eine inländische; es besteht also ein doppelter Tatort, der Aufenthaltsort des Verfassers und der Ort, wo das Preßerzeugnis erscheint, es müßte denn die Verbreitung des Presserzeugnisses (z. B. der auswärtigen Zeitung) im Inlande verboten sein. In letzterem Falle würde wegen dieses Verbots, wodurch das Preßerzeugnis zu einem exklusiv ausländischen gemacht wird, der Namensnennung ungeachtet, als Ort der Tätigkeit nur das Ausland gelten können.

**§ 71.** Das Institut für internationales Recht hat ausdrücklich erklärt, daß als Ort des Delikts der Ort des Aufenthalts der handelnden Person, und nicht der Ort, wo der Erfolg eintritt, zu betrachten sei. Es kann die Frage aufgeworfen werden, ob eine gleiche ausdrückliche Erklärung für das demnächstige deutsche Strafgesetzbuch sich empfehle. Meines Erachtens wäre sie

---

[112]) Gesetzgebung und Praxis haben mehr und mehr, was die interne prozessuale Zuständigkeit betrifft, den Ort des Erscheinens als den Ort des Preßdeliktes anerkennen müssen. Vgl. oben Anm. 78 und in Ansehung der Bundespraxis in der Schweiz: *Schauberg* S. 198. Nach den französischen Preßgesetzen von 1819 konnte, wenn das Preßerzeugnis regelrecht deponiert war, die Strafanwaltschaft nur bei dem Gerichte des Orts der Deposition Anklage erheben. *Barbier, Code de la presse expliqué* (1887) 2 n. 836 bezeichnet diese Bestimmung als durchaus richtig und bedauert, daß sie in dem späteren franz. Preßgesetze sich nicht findet.

nicht erforderlich, wenn das Schutzprinzip in der Vorverhandlung unzweifelhaft abgelehnt würde. Doch wird es auf den Gang der Verhandlung ankommen.

**§ 72.** Auf die im Inlande handelnden Ausländer findet, soweit nicht völkerrechtliche Ausnahmen (siehe unten) begründet sind, das inländische Strafgesetz unbedingt Anwendung. Die von älteren Schriftstellern[113]) für den Fall gemachte Ausnahme, daß der Ausländer das inländische Strafgesetz nicht kannte, wird in der neueren Jurisprudenz, die der Berücksichtigung des Rechtsirrtums überhaupt nicht günstig ist,[114]) kaum noch erwähnt. In der Tat würde eine dahingehende Ausnahme entweder bedenklich oder schwierig zu umgrenzen sein; denn Ausländer, die schon längere Zeit im Staate verweilt haben, zu privilegieren würde nicht angehen, und wie lange Zeit sollte man als Erfordernis für die unbedingte Anwendung der Strafgesetze festsetzen? Selbstverständlich könnten auch regelmäßig nur streng positive und zugleich von den strafrechtlichen Normen anderer Staaten abweichende Strafgesetze in Betracht kommen, und je nach dem Maße der strengeren Positivität und Besonderheit der einzelnen strafgesetzlichen Bestimmung müßte man die Frist länger oder kürzer bestimmen, aber auch nach der dem einzelnen Fremden gegebenen Veranlassung und Gelegenheit, über das Strafgesetz Erkundigungen einzuziehen. Man wird endlich bemerken dürfen daß, wer ein fremdes Land betritt, ohne weiteres, bis er mit den dortigen Verhältnissen und Gesetzen einigermaßen bekannt geworden ist, mit einer gewissen Vorsicht auftreten wird. Die Abhilfe[115]) wird also besser einerseits durch das Ausmaß der Strafe oder durch die Begnadigungsgewalt gegeben. werden. Bei manchen mehr polizeilichen Vorschriften ist übrigens ohnehin zur Bestrafung wissentliche Übertretung erforderlich, und dann ist der Ausländer, der das Gesetz nicht kannte, ohne weiteres straffrei. Denkbar ist endlich, daß

---

[113]) Vgl. darüber z. B. *Quistorp*, Grundsätze des deutschen peinlichen Rechts, Bd. **1** § 48 und der das. gegebenen Zitate.

[114]) Ausdrücklich gegen die Berücksichtigung des Rechtsirrtums auf Grund der Eigenschaft als Ausländer; OT. Berlin 4. Februar 1872 G. Arch. **27** S. 251.

[115]) In denjenigen Ländern, in denen für die Strafverfolgung durch den öffentlichen Ankläger das Opportunitätsprinzip gilt, kann ja durch dieses leicht Abhilfe gegen unbillige Anwendung des Strafgesetzes auf Ausländer geschaffen werden.

Individuen, die einer ganz andern, niedrigen Kulturstufe angehören, in einen hochzivilisierten Staat gebracht werden. Wenn sie hier ihren moralischen und rechtlichen Anschauungen gemäß handeln,[116]) so wäre ihre Bestrafung nach den Gesetzen unseres Staates ungerecht. Die Abhilfe ist aber hier nicht durch eine Exemtion von dem territorialen Strafgesetze, vielmehr durch angemessene Bestimmungen über die Zurechnungsfähigkeit zu erlangen; daß der § 51 unseres StGB. hier ausreicht, kann freilich nicht behauptet werden. Beiläufig aber sei bemerkt, daß ein Türke, der im Deutschen Reiche eine mehrfache Ehe eingeht, nicht deshalb wegen Bigamie bestraft werden kann; denn die türkische Ehe ist nicht die Monogamie, auf deren Schutz sich StGB. § 171 bezieht.

Alb. Rolin[117]) vertritt indes eine Ausnahme, die von der sonst Platz greifenden Anwendung lediglich des inländischen Strafgesetzes zu machen wäre. Er ist der Ansicht, daß der Beginn der strafrechtlichen Zurechnungsfähigkeit bei jugendlichen Personen nach deren heimatlichem Gesetze richtiger beurteilt werden müsse, und daß auch in den Fällen, in welchen die Strafbarkeit einer Handlung von dem jugendlichen Alter der durch die Handlung betroffenen Person abhängt, das heimatliche Gesetz dieser letzteren Person, nicht aber die *Lex loci actus* das maßgebende Alter zu bestimmen habe;[118]) denn die Verschiedenheit der gesetzlichen Bestimmungen beruhe hier nur auf einer Berücksichtigung der natürlich vorhandenen, besonders der durch das Klima bedingten Eigenschaften der Individuen, wenn z. B. das italienische Gesetz das Alter der absoluten Unverantwortlichkeit schon mit dem vollendeten neunten, das schwedische Gesetzbuch aber erst mit dem vollendeten vierzehnten Lebensjahre endigen lasse. Die Richtigkeit dieser Ausführung *in abstracto* ist nicht zu bestreiten, sofern es sich handelt um Personen von reiner (väterlicher- und mütterlicherseits)

---

[116]) Z. B. Rache gegen einen Stammesgenossen ausüben.

[117]) Brüsseler *Revue de droit international* **31** (1899) S. 43—78 und die Ausführungen im *Annuaire de l'Inst. d. dr. intern.* **19** S. 165ff. Daselbst auch die Begutachtung von *Hagerup*, *Stoerk*, *Lammasch*, *Kebedgy*, *Monluc*, *Harburger*, die im ganzen — mit Ausnahme der von *Harburger* gemachten Äußerungen — dem von *Alb. Rolin* empfohlenen neuen Rechtssatze wenig günstig sind.

[118]) Z. B. die Verführung ist nur strafbar, wenn die verführte Person nicht 16 Jahre alt ist.

einer und derselben nationalen Abstammung, die auch nicht in einem anderen Lande, als eben im Lande dieser Abstammung aufgewachsen sind. Treffen diese Voraussetzungen aber nicht zu, so wird das Prinzip versagen, und den Richter völlig ratlos lassen. In dem zweiten jener beiden Fälle aber, wo es sich nicht um die Nationalität des Schuldigen, vielmehr um die Abstammung der verletzten Person handelt, würde insofern auch eine bedenkliche Rechtsunsicherheit die Folge sein, als einerseits der Handelnde sich sehr leicht auf Unkenntnis berufen könnte — der im Staate A. Befindliche braucht doch das im Staate B. geltende Strafrecht nicht zu kennen — und als andererseits sogar eine zutreffende Erkundung des Alters einer Person die Erlaubtheit einer Handlung nicht einmal absolut feststellen, also zu unrichtigen Anklagen und selbst Erpressungen leicht Anlaß gegeben sein würde. Die Analogie des Zivilrechts trifft hier nicht zu. Im Zivilrecht ist es von größter Bedeutung, eine einheitliche Beurteilung der Vermögens- und persönlichen Verhältnisse einer Person aufrecht zu erhalten; es führt die schwersten Mißstände mit sich, wenn X. in seinem Vaterlande minderjährig, bei Überschreitung der Grenze als volljährig gelten soll. Im Strafrecht dagegen stehen einzelne von einander unabhängige Handlungen in Frage. Diese kann die Gesetzgebung des Staates A. sehr wohl anders beurteilen als die Gesetzgebung des Staates B., und nicht immer entsprechen die von einer Gesetzgebung gezogenen Altersgrenzen den wirklichen Verhältnissen von Rasse und Klima.

Bei den gesetzlichen Bestimmungen der Altersgrenzen der Zurechnungsunfähigkeit kommen zudem auch andere Erwägungen in Betracht, als eben nur die Rücksicht auf die natürliche Entwicklung des Individuums, z. B. die Beantwortung der Frage, inwieweit die Strafe Besserungsstrafe sein soll, und sodann ist es möglich, daß durch längeren Aufenthalt in einem Lande die Entwicklung eines fremdländischen Individuums verlangsamt oder beschleunigt wird, wie denn auch die nationale, von der Staatsangehörigkeit oft verschiedene Abstammung in jener Beziehung nicht gleichgültig sein dürfte. Es kann also nicht einfach die formelle Feststellung der Staatsangehörigkeit entscheiden, wie im Zivilrecht, wo es eben nicht so sehr auf materielle Gerechtigkeit ankommt. Aber Alb. Rolin hat in einem Punkte recht. Die nordischen Länder sind südländischen jugendlichen zurechnungsfähigen Verbrechern gegenüber entwaffnet, während in Ländern, welche die Grenze möglicher strafrechtlicher Verantwortlichkeit früher beginnen lassen, die letztere bei Ausländern gleichwohl auf Grund individuell mangelnder Entwicklung verneint werden könnte. Die Abhilfe kann wohl nur, aber auch nur für den Fall, daß es sich um das jugendliche Alter des Schuldigen handelt, dadurch geschaffen werden, daß die Grenzen relativer strafrechtlicher Strafmündigkeit etwas weiter gesteckt werden, was auch aus anderen Gründen empfehlenswert scheint.

**§ 73.** Ist dagegen die Strafbarkeit einer Handlung davon abhängig, daß sie ein bestimmtes zivilrechtliches oder öffentlich-rechtliches Rechtsverhältnis verletzt, so kann die Frage der Existenz (Begründung oder Fortdauer) dieses Rechtsverhältnisses nur nach ausländischem Rechte beurteilt werden, wenn die Grundsätze des internationalen Privatrechtes diese Beurteilung fordern,[119] so z. B. die Frage des Eigentums,[120] wenn es sich um Unterschlagung oder Diebstahl handelt.[121] Indes kann selbstverständlich die Verletzung eines im Auslande bestehenden oder begründeten Rechtsverhältnisses nicht strafrechtliche Folgen nach sich ziehen, welche nach unserem Gesetze nicht dafür bestimmt sind; und öffentlich-rechtliche Verhältnisse auswärtiger Staaten genießen, wie noch unten dargelegt werden wird, keineswegs immer den Schutz unseres Strafgesetzes.[122] Andererseits läßt sich auch mit Grund behaupten, daß eine Handlung, die nach unserer Rechtsauffassung lediglich aus dem Gesichtspunkte der Verletzung eines bestimmten Rechtsverhältnisses strafbar ist, selbst wenn sie in unserem Territorium begangen wurde,

---

119) Über diese Frage besonders *Neumeyer*, Zeitschr. **23** S. 436—458.

120) RG. I 1. April 1895 E. **27** Nr. 50, bes. S. 137.

121) Ausschluß der Fortdauer des im Deutschen Reiche begründeten ehelichen Güterrechts unter Umständen nach dem Gesetze des auswärtigen Staates zu beurteilen, als Vorfrage bei einer Anklage wegen Betrugs, RG. IV 1. Mai 1900, E. **33** Nr. 81 S. 25.

122) Die Befugnis einer ausländischen Behörde zur Abnahme von Eiden und Versicherungen an Eides statt ist nach dem betreffenden ausländischen Rechte zu beurteilen. (So RG. II 20. November 1880, E. **3** Nr. 28 S. 70). Aber damit ist noch nicht entschieden, ob ein Konsul eines auswärtigen Staates bei uns zu solchen Handlungen befugt ist, eine Frage, die dies Urteil des RG. außer acht läßt. M. E. besteht diese Befugnis nur in Ansehung der freiwilligen Gerichtsbarkeit (mit Einschluß anderer Konsulatshandlungen) unter Beschränkung auf Angehörige desjenigen Staates, der den Konsul angestellt hat.

auch bei uns nicht strafbar ist, falls das auswärtige Recht, welches für das betreffende Rechtsverhältnis maßgebend ist, sie nicht als Verletzung dieses Rechtsverhältnisses betrachtet.[123]) Und das Rechtsverhältnis könnte auch ein solches sein, dessen Realisierung oder Schutz durch bei uns auszusprechende Strafen, unseren rechtlichen oder moralischen Anschauungen absolut widerstreben würde, z. B. Sklaverei oder Polygamie. Dann könnte natürlich auch von einer Bestrafung der im Inlande begangenen, dieses Verhältnis verletzenden Handlung keine Rede sein. Für bloße Tatsachen,[124]) von denen die Strafbarkeit einer Handlung abhängt, kommt deren Beurteilung nach auswärtigem Rechte selbstverständlich nicht in Betracht. Es kann aber zuweilen zweifelhaft erscheinen, ob reine Tatsachen oder Rechtsverhältnisse oder Rechtsfolgen, welche an die Tatsachen sich anschließen, gemeint sind; z. B. wenn das Gesetz von Minderjährigen spricht, so können damit Personen gemeint sein, welche das nach bürgerlichem Recht bestimmte Alter der Volljährigkeit noch nicht erreicht haben — reine Tatsachen — oder aber Personen, welche noch nicht geschäftsfähig sind. Im ersten Falle wird das heimatliche Gesetz der Person nicht in Betracht kommen, wohl aber im zweiten (vorbehaltlich eines etwa zu berücksichtigenden Irrtums des Angeklagten). So muß z. B. im Falle des StGB. § 302 das heimatliche Gesetz des Übervorteilten entscheiden.[125])

**§ 74.** Nachdem wir die Konsequenzen des Territorialitätsprinzips dargelegt haben, wird es jetzt angemessen sein, das aktive Personalitätsprinzip noch in einigen Beziehungen zu betrachten.

---

[123]) So z. B., wenn das heimatliche Recht auswärtiger Ehegatten den einfachen Ehebruch des Mannes gar nicht beachtet, oder überhaupt den Ehebruch nicht bestraft, unser Gesetz aber das Recht des beleidigten Ehegatten als wesentlich für den Tatbestand des Ehebruchs ansieht, wie aus der Ausschließung der Bestrafung von Amts wegen sich ergibt. (A. M. über diesen Fall *Neumeyer* S. 445). Um einen Mangel der Zuständigkeit der inländischen Strafgewalt handelt es sich hier allerdings nicht, vgl. die im *Journal de droit international privé* **27** S. 114 und **28** S. 120 mitgeteilten Urteile französischer Gerichte.

[124]) Hängt die Strafbarkeit einer im Inlande vorgenommenen Handlung aber davon ab, daß eine früher vorgenommene andere Handlung rechtswidrig oder strafbar war (vgl. StGB. 259), und ist diese im Auslande vorgenommen, so ist selbstverständlich jene Rechtswidrigkeit oder Strafbarkeit nach dem Gesetze des Auslandes zu beurteilen. Es steht dann eine rechtlich qualifizierte Tatsache in Frage.

[125]) Ebenso *Binding*, Lehrb., besonderer Teil **1** (2. Aufl.) § 103 I.

Es ist oben der auch in dem gegenwärtigen StGB. enthaltene Satz vertreten, daß bei gemeinen und nicht auch als sogen. Staatsverbrechen behandelten Straftaten durch Straflosigkeit der Tat am Tatort, auch Straflosigkeit des im Auslande handelnden Inländers begründet werde. Hierbei kann es nicht ankommen auf Straflosigkeit der allgemeinen Kategorien von Handlungen, unter welche nach inländischem Gesetze die Tat subsumiert werden könnte; vielmehr steht es hier ebenso wie bei der Anwendung eines neuen Strafgesetzes: es kann allein in Betracht kommen, ob die konkrete Tat nach dem ausländischen Gesetze strafbar ist; den Handelnden konnte nur dies interessieren; die Strafbarkeit oder Straflosigkeit der Tat in anderen Fällen war für seine Rechtssicherheit, für seine Handlungsfreiheit ohne Bedeutung.[125a]) Andererseits ist es aber auch ohne Bedeutung für den Handelnden, ob, wenn er im Inlande gestraft wird, seine Handlung im Auslande unter die allgemeine Kategorie eines Verbrechens, Vergehens oder einer Übertretung fallen würde, vorausgesetzt jedoch, daß die nach dem ausländischen Gesetze zu verhängende mildere Strafe auch von dem inländischen Richterspruch nicht überschritten werden darf. Die früher von mir vertretene, aber im Lehrbuch S. 257ff. schon aufgegebene Ansicht, der zufolge die nach ausländischem Rechte als Übertretung zu qualifizierende Handlung bei uns nicht verfolgt werden soll, hängt mit meiner rüheren, ebenfalls aufgegebenen Ansicht zusammen, welche die mildere Strafe des ausländischen Rechtes nicht berücksich-

---

125a) Die Strafbarkeit der Tat ist also, damit Bestrafung eintreten könne, doppelt festzustellen: 1. nach dem Gesetz des Inlandes, 2. nach dem Gesetz des Tatortes. Im Geschwornengericht bedarf es eines zweifachen auf Schuldig lautenden Schuldspruchs, der allerdings auch in einen Satz zusammengefaßt werden kann. Drei Urteile des preußischen OT. vom 18. November 1861, 2. Oktober 1862 und 9. Februar 1865 (GArch. **10** S. 51 und **13** S. 504) gingen richtig davon aus, daß es darauf ankomme, ob die Tat *in concreto* nach ausländischem Gesetze strafbar sei, gelangten jedoch zu dem unrichtigen Ergebnisse, daß die Strafbarkeit nach dem ausländischen Gesetze vom Gerichtshofe, nicht von den Geschwornen festzustellen sei. Es handelt sich aber darum, ob der Angeklagte auch nach dem Gesetze des Tatortes im Sinne des dortigen Gesetzes schuldig ist. Richtig: *Waag* GS. **37** S. 644ff. und RG I 14. Januar 1886 E. **13** Nr. 73, bes. S. 232 und 30. April 1898 E. **31** Nr. 39 S. 122. Aber es wird — was das RG. verneint — auch die Eigenschaft des Angeklagten als eines Deutschen durch die Geschworenen festgestellt werden müssen; denn nur unter dieser Voraussetzung ist der Angeklagte nach StGB. § 4 in dem fraglichen Fall an die deutschen Gesetze gebunden, nach ihnen schuldig.

tigte.[125b]) Es ist hier auch nicht zu unterscheiden zwischen Voraussetzungen der Schuld und Voraussetzungen der Strafbarkeit.[125c]) Wird nach dem Gesetze des Tatortes ein Strafantrag des Verletzten zur Bestrafung gefordert und fehlt dieser, so ist die Tat des Inländers auch bei uns nicht strafbar. Es ergibt sich dies aus der später darzulegenden Bedeutung des Strafantrages. Legt die ausländische Rechtsordnung, die hier doch einmal für maßgebend erklärt ist, der Tat strafrechtliche Bedeutung bei Nichtexistenz eines Strafantrages nicht bei, so kann eine strafrechtliche Bedeutung nach dem einmal angenommenen Prinzip auch für unsere Rechtsordnung im konkreten Falle nicht angenommen werden. (Das entspricht auch der Billigkeit; der Handelnde hat mit Grund z. B. im konkreten Falle auf Zustimmung oder Verzeihung des Verletzten gerechnet.) Die betreffende ausdrückliche Bestimmung unseres StGB. § 5, 3) ist also durchaus richtig.

Der weiteren Konsequenz nach muß dann auch der nach dem Rechte des Tatorts eingetretene Ablauf der Antragsfrist die Bestrafung bei uns ausschließen.[126]) Andererseits muß aber die Stellung des Antrags bei der ausländischen Behörde in den ausländischen Formen, wie die Stellung des Antrages bei der zuständigen inländischen Behörde in den inländischen Formen zur Bestrafung genügen (vorausgesetzt, daß die inländische Frist gewahrt ist); denn im ersten Falle ist die Handlung nach dem ausländischen Gesetze konkret betrachtet nicht straflos, und im zweiten Falle wird die Strafsache durch Anhängigmachung bei der inländischen Strafgewalt nunmehr zu einer formell inländischen Strafsache: es tritt hier die zugleich prozessuale Natur des Strafantrags hervor.[126a]) Daß der Antrag bei der

---

125b) Ebenso ist es gleichgültig, wie die am Orte der Tat geltende Gesetzgebung die Tat rechtlich qualifiziert, falls sie dieselbe überhaupt für strafbar erklärt. So auch RG. I 9. Januar 1882 und 3. Januar 1884 E. **5** Nr. 149 und **9** Nr. 111 S. 380.

125c) Vgl. auch die ausdrückliche Bestimmung in § 4 a. E. des österreichischen Entwurfs v. 1893, die sich freilich nur auf Ausländer bezieht (die im Auslande nicht gegen den österreichischen Staat gerichtete Verbrechen begangen haben und nicht ausgeliefert werden), denen die am Tatorte geltende Straflosigkeit der Tat zugute kommen soll „und ist die Verfolgung nur unter denjenigen Voraussetzungen und Beschränkungen zulässig, welche für die Bestrafung der begangenen Handlung nach den Gesetzen des Tatortes maßgebend wären“.

126) Ebenso die Rücknahme des Antrags (falls bei einer inländischen Behörde ein Antrag noch nicht gestellt ist).

126a) Vgl. *Neumeyer*, Zeitschr. **23** S. 456.

ausländischen Behörde gestellt werde, kann aus letzterem Grunde nicht verlangt werden.[127])

**§ 75.** Wie bemerkt kann der Staat seine im Auslande weilenden Angehörigen auch unbedingt — d. h. ohne Rücksicht auf die im Auslande geltende Straffreiheit der Handlung — durch das inländische Strafgesetz verpflichten.[128]) Es wird aber, abgesehen von Staatsverbrechen, nur in besonderen Ausnahmefällen geschehen dürfen,[129]) und von selbst versteht es sich nie, auch nicht in dem Falle, daß jemand, um straflos eine bestimmte Handlung begehen zu können, sich ins Ausland begibt. In diesem Falle, welcher in früherer Zeit nicht selten als Handeln *in fraudem legis* aufgefaßt wurde,[130]) sollte ebendeshalb unbedingt das inländische Strafgesetz Anwendung finden. Es ist aber unrichtig, hier von einem Handeln *in fraudem legis* zu reden.[131]) Es wird hier weder ein Tatbestand entstellt noch dem Sinne des Gesetzes unter Benutzung seines Buchstabens

---

[127]) Übereinstimmend insoweit RG. II 9. April 1895 E. **27** Nr. 60 S. 161.

[128]) Eine Anzahl englischer Gesetze bestraft bestimmte außerhalb Englands vorgenommene Handlungen englischer Staatsangehöriger, ohne Rücksicht zu nehmen auf am Orte der Tat geltende Gesetze (vgl. besonders *Hintrager* S. 82ff.). Dies sind aber sehr schwere Verbrechen, und sodann wollte man insbesondere auch diese Verbrechen strafen, wenn sie in Gebieten begangen würden, die einem Staate überhaupt nicht oder nichtzivilisierten Völkern angehören. Ein erhebliches Argument kann also gegen die im Texte vertretene Ansicht aus dieser Gesetzgebungspraxis kaum abgeleitet werden (vgl. unten §§ 76, 77). — Besonders nahe liegt es, die Gesetze, welche die Verletzung familienrechtlicher oder vormundschaftlicher Pflichten ahnden, unbedingt auf im Auslande vorgenommene Handlungen zu erstrecken, z. B. einen im Auslande erfolgten Ehebruch nicht deshalb straflos zu lassen, weil das Gesetz des Tatortes den Ehebruch überhaupt nicht (so das Genfer StGB.) oder nur unter besonderen Voraussetzungen straft, welche das heimatliche Gesetz des Schuldigen nicht fordert. (Z. B. straft das französische Gesetz den Ehebruch des Mannes nur, wenn er *«aura entretenu une concubine dans la maison conjugale».*) Aber einerseits wird durch solche Bestimmungen das Strafgesetz kompliziert, und andererseits kann die Diskrepanz der Bestimmungen in Gesetzgebungen von Staaten wesentlich gleicher Kultur die Frage nahelegen, ob die inländische Gesetzgebung sich hier auf dem rechten Wege befindet, und ob deshalb solche Überspannung des inländischen Rechts empfehlenswert ist.

[129]) So z. B. von *Henke* **1** S. 606, *Martin* § 26 zu Anm. 9, *Köstlin* **1** S. 34, *Berner*, Wirkungskreis S. 136, *Geib* **2** S. 52.

[130]) So zuweilen in der englisch-nordamerikanischen Jurisprudenz auch wohl legislativ, um Erstreckung der Strafgesetze auf Inländer im Auslande zu rechtfertigen, vgl. darüber *Hintrager* S. 83. — Auch das dänische StGB. § 4 bestimmt: „Wenn ein dänischer Untertan, um ein im Inlande geltendes Verbotsgesetz zu umgehen, die vom Gesetze unter Strafe gestellte Handlung im Ausland begeht, soll er ebenso behandelt werden, wie wenn er sie im Inland begangen hätte.“ Ähnlich bayrisches StGB. v. 1861 Art. 10.

[131]) Vgl. gegen diese Ansicht treffend: *Rohland* S. 80ff. Eigentlich wird in solchem Falle das Sichbegeben in das Ausland bestraft.

entgegengehandelt, vielmehr nur jenseits der Grenze gehandelt, welche das Gesetz selbst seiner bindenden Kraft gesetzt hat. Daß es Gesetze geben kann, denen man leicht, ohne auf anderweite Zwecke verzichten zu müssen, durch einen Aufenthalt im Auslande sich zu entziehen vermag, ist freilich nicht zu leugnen. Aber entweder kann der Gesetzgeber hier durch eine ausdrückliche Bestimmung helfen, oder das Gesetz ist mit Rücksicht auf den stattfindenden internationalen Verkehr fehlerhaft und unpraktisch. Den Vertretern des exklusiven Territorialitätsprinzips hat allerdings die Theorie des Handelns *in fraudem legis* zuweilen als Aushilfsmittel gedient, jenes Prinzip praktisch weniger bedenklich erscheinen zu lassen.

**§ 76.** Rationellerweise wird aber der Staatsangehörige von der Beobachtung der inländischen Strafgesetze für befreit nicht zu erachten sein, wenn er in einem keiner Staatshoheit unterworfenen Gebiete oder im Gebiete nichtzivilisierter Stämme sich aufhält, deren sittliche und rechtliche Anschauungen für uns nicht in Betracht kommen können.[132]) Nach der entgegengesetzten Ansicht würde den größten Schandtaten, z. B. bei Gelegenheit eines Schiffsbruchs, der zum zeitweiligen Aufenthalte auf einer wüsten Insel nötigt, bei Reiseexpeditionen in unbekannte Gegenden ein Freibrief ausgestellt werden. Es ist aber, um die Straflosigkeit in solchen Fällen auszuschließen, keineswegs erforderlich, auf das Schutz- oder Universalitätsprinzip[133]) zu greifen. Vielmehr gründet sich die nach Maßgabe des Gesetzes des Tatortes anzuerkennende Straflosigkeit (Erlaubtheit) der Handlung darauf, daß eine an diesem Orte bestehende und von uns als in ihrer Sphäre gleichberechtigt anzuerkennende Rechtsordnung dem Täter die in Betracht kommende Handlungsfreiheit gewährt. Es ist nicht ein Vakuum, auf das die Straflosigkeit sich gründet, vielmehr liegt, genauer betrachtet, ein positives Gewähren dieser Straflosigkeit vor, und dies fehlt in wüsten oder im Besitze nichtzivilisierter Stämme befindlichen Gebieten.

---

132) In diesem Sinne besonders schon *Berner*, Wirkungskreis S. 168 (und später Lehrb. S. 127). Die englische Gesetzgebung hat mit besonderer Sorgfalt die Bestrafung schwerer von englischen Untertanen im Auslande begangener Verbrechen auf solche Fälle miterstreckt, vgl. *Hintrager* S. 82 ff.

133) Ein Vakuum existiert freilich nach dem reinen Territorialitätsprinzip, wie solches für die englische Gesetzgebung behauptet wird.

Dem Wortlaute des StGB. und der Entstehungsgeschichte der Bestimmung des § 4, Nr. 3 zufolge ist es nun bestritten, ob eine Bestrafung deutscher Reichsangehöriger auf Grund des deutschen Gesetzes in den bezeichneten Fällen zulässig ist.[134]) Ein wissenschaftliches Interesse bietet diese Kontroverse des positiven Rechts nicht. Es soll daher darauf nicht eingegangen werden, da eine Deklaration bei der in Aussicht genommenen Reform des Strafrechts schwerlich umgangen werden kann, und daß diese in dem Sinne der vorstehenden Ausführungen erfolgen muß, erscheint mir, obwohl *de lege lata* die entgegengesetzte Ansicht überwiegt, nicht zweifelhaft.[135]) Es kann sich nur fragen, ob nach dem Beispiele der englischen Gesetzgebung einzelne schwere Verbrechen, wenn von Deutschen in wüsten Gebieten oder in Gebieten nichtzivilisierter Völkerschaften begangen, dem deutschen Strafgesetze unterworfen werden sollen, oder ob generell eine solche Unterwerfung auszusprechen ist. Die

---

[134]) Dafür habe ich mich im Lehrb. auf Grund allgemeiner rationeller Erwägung (so eigentlich auch *Binding* **1** S. 436, der hier eine „berichtigende Auslegung des Gesetzes" annimmt) und deshalb ausgesprochen, weil in den Konsulargerichtsbezirken die Deutschen auch dem deutschen Gesetze ohne die erwähnte Beschränkung der Nr. 3 des § 4 unterworfen sind. Die Ratio der Konsulargerichtsbarkeit ist eben die von der unsrigen stark abweichende ethische Kultur der Länder, in welchen diese Gerichtsbarkeit stattfindet, in welchen aber eine wirkliche von uns als solche anerkannte Staatsgewalt, wie z. B. in der Türkei, existiert. Der erste Grund trifft noch mehr zu, in solchen Gebieten, die im Besitze nichtzivilisierter Stämme oder in niemandes Besitz sich befinden. — § 77 des Konsulargerichtsbarkeitgesetzes v. 7. April 1900 läßt sich indes für diese Ansicht, wie freilich *Liszt* § 223 annimmt, nicht verwenden. § 2 des genannten Gesetzes kann auf die an deutsche Konsulargerichtsbezirke angrenzenden Gebiete bezogen werden, die der sog. deutschen Interessensphäre angehören (vgl. gegen die Verwendung des § 77 auch *Olshausen* § 4 Anm. 16). Ebensowenig kann aber jener § 77 in entgegengesetztem Sinne angeführt werden (so freilich *Finger* **1** S. 170). Mit mir im Ergebnis übereinstimmend, außer *Binding* und *Liszt*, *H. Meyer* § 16 zu Anm. 36 (anders in früheren Auflagen), *Fuld* GS. **42** S. 37 und **45** S. 248. Entgegengesetzter Ansicht: *Hälschner* **1** S. 167 Anm. 1, *Oppenhoff* § 4 Anm. 24a, *Schütze* § 20 Anm. 14, *Geyer* **1** S. 96, *Olshausen* a. a. O. So *Frank* § 4 III 3b, auch *Hippel*, D. Juristenzeitung **2** S. 213ff., wie die Motive des vom Bundesrate dem Reichstage 1876 vorgelegten Entwurfs der sog. Strafgesetznovelle, (der hier interessierende Teil ist abgedruckt in *Holtzendorffs* Handb. **4** S. 70 in der Ausführung *Schwarzes*), ebenso Motive eines Gesetzentwurfes v. 1889 betr. Beförderung polynesischer Arbeiter, endlich Motive des Gesetzentwurfes, betr. die Bestrafung des Sklavenhandels, v. 1895, vgl. *Hippel* a. a. O. Völlig verkehrt, aber treffend von *Hippel* widerlegt ist die freilich bei einer Reichstagsverhandlung vorgebrachte Ansicht, daß es nach § 4, 3 eintretenden Falles auf das Recht der „Wilden" ankommen würde!

[135]) *De lege ferenda* dürften auch die am Schluß der Anm. 134 genannten Autoren zustimmen, vgl. insbes. *Hippel* S. 216. Der Gesetzentwurf von 1876 ging zu weit, und dies veranlaßte Ablehnung der einschlagenden Bestimmung. Vgl. *Schwarze* in *Holtzendorffs* Handb. **4** S. 69.

Kasuistik der ersteren Methode entspricht nicht der Tradition der deutschen Gesetzgebung, welche umfassendere Prinzipien aufzustellen gewohnt ist; sie hat auch den Nachteil, daß leicht empfindliche Lücken gelassen werden. Bei Aufstellung eines umfassenden Prinzips läuft man dagegen Gefahr, ungerecht zu werden, da unter Umständen, die sich nicht genauer definieren lassen, in Gebieten jener Art eine größere Handlungsfreiheit als in einem zivilisierten Staate und speziell in einem von der deutschen Rechtsordnung und der deutschen Staatsgewalt beherrschten Gebiete Bedürfnis sein oder wenigstens nicht als verwerflich erscheinen kann. Daher wird es richtiger sein, zwar das deutsche Strafgesetz (abgesehen von den Übertretungen) für allgemein anwendbar zu erklären,[136]) aber dem Gerichte die Befugnis zu erteilen, nach Maßgabe der Umstände die Tat gelinder zu strafen oder selbst völlig für straflos zu erklären; kann man sich doch Fälle vorstellen, wo z. B. selbst eine Tötung in einem von Wilden bewohnten Territorium kraft eines weiteren Notwehrrechtes jedem Vernünftigen erlaubt erscheinen könnte. Die Bedenklichkeit eines freien richterlichen Ermessens, welches völlig außerhalb der hergebrachten und sehr zutreffenden Rechtsanschauung liegt, würde jedenfalls erträglich sein, wenn in schweren Fällen dem Angeklagten wie der Staatsanwaltschaft darüber der Rechtszug an das höchste deutsche Gericht offen stände.

**§ 77.** Es würde übrigens empfehlenswert und mit den oben dargelegten Grundsätzen durchaus vereinbar sein, Verbrechen, welche in herrenlosen oder von nichtzivilisierten Völkerschaften bewohnten Gebieten von Seeleuten und Angestellten oder von Passagieren deutscher Seeschiffe begangen werden ebenfalls dem deutschen Strafgesetze zu unterwerfen; denn hier kann in der Tat von einer besonderen durch den Willensakt dieser Personen begründeten Unterwerfung unter das heimatliche Gesetz des Schiffes gesprochen werden; es wird die nach allgemeinen völkerrechtlichen Grundsätzen bestehende

---

136) Nach dem französischen Gesetze v. 1866 kommt es bei im Auslande begangenen Verbrechen (*Crimes*) der Franzosen auf Straflosigkeit am Orte der Tat nicht an. Dieser grundsätzlich verschiedenen Behandlung von Verbrechen und andererseits Vergehen wird man bei uns nicht zustimmen.

Herrschaft dieses Gesetzes nur zeitlich etwas ausgedehnt bis ein anderes örtlich zuständiges Gesetz an die Stelle tritt.

Demnach würde etwa durch folgende gesetzliche Vorschrift das StGB. zu vervollständigen sein:[137])

„Auf Handlungen,[137a]) welche von Deutschen an Orten oder in Gebieten begangen werden, die im Besitze nichtzivilisierter Völkerschaften sich befinden oder einem Staate überhaupt nicht angehören, findet das deutsche Strafgesetz Anwendung. Jedoch kann das Gericht nach Maßgabe der Umstände und Verhältnisse, unter denen die Handlung geschah, auf eine geringere Strafe als die nach deutschem Gesetze sonst angemessene erkennen oder auch die Handlung für straflos erklären. Würde bei einer im Inlande vorgenommenen Handlung der gleichen Art die Strafe im Höchstbetrage eine Strafe von . . . . . sein können bezw. auf eine Strafe von . . . . . erkannt sein, so steht der Staatsanwaltschaft bezw. dem Angeklagten wegen unrichtiger oder unangemessener Anwendung, bezw. Nichtanwendung dieser letzteren Bestimmung der Rechtszug an das Reichsgericht offen.

Diese Bestimmungen finden Anwendung auch auf Seeleute, Angestellte und Passagiere deutscher Seeschiffe; auf letztere, solange sie sich von Seeleuten des Schiffes oder von deutschen Passagieren nicht endgültig getrennt haben.“[138])

**§ 78.** Da die Bestrafung der Inländer wegen im Auslande vorgenommener Handlungen sich auf die Verpflichtung zum Gehorsam gegen den Heimatstaat gründet, so ist zur Bestrafung auf Grund des inländischen Gesetzes erforderlich, daß der Schuldige zur Zeit der Tat bereits Staatsangehöriger war, während andererseits die Bestrafung nicht ausgeschlossen wird durch eine nach Begehung der Tat, also nach verwirkter Strafe, eintretende Beendigung des Staatsangehörigkeitsverhältnisses.[139])

---

[137]) Die Redaktion ist selbstverständlich nach Maßgabe der demnächstigen Strafprozeßordnung modifiziert und auch nach dem Stufensystem des künftigen StGB. genauer zu geben.

[137a]) Selbstverständlich nicht auf Übertretungen.

[138]) Die Herrschaft eines und desselben Strafgesetzes für sämtliche Beteiligte bei einem Schiffbruche oder einer vom Schiffe aus unternommenen Expedition in unbewohnte Gegenden wird gewiß zweckmäßig sein. Man denke z. B. an Notstandsfälle. Vgl. in diesem Sinne *Ortolan* **1** n. 931.

[139]) Beides ist auch die von fast sämtlichen Autoren für das StGB. angenommene Ansicht (vgl. die Nachweisung bei *Olshausen* § 4 Anm. 8). *Hälschner* hatte früher (GS. **30** S. 164) aus dem wörtlichen Ausdruck des StGB. „Jedoch

Wenn das StGB. § 4 a. E. in dem Falle, daß jemand erst nach Begehung der Tat deutscher Reichsangehöriger geworden ist, gleichwohl eine Bestrafung unter der Voraussetzung für zulässig erklärt, daß die Bestrafung von der kraft Territorialitätsprinzips zuständigen Auslandsbehörde beantragt wird, so beruht dies auf dem im StGB. § 9 angenommenen Grundsatze, Deutsche, also auch Deutsche, die das deutsche Indigenat erst nach Begehung der Tat erworben haben, einer ausländischen Regierung nicht zur Bestrafung auszuliefern, ein Grundsatz, der ohne jene die Konsequenz durchbrechende besondere Bestimmung das Deutsche Reich zu einem sicheren Asyl gestalten könnte für Personen, denen es gelingen würde, unter Verheimlichung der von ihnen begangenen Verbrechen, sich im Deutschen Reiche naturalisieren zu lassen. Jener besonderen Bestimmung würde es indes nicht bedürfen, wenn in das StGB. die schon besprochene allgemeine Bestimmung aufgenommen würde, welche gestattet, eine Person zu strafen, obgleich weder sie selbst, noch der Ort der Tat dem Inlande angehört, falls eine Auslieferung aus anderen Gründen, als wegen des Charakters der Tat, ausgeschlossen ist.[139a]) Die Verpflichtung durch das heimatliche Gesetz erlischt mit dem Augenblicke, in welchem der Inländer mit Maßgabe des inländischen Gesetzes aufhört Inländer

---

kann nach den Strafgesetzen des Deutschen Reichs verfolgt werden ... 2. ein Deutscher usw." den Schluß gezogen, daß nur im Zeitpunkte der Verfolgung der Schuldige deutscher Staatsangehöriger zu sein brauche. Später (1 S. 171) hat *Hälschner* die Ansicht vertreten, daß die Eigenschaft des Schuldigen als eines Deutschen sowohl zur Zeit der Tat wie zur Zeit der Verfolgung erfordert werde, wenn die Bestimmung des § 4 Nr. 3 und nicht die Bestimmung der Schlußsätze des § 4 Anwendung finden solle. Aus dem Ausdrucke „Verfolgung" ist aber nicht zu schließen, daß das Gesetz hier ein prozessuales Erfordernis aufgestellt habe, das als solches auch zur Zeit der Eröffnung der Untersuchung vorhanden sein müßte. Die Zulässigkeit der Verfolgung bezeichnet hier einfach die Zulässigkeit der Bestrafung. Vgl. auch Vertrag zwischen dem Norddeutschen Bunde und den Vereinigten Staaten von Amerika, betreffend die Staatsangehörigkeit usw., v. 22. Februar 1868 RGBl. 1868 S. 228 (sog. Bancroft-Vertrag), Art. 2: „Ein naturalisirter Angehöriger des einen Theils soll bei etwaiger Rückkehr in das Gebiet des andern Theils wegen einer nach den dortigen Gesetzen mit Strafe bedrohten Handlung, welche er vor seiner Auswanderung verübt hat, zur Untersuchung und Strafe gezogen werden, sofern nicht nach den bezüglichen Gesetzen seines ursprünglichen Vaterlandes Verjährung eingetreten ist."

139a) Solange wir freilich ein Auslieferungsgesetz entbehren müssen, wird auch aus diesem Grunde eine besondere Bestimmung über die hier fraglichen Fälle erforderlich sein. Über meinen auf Erlaß eines Auslieferungsgesetzes 1892 im Deutschen Reichstage gestellten Antrag und über die Angemessenheit eines solchen Gesetzes vgl. *v. Martitz* 2 S. 756ff. und *Frank* in den Blättern für vergleichende Rechtswissenschaft und Volkswirtschaft 1905 Sp. 129ff., 177ff.

(Deutscher) zu sein,[140]) ohne Rücksicht darauf, ob der Inländer eine andere Staatsangehörigkeit erlangt, oder ob ein anderer Staat das Erlöschen der bisherigen Staatsangehörigkeit anerkennt oder nach völkerrechtlichen Grundsätzen anerkennen müßte.[141]) Denn der Staat hat in jenem Augenblicke das bisherige Treu- und Gehorsamsverhältnis für aufgelöst erklärt, und daran wird der Entlassene oder des Indigenats für verlustig Erklärte sich halten dürfen. Andererseits ist es für unsere Gerichte auch gleichgültig, ob eine Person, die nach unserm Gesetze Inländer ist, gleichzeitig von einem anderen Staate als dessen Staatsangehöriger betrachtet wird, obschon diplomatisches Einschreiten stattfinden kann, wenn die Bestimmung eines Gesetzes in dieser Beziehung nach völkerrechtlichen Grundsätzen als fehlerhaft zu bezeichnen ist.[142])

**§ 79.** Fraglich könnte erscheinen, ob nicht, wenn der Inländer die strafbare Handlung im Gebiete eines zivilisierten Staates begangen hat, zur Bestrafung im Inlande ein hierauf gerichteter Antrag dieses auswärtigen Staates oder, wenn eine bestimmte Person durch die Handlung verletzt wurde, ein Antrag des Verletzten zu fordern sei. Weder das eine noch das andere ist aber legislativ richtig; der Inländer wird wegen des im Auslande begangenen Deliktes bei uns bestraft, nicht weil ausschließlich das Ausland oder eine verletzte Privatperson ein Interesse an der Bestrafung hat, vielmehr weil vorzugsweise das Inland ein Interesse daran hat, daß Inländer auch im Aus-

---

[140]) Vgl. Urt. des preußischen OT. 25. März 1865 (G. Arch. **13** S. 350). — Von Unwirksamkeit einer Entlassung aus dem Grunde, daß der Entlassene in *fraudem legis* eine Handlung im Auslande straflos begehen wollte, kann nicht geredet werden, wohl aber von erschlichener Entlassung und andererseits Naturalisation. — Unterlassungsdelikte, bei denen die Eigenschaft eines Staatsangehörigen spezielles Tatbestandsmoment ist, also alle auf Erfüllung der Wehrpflicht bezüglichen Delikte, verjähren von dem Augenblick an, wo der Staat die Person nicht mehr als Staatsangehörigen (Reichsangehörigen) betrachtet, vgl. *Oppenhoff* zu § 140 Anm. 10.

[141]) Es ist also auch gleichgültig, wenn die Einwanderung des aus dem Staatsverbande Entlassenen in dem anderen Staate nicht gestattet, und der Entlassene zurücktransportiert wird. Das in der Zwischenzeit begangene Verbrechen ist nicht Verbrechen eines Inländers.

[142]) Über dergleichen Konflikte, der die Staatsangehörigkeit betreffenden Gesetze, vgl. *Baar*, Theorie und Praxis d. intern. Privatr. **1** S. 94 und *Cogordan*, *La nationalité au point de vue des rapports internationaux* **2** Edit. Paris 1890 S. 51. Zur Vermeidung solcher Konflikte und Reklamationen sind 1868—1872 die sog. Bancroft-Verträge zwischen den deutschen Staaten und Österreich-Ungarn einer- und andererseits den Vereinigten Staaten von Amerika geschlossen.

lande der Beobachtung der durch unsere Strafgesetze ausgesprochenen Moralgrundsätze sich nicht entziehen, und weil wir, da man den Inländer nicht ausliefert, die nachträgliche Einwirkung auf die allgemeine Moral vermeiden wollen, welche sich ergibt, wenn ein nachzuweisendes Verbrechen einer Person ungesühnt bleibt, der wir den dauernden Aufenthalt in unserem Lande gestatten müssen. Das StGB. kennt das Erfordernis des Strafantrags des Verletzten auf Grund der im Auslande erfolgten Begehung des Deliktes überhaupt nicht und verlangt den Antrag der zuständigen ausländischen Behörde, abgesehen von Staatsdienst- und Münzverbrechen, nur in dem Falle, daß der bei uns zu strafende Inländer die Inländerqualität erst nach Begehung der Tat erlangt hat. Ein genügender Grund, auch nur in diesem Falle den Antrag der ausländischen Behörde zu fordern, läßt sich aber kaum erweisen; auch für diesen Fall würde es sich daher empfehlen, künftig jenes Erfordernis der Strafverfolgung fallen zu lassen. Wenn der *Code d'instruction criminelle*[143]) bei Auslandsverbrechen der Franzosen «*Plainte*» des verletzten Franzosen forderte und das Gesetz von 1866 noch bei «*Délits*» entweder die «*Plainte*» des Verletzten oder eine offizielle Denunziation der Auslandsbehörde verlangt, so erklärt sich dies einerseits aus der Tradition, welche bei Auslandsverbrechen eine Verfolgung von Amts wegen weniger für gerechtfertigt hält, als auf besonderen Antrag,[143a]) andrerseits aus einer Konzession, die man den Verteidigern des exklusiven Territorialitätsprinzips zu machen sich veranlaßt fand. In ähnlicher Weise ist freilich — anscheinend aus der Erwägung, daß der moralische Schaden bei den Auslandsdelikten (außer in schwereren Fällen) im Inlande erst besonders manifest gemacht werden müsse — das bezeichnete alternative Erfordernis im italienischen GB. (Art. 5) aufgestellt. Andere Gesetze und Entwürfe kennen bei im Inlande strafbaren Auslandsdelikten weder das eine noch das andere dieser Erfordernisse. Doch ist selbstverständlich, daß die Stellung eines Antrags, sei es des Verletzten, sei es der Behörde des ausländischen Staates, ins Gewicht fallen wird,

---

143) Vgl. die Darstellung der Verhandlungen bei *Berner*, Wirkungskreis S. 95ff. — Das belgische Gesetz v. 17. April 1878 hat sich hier dem französischen Gesetze v. 1866 angeschlossen, *Haus* I n. 233.

143a) Die Accusatio der älteren Italiener!

insofern die Verfolgung des Auslandsdeliktes von dem Ermessen der inländischen Behörde abhängt.

Daß der Inländer freiwillig in den Heimatstaat zurückgekehrt sein müsse, wird in Frankreich auf Grund des Artikels 7 des *Code d'instr. crim.* bei den nicht gegen den französischen Staat gerichteten Staats- und Münzverbrechen und ebenso nach dem Gesetze von 1866 gefordert.[144]) Diese besondere Voraussetzung der Verfolgung von Auslandsdelikten hängt aber zusammen mit dem französischen Kontumazialverfahren, das ausgeschlossen sein soll.[145]) Aber ein Verfahren in Abwesenheit des Angeschuldigten wegen einer im Auslande begangenen Tat sollte überhaupt nie stattfinden. Für schwere Straftaten paßt ein zum Urteil gelangendes Verfahren in Abwesenheit des Angeschuldigten nicht, vielmehr nur Sicherung von Beweisen. Für leichtere Fälle, die als im Ausland vorgekommene, die inländische Strafjustiz doch weniger interessieren, paßt nicht der Apparat öffentlicher Ladungen usw. Bei Gesetzen, die in den hier in Betracht kommenden Fällen ein Kontumazialverfahren nicht zulassen, kann es sich nur darum handeln, ob man etwa Auslieferung der Schuldigen soll fordern können. Neuere Gesetze und Gesetzentwürfe anderer Länder sprechen nicht von freiwilliger Rückkehr des Schuldigen.[146])

**§ 80.** Von dem Prinzipe, daß der Deutsche für eine im Auslande begangene Handlung (die nicht zu den in § 4 Abs. 2 Nr. 1 und 2 hervorgehobenen Handlungen gehört) der deutschen Strafgewalt nur dann unterliegt, wenn er zur Zeit der Handlung bereits Deutscher war, macht § 4 Abs. 2 Nr. 3 E. für den Fall eine Ausnahme, daß der Deutsche erst nach Begehung der

---

[144]) Es ist dies freilich nicht unbestritten, wird aber wohl überwiegend angenommen. Einem späteren Gesetzesprojekte wollte der französische Senat sogar, um jeden Zweifel auszuschließen, bei dem Worte «*retour*» das Wort «*volontaire*» einschalten, *Garraud* 1 n. 163 Anm. 15

[145]) Es ist allerdings auch ein Auslieferungsgesuch ausgeschlossen.

[146]) In dem italienischen StGB. Art. 5 Abs. 1 heißt es: „*sempre che si trovi nel territorio del regno*", und darunter wird auch ein unfreiwilliger Aufenthalt verstanden (vgl. *Crivellari* 1 S. 432, 433). Das Erfordernis des Aufenthaltes in Italien wird freilich von vielen darauf gegründet, daß nur bei Anwesenheit des Schuldigen im Inlande die öffentliche Sicherheit beeinträchtigt werde, also auf die sog. ideale Territorialität des Deliktes (vgl. *Impallomeni* n. 36). Ebenso bemerkt bezüglich des belgischen Gesetzes *Haus* 1 n. 227: «*si le délit était grave et s'il restait impuni, la présence du coupable serait une cause de mauvais exemple et de scandale au sein de son pays; elle y répandrait l'alarme et troublerait la sécurité publique.*»

Handlung die deutsche Staatsangehörigkeit erwirbt, eine Rückanwendung des deutschen Strafgesetzes, die sich daraus erklärt, daß nach StGB. § 9 Auslieferung eines Deutschen an eine ausländische Regierung zum Zweck der Bestrafung ausgeschlossen ist, in solchem Falle also der Schuldige selbst wegen eines schweren Verbrechens ohne solche Rückanwendung des deutschen Strafgesetzes durch die Erlangung des deutschen Indigenats tatsächlich straffrei werden würde.[147])

Durch diese Rückanwendung des deutschen Strafgesetzes dürfte aber der Naturalisierte nicht einer härteren Bestrafung unterworfen werden, als diejenige sein würde, der ihn die Auslieferung ausgesetzt hätte. Daher bestimmt hier das StGB., daß das ausländische Strafgesetz — das am Orte der Handlung geltende Strafgesetz — anzuwenden sei, soweit es das mildere ist. In letzterer Beziehung werden die oben für die Anwendung eines neuen milderen Strafgesetzes entwickelten Sätze analog Platz greifen müssen.

Die Handlung soll aber auch nur auf Antrag der zuständigen Behörde des Auslandes verfolgt werden. Dieser Antrag ist streng zu unterscheiden von dem sonst im Strafgesetze vorkommenden Antrage des Verletzten; die für den letzteren Antrag geltenden Grundsätze sind daher nicht anwendbar.[148]) Es sollte nur gegen den Schuldigen vorgegangen werden, wenn nicht der auswärtige Staat, analog wie bei der hier nicht zu gewährenden Auslieferung, sein Interesse an der Bestrafung erkennbar gemacht hätte. Daher wird der Antrag, solange die Staatsanwaltschaft noch nicht öffentliche Klage erhoben hat, zurückgenommen werden können, später aber nicht mehr, da auch in anderen Fällen die einmal erhobene öffentliche Klage von der Staatsanwaltschaft nicht zurückgezogen werden kann.

---

[147]) Die im Texte behandelte Bestimmung bezieht sich nicht auf den Fall, daß Einwohner eines bestimmten Territoriums dadurch Deutsche werden, daß dieses Territorium vom Deutschen Reiche erworben wird. Vgl. auch *Olshausen* zu § 4 Anm. 17. Die abweichende Ansicht *Bindings* 1 S. 439 Anm. 6 stützt sich lediglich auf den Buchstaben des StGB. und verkennt, daß nach zweifellosen Grundsätzen des Völkerrechts wie des Staatsrechts, die in einem Gebiete geltenden Gesetze, sofern sie nicht die allgemeine Staatsverfassung betreffen, durch den Wechsel der herrschenden Staatsgewalt an sich noch nicht geändert werden. Bei späterer Einführung des deutschen Strafgesetzes müßte, wie *Olshausen* richtig bemerkt, § 2 Abs. 2 des StGB. zur Anwendung kommen.

[148]) So auch die gemeine Meinung, vgl. *Olshausen* Nr. 17; *Frank* §§ 4, 5 Nr. III 3 a. E.

Auch ist, wie RG. IV 30. September 1887 (E. **16** Nr. 66 S. 216) entschieden hat, die Regierung des fremden Staates, wie sie sonst als Zentralstelle völkerrechtlich mit dem Deutschen Reiche oder den deutschen Bundesstaaten verhandelt, zur Stellung des Antrags berechtigt, also das auswärtige Amt des fremden Staates, nicht aber eine Behörde, die gerade am Ort der Tat ihren Sitz hat. Man könnte diese Bestimmung des § 4 a. E. StGB. streichen, wenn für den fraglichen Fall die Auslieferung des Schuldigen an den Staat des Tatortes für zulässig erklärt würde. Indes wäre dies, wie sich unten ergeben wird, nicht unbedenklich. Meiner Ansicht nach wird dagegen das Erfordernis des Antrags der auswärtigen Regierung zu beseitigen sein. Die Straffreiheit eines bei uns naturalisierten Verbrechers kann in der Tat, da wir den Verbrecher auszuweisen nicht berechtigt sind, zu einem wahren Skandal werden, und von diesem müssen wir uns befreien können, ohne der Hilfe des Auslandes zu bedürfen.

**§ 81.** Ist es prinzipiell (*de lege ferenda*) richtig, daß der Staat in den Fällen, in welchen er Auslandsdelikte, und besonders auch in den Fällen, in welchen er Auslandsdelikte des Inländers straft, bei Bestimmung der Strafe nur sein Gesetz anwenden lasse,[149]) oder ist in Ansehung der Strafe das ausländische Gesetz maßgebend, wenn dies (für den konkreten Fall) mildere Strafe bestimmt?[150])

Ich habe früher in Übereinstimmung mit fast sämtlichen Autoritäten wie mit der Mehrzahl der mir bekannten Gesetzgebungen[151]) von denen das deutsche Gesetz für einen mir

[149]) Vgl. *Crivellari* **1** S. 342, 343; *Impallomeni* **1** n. 38; ungarisches StGB. §§ 7 ff.; niederländisches Art. 5; portugiesisches Art. 53; norwegisches §§ 12, 13; österreichischer Entw. 1893 §§ 3, 4; schweizerischer Vorentw. 1903 Art. 5 ff.

[150]) Die Frage beschränkt sich von selbst auf die Frage, Anwendung eines milderen auswärtigen Gesetzes. Denn klar ist, daß der Staat eine strengere Strafe, als die nach seinem Gesetze angemessene, nicht deshalb aussprechen kann, weil der andere Staat strenger strafen würde. Fremde Härte kann bei uns nicht Härte gegen den Verbrecher rechtfertigen. Freilich kann auch der Zustand eines anderen Staates strengere Strafe dort rechtfertigen. Aber diese Feststellung entzieht sich dem Urteil unseres Staates.

[151]) Doch lassen die gegenwärtig geltenden Gesetzgebungen einiger Schweizer Kantone, abgesehen von den gegen den Kanton selbst gerichteten Hoheitsverbrechen, das mildere Gesetz des Tatortes anwenden. Vgl. *v. Swinderen* **1** S. 61 ff.; *Ferwers* S. 317.

einen besonderen Fall eine Ausnahme macht,[152]) für die Entscheidung der Frage im Sinne der ersten Alternative selbst für den Fallder Bestrafung von Ausländern wegen im Auslande vorgenommener Handlungen, also um so mehr für den Fall der Bestrafung von Inländern mich erklärte. Prinzipiell schien mir dafür zu sprechen, daß der Staat, wenn er Strafe verhänge, nur die ihm gerecht erscheinende, also die in seinem Gesetz bestimmte Strafe erkennen könne, und daß es auch einen üblen Eindruck machen müsse, wenn in gleichgearteten Fällen eine verschiedene Strafe erkannt werde, weil das eine Mal die Tat in unserem, das andere Mal in fremdem Gebiete begangen wurde. Dazu kommen praktische Schwierigkeiten der vergleichenden Schätzung der verschiedenen Strafen in den verschiedenen Ländern. Aber der angeführte prinzipielle Grund nimmt, statt zu beweisen, einfach dasjenige an, was bewiesen werden soll. Es gibt keine absolut richtige Schätzung der Schwere eines Verbrechens und daher auch keine absolut richtige Abmessung der Strafe, und der auswärtige Staat, in dessen Gebiet die Handlung begangen wurde, hat umgekehrt im gewissen Sinne die Präsumtion für sich, die Bedeutung der Handlung nach seinen Zuständen, auf welche die Handlung in erster Linie einwirkt, richtig abzuschätzen. Somit kann bei genauer Erwägung nicht eine Verletzung, vielmehr eine Befriedigung des Gerechtigkeitsgefühls darin gefunden werden, daß bei Auslandsverbrechen — mit Ausnahme der gegen unseren Staat gerichteten Staatsverbrechen, bei denen das Ausland uns volle Gerechtigkeit nicht gewährt — falls sie bei uns gestraft werden, auf Grund des milderen Gesetzes des Tatortes eine mildere Bestrafung Anwendung findet und die Konsequenz der Anerkennung völliger Straffreiheit nach dem Gesetze des Tatortes ist die Anerkennung auch der milderen Bestrafung nach eben diesem Gesetze. Die praktischen Schwierigkeiten sind freilich nicht gering. Indes wird eine approximative Abschätzung genügen,[153]) und wenn für die einzelnen Gerichte eine solche

---

152) Wenn im Deutschen Reiche jemand gestraft wird wegen einer nicht zu den Ausnahmsdelikten gehörigen Handlung, die er im Auslande beging, bevor er Deutscher wurde, § 4 a. E.

153) Vgl. auch Nr. 12 der zitierten Beschlüsse des *Institut d. dr. intern. Annuaire* 7 S. 158) «*Le tribunal ... apprécie souverainement la gravité des peines. La peine de mort est toujours regardée comme étant la plus sévère.*» Daß

Abschätzung zu schwierig erschien, wäre es nicht ausführbar, daß das Gesetz die Zentralbehörde der Justizverwaltung, der umfassende literarische Hilfsmittel zu Gebote stehen, ermächtigen würde, solche vergleichende Abschätzungen verschiedener Strafsysteme mit verbindlicher Kraft für die Gerichte nach und nach zu veröffentlichen? Darin etwa begangene Irrtümer nachträglich zu verbessern, wäre auch unbedenklich; denn es handelt sich immer nur um Milderungen gegenüber den nach unseren Gesetzen sonst auszusprechenden Strafen. Nicht empfehlenswert scheinen mir dagegen die Bestimmungen des italienischen GB. Art. 5 und 6, nach denen die Strafen des italienischen Gesetzes bei den nicht gegen die hoheitlichen Rechte des Staates gerichteten Auslandsverbrechen der Inländer um ein Sechstel und bei dergleichen Straftaten der Ausländer um ein Drittel herabgesetzt werden; und zwar ohne daß die Strafe im Auslande eine mildere als im Inlande zu sein braucht: sogar wenn die Strafe im Auslande höher ausfallen würde, ist die Begehung im Auslande ein Milderungsgrund. Die praktischen Schwierigkeiten werden hierdurch beseitigt, aber die materielle Gerechtigkeit kann in empfindlicher Weise verletzt werden. Hätte die Theorie Carraras zu jenen Bestimmungen Anlaß gegeben, so hätte sie hier zur abwegigen Konsequenz geführt: in solcher Weise kann der moralische Schaden eines innerhalb und andererseits eines außerhalb des Staatsgebietes begangenen Deliktes nicht verschieden geschätzt werden.

**§ 82.** Mit der Frage der Bestrafung von Auslandsverbrechen der Inländer zusammenhängend und ihre Beantwortung beeinflussend ist die Frage, ob auch Inländer einem auswärtigen Staate, d. h. dem Staate, in welchem die Handlung begangen wurde, auszuliefern seien. In den Gesetzen der ganz überwiegenden Mehrzahl der Staaten und so auch im StGB. verboten[154]) und daher auch in den Auslieferungsverträgen dieser Staaten ausgeschlossen, wird die Auslieferung der Inländer von

---

im Falle des Auslandsdeliktes das Gericht stets die mildere Strafe des Tatortes zuerkennen müsse, ist deshalb in dem Beschlusse mit ausgesprochen, weil ja ausnahmsweise dem Gesetzgeber vorhalten bleiben muß, den Inländer wegen der im Auslande begangenen Handlung ohne jede Rücksicht selbst auf die am Tatorte geltende Straflosigkeit zu strafen.

[154]) Vgl. die Nachweisungen bei *Lammasch*, Auslieferungspflicht S. 380 ff. und *Martitz* S. 213 ff.

England und den Vereinigten Staaten Nordamerikas,[155]) selbstverständlich im Zusammenhang mit der dortigen Auffassung des Territorialitätsprinzips, für zulässig erachtet, und in neuester Zeit macht sich auch auf dem europäischen Kontinent eine starke Bewegung für die Annahme dieses letzteren Prinzips geltend.[156]) Gerechtfertigt wird die Auslieferung von Inländern nicht durch die irrige Annahme, daß Auslieferung wesentlich identisch mit Strafverfolgung oder ein Akt der Rechtsprechung sei, und daß deshalb ein prinzipieller Unterschied zwischen der Bestrafung und Auslieferung auch von Inländern nicht bestehe, oder durch die ebenso irrige Annahme, als begründe nicht das territoriale Recht des einzelnen Staates, vielmehr die universelle Bedeutung des Verbrechens die Berechtigung zur Strafe, die dann, jede andere Berechtigung absorbierend, dem Staate des Tatorts, als dem besser zur Bestrafung geeigneten Staate, zugeschrieben wird.[156a]) Leugnen läßt sich indes nicht, daß die Auslieferung von Inländern an Staat und Gericht des Tatortes in vielen Fällen die Schwierigkeiten internationaler Strafrechtspflege vereinfachen, den Beweis erleichtern und die Strafe da eintreten lassen würde, wo der Regel nach der Eindruck der Tat der stärkste ist, und wenn ausgeliefert wird, nur an einen Staat, dessen Justiz vertrauenswürdig ist, so scheint kein Grund vorzuliegen, Inländern ein Privileg zu erteilen, das die allgemeine, der internationalen Rechtspflege förderliche Regel durchbricht, welche den Staat des Tatorts als den natürlichen Richter des Schuldigen bezeichnet. Es darf indes, wie Martitz' genaue Untersuchungen erweisen, die Nichtauslieferung eigener

---

155) Vgl. darüber *Martitz* S. 179ff.

156) Vgl. die die Auslieferung betreffenden Beschlüsse des *Institut d. dr. intern.* (von 1882 n. VI *Oxford*) *Ann. 5ième année* S. 127. *«Entre pays dont la législation criminelle reposerait sur des bases analogues et qui auraient confiance dans leurs institutions judiciaires respectives l'extradition des nationaux serait un moyen d'assurer la bonne administration de la justice pénale . . .»*; ferner die gutachtlichen Berichte in den *Actes* des *VI. Congrès pénitentiaire international* von *Canonico, Garçon, Getz, Harburger, Ivanowsky* und *Challendes, Poitevin, Pessina* (*Actes* **2** S. 160ff., bes. S. 170, 173, bes. 183ff., 212, 215ff., bes. 239, 241ff., bes. 260, 279, bes. 290, 297, bes. 312), und die Beschlüsse des Kongresses (*Actes* **1** S. 52, 155) nach *Brusas* Vorschlag formuliert übereinstimmend mit dem oben mitgeteilten Beschlusse des *Institut de droit international.*

156a) Diese letztere Auffassung wird besonders vertreten von *Hamaker*, Archiv für öffentliches Recht **1** (1886) S. 279ff. — Vgl. gegen solche Auffassungen besonders *v. Martitz* **1** S. 450).

Staatsangehöriger in den Gesetzen des europäischen Kontinents nicht allein auf ein Mißtrauen gegen den auswärtigen Staat zurückgeführt werden. Vielmehr hat man von alters her den einheimischen Richter des Schuldigen oder Verdächtigen als mindestens ebenso zuständig angesehen wie den Richter des Tatorts und hat daher sogar vielfach später die Auslieferung des Inländers aus dem Grunde für verfassungswidrig angesehen, weil der Verdächtige damit dem gesetzlichen Richter entzogen werden würde, und die Überzeugung ist tief eingewurzelt im Volke, daß es eine Verletzung des Bandes sei, welches den einzelnen an das Vaterland knüpft, wenn der Staat ihn zwangsweise aus dem Lande bringt und einem anderen Staate überantwortet.[157])

Soll solcher Überzeugung entgegengehandelt werden, so müssen die Gründe sehr schwerwiegend sein: mit anderen Worten, es muß völlig klar sein, daß durch die Auslieferung präsumtiv ein besseres Ergebnis oder mindestens ein gleichwertiges Ergebnis auf besserem Wege erlangt werde. Nun ist es richtig, daß in sehr vielen Fällen die Beweiserhebung am leichtesten und sichersten am Orte der Tat erfolgt, daß sie dagegen, namentlich unter dem Erfordernis unmittelbarer Beweisaufnahme, vor einem anderen Gerichte oft nur unter Schwierigkeiten erfolgen kann, obwohl es auch Fälle gibt, wo die Beweiserhebung am Wohnorte des Verdächtigen leichter geschehen wird. Aber das Schlimme ist, daß, so vertrauenswürdig auch die Justiz eines Staates sein kann, in zweifelhafteren Fällen unkontrollierbare Stimmungen, Antipathien gegen den Angehörigen einer anderen Nationalität Einfluß auf das Urteil haben, und zwar um so mehr, wenn nach freier Überzeugung und von Laien (Geschworenen) geurteilt wird,[158]) und daß, wenn jenes auch in Wirklichkeit nicht der Fall ist, es doch sehr leicht geglaubt werden kann. Außerdem ist zu beachten, daß in England und den Vereinigten Staaten von Nordamerika[159]) Aus-

[157]) Daß der Staat die im Heere und in der Kriegsmarine dienenden Personen auch zwingen kann, ins Ausland zu gehen, wie freilich gesagt worden ist, dürfte kein Gegenargument sein. Das ist ein anderes. Hat man doch andererseits gesagt: „Das Vaterland ist da, wo seine Fahnen wehen.“ Der Einzelne bleibt im Heere, in der Kriegsmarine durchaus im Schutze seines Staates.

[158]) Übereinstimmend *Martitz* I S. 331.

[159]) *Lammasch,* Auslieferungspflicht S. 494 ff. Englische *Extradition Act* von 1870. 33 et 34 Vict. c. 52 s. 8 ff.

lieferung überhaupt nur stattfindet, wenn dem zuständigen Richter ein Schuldbeweis erbracht wird, der genügen würde, den Auszuliefernden, wenn er die Tat im Inlande begangen hätte, vor das erkennende Gericht zu verweisen, nur daß statt unmittelbarer Vernehmung von Zeugen auch gerichtliche Protokolle über auswärts unter Eid abgegebene Zeugnisse als Beweismittel zugelassen werden. Hierin liegt eine Kontrolle des ausliefernden Staates, welche dem Auszuliefernden einen weit stärkeren Schutz gewährt, als nach den festländischen Gesetzen, bzw. nach dem Usus der Fall ist, da man hier sich genügen läßt an einem in Ansehung des Beweises nicht nachzuprüfenden Verhaftsbefehle oder einem Eröffnungsbeschlusse eines Gerichts des requirierenden Staates. Die Berufung auf das englisch-nordamerikanische Vorbild paßt also genau betrachtet so lange nicht, als eine entsprechende materielle Kontrolle oder Überprüfung der gegen den Auszuliefernden wirklich vorliegenden Beweise bei uns fehlt. Von vielen wird daher vorsichtigerweise die Auslieferung der eigenen Staatsangehörigen nur als Prinzip empfohlen, von dem Ausnahmen zugelassen werden, und mehr sagt auch der vom *Congrès penitentiaire* gleichlautend angenommene Beschluß des Instituts für internationales Recht nicht.

Mit der Feststellung der Ausnahmen aber beginnen die Schwierigkeiten. Eine Lösung dieser Schwierigkeiten ist es nicht, wenn, wie vorgeschlagen, die Auslieferung nach dem (freien) Ermessen der ersuchten Regierung soll abgelehnt werden können.[160]) Diese gerät hier vielmehr durch solche Freiheit in eine oft peinliche Lage; es müßte denn offensichtlich der Beweis in der Heimat des Verdächtigen besser zu erbringen oder durch Gegenbeweis leichter zu entkräften sein, als am Tatort, oder die Ablehnung der Auslieferung dadurch motiviert werden können, daß der Gesundheitszustand des Verdächtigen einen Transport in das andere Land nicht gestatte. Denn die Ablehnung kann sonst kaum auf anderes, als auf ein gegen die Justiz des anderen Staates gehegtes Mißtrauen sich gründen. Daher empfiehlt es sich meines Erachtens, zunächst den umgekehrten Weg einzuschlagen und zu bestimmen, in welchen

---

[160]) So nach den Anm. 156 zitierten Gutachten von *Harburger*, *Ivanowsky* und *Challandes*.

Fällen die Auslieferung von Inländern ausnahmsweise stattfinden kann. Als solche Fälle würden zu bezeichnen sein:

1. Der Fall, daß der Auszuliefernde selbst sich mit der Auslieferung einverstanden erklärt,[161]) wie denn in Frankreich dieser Fall auch anerkannt ist.[162]) Der heimatliche Staat des Auszuliefernden kann sich wohl dabei beruhigen, wenn letzterer selbst in der auswärtigen Justiz genügende Garantien findet, vielleicht deshalb, weil er lange Zeit dort domiziliert war oder hofft, gerade dort am besten einen Verteidigungsbeweis führen zu können. Die Erklärung müßte aber, um zweifellos zu gelten, vor einem Richterkollegium von dem mit einem rechtskundigen Verteidiger versehenen Angeschuldigten und, wenn es sich um Minderjährige oder um Schwachsinnige handelt, auch unter Zuziehung des Vormundes oder Pflegers erfolgen.

2. Der Fall, daß schon ein rechtskräftiges, nicht in Abwesenheit des Verurteilten ergangenes Urteil vorliegt, und der Verurteilte nicht haltbare Gründe gegen die Richtigkeit des Urteils wahrscheinlich machen kann.[163]) Ist eine Verurteilung im Auslande bereits erfolgt, so ist einerseits die Wahrscheinlichkeit, daß dem Auszuliefernden Unrecht geschehe, bedeutend geringer, als bei Auslieferung vor dem Urteile, und andererseits wird durch Auslieferung der Übelstand einer doppelten Hauptverhandlung vermieden.

---

[161]) Vgl. auch das Gutachten von *Ivanowsky* und *Challandes* a. a. O. S. 260 unter Nr. 6 d. Die Ausnahme unter c) «*quand l'infraction était dirigée contre la patrie ou un ou des concitoyens du réfugié*» ist in ihrem ersten Teile selbstverständlich, da der Staat des Tatortes hier nur eine subsidiäre Strafzuständigkeit beanspruchen kann und schwerlich jemals Auslieferung verlangen wird; in ihrem zweiten Teil aber ist sie deshalb unannehmbar, weil sie im Widerspruch steht mit dem Prinzip des Gutachtens selbst, da sie die Zuständigkeit kraft des sog. Schutz- oder Realprinzips der auf das Territorialitätsprinzip gegründeten Zuständigkeit vorgehen läßt.

[162]) Vgl. *Lammasch*, Auslieferungspflicht S. 381. Freilich wird dies nach der französischen Auffassung darauf gegründet, daß die Freiheit von Auslieferung ein verzichtbares Privileg des Inländers sei. Man kann aber aus anderen Gründen zu demselben Ergebnis gelangen, insbesondere aus dem Grunde, daß der Verdächtige oder Angeklagte präsumtiv wird beurteilen können, ob ihm die Beurteilung am Tatorte günstig ist. — Art. 9 des StGB. für den Kanton Basel-Stadt bestimmt ausdrücklich: „Kantonsbürger dürfen an einem außerschweizerischen Staat nur mit ihrer Einwilligung ausgeliefert werden."

[163]) In vielen hierher gehörigen Fällen wird der Verurteilte der Auslieferung zustimmen, da sie ihm vorteilhaft sein wird.

Weitergehen[164]) in der Auslieferung eigener Staatsangehöriger wird man nur dürfen, wenn man das englisch-nordamerikanische System der Beweisprüfung (durch ein Gericht des requirierten Staates) im Auslieferungsverfahren annimmt, ein System, das aber in vielen Fällen die Auslieferung erschwert, nicht selten sehr bedeutender Kosten wegen sie tatsächlich hindert, und in einem Staate, der wie das Deutsche Reich ein Auslieferungsgesetz noch nicht besitzt und die Auslieferung ohne wirklichen Schutz der Gerichte als Administrativsache behandeln läßt, kann eine Auslieferung eigener Staatsangehöriger nur mit deren Zustimmung und unter den bündigsten formellen Garantien für zulässig erachtet werden.

**§ 83.** Die sog. Weltverbrechen, d. h. diejenigen Verbrechen betreffend, welche jeder zivilisierte Staat ohne Rücksicht auf Tatort und Staatsangehörigkeit bestrafen kann, so kann, wie bemerkt, nach Völkerrecht nur die Piraterie als solches gelten, und wenn in Gesetzen eines Staates der sog. Sklavenhandel (d. h. der mittels Seetransport der Sklaven betriebene Sklavenhandel) als Piraterie im weiteren Sinne betrachtet und als solche behandelt wird, so hat doch zweifellos dies keine völkerrechtliche Bedeutung, wie allgemein anerkannt wird und auch aus den Bestimmungen der Brüsseler Generalakte über den Sklavenhandel erhellt, welche gerade aus diesem Grunde notwendig geworden ist und dennoch keineswegs den Sklavenhandel der Seeräuberei gleichstellt. Jeder Staat könnte dagegen protestieren, wenn von solcher Ausdehnung des Begriffs der Piraterie gegen seine Angehörigen Gebrauch gemacht werden würde,

[164]) Manche sind auch geneigt (vgl. besonders *Billot, Traité de l'extradition*, Paris 1877 S. 74) Auslieferung desjenigen Inländers zuzulassen, der erst nach Begehung des in Frage stehenden Verbrechens naturalisiert wurde. In der Verheimlichung des Verbrechens erblicken sie eine Erschleichung der Naturalisation und erachten den solchergestalt Naturalisierten als des besonderen Schutzes der Inländer unwürdig. Indes die Naturalisation ist hier m. E. keineswegs ungültig (vgl. *Bar*, Theorie und Praxis des internationalen Privatrechts **1** S. 223 ff.) und ein Beschuldigter braucht nicht deshalb schuldig, also des Schutzes unwürdig zu sein. Gegen die Zulassung der Auslieferung aber als einen der Ausnahmefälle spricht entschieden die Erwägung, daß gerade derjenige, der sein Vaterland aufgegeben hat, dort besonders leicht einer nachteiligen Beurteilung ausgesetzt ist. Gegen die leichtfertige Behandlung der Naturalisation in solchen Fällen, die sich bei manchen neueren französischen Schriftstellern findet, vgl. die beherzigenswerten Ausführungen von *Martitz* **1** S. 305: ein einwandfreier Haftbefehl könne nicht wohl die Kraft haben, die Bürgerrechtsurkunde zu invalidieren.

Aus diesem Grunde ist, wie die gesamte Weltstrafjustiz, so auch die Behandlung einzelner Verbrechen als sog. Weltverbrechen — mit Ausnahme eben der Piraterie — völkerrechtlich inkorrekt, und jeder Staat, der von seinem in willkürlicher Weise Weltverbrechen konstruierenden Gesetze wirklich Gebrauch macht — das Papier ist bekanntlich geduldig —, setzt sich unter Umständen unangenehmen diplomatischen Reklamationen aus, die, wenn etwa eine Spannung gegenüber dem andern beteiligten Staate vorhanden ist, entweder einen unrühmlichen Rückzug und Verzicht veranlassen oder den Frieden ernstlich gefährden können.

Aus dem deutschen StGB. sollten daher die Münzverbrechen als unbedingt auch dem deutschen Strafgesetze verfallende Weltverbrechen ausgemerzt und in § 4 statt „Münzverbrechen“ gesetzt werden „ein Münzverbrechen in Beziehung auf inländisches Geld oder dem Gelde gleichgestellte inländische Wertpapiere und Scheine“.[165] Freilich können auch auswärts geschehene Fälschungen ausländischen Geldes oder Wertpapiere für Deutsche und im Deutschen Reiche nachteilig wirken; aber gerade bei diesen Verbrechen ist am allerwenigsten Untätigkeit des nächstbeteiligten Staates zu befürchten. Schlimmstenfalles könnte die oben befürwortete allgemeine Bestimmung Abhilfe bieten, und zwar ohne daß diplomatische Reklamationen zu befürchten wären. Dagegen würde unter den von Ausländern im Auslande begangenen Verbrechen, für welche ausnahmsweis die deutsche Strafgewalt zuständig sein soll, die Fälschung der Siegel des Deutschen Reichs und der deutschen Bundesstaaten aufzuführen sein in Übereinstimmung mit dem französischen und dem italienischen Gesetze.

Noch weniger gerechtfertigt als die Vorschrift des StGB. über die Münzverbrechen ist die Bestimmung des Gesetzes vom 9. Juni 1884 gegen den verbrecherischen und gemeingefährlichen Gebrauch von Sprengstoffen, § 12, der zufolge eine ganze Anzahl von Strafsatzungen auf Handlungen auch von Ausländern im Auslande angewendet werden können. Hier hat

---

[165]) Übereinstimmend mit dem im Texte gemachten Vorschlag französisches Gesetz v. 1866, belgisches Gesetz vom 17. April 1878, niederländisches StGB. Art. 4 Nr. 2 und 3, italienisches StGB. Art. 4, österreichischer Entwurf v. 1893 § 4 Nr. 1, portugiesisches StGB. Art. 53, Nr. 4.

wohl die Verfolgung des sog. gewalttätigen Anarchismus als eines gegen die gesamte zivilisierte Welt gerichteten Verbrechertums eine Rolle gespielt. Aber dazu hätte es einer internationalen Vereinbarung bedurft. Außerdem ist das Gesetz ein eilig angefertigtes sog. Gelegenheitsgesetz, so daß gegen einzelne Bestimmungen desselben schwere Bedenken erhoben werden, und je fehlerhafter ein Gesetz an sich ist, um so bedenklicher ist seine internationale Anwendung.

Auch das Gesetz gegen den Sklavenhandel und Sklavenraub vom 28. Juli 1895, welches die daselbst unter Strafe gestellten Handlungen ohne Rücksicht auf Tatort und Vaterland des Schuldigen seinen Bestimmungen unterwirft (§ 5), ist insoweit völkerrechtlich nicht haltbar. Es verstößt gegen die Vorschriften der Brüsseler Generalakte über den Sklavenhandel, insofern auf offener See oder in außerdeutschen Häfen und Gewässern von Nichtdeutschen begangene Handlungen ohne weitere Voraussetzungen der Strafgewalt des Deutschen Reiches unterworfen werden, während die Brüsseler Generalakte durchweg die Jurisdiktion des Heimatstaates des Schuldigen wahrt, falls nicht etwa die Territorialjurisdiktion begründet ist. Dabei ist insbesondere folgendes zu bedenken.

Zwar die sog. Schutzgebiete des Deutschen Reiches sind wirklich deutsches Territorium. Hier gilt also ohne weiteres für die Nichteingeborenen deutsches Strafrecht, das auf die Eingeborenen ausgedehnt werden kann, auch in dem Falle, daß sie im Auslande sich befinden. Die sog. deutsche Interessensphäre dagegen ist nicht deutsches Gebiet, und gerade hier werden z. B. England und Frankreich ihre Jurisdiktion über ihre Landsleute nicht leicht antasten lassen; sind doch bekanntlich wirkliche oder angebliche Übergriffe von Beamten gegen Fremde, selbst in den unbestritten einer europäischen Macht gehörigen Gebieten Afrikas, nicht selten Anlaß zu internationalen Reibungen und gegenseitigen Vorwürfen gewesen. Die erwähnte Bestimmung des Gesetzes gegen den Sklavenhandel dürfte daher als völkerrechtlich inkorrekt zu beseitigen sein.

Man könnte daran denken, die sog. anarchistischen Verbrechen zu Weltverbrechen zu erklären, da die Anarchisten nicht als Feinde einer einzelnen staatlichen Ordnung, vielmehr scheinbar als Feinde aller und jeder staatlichen Ordnung auftreten. Wer indes mit Aristoteles der Meinung ist, daß der Mensch seiner Natur nach ein ζῶον πολιτικόν sei, wird dem nicht beitreten können. In Wahrheit ist das sog. anarchistische Verbrechen nichts anderes als ein sog. «*crime mixte*» im Sinne des heutigen Auslieferungsrechtes, ein Verbrechen, bei dem der sog. politische Zweck ein so entfernter oder so verschwommener ist oder sein kann, daß er für die Versagung der Auslieferung nicht in Betracht kommen kann, und um so weniger in Betracht kommen kann, wenn das Verbrechen als sog. gemeines Verbrechen ein Verbrechen abscheulicher Art ist. Das materielle Strafrecht kann m. E. den Begriff des anarchistischen Verbrechens durchaus nicht gebrauchen.[166]) Es hat die anarchistischen Verbrechen einfach als gemeine Verbrechen zu behandeln, und bis jetzt haben denn auch die Gesetzgebungen, wenn sie auch zu besonderen Bestimmungen gegen Dynamitverbrechen sich veranlaßt fanden, es fast immer vermieden, jenen Begriff zu verwenden.[167]) Selbst für das Auslieferungsrecht dürfte er nicht brauchbar sein, wie denn die im Jahre 1898 nach Rom berufene internationale Konferenz, welche Maßregeln gegen den Anarchismus vorbereiten sollte, in dieser Beziehung anscheinend ein Ergebnis nicht gehabt hat. Denn allerdings kann ein sog. Anarchismus auch die Frucht und die Abwehr einer Gewaltherrschaft sein, d. h. eigentlich nur diese bestimmte Gewaltherrschaft vernichten wollen, wobei er vorläufig der Meinung ist, ohne irgendwelche staatliche Ordnung auskommen zu können, und in diesem Falle wäre das sog. anarchistische Verbrechen ein politisches Verbrechen, welches häufig der Auslieferung nicht unterliegen würde.

Dienstverbrechen sind selbstverständlich nicht Weltverbrechen; werden sie gegenwärtig im StGB. § 4 unter den Verbrechen aufgezählt, welche, wenn gegen das Deutsche Reich oder einen deutschen Bundesstaat begangen, unbedingt der deutschen Strafgewalt unterliegen, so ist dies eine rein redaktionelle Zusammenfassung.

---

[166]) Anders freilich *Seuffert* (Anarchismus und Strafrecht 1899), der aber die bedeutendsten Autoritäten hier zu Gegnern hat, und dessen komplizierter Gesetzentwurf (S. 204ff.) nach meiner Ansicht unbrauchbar sein dürfte, da er auf Feststellung unbestimmter und verschwommener Absichten hinausläuft.

[167]) Ein französisches Gesetz v. 1894 hat freilich diesen Begriff verwendet. Es scheint aber als unbrauchbar nie zur Anwendung gelangt zu sein.

**§ 84.** Für alle im Auslande begangenen strafbaren Handlungen stellt das StGB. sogleich im Anfang des § 4 einen Satz auf, der genau betrachtet nicht sowohl materiell rechtlicher, als vielmehr prozessualer Natur ist. Die nicht im Inlande begangenen Handlungen „können" nur verfolgt werden, d. h. sie werden nur verfolgt, wenn die strafverfolgende Behörde die Verfolgung nach den Umständen des Falles für angemessen erachtet.[167a] Es gilt mit anderen Worten reichsrechtlich das sog. Opportunitätsprinzip[168] für die strafverfolgende Behörde, während StPO. § 152 Satz 2 sonst reichsgesetzlich das Legalitätsprinzip für die Verfolgung strafbarer Handlungen sanktioniert.

Ein freies Ermessen der strafverfolgenden Behörde ist hier praktisch unumgänglich. Nicht nur können aus einer Strafverfolgung internationale Konflikte entstehen, z. B. wenn es fraglich ist, ob eine Person auf das Privileg der Exterritorialität oder doch auf Freiheit von Verhaftung Anspruch habe:[169] auch die Herbeischaffung von Beweismitteln aus dem Auslande zum Beweise dort begangener strafbarer Handlung kann auf große und, wenn die auswärtigen Behörden ihren Dienst versagen, auf unüberwindliche Schwierigkeiten stoßen. Die Kosten

---

167a) Daß dies der Sinn des Wortes „können" ist, wird allgemein angenommen und ergibt sich zweifellos aus den Motiven des Entwurfs, außerdem aber auch daraus, daß das StGB. hier mit dem preußischen StGB. übereinstimmend lautet, und daß in dem preußischen StGB. § 4 absichtlich diese Fassung gewählt war, um der Staatsanwaltschaft ein freieres Ermessen zu gestatten (*Goltdammer*, Materialien **1** S. 67). Die Fassung des preußischen StGB. aber schloß sich der des *Code d'instruction crim. art.* 5 an: *«pourra être poursuivi, jugé et puni en France»*, die man absichtlich auch gewählt hatte, um anzuzeigen, daß die Verfolgung nicht immer nötig oder zweckmäßig sei (*Mangin*, *Action publique* **1** n. 64ff.). In demselben Sinne heißt es in dem französischen Gesetze vom 27. Juni 1866: *«peut être poursuivi»*.

168) In Ländern, wo dies Prinzip allgemein für die Strafverfolgung gilt, braucht es selbstverständlich im StGB. nicht besonders ausgesprochen zu werden.

169) So 1887 in dem Falle *Schnäbele*, der auf Anordnung des Fürsten *Bismarck* durch Freilassung des Verhafteten gütlich erledigt wurde (*Holtzendorff*, Handb. d. Völkerrechts **2** S. 669). Ich halte sogar eine Bestimmung für richtig, welche den Reichskanzler ermächtigen würde, eine Untersuchung, die eingeleitet ist gegen einen Ausländer, der zur Zeit der Tat nicht Beamter des Reichs oder eines deutschen Bundesstaates war, auf Reklamation einer auswärtigen Regierung niederzuschlagen, wenn die Handlung im Auslande begangen war oder der Angeschuldigte nach Ansicht des Reichskanzlers mit haltbaren Gründen Schutz durch völkerrechtliches Privileg geltend machen kann. Gerichte und Staatsanwalt wären sonst möglicherweise nach dem Gesetze gezwungen, die Untersuchung fortzuführen, während die Befolgung des inländischen Gesetzes eine völkerrechtlich begründete Reklamation doch keineswegs in jedem Falle abschneidet.

wachsen in manchen Fällen zu enormer Höhe; nicht selten würden auch die Gerichte bei Aburteilung derartiger Fälle gezwungen sein, ihre Ansichten über auswärtige Verhältnisse in einer das Ausland empfindlich berührenden Weise auszusprechen, und endlich kann man in vielen Fällen die Strafverfolgung füglich dem Auslande überlassen. Es liegt auf der Hand, daß ein derartiges Ermessen wirksam nur von der strafverfolgenden Behörde geübt werden kann; wäre die Saatsanwaltschaft gezwungen, Klage zu erheben, und wären die Gerichte selbst befugt, nach ihrem Ermessen die Klage abzuweisen, so würden schon durch Einleitung nicht zu Ende geführter Untersuchungen jene Übelstände doch zum großen Teile herbeigeführt werden.[170]) Ist die strafverfolgende Behörde nicht gesetzlich vollkommen unabhängig gestellt, so wird sie in zweifelhaften Fällen die Ansicht des Justizministers einzuholen sich veranlaßt finden, und in einzelnen Gesetzgebungen ist für gewisse Fälle vorgeschrieben, daß die Verfolgung nur mit Genehmigung oder auf Anordnung des Ministers zulässig sei. Dies ist empfehlenswert besonders dann, wenn der Staat äußerstenfalls, weil ein anderer zuständiger Staat mit Sicherheit nicht zu ermitteln ist, eine Art stellvertretender Weltjustiz übt.

Es ist aber, m. E. ein arger legislativer Mißgriff, der besonders von einem großen, auf seine Würde streng haltenden Staate vermieden werden muß, auf Grund einer im einzelnen Falle erforderlichen Genehmigung des Ministers oder des Staatsoberhauptes seine Strafzuständigkeit in Wahrheit beliebig auszudehnen. (So norwegisches StGB. § 13.) Die Einholung einer solchen Genehmigung kann in gewissen einzelnen Fällen eine Sicherheit gegen eine unbequeme oder auch unbedachtsame, weil z. B. den völkerrechtlichen Verhältnissen nicht Rechnung

---

[170]) Anordnung des Justizministers in gewissen Fällen gefordert, z. B. nach dem italienischen GB. Art. 4 (v. 6), ebenso nach den österreichischen Entwurf von 1893 § 4, 3. Nach dem norwegischen GB. § 13 kann gegen Ausländer, die im Auslande gehandelt haben, nur auf Anordnung des Königs eine Strafverfolgung eingeleitet werden.

Die Angriffe, welche insbesondere *Binding*, Kritik des Entwurfs eines StGB. für den Norddeutschen Bund S. 153 und Normen (1. Aufl.) **1** S. 20, und *Wächter*, Beitrag z. Geschichte und Kritik d. Entwurfs d. StGB. 1870, gegen die nur fakultative Verfolgung der im Auslande begangenen Delikte erhoben haben, waren daher unbegründet. Dies ist auch die überwiegende Meinung, vgl. *Hugo Meyer* § 16 Anm. 39; *Martitz* **1** S. 72: *Haus* **1** n. 229. «*La poursuite de ces délits ne peut être obligatoire; la loi doit la déclarer facultative.*»

tragende, Verfolgung gewähren; zur Basis einer internationalen Ausdehnung des Strafgesetzes darf sie nicht genommen werden; sie sollte die sonst vorhandene Strafzuständigkeit nur in einzelnen Fällen beschränken.

**§ 85.** Welche Wirksamkeit haben nach ausländischem Gesetze eingetretene Straftilgungsgründe?

Zunächst kann es nicht zweifelhaft sein, daß soweit möglich eine im Auslande vollzogene Strafe auf eine etwa im Inlande zu erkennende Strafe anzurechnen ist; insoweit ist ja die Schuld des Verbrechers gesühnt, und es kann nicht darauf ankommen, ob nach unseren Anschauungen oder selbst nach internationalen Grundsätzen der Staat, welcher strafte, zur Bestrafung zuständig war: die Strafe wirkt in dem einen Falle auf den Verbrecher gerade wie in dem anderen, und unter dem Zweifel, wie unter dem Streit über die Strafzuständigkeit, darf der Schuldige billigerweise nicht leiden. So sagt auch schon Baldus[171]) von dem Schuldigen mit Rücksicht auf eine mehrfache territoriale Strafzuständigkeit: „*per solutionem liberatur.*"

Hiermit stimmt der Ausspruch des StGB. § 7 überein.[172])

Allerdings schließt dieser § 7 ein Strafverfahren selbst dann nicht absolut aus, wenn angenommen werden kann,[173]) es sei die im Auslande vollzogene Strafe entschieden härter, als die inländische; denn ob dies der Fall ist, weiß man genau erst nach vorgenommener inländischer Untersuchung, und der wörtliche Ausdruck des Gesetzes setzt eine im Inlande erfolgende Nachverurteilung geradezu voraus. Aber die Staatsanwaltschaft wird in solchem Falle einer ersichtlich ohne reelles

---

[171]) *Consilia* (Ed. Feyerabend, Frankfurt 1599) **1** n. 393 § 3.

[172]) *Binding* **1** S. 442 will § 7 auf den Fall einschränken, daß das „Delikt im Auslande als derselbe strafbare Angriff wider dasselbe Rechtsgut gefaßt wurde wie im Inlande. Dies widerspricht aber, wie *Lammasch* GS. **41** S. 16 bemerkt, ebenso sehr dem Wortlaut wie der *Ratio legis* und steht im vollen Widerspruch auch mit der Bestimmung des StGB. § 73 über die ideale Konkurrenz, womit allerdings nicht gesagt werden soll, daß in dem hier fraglichen Falle eine wirkliche ideale Konkurrenz anzunehmen sei. Vgl. insbesondere auch *Schauberg* S. 175; *Lammasch* a. a. O. Nur wenn man das Verbrechen als „Ungehorsam" gegen ein Gebot eines bestimmten Staates auffaßt, könnte man zu einem anderen Ergebnis gelangen. Vgl. *Olshausen* zu § 7 Nr. 3.

[173]) Das Gericht hat also in seinem Urteile auszusprechen: 1. zu welcher Strafe der Angeklagte im Inlande verurteilt werde; 2. wieviel hierauf von der im Auslande verstandenen anzurechnen und 3. welche Strafe hiernach noch zu vollstrecken sei. Vgl. OT. Berlin 13. September 1866 GArch. **14** S. 788ff.

Ergebnis bleibenden Verurteilung keine Anklage erheben.[174]) Selbst die teilweise vollzogene auswärts erkannte Strafe muß billigerweise angerechnet werden, und der allgemein lautende Ausdruck des StGB. und die Motive zu § 7 lassen darüber keinen Zweifel, daß dies auch nach dem StGB. anzunehmen ist.[175])

**§ 86.** Über die Art und Weise der Anrechnung der auswärts vollzogenen Strafe können aber mit Rücksicht auf die Verschiedenheit der Strafarten in den verschiedenen Staaten in einem Gesetze nicht wohl bestimmte Grundsätze aufgestellt werden. Sie finden sich denn auch nicht im StGB. Es muß also richterliches Ermessen entscheiden. Bei ungleichartigen Freiheitsstrafen, bei der Vergleichung von Geld- und Freiheitsstrafen bieten die Grundsätze des StGB. §§ 22, 29 einen Anhalt. Eine Schranke für dieses richterliche Ermessen bildet der richtigen und herrschenden Ansicht nach,[176]) da es nicht auf das „Erkennen", sondern auch auf das „Anrechnen" ankommt, weder das sonst für eine bestimmte Strafart bestehende Strafminimum, noch die für das bestehende Delikt im Minimum bestimmte Strafart. Abgesehen von dem wörtlichen Ausdruck des StGB., ist für diese Ansicht geltend zu machen, daß jene Schranken sehr leicht zu einer materiellen Ungerechtigkeit zwingen würden, wenn etwa die Differenz der auswärts vollzogenen und der hier erkannten Strafe nur eine geringe wäre. Wie allerdings eine auswärts verbüßte Freiheitsstrafe auf eine im Inlande erkannte Todesstrafe anzurechnen sei, ist völlig

---

[174]) In denjenigen Fällen, in denen das freisprechende auswärtige Urteil eine weiterreichende, die *Exceptio rei judicatae* begründende Wirkung hat, muß freilich auch dem verurteilenden auswärtigen Erkenntnisse bei vollzogener Strafe diese weiterreichende Wirkung zugeschrieben werden.

[175]) Wenn die kategorische Vorschrift des § 7 für die nach Reichsrecht zu erkennenden doch wichtigeren Strafen gilt und sich in der Tat darstellt als eine Vorschrift absoluter Gerechtigkeit gegenüber dem Schuldigen, muß sie um so mehr gelten gegenüber dem minderwichtigen landesrechtlichen Strafrecht, und das Landesstrafrecht kann in den Materien, worin es im allgemeinen gilt, sich darüber nicht hinwegsetzen. In diesem Sinne äußern sich auch *Hälschner* 1 S. 179 und *Olshausen* § 7 Anm. 4, obschon diese Schriftsteller im allgemeinen die internationalen Bestimmungen des StGB. für das Landesrecht nicht für maßgebend erachten. Nach der hier vertretenen Ansicht (vgl. oben) bedarf es weiterer Argumente für diesen Punkt eigentlich nicht. Es zeigt sich in dieser Inkonsequenz die Unrichtigkeit der gegenteiligen Ansicht, der zufolge die Bestimmungen des StGB. §§ 3—7 bindende Kraft für die Landesgesetzgebung nicht haben sollen.

[176]) So auch *Binding* 1 S. 443, *Olshausen* Nr. 6.

rationell kaum zu entscheiden. Wenn der Gesetzgeber die Todesstrafe als die schwerste Strafe betrachtet, so müßte schließlich ein noch so qualvolles Leben als geringere Strafe, der Aufschub der Todesstrafe als ein Vorteil des Verbrechers angesehen werden. Auf die Todesstrafe könnte mithin eine Freiheitsstrafe der strengen Konsequenz nach nicht angerechnet werden. Gleichwohl würde die Vollziehung der Todesstrafe in solchen Fällen oft einen eigentümlichen Eindruck machen.[177])

Insofern sich aber der Staat nur eine konkurrierende oder gar nur subsidiäre Strafzuständigkeit beilegt, muß die von dem vorzugsweise oder in gleicher Weise zuständigen Staate vollständig vollzogene Strafe schon der strengen Konsequenz zufolge, nicht nur angerechnet werden. Sie muß vielmehr ohne weiteres, mag sie auch erheblich geringer sein, den Strafanspruch des subsidiär oder konkurrierend berechtigten Staates vernichten.[178]) Bei sog. gemeinen (nicht Staats-) Verbrechen beseitigt also der strengen Konsequenz nach die vom Staate des Tatortes verhängte und vollzogene Strafe den Strafanspruch jedes anderen Staates. Von den Staatsverbrechen zu unterscheiden sind aber die Verbrechen, bei welchen der Staat sog. Weltstrafjustiz übt. Hier muß schon der strengen Konsequenz nach erst recht die auswärts vollzogene Strafe, d. h. die von irgend einem zivilisierten Staate vollzogene Strafe, jede weitere Strafe ausschließen.[179]).

Indes wird zweckmäßig jeder Staat mit Ausnahme des durch ein Staatsverbrechen des Schuldigen verletzten Staates, bei welchem in einem anderen Staat die volle Sühne absichtlich

---

177) Das bayerische GB. v. 1861 Art. 13 a. E. bestimmte daher zweckmäßig: „Handelt es sich um ein in den bayerischen Strafgesetzen mit Todesstrafe bedrohtes Verbrechen, und hat der Schuldige wegen desselben im Auslande bereits eine Freiheitsstrafe von zwei Jahren oder darüber erstanden, so ist auf lebenslängliches Zuchthaus zu erkennen.“

178) Daraus ergibt sich, daß die auswärts unvollständig vollzogene Strafe in diesem Falle quotenmäßig die Strafe bei uns tilgen muß. Dagegen wird sie nur als Quantum abzusetzen sein in Fällen, wo unser Staat sich ein Strafrecht zuschreibt, das unabhängig ist selbst von den Bestimmungen des Gesetzes des Tatortes, also bei Staatsverbrechen gegen unsern Staat. So *Bremer* S. 261 und übereinstimmend *Lammasch* GS. **41** S. 7, 8. A. M. *Olshausen* Anm. 5 zu § 7, der auch dies dem richterlichen Ermessen überlassen will, das freilich im übrigen unter analoger Berücksichtigung des Verhältnisses der inländischen Freiheitsstrafen entscheiden muß.

179) Es ist daher unrichtig, wenn das StGB. bei den Münzverbrechen die im Auslande vollständig verbüßte Strafe nur anrechnen läßt.

nicht gewährt wird, die in irgend einem anderen Staate völlig verbüßte Strafe als straftilgend anerkennen müssen.[180]) Für dies Ergebnis sprechen entscheidende Billigkeitsgründe. Zusatzstrafen setzen neue Verhandlungen voraus, welche schon als solche nicht selten die Schuldigen hart treffen; sie werden andererseits leicht den Eindruck der Kleinlichkeit und des Pochens auf eine angeblich bessere Gerechtigkeit hervorrufen, und käme es nicht auf ein gegenseitiges Diskreditieren der Justiz der verschiedenen Staaten heraus, wenn der in einem Staat Verurteilte, später in dem behufs Verhängung der Zusatzstrafe eingeleiteten Verfahren in dem anderen Staate freigesprochen würde?[181])

Die einschlagenden Bestimmungen des StGB. § 5 Nr. **1**[182]) sind im Prinzip richtig und zugleich entfernt von Engherzigkeit und Ängstlichkeit. Indes wird man ihnen[183]) *de lege ferenda* nicht vollständig beitreten können; 1. insofern nicht, als unter dem hier in Betracht kommenden „Ausland“, dessen Gerichte die vollständig verbüßte Strafe erkannt haben, nur der Staat des Begehungsortes, nach der überwiegend

[180]) Ein nicht vollstrecktes verurteilendes auswärtiges Urteil kann nur dann eine Verurteilung hindern, wenn entweder Auslieferung oder nach einem etwa einschlagenden Staatsvertrage (bei kleineren Delikten) Strafvollstreckung im Inlande stattfindet. Eigentümlicherweise schließt aber eine im Auslande ausgesprochene, jedoch nicht zur Vollstreckung gelangte Verurteilung gleichwohl die Strafverfolgung eines Franzosen in Frankreich nach dem gegenwärtig geltenden Rechte aus. Da der Franzose dem Auslande nicht ausgeliefert wird, ist er in solchem Falle straflos (vgl. über diese Lücke der französischen Gesetzgebung *Garraud* **1** n. 173 Anm.). Man hat allerdings schon das Gesetz in dieser Hinsicht verbessern wollen. Dies gelang nicht, weil der Verbesserungsvorschlag die Anrechnung der im Auslande teilweise verbüßten Strafe nicht berücksichtigte. Ausländische Kontumazialprozeduren schließen aber die Verfolgung in Frankreich nicht aus. *Garraud* **1** n. 167 a. E.

[181]) Manche Strafgesetzbücher sprechen sich über die internationale Wirksamkeit der Straftilgungsgründe nicht aus (so z. B. das niederländische GB.), oder sie erklären nur, daß eine auswärts vollzogene Strafe angerechnet werden solle (so das dänische GB. § 7), österreichischer Entwurf (1893) § 3 vorletzter Abs., norwegisches GB. § 13 a. E.

[182]) Wesentlich übereinstimmend aber in kürzerer und am Schluß (die Begnadigung betreffend) in korrekterer Fassung: ungarisches StGB. § 11; ferner übereinstimmend bulgarisches StGB. Art. 7.

Das portugiesische GB. Art. 53 Nr. 3 und 5c schließt bei Auslandshandlungen die Verfolgung in Portugal aus, wenn im Lande des Begehungsortes Verurteilung stattgefunden hat; ausgenommen sind Staats- und Münzverbrechen gegen Portugal und einige andere Fälle.

[183]) Dem wörtlichen Ausdrucke zufolge wäre § 5 nur auf Verbrechen Deutscher zu beziehen; wenn aber ein im Auslande erfolgter Vorgang bei Deutschen eine weitere Bestrafung im Deutschen Reiche ausschließen soll, so muß dies jedenfalls auch bei Ausländern der Fall sein. So *Binding* **1** S. 443.

angenommenen Auslegung[184]) verstanden wird; 2. insofern nicht, als nicht nur bei hochverräterischen Handlungen gegen das Deutsche Reich und die deutschen Bundesstaaten, sondern auch bei den als Weltverbrechen vom StGB. (und in Nebengesetzen) behandelten Verbrechen neben der im Staate des Begehungsortes erkannten und vollzogenen Strafe eine Zusatzstrafe im Deutschen Reiche zulässig ist. Bei den sog. Weltverbrechen ist solche Nichtanerkennung des auswärts bestimmten Strafmaßes aber absolut unrichtig. Dagegen ist es prinzipiell richtig, bei Dienstverbrechen deutscher Beamten, bei hoch- und landesverräterischen Handlungen und bei Beleidigungen deutscher Bundesfürsten durch Deutsche im Auslande die im Auslande erfolgte Strafe nur anzurechnen, eine Ausnahme wäre hier nur angezeigt, wenn auf Antrag der deutschen Strafgewalt im Auslande ein Strafverfahren stattgefunden hätte; denn in diesem Falle hat die deutsche Strafgewalt ihr Vertrauen zu der auswärtigen Strafgewalt ganz besonders erklärt und die Zusatzstrafe würde dann einen üblen Eindruck machen.

**§ 87.** Wenn ein Staat eine Strafe vollzieht, hat er den Schuldigen in seiner Gewalt. Dies braucht aber nicht der Fall zu sein bei einer Freisprechung und einer Begnadigung, und wenn vollständige Freisprechungen auch in Abwesenheit des Angeklagten aus prozessualen Gründen selten vorkommen werden, so sind doch Außerverfolgsetzungen in solchem Falle möglich, und Begnadigungen werden (z. B. bei Erlaß einer Amnestie, oder wenn der Verurteilte nach dem Urteil geflohen ist) in Abwesenheit des Schuldigen öfter vorkommen. Hier wird es richtig sein, dem straftilgenden Akte der Staatsgewalt, welche vorzugsweise zuständig ist, also der im Staate des Tatorts, bzw. bei Staatsverbrechen der im angegriffenen Staate erfolgten Freisprechung und ebenso Begnadigung ohne weitere

---

[184]) So *Binding* 1 S. 144; *Oppenhoff* § 5 Anm. 1, 7; *Olshausen* § 5 Anm. 2; *Frank* §§ 4, 5 Anm. III 3b. — A. M.: *Rubo* zu § 5 Anm. 3. *Lammasch* GS. 41 S. 14. *Rüdorff-Stenglein* § 5 Anm. 2. Der in letzterem Kommentar angeführte Grund, man könne die Zuständigkeit eines ausländischen Gerichts nicht prüfen (d. h. man sei nicht berechtigt, diese Zuständigkeit zu prüfen), ist in dieser Allgemeinheit nicht zutreffend. Man ist sehr wohl in der Lage und berechtigt, die Zuständigkeit der Strafgewalt eines anderen Staates zu prüfen, ebenso wie dies bei der Ziviljurisdiktion der Fall ist. Dagegen kommt uns eine Nachprüfung darüber nicht zu, welches einzelne Gericht des überhaupt zuständigen Staates nach dessen Gesetzen zuständig ist. Vgl. unten § 87 a. E.

Voraussetzung universell straftilgende Wirkung zuzuschreiben, und nur in dem Falle hiervon eine Ausnahme zu machen, daß ein anderer Staat den Schuldigen in seiner Gewalt hat und von seiner Strafzuständigkeit durch Beginn der Untersuchung gegen den Schuldigen bereits Gebrauch gemacht hat. (In letzterem Falle würde der Akt der Staatsgewalt, z. B. welcher begnadigte, ein Eingriff in die Jurisdiktion des anderen Staates sein.) Fehlt einem Staate aber die vorzugsweise Strafzuständigkeit, so kann nur reelle Prävention maßgebend sein, d. h. der Staat, dessen Freisprechung oder Begnadigung gelten soll, muß zur Zeit dieser Akte den Schuldigen in seiner Gewalt haben.[184a] Freilich braucht der Angeklagte nicht verhaftet zu sein. Es genügt, daß er im Lande sich befindet.

Eine Freisprechung sowohl aus dem Grunde, daß die Handlung nicht strafbar sei, wie aus dem Grunde, daß sie nicht bewiesen sei, würde der strengen Rechtskonsequenz nach universell wirksam sein, wenn sie erfolgte durch ein Gericht des Staates des Tatortes,[185] (nicht freilich in dem Staate, dessen staatliche Sicherheit durch die Handlung angegriffen wurde).[185a] Indes führen die erwähnten Billigkeits- und Anstandserwägungen[186] —

---

184a) Nr. 13 der Beschlüsse des Instituts für internationales Recht erklärt für universell gültig die Begnadigungen «*accordées par le souverain d'un pays ayant sous sa main le coupable*»; ausgenommen sind die Verbrechen gegen die Sicherheit eines Staates. Daß eine Begnadigung, ausgehend von dem vorzugsweis zuständigen Staate, stets voraussetze, daß der Begnadigte in der Gewalt dieses Staats sich befinde, ist (absichtlich) in dem Beschlusse nicht gesagt.

185) Übereinstimmend *Fiore*, *Effetti internazionali delle sentenze* **2** n. 69. Dies wird auch in Italien angenommen, weil in diesem Falle die italienische Strafzuständigkeit nur eine subsidiäre sei (*Crivellari* **1** S. 444 n. 323). Nach dem wörtlichen Ausdrucke des Gesetzes von 1866 ist die Verfolgung in Frankreich auch bei Verbrechen gegen die Sicherheit des französischen Staates ausgeschlossen. *Garraud* **1** n. 168. — Freisprechung, die nicht vom Gerichte des Staates des Tatorts ausging, wird weder in Frankreich noch in Italien anerkannt, was aber selbstverständlich, falls die Strafverfolgung vom Ermessen der strafverfolgenden Behörde abhängt, Unterlassung der Strafverfolgung nicht ausschließt. Nach der Ansicht vieler soll übrigens die Strafverfolgung in Frankreich auch bei Verbrechen ausgeschlossen sein, die gegen die Sicherheit des französischen Staates gerichtet sind, wenn sie im Auslande auf Antrag der französischen Regierung abgeurteilt sind. Ein Beschluß des französischen Senats zu einem neueren Gesetzentwurfe wollte dies ausdrücklich bestimmen. *Garraud* **1** n. 169.

185a) Übereinstimmend *Fiore*, *Effetti* **2** n. 73.

186) Schon die ältere italienische Jurisprudenz erachtete die *in foro delicti commissi* in fremdem Territorium ergangene Freisprechung für überall wirksam, weil dort der *locus principalis* sei. Es wird aber auch die Meinung verteidigt, daß gleiches von einer *in foro domicilii* ergehenden Freisprechung gelte. Vgl. *Bonifacius de Vitalinis*, *Rubr. de inquisitione* n. 52; *Farinacius* **1**, 1 qu. 7 n. 26; *Manfredus Goveanus*, *Additiones in Clarum* § fin. qu. 39 n. 14. Vgl. im Er-

nur solche, nicht Gründe[186a]) der strengen Rechtskonsequenz — zur Anerkennung auch von ausländischen Freisprechungen, die nicht von dem Gerichte des Tatortes erfolgt sind, jedoch nur, wenn die Handlung als nicht bewiesen erachtet war.[186b]) Aber eine weiter reichende Rechtskraft, als einem inländischen Urteile zukommt, wird man einem ausländischen Urteile nicht beilegen dürfen. Daher muß Wiederaufnahme des Verfahrens gegen ein ausländisches Urteil stets dann zulässig sein, wenn das inländische Strafprozeßgesetz sie gegen inländische Urteile

gebnisse (Anerkennung der ausländischen Freisprechungen im weiteren Umfange) übereinstimmend: *Ortolan* 1 n. 907. Nach dem schweizerischen Vorentwurfe Art. 8 soll bei im Auslande begangenen Verbrechen — mit Ausnahme gegen die Schweiz begangener Staatsverbrechen — die Freisprechung eines (also jedes) ausländischen Gerichtes anerkannt werden. Auch nach dem bayerischen GB. v. 1861 Art. 13 schloß die von dem „zuständigen" auswärtigen Gerichte erkannte Freisprechung spätere Verfolgung in Bayern aus, und (vgl. *Hocheder* 1 S. 91) unter dem zuständigen Gerichte war jedes nach seinem Gesetze zuständige Gericht zu verstehen. Auf Staatsverbrechen gegen den bayerischen Staat und dessen Einrichtungen und Beamte bezog sich die Anerkennung ausländischer Urteile natürlich überhaupt nicht. Konsequent muß auch einer ausländischen Außerverfolgsetzung in gleicher Weise Wirksamkeit beigelegt werden; denn in Wahrheit ist sie eine Freisprechung, bei der nur die Wiederaufnahme der Untersuchung an leichter zu erfüllende Bedingungen geknüpft ist.

Die sog. Einstellung des Verfahrens des deutschen StGB. umfaßt verschiedene richterliche Willenserklärungen. Vorläufige Einstellungen des Verfahrens im Auslande haben keine Bedeutung für unsere Gerichte. Aber die Einstellung des Verfahrens wegen mangelnden oder zurückgenommenen Strafantrags (StPO. 259) ist eine definitive Entscheidung, zwar nicht in der Sache selbst, wohl aber über Erfordernis und Fehlen des Strafantrags und müßte daher in Gemäßheit der *Lex loci actus* auch bei uns wirksam sein. A. M.: *Olshausen*, *Binding* 1 S. 445, die nur definitiver Freisprechung Wirksamkeit beilegen.

Rechtskräftig, d. h. nicht mehr durch kurzfristige Rechtsmittel anfechtbar, müssen allerdings der Natur der Sache nach die auswärtigen Entscheidungen sein.

186a) Eine erhebliche Anzahl angesehener französischer Autoren schreiben der im Auslande erfolgten Freisprechung ohne weitere Voraussetzung universell straftilgende Wirkung zu, indem sie den Rechtssatz „*Ne bis in idem*" mehr oder weniger als einen Satz des *Jus naturale* betrachten, der unabhängig von territorialer Zuständigkeit zu gelten habe. So *Mangin*, *Action publique* 1 n. 70; *Hélie*, *instr. crim.* 2 n. 1042; *Ortolan* 1 908. Vgl. dagegen *Fiore*, *Effetti* 2 n. 86ff., der aber nach der anderen Seite zu weit geht, und die sehr starken Billigkeits- und Anstandsgründe völlig übersehend, jede extraterritoriale Wirksamkeit der Freisprechung leugnet. Einer der Gründe, die *Fiore* hier geltend macht, ist, daß der Schuldige sich das ihm besonders passende Gericht auswählen könnte. Damit hat es aber gute Wege. Selbst-Denunziation könnte einem wirklich Schuldigen überall leicht schlecht bekommen, und die Möglichkeit eines Wiederaufnahmeverfahrens in einem anderen Staate ist von *Fiore* nicht beachtet. Vgl. übrigens auch die allgemein lautende Bestimmung des neuen russischen StGB. Art. 10.

186b) Wird z. B. derjenige, der im Auslande gehandelt hat, in seiner Heimat lediglich deshalb freigesprochen, weil die Handlung nur nach dem Gesetze des urteilenden Richters nicht strafbar sei, so wird ein solches Urteil nicht universell die nochmalige Verfolgung des Freigesprochenen bewirken können.

gestattet.[187]) Andererseits aber kann dem ausländischen Urteile nicht eine weitergehende Rechtskraft zugeschrieben werden, als ihm nach den Gesetzen des auswärtigen Staates zukommt. Das freisprechende auswärtige Urteil kann also auch aus denjenigen Gründen im Wiederaufnahmeverfahren beseitigt werden, welche nach dem Gesetze des auswärtigen Staates zur Wiederaufnahme berechtigen.

Eine Freisprechung, welche deshalb erfolgt, weil die Handlung nicht unter die territoriale Zuständigkeit des Staates fällt, kann ihrem Inhalt nach die Strafverfolgung eines anderen Staates nicht ausschließen.[188])

Man hat demnach zwischen den verschiedenen Arten der Freisprechung zu unterscheiden, und in manchen Fällen wird es nicht leicht sein, den Grund der Freisprechung sicher festzustellen, da das Gericht, welches freisprach, oft keine Veranlassung hatte, über die hier entscheidenden Punkte sich zu erklären. Hier muß die Regel: „*In dubio pro reo*" aushelfen, wie dies auch die Beschlüsse des Instituts für internationales Recht angenommen haben, indem sie ebenfalls zwischen verschiedenen Arten der Freisprechung unterscheiden, aber freilich die Freisprechung wegen territorialer Unzuständigkeit der Strafgewalt des Staates nicht besonders erwähnen.[188a])

Die Verteilung der einem Staate überhaupt zustehenden (von anderen Staaten anzuerkennenden) Jurisdiktion unter die einzelnen Gerichte, ist aber lediglich internes Gerichtsverfassungs- oder Strafprozeßrecht des einzelnen Staates. Wenn daher der Jurisdiktionsakt (insbes. Freisprechung), ausgehend von irgend einem Gerichte eines Staates in einem anderen Staate, als wirksam betrachtet wird, so hat man darum sich nicht zu kümmern, welches einzelne Gericht das freisprechende Urteil fällte, sofern das Urteil nach dem Gesetze des auswärtigen Staates gültig ist.

---

[187]) So *Schwarze* GS. 1860 S. 177 ff., bes. S. 205; *H. Meyer* § 16 zu Anm. 49; A. M.: *Olshausen* § 5 Anm. 5.

[188]) In solchem Falle wäre m. E. eine Unzuständigkeitserklärung, welche nur aus prozessualem Grunde erfolgen darf, formell unrichtig.

[188a]) «*Les acquittements prononcés du chef d'insuffisance des preuves produites contre l'accusé seraient valables partout. Les acquittements motivés par la non-criminalité du fait auraient même force que la loi du pays déclarant non punissable ce même fait. S'il y avait doute quant à la portée du jugement, la présomption serait en faveur du prévenu . . . . . . Ces règles ne s'appliquent pas aux délits contre la sûreté de l'Etat . . .*»

Daher spricht das StGB. § 4 Abs. 2 Nr. 2 auch sehr richtig von „den Gerichten des Auslandes“ im allgemeinen, und wenn in den vorstehenden Ausführungen von dem Gerichte des Tatorts die Rede gewesen ist, so ist damit bezeichnet ein Gericht desjenigen Staates, in dessen Gebiete die Tat begangen ist.

Es ist, was indes bestritten wird,[189]) auch nicht erforderlich, daß das ausländische Staatsorgan, von welchem das Urteil ausging, ein Gericht im Sinne des inländischen (deutschen) Gerichtsverfassungsgesetzes sei. Ein Willkürakt aus souveräner Machtvollkommenheit oder ein Akt einer nicht frei urteilenden Behörde würde allerdings weder als verurteilendes noch als freisprechendes Erkenntnis in Betracht kommen können.

Ein Konsulargericht unseres Staates ist, obschon es in einem fremden Staate seinen Sitz hat, gleichwohl ein Gericht unseres Staates, für unseren Staat ein inländisches Gericht.

**§ 88.** Begnadigung ist Verzicht auf den Strafanspruch des Staates. Sie kann aber erfolgen und wird häufig erfolgen, weil die Handlung nach einer freieren und höheren Gerechtigkeit beurteilt nicht als strafbar erscheint. Der Grund der Begnadigung entzieht sich jedoch im einzelnen Falle einer sicheren Feststellung. Sie wird daher einem freisprechenden Urteile, und zwar einem die Schuld, d. h. die Existenz einer strafbaren Handlung, verneinenden gleich gestellt werden können. Der Begnadigung muß also ohne weiteres universelle Wirkung zugestanden werden, wenn sie gewährt wird bei gemeinen Verbrechen vom Staate des Tatortes, bei Staatsverbrechen von dem verletzten (bedrohten)[190]) Staate, sofern nicht ein anderer Staat die Untersuchung bereits begonnen und den Schuldigen in seiner Gewalt hat.[191])

Die von einem Staate gewährte Begnadigung hat universelle Wirkung — ausgenommen bei Staatsverbrechen gegenüber

---

189) So *Rudorff-Stenglein* § 5 Anm. 3; *Oppenhoff-Delius* § 5 Anm. 6. A. M.: *Rubo* § 5 Anm. 2; *Olshausen* § 5 Anm. 3a; *Binding* I S. 444 Anm. 11.

190) Vorzugsweise berechtigt ist der Regel nach der Staat des Tatortes; bei Verbrechen gegen die Sicherheit des Staates der bedrohte oder verletzte Staat, vgl. in letzterer Beziehung z. B. auch hessisches StGB. Art. 4, 3, wo bei Auslandsverbrechen allerdings fehlerhafterweise dem Staate, dessen Angehörige verletzt sind, die Begnadigungszuständigkeit mit extraterritorialer Wirksamkeit beigelegt wurde.

191) Wäre die Handlung als den Frieden gefährdende Handlung auch nach dem Gesetze des Tatorts strafbar, so müßte auch die Begnadigung durch diesen Staat hinzukommen.

dem angegriffenen Staate —, wenn der Staat den Schuldigen zur Zeit der Begnadigung in seiner Gewalt hat. Eine Unterscheidung der verschiedenen Arten der Begnadigung kann dabei andererseits nicht in Betracht kommen; diese Verschiedenheiten treffen nur das interne Recht der einzelnen Staaten: ob ein Staat Begnadigung nur nach gefälltem Urteil oder als sog. Abolition auch vor dem Urteil gewährt, ist für die internationale Wirksamkeit des Begnadigungsaktes ohne Bedeutung; für diese kommt nur die Frage in Betracht, ob überhaupt ein Verzicht auf die Strafe vorliegt.[192])

Es könnte zweifelhaft erscheinen, ob Privaterlaß einer Strafe der Begnadigung nach Maßgabe der Vorverhandlungen über § 5 nach dem Rechte des deutschen StGB. der Begnadigung gleichzustellen sei. Der Konsequenz nach, und da der Wortlaut „erlassen“ durchaus eine weitere Auslegung gestattet, halte ich die bejahende Antwort für richtig. Es kommt doch wesentlich darauf an,[193]) welches territoriale Gesetz einem Akte straftilgende extraterritoriale Wirksamkeit verleihen kann. Die erforderliche Qualifikation dieses Aktes steht zur Entscheidung des im allgemeinen für den Straftilgungsgrund zuständigen Gesetzes.

**§ 89.** Die Verjährung der Strafverfolgung beruht auf der rechtlichen Anerkennung des Umstandes, daß der Eindruck des Verbrechens durch den Ablauf der Zeit getilgt und deshalb auch der sonst durch die Strafe zu bewirkende Gegeneindruck weder erforderlich noch nützlich ist. Selbstverständlich kann der Staat, wenn die Strafbarkeit einer auswärts begangenen Tat nach seinem Gesetze verjährt ist, eine Strafe nicht mehr eintreten lassen, wie auch eine Auslieferung wegen eines nach dem Gesetze des ersuchten Staates verjährten Verbrechens nach den Auslieferungsverträgen nicht stattfindet. Ist aber andererseits nach Ansicht des Gesetzes des in erster Linie zur Bestrafung zuständigen Staates die Verjährung eingetreten, so wird diese auch in den übrigen Staaten anzuerkennen sein. Die nach dem Gesetz des Tatorts eingetretene Verjährung wird also bei gemeinen Verbrechen überall, die Verjährung bei

---

[192]) So auch *Schwarze* § 5 Anm. 6; *Rubo* Anm. 15; *Olshausen* § 5 Anm. 6b; *Binding* **1** S. 445 Anm. 14. — A. M.: *Oppenhoff* § 5 Anm. 16.

[193]) So versteht auch *Olshausen* § 5 Anm. 6b die Worte des StBG. „erlassen ist“.

Staatsverbrechen aber noch nicht für den verletzten Staat als eingetreten gelten müssen. Diesem Ergebnis läßt sich die folgende einfache vom Institut für internationales Recht gewählte Fassung geben: „Die Verjährung hat die internationale Wirksamkeit eines wegen Straflosigkeit der Handlung freisprechenden Urteils."[194])

Ist übrigens die Strafverfolgung nach dem in Betracht kommenden auswärtigen Gesetze des Staates A noch nicht verjährt, als in einem anderen Staate B die Untersuchung begann, so kommt nunmehr für eine etwaige Unterbrechung oder ein Ruhen der Verjährung nur das Gesetz des untersuchenden Staates zur Anwendung, während diese Unterbrechungsakte für den Staat A wiederum nicht gelten.[194a])

Die Verjährung der Strafvollstreckung (genauer der Vollstreckungskraft des Urteils) wird international, da auswärtige Strafurteile aller Regel nach nicht vollstreckt werden, wenig in Betracht kommen, also nur insoweit besondere, diese Strafvollstreckung anordnende Staatsverträge vorliegen. In diesem Falle könnte einem auswärtigen Urteile nicht mehr Kraft beigemessen werden, wenn es diese nach dem Gesetze, unter welchem es erlassen, nicht mehr besitzt; ebensowenig aber würde ein auswärtiges Urteil noch Vollstreckungseffekt haben, wenn ein Urteil gleicher Art des um die Vollstreckung ersuchten Staates diesen Effekt unter den vorliegenden Umständen verloren hätte.

**§ 90.** Den vorstehenden Ausführungen zufolge würde eine allen möglichen Kombinationen unmittelbar gerecht werdende Fassung einer gesetzlichen Bestimmung über die Wirksamkeit ausländischer Straftilgungsgründe schwierig und verwickelt sein müssen und der letzteren Eigenschaften wegen auch nicht unbedenklich sein. Man wird daher zweckmäßig eine Fassung wählen, welche, die Ergänzung der Einzelheit der Wissenschaft und Praxis überlassend, gleichwohl für diese Ergänzung genügenden Anhalt bietet, und dies kann meiner Ansicht nach im Anschluß an die oben angeführte

---

194) Beschlüsse n. 13 Abs. 4: « *La prescription est réglée de la même manière que l'acquittement par la non-criminalité.* »

194a) Die Strafgewalt des letzteren Staates könnte in Betracht kommen wenn der Schuldige sich der begonnenen Untersuchung später entzogen hätte.

Bestimmung des bayerischen StGB. von 1861[195]) durch einfache Änderungen des § 5 StGB. erfolgen, indem gesetzt wird:

1. in Nr. 1 statt „von den Gerichten des Auslands", „von dem zuständigen Gerichte des Auslands";

2. in Nr. 2 statt „nach den Gesetzen des Auslands", „nach den Gesetzen des zur Bestrafung zuständigen auswärtigen Staates".

In Nr. 3 würde dann, da hier nur das Gesetz des Tatorts in Betracht kommen kann (was jetzt auch, richtiger Auslegung zufolge, nach dem Gesetz anzunehmen ist), statt „der nach den Gesetzen des Auslandes . . . erforderliche Antrag des Verletzten", zu setzen sein: „der nach den Gesetzen des Orts der Handlung erforderliche Antrag des Verletzten."

Die Frage, welchem Gerichte und welcher fremden Staatsgewalt die Zuständigkeit im einzelnen Falle zukomme, würde damit der genaueren Untersuchung durch Wissenschaft und Praxis überlassen sein, für welche indes die Motive und die Vorverhandlungen Fingerzeige ergeben könnten.

**§ 91.** Die Bestrafung wegen Rückfalls ist nicht nochmalige Bestrafung eines früher begangenen Deliktes, vielmehr höhere Bestrafung lediglich des neuen Deliktes, weil frühere Verurteilung (und Bestrafung) die Begehung des neuen Verbrechens nicht gehindert hat. Die Rückfallstrafe setzt allerdings Anerkennung des früheren Urteils voraus, wenn dieses im Auslande ergangen ist. Obschon nun solche Anerkennung von einer Vollstreckung zu unterscheiden ist, so verlangt doch das StGB. §§ 224, 250, 5, 261, 264 (wie auch einstimmig die französische Jurisprudenz),[196]) daß die Verurteilung von einem deutschen (bzw. französischen) Gerichte ausgegangen sei. Gerade bei rückfälligen Dieben und Betrügern aber wird, wenngleich im übrigen die Anerkennung auswärtiger Strafurteile nicht erfolgen kann, die Nichtanerkennung häufig als schädliche Pedanterie anzusehen sein, und andererseits ist dem internationalen Gaunertum nur durch längere Freiheitsstrafen wirksam zu begegnen. Besonders erscheint es aber nötig, auch auswärts

---

[195]) Allerdings nicht gerade in dem Sinne, daß es bei allen Tilgungsgründen lediglich auf die Zuständigkeit nach dem Gesetze des fremden Staates ankommen würde.

[196]) *Garraud* 1 n. 174 II.

erlittene Bestrafungen nach Maßgabe des inländischen Gesetzes mitzuberücksichtigen, wenn die Strafe, wie es im gewissen Umfange berechtigt ist, auf den Zweck der Besserung bzw. des Unschädlichmachens eingerichtet werden soll. Daher empfiehlt es sich, die auswärts von dem Schuldigen erlittene Strafe dann diesem für den Rückfall wie eine inländische Bestrafung anzurechnen, wenn eine durch das Gericht anzustellende Prüfung, die sich auf die schriftlichen Akten der auswärtigen Untersuchung beschränken kann, ergibt, daß das frühere Urteil einem Bedenken nicht unterliegt und, was selbstverständlich ist, die frühere Strafe eine der inländischen im gleichen Falle zu verhängende Strafe in ihrer Qualität ungefähr gleich zu setzen ist. In diesem Sinne hat auch das Institut für internationales Recht in n. 15 der Münchener Beschlüsse sich ausgesprochen.

**§ 92.** Ausländische Strafurteile können eine Einwirkung auf die in einem anderen Staate jemandem zustehenden Ehrenrechte nicht ausüben.[197]) Einerseits würde die Anerkennung solcher Einwirkung auf eine teilweise Vollstreckung des im Auslande ergangenen Strafurteils hinaus kommen, und andererseits können die Ehrenrechte, die ein Staat gewährt, nur nach den eigensten Anschauungen dieses Staates jemandem genommen werden. Da aber die Handlung, wegen deren ein Inländer im Auslande verurteilt wurde, eine solche sein kann, daß die inländische Verurteilung wegen dieser Handlung den Verlust von Ehrenrechten nach sich ziehen würde, so gestattete zweckmäßig nach dem Vorbilde des preußischen StGB. § 24 das StGB. § 37 für solche Fälle, wenn die Strafe im Auslande vollstreckt (und deshalb eine nochmalige Verfolgung im Deutschen Reiche ausgeschlossen) ist,[198]) ein nachträgliches Verfahren, das der richtigen Ansicht

---

[197]) *Garraud* I n. 174 (S. 324). Einem Inländer könnte ein inländisches Gericht eine im Auslande verliehene Würde mit der Wirkung aberkennen, daß es dem Inländer verboten wäre, von der fraglichen Würde im Inlande Gebrauch zu machen. In dem Gebiete des fremden Staates aber wird der Verurteilte der Würde sich bedienen können, und selbstverständlich ist es nicht, daß Aberkennung der Ehrenrechte auch jenes Verbot enthalte.

[198]) Eine von der zuständigen auswärtigen Staatsgewalt erteilte Begnadigung muß der Konsequenz nach das inländische Strafverfahren ausschließen, wenn sie — was im einzelnen Falle zu untersuchen — den Verurteilten (etwa durch Amnestie Begnadigten) auch in bezug auf Ehrenrechte als nicht bestraft gelten lassen will. Eine solche Begnadigung kann erfolgt sein, weil der Verurteilte nach freierer Handhabung der Gerechtigkeit als eine unwürdige Persönlichkeit nicht anzusehen ist. Die Verurteilung hat daher ihre die Ehre berührende

nach aber nur auf Entziehung von Ehrenrechten gerichtet sein kann, gegen den im Auslande bestraften Inländer. Es ist aber nur für zulässig erklärt, nicht obligatorisch. Da eine nochmalige Aburteilung einer Handlung, die durch ein Gericht eines anderen Kulturstaates schon einmal abgeurteilt wurde, wegen der möglichen Verschiedenheit der Ergebnisse tunlichst zu vermeiden ist, so wird richtigerweise nochmalige Untersuchung nur dann eingeleitet werden, wenn der im Auslande Verurteilte in Aufsehen erregender oder andere Personen verletzender Weise (z. B. durch Teilnahme an öffentlichen Wahlen) ein ihm vermutlich abzuerkennendes Ehrenrecht geltend macht.[199])

Dagegen kann rationell nicht in Betracht kommen, ob der Inländer schon zur Zeit der Tat Inländer war;[200]) m. E. ist allein erheblich, ob derjenige, gegen den das Verfahren des § 37 stattfinden soll, zur Zeit eben dieses Verfahrens Deutscher ist. Allerdings müßte man jene erstere Voraussetzung fordern, wenn es sich um eine nachträgliche Zusatzstrafe handelte, da das StGB. ebenso wie früher das preußische den im Auslande

Wirkung verloren. (Diese Ansicht habe ich auch Lehrb. S. 262 ausgesprochen, bin aber mehrfach mißverstanden.) So auch *Binding* 1 S. 448. Dagegen: *Oppenhoff* § 37 Anm. 1; *Olshausen* § 37 Anm. 2; *Frank* § 37 I; *Finger* 1 S. 486). Anders steht es mit der Verjährung der Strafvollstreckung. Diese enthält nur einen Verzicht des Staates auf die Bestrafung, ohne daß von einer Schuldlosigkeit des Verurteilten nach Maßgabe freierer Handhabung der Gerechtigkeit zu reden wäre. Hier wird das Verfahren daher rationellerweise eintreten können. Doch kann es zweifelhaft erscheinen, ob nach dem Wortlaut des Gesetzes derartige Unterscheidungen in das Wort „bestraft" hineingelegt werden dürfen. *Hälschner* 1 S. 169 erachtet bei im Auslande eingetretener Verjährung das Verfahren des § 37 ebenso für ausgeschlossen, wie im Falle ausländischer Begnadigung, ohne den Unterschied beider Arten der Verjährung hervorzuheben. Dieser Unterschied aber ist rationell. Das Gesetz will im Falle ausländischer Bestrafung die Ehrenfolgen gerade unabhängig von den Wirkungen der ausländischen Verurteilung, nach Maßgabe unserer Rechtsanschauungen eintreten lassen. Verjährung der Strafverfolgung nach inländischem Recht dagegen muß das Verfahren ausschließen, sofern die Verjährung der Strafverfolgung auch darauf gegründet wird, daß die Beweise durch den Ablauf der Zeit unzuverlässig werden.

[199]) Bei § 24 des preußischen StGB. hatte man wesentlich nur die Absicht, die im Auslande wegen ehrenrühriger Handlungen Verurteilten zu einer gewissen Zurückhaltung bei Ausübung von Ehrenrechten, besonders von Wahlrechten, zu veranlassen. Vgl. *Beseler*, Kommentar zum preuß. StGB. S. 131. — Nach dem neuen russischen StGB. Art. 12 ist dies nachträgliche Verfahren obligatorisch. Es handelt sich aber (vgl. Art. 25) hier um wirkliche Standesvorrechte, nicht um bloße Ehrenrechte oder politische Rechte wie bei uns.

[200]) So auch *Bremer* S. 246; anders *Binding* 1 S. 447; *Frank* § 37, II; *Olshausen* Anm. 3.

handelnden Ausländer dem inländischen Gesetz nicht unterstellt. Da aber das Gesetz, abgesehen von den Staats- und Weltverbrechen, Zusatzstrafen prinzipiell und rationellerweise verwirft, vielmehr der im Auslande erfolgten vollständigen Strafverbüßung für das Inland vollkommene straftilgende Wirksamkeit beilegt, so ist jene Vorstellung schon *de lege lata*, noch mehr aber *de lege ferenda* abzuweisen, obschon sie bei der Abfassung des für § 37 des StGB. vorbildlichen § 24 des preußischen StGB. eine Rolle gespielt hat und Goltdammer (Materialien **1**, S. 217) bemerkt: „selbstredend werde die Existenz des Untertanenverbandes vorausgesetzt“. Sehr richtig bestimmt dagegen Abs. 2 des entsprechenden Art. 45 des bayerischen StGB.:

> „Das gleiche gilt von dem im Auslande bestraften und später nach Bayern übergesiedelten Ausländer.“

Es handelt sich im Grunde nicht sowohl um Schuld, als um Unwürdigkeit[201]) nach dem inländischen Gesetze, nur daß die ausländische Freisprechung und, der hier vertretenen Ansicht nach, auch die volle Begnadigung durch die zuständige auswärtige Staatsgewalt die Feststellung der Unwürdigkeit hindert. Unwürdig ist ebensosehr der Inländer, der nach der Tat Inländer geworden ist, wie derjenige, der Inländer schon zur Zeit der Tat war, wenn der eine wie der andere eine Tat begangen hat, für welche gänzlicher oder teilweiser Verlust der Ehrenrechte unmittelbar vom Gesetz bestimmt oder nach Umständen vom Richter auszusprechen ist. Dagegen kann es uns gleichgültig sein, ob derjenige, der nicht mehr ein Deutscher ist, eine ehrenrührige Handlung begangen hat. Die besonderen Ehrenrechte eines Deutschen hat er nicht mehr, und für diejenigen Fälle, in denen ein Ausländer deutscher Beamter oder Offizier wäre, würde das Disziplinarverfahren die Entfernung aus dem Dienst herbeiführen können.

Die Schuldfrage, von der die Unwürdigkeit abhängt, ist vom Gerichte durchaus unabhängig von der auswärts erfolgten Feststellung wie in anderen Fällen zu untersuchen und zu ententscheiden. Nach der entgegengesetzten (freilich im Art. 45 des bayerischen StGB. angenommenen) Ansicht würde der

---

[201]) In diesem Sinne *Hocheder* **1** S. 191.

inländische Staat ohne Prüfung ausländische Strafurteile gegen Inländer gelten lassen oder vollstrecken.[202])

Das Verfahren muß mit einer Abweisung des staatsanwaltschaftlichen Antrags (nach dem insoweit formell unrichtigen System unserer StPO. mit einer Freisprechung) enden, wenn, falls das ausländische Urteil ein inländisches wäre, die Zeit des Verlustes der Ehrenrechte bereits abgelaufen sein würde, und zwar ist dies nach der Strafbarkeit der Tat im konkreten Falle zu bestimmen; das ausländische Urteil kann nicht schwerere oder längerdauernde Folgen haben, als im gleichen Falle das inländische.

Hiernach würde § 37 des StGB. etwa folgende Fassung erhalten können:

„Hat jemand im Auslande ein Verbrechen oder ein Vergehen begangen und ist er deshalb im Auslande bestraft, ohne daß volle, auch auf die Erhaltung oder die Wiedergewinnung von Ehrenrechten sich erstreckende Begnadigung seitens der zuständigen Staatsgewalt stattgefunden hat, so kann gegen ihn, so lange er Deutscher ist, ein Nachverfahren im Inlande stattfinden, in welchem auf gänzlichen oder teilweisen Verlust der Ehrenrechte überhaupt oder einzelner Ehrenrechte zu erkennen ist, falls die begangene Tat nach dem deutschen Gesetze den gleichen Verlust zur Folge gehabt haben würde.

Der Zeitraum, für welchen die Ehrenrechte aberkannt werden, ist in derselben Weise zu bemessen, als wäre Verurteilung und Strafvollstreckung oder Begnadigung[202a]) im Inlande erfolgt.“ [202b])

---

[202]) Hier abweichend das bayerische StGB., nach welchem für das bayerische Strafverfahren die im ausländischen Urteile erfolgte Feststellung der Tat maßgebend war, und das Strafverfahren aus diesem Grunde auch nur stattfinden konnte, wenn der Verlust des Ehrenrechts im fraglichen Falle nach dem bayerischen Rechte unbedingt eintreten mußte. Aber abgesehen von anderen Gegengründen läßt sich legislativ gegen diese bayerische Bestimmung einwenden, daß ohne vollständige Beweisprüfung häufig nicht zu sagen ist, ob die begangene Tat auch nach dem inländischen Gesetze unter denjenigen Deliktsbegriff zu subsumieren ist, auf Grund dessen das ausländische Urteil die Strafe verhängte.

[202a]) D. h. unvollständige Begnadigung.

[202b]) Könnte also nach inländischem Rechte in Anbetracht des nach der Strafvollstreckung erfolgten Zeitablaufs von einem Mangel der Ehrenrechte nicht mehr die Rede sein, so wäre das Verfahren ausgeschlossen.

**§ 93.** Es ist allgemein anerkannt,[203]) daß die Gesetze der verschiedenen Staaten bei Hoch- und Landesverrat und anderen die Staatseinrichtungen unmittelbar verletzenden oder gefährdenden Handlungen aller[204]) Regel nach als Objekt des Verbrechens nur den eigenen Staat und die eigenen Staatseinrichtungen gelten lassen, fremden Staaten also den durch die einschlagenden Strafgesetze gegebenen Rechtsschutz nicht gewähren. Ursprünglich ein Ergebnis des instinktiven Egoismus, dem unter Umständen Schädigung und Gefährdung anderer Staaten auch durch Privatpersonen vorteilhaft erscheinen konnte, hat diese Beschränkung des Rechtsschutzes durch Strafgesetze in paralleler Entwicklung mit der Ausschließung von Auslieferungen bei sog. politischen Verbrechen allmählich auch die mehr und mehr sogar in erster Linie sich geltend machende Begründung erhalten, daß Staatsverfassung und Staatseinrichtungen anderer Staaten wie ihre Handhabung, beurteilt nach unseren Gesetzen und unseren Anschauungen, keineswegs immer den Anforderungen wahrer materieller Gerechtigkeit entsprechen, häufig wenigstens ein sicheres Urteil darüber bei uns nicht abgegeben werden kann, und daß eben deshalb ein vollständiger Rechtsschutz ausländischer Staaten und Staatsinstitutionen durch Strafgesetze gegenseitig nicht stattzufinden habe.

---

203) Vgl. *Zachariae*, Arch. d. Cr. 1852 S. 41 ff. Im römischen Rechte bezog man das Majestätsverbrechen stets nur auf die *Majestas populi Romani*.

204) Vgl. *Garraud* 3 n. 831. — Eng und dauernd verbundene Staaten können das Prinzip aufstellen, gegenseitig sich vollen oder sehr weitgehenden Rechtsschutz durch Strafgesetze zu gewähren. Die Bestimmungen der zur Zeit des ehemaligen Deutschen Bundes geltenden Gesetzgebungen lauteten darüber sehr verschieden. Einige dieser Gesetzbücher enthielten über Angriffe gegen andere Staaten nichts, andere bestraften Angriffe auf den Deutschen Bund in derselben Weise wie Angriffe gegen den eigenen Staat (wie dies ein unter dem 18. August 1836 ergangener Bundesbeschluß verlangte), wieder andere bestraften Hoch- und Landesverrat, begangen gegen verbündete Staaten, unter Voraussetzung der Gegenseitigkeit, jedoch mit geringerer Strafe als die gleichen gegen den eigenen Staat begangenen Handlungen. — § 66 des österreichischen GB. von 1852 unterscheidet Hochverrat gegen einen deutschen Bundesstaat, wobei das Erfordernis der Gegenseitigkeit nicht erwähnt wird, und Hochverrat gegen andere fremde Staaten, zu dessen Bestrafung Verbürgung der Gegenseitigkeit gefordert wird. Diese letztere Bestimmung ist klar und trägt den damals bestehenden Verhältnissen Rechnung, kann aber in ihrem ersten Teile Anwendung nicht mehr finden, da es deutsche Bundesstaaten im Sinne des ehemaligen Deutschen Bundes nicht mehr gibt. Nach den Verhandlungen der braunschweigischen Stände wollte man unter „verbündeten" Staaten (braunschweig. GB. § 86) alle Staaten begreifen, mit denen das Herzogtum in diplomatischen Beziehungen stehen würde.

Sofern nun im Gebiete unseres Staates vorgenommene Handlungen, welche einen anderen Staat und dessen Einrichtungen anzugreifen oder zu schädigen bestimmt sind, zugleich einzelne Personen oder Sachen schädigen, sind sie überall strafbar als Delikte gegen Personen oder Sachen (als sog. gemeine Verbrechen); daß in ihrem Vaterlande die angegriffene Person eine politische Stellung einnimmt, daß die geschädigte Sache Eigentum eines anderen Staates ist, kann einen Unterschied nicht begründen; die politischen Zustände eines anderen Landes können unter Umständen wohl eine dort begangene Handlung nach unseren Anschauungen entschuldigen, nicht aber der gleichen Entschuldigung teilhaftig sein, wenn in unserem Territorium gehandelt wird, wo jene Einrichtungen ihre Wirksamkeit nicht ausüben.

Es liegt aber auch im Interesse der Aufrechterhaltung des Friedens[204a]) und sodann im Interesse der inländischen Rechtsordnung selbst, daß das Territorium des Staates nicht zu einem Herde gefährlicher, gegen andere Staaten gerichteter Unternehmungen, zu einem sicheren Sammelplatz von Verschwörern gemacht werde. Ausländern gegenüber wird hier häufig Ausweisung genügende Abhilfe schaffen. Inländern gegenüber besteht dies Mittel nicht, und gewisse gegen fremde Staaten gerichtete Unternehmungen[205]) wird man, wenn sie im Inlande stattfinden, sowohl Ausländern wie Inländern, zuweilen im Interesse des eigenen Staates, nicht gern straflos hingehen lassen wollen. Es ist aber nicht leicht, diese besonderen Fälle richtig auszuscheiden von denjenigen, in denen das Interesse des angegriffenen oder gefährdeten fremden Staates den wesentlichen Grund und Anlaß der Strafverfolgung bildet.

---

204a) Lediglich nach dem Gesichtspunkte, daß der französische Staat der Gefahr eines Krieges nicht ausgesetzt werde, sind die Art. 84, 85 des *Code pénal* redigiert.

205) Den weiteren beide Klassen umfassenden Rahmen dürften (abgesehen von den unten noch zu erwähnenden Attentaten gegen das Leben eines fremden im Staatsgebiete verweilenden Staatsoberhauptes) bilden: Unternehmungen, welche darauf abzielen, gewaltsam die Verfassung des anderen Staates zu ändern oder ihm Gebietsteile zu entreißen. Die Strafe muß erheblich geringer sein als diejenige Strafe, welche für die gleichen gegen den eigenen Staat gerichteten Handlungen bestimmt ist. Wir schützen hier wesentlich im Interesse des internationalen Friedens nur den tatsächlichen Zustand, ohne uns über die Rechtmäßigkeit dieses Zustandes ein Urteil zu bilden oder auch nur zu erlauben, während wir von der Rechtmäßigkeit unseres territorialen Besitzes und unserer Staatsverfassung ausgehen müssen.

In den Fällen der letzteren Art bereitet der Umstand Schwierigkeiten, daß selbst dieser Schutz des Strafgesetzes nicht wohl ohne Unterschied und ohne weitere Voraussetzungen allen Staaten gewährt werden kann.

**§ 94.** Die Würde der Staaten verlangt überall ein gegenseitig gleiches Verhalten der Staaten gegeneinander, die Reziprozität. Wenn ein anderer Staat unserem Staate keinen oder einen höchst dürftigen, vielleicht illusorischen Schutz gewährt, so entspricht es nicht der Würde unseres Staates, jenem anderen Staate überhaupt Rechtsschutz oder einen recht wirksamen Rechtsschutz durch Strafgesetze zu gewähren.

Gegenseitigkeit wird in dem anderen Staate beobachtet, wenn die Handlung als Delikt gegen den Staat gestraft wird, nicht dann, wenn sie nur gestraft wird, insoweit sie auch ein sog. gemeines Verbrechen enthält.[206]) Man wird aber auch fordern müssen, daß gerade die einzelne Handlung, welche bei uns bestraft werden soll, in dem anderen Staate strafbar sei; sonst könnte es geschehen, daß bei uns eine Handlung bestraft würde, welche der fremde und vermeintlich angegriffene Staat nach seinem eigenen Gesetze als erlaubt oder harmlos ansieht. Endlich genügt es nicht, daß irgend einmal eine derartige Handlung in dem fremden Staate bestraft wurde; es muß Sicherheit vorhanden sein, daß dies im gleichen Falle wieder geschehen werde. Festzustellen, ob diese Sicherheit etwa nach der Praxis der ausländischen Gerichte besteht, ist für unsere Gerichte schwierig; denn immerhin wird das Vorkommen eines gleichen Falles selten sein, und Erklärungen der auswärtigen Regierung können, wenn die dortigen Gerichte unabhängig sind,

---

206) So auch *Binding* 1 S. 593; *Olshausen* § 102 Anm. 2; *Liszt* § 170, 1. Anders *Meves* in *Holtzendorffs* Hdb. 4 S. 291. *Meves* a. a. O., der die Gegenseitigkeit *in abstracto* entscheiden lassen will, hält es für genügend, wenn der andere Staat überhaupt Handlungen, welche gegen die Integrität, innere oder äußere Sicherheit unseres Staates (des Reiches oder der deutschen Bundesstaaten) sich richten, bestraft. — *Binding* fordert für volle Gegenseitigkeit mit Rücksicht auf StGB. § 102 daß der fremde Staat auch dergleichen im Auslande von seinen Angehörigen begangene Handlungen strafe, und kommt, indem er Gegenseitigkeit anderenfalls doch für die im Inlande begangenen Handlungen annimmt, eigentlich zur Beurteilung der Gegenseitigkeit danach, ob der Angeklagte im konkreten Falle im Auslande gestraft werden würde. — Darauf, daß die gleichen Strafen von seiten des fremden Staates im gleichen Falle verhängt werden würden, kann es selbstverständlich nicht ankommen. Sonst würde wohl die Gegenseitigkeit fast nie anzunehmen sein. Nur bloße Polizeistrafen, sagt *Binding*, dürften es nicht sein.

hier nicht ins Gewicht fallen. Es wird also fast immer[206a]) darauf hinauslaufen, daß ein Gesetz des Auslandes die Gegenseitigkeit feststelle („verbürge“, wie es im StGB. heißt).

Richtiger indes wird man *de lege ferenda* die Verbürgung durch Staatsvertrag fordern, und zwar durch einen von unserer Volksvertretung genehmigten Staatsvertrag. Denn es kommt, wie bemerkt, nicht allein auf die Gegenseitigkeit, sondern auch darauf an, ob in dem anderen Staate genügend geordnete und einigermaßen der Kultur und Gerechtigkeit, wie wir diese Begriffe auffassen, entsprechende Zustände vorhanden sind. Der reinen Willkür und Gewaltherrschaft können wir nicht wohl Dienste leisten. Wir tun da genug, wenn wir dem auswärtigen Staate angehörige Personen und Sachen bei uns gegen Handlungen schützen, die zugleich gemeine Verbrechen enthalten. Die Beurteilung jener allgemeinen Zustände des auswärtigen Staates kann aber weit besser durch unsere Regierung erfolgen als durch unsere Richter, die nur bei Gelegenheit einzelner Fälle über die Zustände anderer Staaten sich informieren können. Daher wäre mindestens Verordnung seitens der Regierung zu fordern, wie das auch in dem bayerischen StGB. von 1861 Art. 114 Abs. 2 festgesetzt war. Aber diese Befugnis, im Verordnungswege festzusetzen, daß man dem anderen Staate besonderen Schutz gewähre, ist für die Regierung selbst nicht unbedenklich. Es wird ihr oft schwer werden, einer fremden Regierung, die Gegenseitigkeit anbietet, diesen Schutz zu versagen, auch wenn diese Regierung auf einer rechtlich bedenklichen Grundlage beruht, oder sonst in dem anderen Staate bedenkliche Regierungs- oder Justizmaximen zur Anwendung kommen, und gerade solche Regierungen werden leicht ein besonderes Interesse haben, einen weitgehenden Schutz bei uns zu erhalten, während gefestigte Regierungen vorgeschrittener Kulturstaaten solchen Schutz oft glauben entbehren zu können. Zumutungen jener Art werden aber ferngehalten, wenn ein der Genehmigung der Volksvertretung bedürfender Staatsvertrag gefordert wird. Regierungen, die eine uns bedenkliche

---

206a) In Staaten, deren Gesetzgebung Bestrafung nur auf Grund gesetzlicher Bestimmung zuläßt, kann, wie *Binding*, Lehrb. d. deutschen Strafrechts 2 S. 499, bemerkt, die Verbürgung nur durch Gesetz (oder einen als Gesetz geltenden Staatsvertrag) erfolgen.

Rechtsbasis besitzen, oder Regierungen von Staaten, deren Justiz und Verwaltung schweren Vorwürfen nach unseren Kulturanschauungen ausgesetzt sind, werden die öffentliche Kritik scheuen, welche die Volksvertretung in solchen Fällen ihnen unvermeidlich angedeihen lassen würde. So hat auch 1893 der Ausschuß des österreichischen Abgeordnetenhauses in dem § 100 (106) des Entwurfs eines österreichischen Strafgesetzes zur Bestrafung der hier fraglichen Handlungen mit Recht die Verbürgung der Gegenseitigkeit durch einen mit Genehmigung der Reichsvertretung abgeschlossenen Staatsvertrag als Erfordernis aufgestellt.

Bei Aufstellung dieses Erfordernisses ist es auch klar, daß die Gegenseitigkeit schon zur Zeit der Begehung der Handlung verbürgt sein muß.[207]) Man könnte freilich geneigt sein, in dieser Verbürgung nur eine prozessuale Bedingung der Strafverfolgung zu erblicken, so daß die Verbürgung erst zur Zeit der Eröffnung der Untersuchung oder gar des Urteils vorhanden

---

[207]) Ausdrücklich anerkannt durch den Wortlaut des Art. 114 des bayerischen StGB., ebenso in § 66 des österreichischen StGB. — Vgl. dafür auch *de lege lata* nach dem deutschen StGB.; *Lammasch*, Zeitschr. **3** S. 398; *Binding* **1** S. 593; *Olshausen* § 102 Anm. 3; *Lisst* a. a. O. RG. III 2. Juli, Rs. 3 S. 457, bes. S. 460, II 6. Mai 1905 E. **38** Nr. 28, bes. S. 77 halten dies auch nach der gegenwärtig geltenden Fassung des StGB. für erforderlich; ebenso *Hegler* S. 420 Anm.; *H. Meyer* § 42 zu Anm. 8. *Binding* und *Olshausen* begründen diese Ansicht, indem sie ausführen, es handle sich hier um ein bedingtes Strafgesetz, das erst mit dem Eintreten der Gegenseitigkeit in Kraft trete, und ähnlich bemerkt das an zweiter Stelle genannte Urteil des RG., der Strafrechtsschutz der ausländischen Rechtsgüter beginne erst dann, wenn das ausländische Recht den inländischen Rechtsgütern einen im wesentlichen gleichen Rechtsschutz zu teil werden lasse. Daher erblickt das RG. in der verbürgten Gegenseitigkeit nicht eine Bedingung der Strafverfolgung, sondern der Strafbarkeit. Ich rechne ebenso wie *H. Meyer* die Verbürgung der Gegenseitigkeit einfach zu den Momenten des gesetzlichen Tatbestandes. Der Begriff „Bedingung der Strafbarkeit“ hat meines Erachtens nur Berechtigung für diejenigen ganz exzeptionellen Fälle, in denen die Handlung erst nachher den Charakter eines Deliktes erhält (wie nach dem StGB. in gewissen Fällen des strafbaren Bankerotts die früher begangene Handlung durch Eröffnung des Konkurses) und dies gerade ist dem Urteil des RG. zufolge im vorliegenden Falle nicht zutreffend. Wenn aber die Verbürgung der Gegenseitigkeit Moment des gesetzlichen Tatbestandes ist, so muß im schwurgerichtlichen Verfahren auch von den Geschwornen festgestellt werden, daß sie *in concreto* zutrifft. Vgl. für dies im Lehrb. S. 268 vertretene Ergebnis *v. Kries*, Lehrb. des deutschen Strafprozeßrechtes (1892) S. 443; *Lisst* § 44, 5; *Heinemann*, Zeitschr. **15** S. 226; richtige Begründung bei *Hegler* S. 20. A. M.: *Rüdorff-Stenglein* § 107 Anm. 7; *Oppenhoff-Delius* § 102 Anm. 10; *Olshausen* § 102 Anm. 5; *Binding*, Lehrb. **2** S. 500 Anm. 2. — Der Revisionsinstanz steht eine Überprüfung insofern zu, als die Existenz der Gegenseitigkeit *in abstracto* verneint werden kann, z. B. wenn ein einschlagendes Gesetz des fremden Staates, ein Staatsvertrag mit demselben gar nicht existiert.

zu sein brauchte. Das wäre *de lege ferenda* richtig, wenn nur die Würde unseres Staates und nicht auch die Rechtmäßigkeit der fremden Regierung und die in dem fremden Staate herrschenden Kultur- und Rechtszustände (nach unserem Urteil) in Betracht kämen. Sind die letzteren Dinge mitentscheidend, so bedarf es erst eines authentischen Ausspruchs unserer Staatsgewalt, wenn sie die Achtung vor dem fremden Staate als Kulturstaat bei Strafe fordern will.

Aus diesen Gründen ist es daher auch besonders mißlich, sich an der bloßen Tatsache der Verbürgung der Gegenseitigkeit genügen zu lassen, auch wenn sie durch Gesetze des auswärtigen Staates erfolgt wäre; denn auch die Gesetze fremder Staaten braucht der Einzelne bei uns nicht zu kennen. Muß, wie es *de lege ferenda* nach den angegebenen Gründen richtig erscheint, die Existenz der Gegenseitigkeit amtlich verkündet werden, so ist es klar, daß hierin eine inhaltliche Ergänzung des Gesetzes liegt und eine Rückanwendung auf vorher begangene Handlungen ausgeschlossen ist.

**§ 95.** Nach der ursprünglichen Fassung des StGB. § 102 war für die Bestrafung hochverräterischer, gegen einen nicht dem Reiche angehörenden Staat gerichteter Angriffe und Unternehmungen erforderlich die Verbürgung der Gegenseitigkeit „nach veröffentlichten Staatsverträgen oder nach Gesetzen". Der Entwurf der Strafgesetznovelle von 1876 wollte einfach Streichung des Erfordernisses der Gegenseitigkeit und sogar des Strafantrags der auswärtigen Regierung. Die Motive rechtfertigten solche von dem Verhalten der fremden Regierung unabhängige Strafverfolgung unter anderem auch mit dem Hinweise auf die in anderen Staaten erlassenen Neutralitätsgesetze. Dieser Hinweis paßt aber keineswegs auf alle nach dem StGB. als hochverräterisch bezeichneten Unternehmungen; er paßt nur auf Unternehmungen, wie sie z. B. im *Code pénal art. 84, 85*[207a]) oder in besserer Weise in der englischen *Foreign enlistment act* von 1870 (*33 et 34 Vict. c. 90*)[208]) unter Strafe gestellt sind, wirklich kriegerische Unternehmungen von Privatpersonen, welche den Staat, der sie duldet, einer Kriegserklärung aussetzen. Man hätte aber

[207a]) Mit dem *Code pénal* hier wesentlich übereinstimmend belgisches StGB. Art. 123.

[208]) Vgl. *Lammasch*, Zeitschr. **3** S. 411.

mit jener Abänderung des § 102 sich zu Dienstleistungen gegen jede beliebige fremde Regierung verpflichtet, hätte erleben können, daß, wenn dergleichen Dienste im gleichen Fall der auswärtigen Regierung abverlangt wären, diese solche Hilfe als unzulässig oder ihrer Würde nicht entsprechend abgelehnt hätte: sie hatte ja nicht nötig, um die Dienstleistung noch besonders zu ersuchen, und die deutschen Staatsanwaltschaften mußten dem angenommenen Legalitätsprinzip zufolge selbst ohne besondere Ermächtigung des auswärtigen Amtes ein Verfahren veranlassen, das der betreffenden auswärtigen Regierung sogar höchst unangenehm sein konnte.[208a] Als dann ein von zwei Abgeordneten eingebrachtes Amendement abgelehnt war, in welchem Ermächtigung seitens des auswärtigen Amtes als Voraussetzung der Strafverfolgung gefordert wurde, ist man schließlich zu der jetzt gültigen Fassung des § 102 gelangt, welche eine Bestrafung unter Voraussetzungen anordnet, die dem Straffälligen oft völlig unbekannt sein werden, eine Anomalie, durch welche im Jahre 1904 in dem vielbesprochenen Königsberger Prozesse auch die Strafverfolgung auf einen Irrweg geleitet wurde.[209] Die Regierungsvorlage erklärt sich vielleicht daraus, daß sie auf einen einzelnen Fall zugespitzt war. Der Reichstag hat sie freilich verbessert, aber, wie gezeigt wurde, nicht ohne selbst dabei einen legislativen Fehler zu begehen.

Der bezeichnete Fehler ist aber nicht der einzige. Zwar kann, des anscheinend entgegenstehenden Wortlautes des Gesetzes ungeachtet, der herrschenden Meinung[210] nicht zugestanden werden, daß nach StGB. § 102 die daselbst bezeichneten Handlungen der allgemeinen Regel zuwider auch dann zu bestrafen seien, wenn das Gesetz des Tatortes sie straflos läßt. Nicht nur hätte eine solche Ausnahme einen deutlichen

---

208a) Dies gab die Motivierung der Regierungsvorlage selbst zu, indem sie, das eigene Interesse der inländischen Regierung betonend, hervorhob, daß die gefährdete Regierung ein wichtiges politisches Interesse haben könne, den Antrag nicht zu stellen.

209) Vgl. die oben Anm. 207 zitierten Urteile des RG.

210) Vertreten von *John* in *Holtzendorff* Hdb. 3 S. 44 Anm. 4; *Oppenhoff* § 102 Anm. 2; *Schütze* S. 253 Anm. 9; *Schwarze* § 102 Anm. 1; *Hälschner* 2 S. 773; *Olshausen* § 102 Anm. 7, 6; *Frank* § 102 I. 1; *Binding*, Lehrb. 2 S. 498. Meistens wird lediglich aus dem Wortlaute argumentiert. Nur *Schütze* macht den Fall geltend, daß der Staat des Tatortes nicht der bedrohte Staat sein würde. Aber dieser Fall wird höchst selten vorkommen. Außerdem wäre dann doch der Staat des Tatortes näher beteiligt als der unsrige.

und zweifellosen Ausdruck verlangt — es erscheint auch als legislative durch nichts gerechtfertigte Sonderbarkeit, einem fremden Staate einen strafrechtlichen Schutz dienstfertigst zu gewähren, den dieser Staat im eigenen Lande, und zwar auch dann, wenn Handlungen eigener Untertanen in Frage stehen, nicht für nötig oder für schlecht angebracht erachten würde. Endlich ergibt sich auch aus den Verhandlungen über den hier zugrunde liegenden § 78 des preußischen StGB.,[211]) daß die Prüfung der Strafbarkeit nach dem Gesetze des Tatortes keineswegs ausgeschlossen sein, vielmehr anfänglich nur einem anderen Staatsorgane (dem Justizministerium) zugewiesen werden sollte, und daß man nachher der Veränderung der Prozeßformen nicht vollständig Rechnung getragen hat.

Jedenfalls dürfte, wenn die herrschende Meinung *de lege lata* recht hätte, demnächst die Bestimmung des § 102 in dem hier vertretenen Sinne zu ändern sein. Würde einmal § 102 wirklich angewendet werden in einem Falle, wo das Gesetz des Tatortes die Handlung straflos läßt, so würde man mit solcher ängstlichen Strafverfolgung das Ansehen des Deutschen Reiches sicher nicht heben.

Daß dagegen alle im Gebiete unseres Staates gegen auswärtige Staaten begangenen Delikte, insofern sie auch den Tatbestand gemeiner Verbrechen enthalten, auf deren Titel bestraft werden können, ist bereits oben erwähnt worden. Man wird aber auch sie strenger zu strafen berechtigt sein, falls sie in persönlichen Verletzungen eines fremden Staatsoberhauptes bestehen, und Lammasch[212]) hat mit gutem Grunde ausgeführt, daß, wenn man Vorbereitungshandlungen zu Attentaten gegen das Leben des inländischen Souveräns strafe, dies auch bei Anschlägen gegen das Leben fremder bei uns verweilender Staatsoberhäupter angebracht erscheine. Man wird dies jedoch auf solche Fälle zu beschränken haben, wo der auswärtige Souverän bei uns als Gast des Staates oder unseres Staatsoberhauptes sich aufhält. Denn nur in diesem Falle

---

[211]) *Goltdammer*, Materialien **2** S. 95. — Übereinstimmend mit der hier vertretenen Ansicht: *Lammasch*, Das Recht der Auslieferung wegen politischer Verbrechen, 1884, S. 21ff.

[212]) Zeitschr. **3** S. 412ff.

finden Vorsichtsmaßregeln statt, auf deren Durchbrechung Vorbereitungshandlungen abzielen würden, welche sich von noch nicht oder überhaupt nicht strafwürdigen Handlungen mit genügender Bestimmtheit unterscheiden lassen. Da man Schutz den Gästen im eigenen Interesse gewährt, würde hier ein Strafantrag der auswärtigen Regierung Voraussetzung der Strafverfolgung nicht sein, während dieser überall gefordert werden muß, wo die Handlung nur als Staatsverbrechen strafbar sein würde, oder wo doch ein Interesse der auswärtigen Regierung oder des auswärtigen Staatsoberhauptes an dem Unterbleiben der Verfolgung bestehen kann, z. B. bei Beleidigung. Legislativ richtig ist auch, daß nach dem durch die Novelle von 1876 dem StGB. eingefügten § 103a böswillige Wegnahme, Zerstörung oder Beschädigung oder tätliche Beschimpfung von Hoheitszeichen fremder Staaten unter besondere Strafbestimmung gestellt ist. Die Handlung würde freilich häufig schon als Sachbeschädigung strafbar sein. Da es sich hier um einen nicht zu rechtfertigenden Unfug handelt, fordert § 103a Strafantrag der auswärtigen Regierung zur Verfolgung nicht. Unrichtig ist aber, daß die Handlung bei uns an dem Inländer unterschiedslos auch dann gestraft wird, wenn sie im Auslande begangen ist, da sie hier doch die Entschuldigung eines politischen Deliktes für sich haben kann.

**§ 96.** Ein m. E. legislativ schwerwiegender Fehler des § 102 besteht aber darin, daß die Strafbestimmungen auch auf Handlungen von Deutschen im Auslande Anwendung finden sollen; Verbrechen, die im Auslande begangen werden, berühren im allgemeinen unsere Rechtsordnung weniger als im Inlande begangene. Den Rechtsschutz ausländischer Staatsordnungen, deren Rechtsbeständigkeit zweifelhaft sein kann und deren Handhabung möglicherweise auf grobes Unrecht hinauslaufen kann, dürfen wir daher im Auslande dem Auslande überlassen. Wir machen anderenfalls uns leicht zum Vollstrecker oder Schützer evidenter Ungerechtigkeit — wenigstens wie letzteres nach unseren und nach den Begriffen anderer Kulturstaaten aufgefaßt wird. Wenn der Grundsatz gelten soll, daß bei politischen Verbrechen Auslieferung ausgeschlossen ist, so kann nicht wohl der Inländer gestraft werden, der im Auslande ein politisches Delikt begangen hat,[213]) während dem Ausländer im gleichen Falle in der Regel Straflosigkeit gesichert ist, obschon er ausgewiesen werden kann.[214])

Nach der herrschenden, auch hier dem Wortlaut folgenden[215]) Ansicht soll in den Fällen des § 102 das nach StGB. § 4 im allgemeinen für die Verfolgung im Auslande begangener Delikte geltende freie Ermessen der Staatsanwaltschaft ausgeschlossen, vielmehr die Verfolgung obligatorisch sein. Ich glaube aber, daß solche Ausnahme von dem allgemeinen und wohl begründeten Prinzip nicht stillschweigend dadurch hat begründet werden können, daß in der Sonderbestimmung des Prinzips nicht besonders gedacht ist. Die Ausnahme hätte Sinn, wenn nur auf Grund eines die Gegenseitigkeit feststellenden Staatsvertrages und eines hierauf sich beziehenden Antrags der ausländischen Regierung die Strafverfolgung stattfände; denn in solchem Falle kann die auswärtige Regierung die Strafverfolgung fordern und letztere ist daher nicht mehr vom Ermessen der inländischen Behörde abhängig. Sollte aber eine Strafverfolgung auch auf Grund nur tatsächlich seitens des anderen Staates beobachteter Gegenseitigkeit stattfinden, ohne daß unser Staat ihm vorher seine Zustimmung erklärt hätte, so erscheint die unbedingte Verpflichtung der inländischen Behörde als politischer Fehler allerschwerster Art: wenn ein auswärtiger Staat will, so müssen wir ihm mit politischen Prozessen zu Diensten sein.[216])

**§ 97.** Daß kein Grund vorliegen kann, die sonst bei Verbrechen international und bezw. universell wirkenden Straftilgungsgründe bei Verbrechen gegen fremde Staaten nicht gelten zu lassen, erscheint selbstverständlich. Wenn ein dritter

---

[213]) Ein Belgier wird in Belgien wegen eines im Auslande gegen die Sicherheit eines fremden Staates begangenen Verbrechens nur bestraft, wenn die Handlung auch wesentlich gegen den belgischen Staat (gegen eine mit Belgien im Kriege verbündete Macht) sich richtet oder die Neutralität Belgiens gefährdet. Vgl .*Code pénal belge* und dazu *Haus* **1** n. 232. — Auch das russische StGB. von 1903 Art. 135 bestraft Staatsverbrechen gegen fremde Staaten nur wenn sie in Rußland begangen sind.

[214]) Weil der Bestimmung des § 4 in dieser Sonderbestimmung nicht besonders gedacht sei.

[215]) *John* a. a. O.; *Schwarze* § 112 Anm. 2; *Geyer* **2** S. 131; *Hälschner* **2** S. 773; *Binding*, Lehrb. **2** S. 498.

[216]) Gegen die herrschende Meinung und im Sinne des Textes *Lammasch* GS. **41** S. 9 Anm. 2, hier aber auch *Oppenhoff* § 2 Anm. 4.

Staat, der dem bedrohten oder gefährdeten Staate Rechtsschutz gewährte und seine Justiz walten ließ, oder wenn gar der bedrohte Staat selbst in der Lage war, dies zu tun, warum in aller Welt sollen wir uns bei dem solchergestalt erreichten Ergebnisse nicht beruhigen? Dennoch wird auch hier das Gegenteil von mehreren Autoren[217]) wieder nach dem bloßen Wortlaut des § 102 angenommen, weil dieser Paragraph überhaupt von den Vorschriften der §§ 4 und 5 abstrahiere.

**§ 98.** Ein Rechtsschutz, wie er durch § 102 geboten wird, und der unter den oben dargelegten, in § 102 aber zum Teil außer acht gelassenen Voraussetzungen auch rationell ist, paßt nur für zivilisierte Staaten. Wird ein Staatsvertrag für die Verbürgung der Gegenseitigkeit gefordert, so steht dadurch fest, daß unser Staat und unser Gesetz den betreffenden auswärtigen Staat als einen zivilisierten betrachtet. Die Frage ist dann praktisch müßig. Sollte aber eine bloß tatsächliche Verbürgung genügen, wie nach dem gegenwärtigen § 102 des StGB., so wird die Beantwortung der Vorfrage, ob wir es mit einem zivilisierten Staate zu tun haben, zuweilen recht zweifelhaft sein. Als zivilisiert kann m. E. ein Staat uns nicht schon dann gelten, wenn gelegentlich einmal eine Art diplomatischer Verkehr mit ihm stattgefunden hat; ebenso nicht der Abschluß eines sog. Freundschaftsvertrages; denn gerade solche Freundschaftsverträge werden nicht selten mit Staaten oder Völkerschaften abgeschlossen, die man nicht im wirklichen Sinne des Wortes für zivilisiert halten kann. Glücklicherweise ist aber auch diese Frage bis jetzt nicht praktisch geworden.

Das Abbrechen oder Aufhören diplomatischer Beziehungen kann die Anwendung einer Bestimmung, wie sie § 102 enthält (oder einer ähnlichen Bestimmung), nicht ausschließen, wohl aber der Ausbruch eines Krieges unseres Staates mit dem fremden Staate. Wenngleich es völkerrechtlich nicht zulässig ist, eine Insurrektion in dem feindlichen Staate hervorzurufen, so brauchen wir den Feind doch vor Unternehmungen nicht

---

[217]) So von *Hälschner* 2 S. 773; *Liszt* § 170 und *Binding*, Lehrb. 2 S. 500. *Binding* will nicht einmal — was freilich konsequent ist — die von dem verletzten Staate selbst vollzogene Strafe dem Schuldigen anrechnen. Ich möchte in dieser Konsequenz eine Widerlegung der im Texte bekämpften Ansicht erblicken, welche den § 102 von den einschlagenden Normen der §§ 4ff. des StGB. für emanzipiert erachtet.

zu schützen, die seinen inneren oder äußeren Bestand angreifen, mögen sie auch von Privatpersonen ausgehen. Wohl bemerkt aber werden die sonst hier zu subsumierenden Handlungen als gemeine Verbrechen bei uns gestraft werden können, wenn sie zugleich als solche anzusehen sind. Hier führt aber der gegenwärtig geltende § 102 des StGB. wieder zu einem sonderbaren Ergebnisse, da nach § 102 der Inländer, der im Auslande handelt, sich auf den politischen Charakter seiner Handlung nicht berufen kann, wenn diese ein sog. *Crime mixte* im Sinne des Auslieferungsrechtes darstellt.

**§ 99.** Das Erfordernis der Gegenseitigkeit wird indes richtigerweise überhaupt zu streichen sein bei im Inlande unternommenen Attentaten gegen das Leben eines fremden Staatsoberhauptes, wie wir auch die strengere Bestrafung von Gesandten, die bei unserem Staate beglaubigt sind, nicht von der Beobachtung der Gegenseitigkeit abhängig machen. Es paßt ebenfalls nicht für den Fall, daß wirklich feindliche Einfälle von unserem Territorium aus gegen einen anderen Staat unternommen werden, Unternehmungen, die im Falle eines Krieges oder einer auswärtigen Insurrektion auch zur Aufrechterhaltung unserer Neutralität unterdrückt werden müßten.[218]) Diese beiden Fälle verdienen eine Sonderstellung, und hier ist auch die Bestrafung von Auslandshandlungen der Inländer richtig, also etwa folgende Bestimmung:

> Wer behuf Ausführung eines gewaltsamen Einfalles in das Gebiet eines befreundeten Staates, oder um dort ausgebrochene oder anzuregende Aufstände zu unterstützen, Werbungen vornimmt, oder sich anwerben läßt, oder um mit anderen Personen zu einem jener Zwecke sich zu vereinen, seinen Wohnort oder Aufenthaltsort verläßt, wird .... bestraft. Wer zu einem jener Zwecke die Ausrüstung eines Schiffes unternimmt, wird[219]) usw. . . .

---

[218]) Vgl. auch die freilich schlecht redigierten art. 84, 85 des französischen GB., demzufolge die Erregung einer wirklichen Kriegsgefahr für den französischen Staat durch die in diesen Artikeln bezeichneten Handlungen zur Bestrafung gefordert wird (was gerade bei Unternehmungen gegen einen befreundeten Staat der Fall ist). Besser wie bemerkt die englischen *Foreign enlistment act.*

[219]) In dieser Weise können nur gewissermaßen handgreifliche Unternehmungen gesetzgeberisch einer besonderen Behandlung unterworfen werden. Sonst gelangt man wieder zu mehr oder minder allgemeinen Bestrafungen von Vorbereitungshandlungen zum Hochverrat gegen fremde Staaten.

**§ 100.** Den besonderen Schutz ferner, den unsere Strafgesetze unseren Staatseinrichtungen und Beamten gewähren, z. B. gegen Schmähungen,[220]) gegen Angriffe auf die Freiheit öffentlicher Wahlen, gegen Aufforderung zum Ungehorsam gegen obrigkeitliche Verordnungen, gegen Bestechungen, wird man jedenfalls nicht bedingungslos auf die gleichen Staatseinrichtungen und Beamte des Auslandes erstrecken können. Man würde sich damit zum Diener und Vollstrecker des größten Unrechts machen können. Der Buchstabe etwa eines mit dem unserigen gleichlautenden Gesetzes entscheidet dabei nicht allein, vielmehr auch dessen Handhabung. Kann es doch vorkommen, daß neben dem und tatsächlich über dem kundgemachten Gesetze eine geheime Vollmacht und Instruktion für die Beamten besteht, und daß man vielfach der Bestechuug bedarf, um abscheulichster Bedrückung sich zu entziehen.

Verhält es sich so *de lege ferenda,* so ist es der richtigen Ansicht nach auch *de lege lata* nicht anders.[221]) Denn wenn unser deutsches Gesetz es für nötig befunden hat, gegen die schwersten, fremde Staatswesen gefährdenden Angriffe (hochverräterische Unternehmungen) besondere Bestimmungen aufzustellen, und zwar mit besonderen Strafsätzen, welche mildere Strafen androhen, als bei den gleichen den inländischen Staat angreifenden Handlungen, so ist wohl nicht anzunehmen, daß untergeordneten ausländischen Staatseinrichtungen und Staatsorganen ohne weiteres Rechtsschutz, und zwar mit gleicher Strafdrohung wie den inländischen Staatseinrichtungen und

---

[220]) Daß es z. B. völlig widersinnig sein würde, die Strafbestimmung des StGB. § 131 auf das Verächtlichmachen beliebiger fremder Staatseinrichtungen anzuwenden, dürfte klar sein. Der frühere bayerische Kassationshof (*Stengleins* Zeitschr. **4** S. 21) hat erkannt, daß § 131 nicht anwendbar sei, wenn jemand die nicht auf Reichsgesetzen oder gemeisamen Bestimmungen der Reichsverwaltung beruhenden Einrichtungen eines deutschen Bundesstaats verächtlich macht, falls er sich weder in diesem Bundesstaate aufhält noch dessen Untertan ist.

[221]) Ein besonderes Argument für die im Texte vertretene Ansicht dürfte noch aus § 8 des MilitärStGB. zu entnehmen sein. Hiernach werden militärische Verbrechen und Vergehen, begangen selbst gegen Militärpersonen verbündeter Staaten, nur dann ebenso bestraft, als wären sie gegen Militärpersonen des (deutschen) Heeres oder der (deutschen) Marine begangen, wenn Gegenseitigkeit verbürgt ist und wenn die betr. Verbrechen und Vergehen in gemeinschaftlichen Dienstverhältnissen begangen wurden, d. h. nur unter ganz besonderen Voraussetzungen. Also nicht einmal die militärischen Autoritäten verbündeter Staaten genießen ohne weiteres den besonderen Strafschutz der einheimischen militärischen Autoritäten.

Staatsorganen, zugesprochen sei. Es würde zu solcher Gleichstellung einer ausdrücklichen gesetzlichen Bestimmung bedürfen, und diese fehlt.[222])

Indes läßt sich nicht verkennen, daß völlige Straflosigkeit aller in einem fremden Staate gegen dessen Staatsgewalt begangenen Handlungen in einer erheblichen Anzahl von Fällen ebenfalls widersinnig sein würde. Man denke z. B., daß ein vielfach bestrafter deutscher Untertan gewaltsamen Widerstand leistet gegen einen ausländischen Beamten, der ihn völlig rechtmäßigerweise zu verhaften im Begriff steht, vielleicht sogar verhaften will, weil ein Auslieferungsersuchen von deutscher Seite ergangen ist, und daß dieser Verbrecher den ausländischen Beamten durch einen Revolverschuß schwer verletzt oder gar tötet. Man wird es daher verstehen, daß das frühere preußische Obertribunal und später das Reichsgericht[223]) mehrfach den Standpunkt vertreten hat, nach welchem fremde Staatsein-

---

[222]) Ein ausländischer Beamter, der mit rechtsgültiger Bewilligung unserer Regierung (auf Grund eines Staatsvertrages) in unserem Staatsgebiete amtliche Funktionen ausübt, wird in Ansehung des strafrechtlichen Schutzes einem inländischen Beamten gleichzustellen sein. Dagegen würde ein solcher Beamter wegen Amtsverbrechens, durch welches der ausländische Staat verletzt wird (z. B. Unterschlagung amtlicher Gelder) meiner Ansicht nach nur dann zu verurteilen sein, wenn sowohl unser Gesetz wie das Gesetz des anderen Staates, in dessen Diensten der Beamte steht, in der fraglichen Handlung ein Amtsverbrechen erblickt. Für Beurteilung nur nach dem inländischen Gesetze: OT. Berlin 13. Juli 1865, GArch. **13** S. 719, allerdings auch auf Grund des Wortlautes des betreffenden Staatsvertrages). Würde es sich dagegen um ein Amtsdelikt handeln, das unter ein den Schutz unserer Staatsangehörigen bezweckendes Strafgesetz fällt (z. B. rechtswidrige Gebührenerhebung), so würde auch ich für Beurteilung nach unserem Gesetze, ohne Rücksicht auf das ausländische, mich erklären.

[223]) Die Praxis des früheren Berliner OT. hat geschwankt. Ein Urteil v. 6. Juli 1853 erachtete den Widersetzlichkeitsparagraphen des preußischen StGB. auf Handlungen gegen ausländische Beamte im Auslande für anwendbar, ein Urteil vom Jahre 1855 entschied entgegengesetzt, und ein Plenarbeschluß vom 16. April 1855 (GArch. **2** S. 563) trat der ersten Ansicht bei. In dem gleichen Sinne, jedoch ohne auf die realen Gründe *pro et contra* einzugehen, RG. III 15. Februar 1883 (E. **8** Nr. 18 S. 53ff.). Es wird hier (S. 56) einfach behauptet: „Ein innerer Grund, einen allgemeinen Unterschied hinsichtlich der Strafbarkeit der im Auslande begangenen Delikte nach dem Objekt der letzteren nach der Richtung hin zu machen, ob es sich dabei um die Verfolgung öffentlicher oder privater Rechtsgüter handelt, ist nicht vorhanden", und sodann auf die positive Interpretation des StGB. übergegangen. Richtiger und vorsichtiger bemerkt ein späteres Urteil RG. III 19. Januar 1888 Rs. **10** S. 43, daß zahlreiche Strafvorschriften zwar nicht nach dem unmittelbarem Ausdrucke, wohl aber ihrem Sinne nach auf inländische Verhältnisse zu beschränken seien, z. B. die auf die Wehrpflicht bezüglichen §§ 142, 143, ferner § 329 (öffentliche Lieferungen betr.). — Die vor Errichtung des Deutschen Reiches von den höchsten Gerichtshöfen verschiedener deutscher Staaten beobachtete Praxis, welche häufig Beleidigung

richtungen und fremde Beamte gegen Handlungen in diesem fremden Lande, sofern der Schuldige ein Deutscher ist, auch durch die entsprechenden Bestimmungen des deutschen Gesetzes geschützt seien; denn Auslieferung findet nicht statt, und sie könnte auch nicht wohl bewilligt werden,[224]) selbst wenn Auslieferung von Inländern prinzipiell nicht ausgeschlossen sein sollte.

John (Holtzendorff Hdb. 3 S. 96) glaubt die Schwierigkeit dadurch gelöst zu haben, daß er die gegen die fremde Staatsgewalt im Auslande begangenen Handlungen bei uns insoweit für strafbar erachtet, als sie sog. gemeine Verbrechen enthalten; in dem erwähnten Falle würde der Deutsche zwar nicht wegen Widersetzung gegen die Staatsgewalt, wohl aber wegen Körperverletzung usw. zu strafen sein. Bei genauerer Betrachtung jedoch erscheint diese Lösung nicht ganz ausreichend. Wenn das Amtsrecht des ausländischen Beamten nicht anerkannt wird, so wäre die Verhaftung in jenem Falle rechtswidrig, daher Notwehr gegen sie zulässig, und wenn der Verfolgte sich der Verhaftung nur dadurch entziehen konnte, daß er den Beamten niederschoß, so wäre diese letztere Handlung nach unserem Gesetze kein Verbrechen.

Man wird also das Prinzip folgendermaßen feststellen können:

Die gegen eine fremdländische Staatsgewalt im Auslande von Inländern begangenen Handlungen sind nur insoweit strafbar, als sie auch als sog. gemeine Verbrechen (nach unseren Gesetzen) strafbar erscheinen.[225]) Die Rechtmäßigkeit

---

und Widersetzung, verübt gegen Beamte eines anderen Staates, ebenso strafte, als wären diese Handlungen gegen Beamte des inländischen Staates begangen (vgl. z. B. *Temme*, Arch. f. strafrechtl. Entscheidungen 4 S. 41), kann für die jetzigen internationalen Verhältnisse als Autorität nicht verwertet werden, da es sich um Beamte anderer deutscher Bundesstaaten handelte, und hier von wesentlichen Verschiedenheiten in der Stellung der Beamten dem Publikum gegenüber kaum zu reden war. (Ein entgegenstehendes Urt. des KH. in Darmstadt s. aber bei *Temme* 4 S. 73 ff.)

[224]) Über das belgische Gesetz vgl. *Haus* 2 n. 233. Es werden sog. politische Delikte, zu denen aber nach dem belgischen Gesetze Attentate gegen fremde Souveräne nicht gehören, nicht bestraft. Als politisches Delikt gilt aber andererseits auch ein «*fait connexe à un semblable délit*».

[225]) Bei der Auslieferung wäre meines Erachtens solche Ausscheidung eines Teiles des Tatbestandes der Handlung verkehrt (vgl. *Bar*, Lehrb. S. 309, anders freilich das schweizerische Auslieferungsgesetz von 1892 Art. 10; (vgl. *Liszt*, Zeitschr. 2 S. 72; *Martitz* 2 S. 288). Dem Staate, gegen den das Verbrechen sich richtete, kann solche Ausscheidung nicht zugemutet werden. Anders steht hier ein fremder Staat: für ihn existiert in gewissen Beziehungen nur die eigene Staatsordnung.

von Handlungen der Organe[226]) der ausländischen Staatsgewalt ist dabei nicht lediglich nach den Gesetzen des auswärtigen Staates zu beurteilen.[227])

Diese Fassung ermöglicht insbesondere Handlungen zu bestrafen, durch welche Personen oder Sachen beschädigt werden; sie ermöglicht aber andererseits, die Rechtmäßigkeit der Amtshandlung eines ausländischen Beamten zu prüfen, und zwar nicht nur nach dem ausländischen Gesetze, was selbstverständlich wäre, sondern auch nach dem inländischen Gesetze. Endlich führt sie, entsprechend der milderen Bestrafung hochverräterischer, gegen fremde Staaten gerichteter Unternehmungen, auch bei den hier fraglichen Delikten zu einer milderen Bestrafung, da die gegen den Staat sich richtende Eigenschaft der Tat außer Betracht bleibt.

Sie läßt aber andererseits ohne weiteres als strafbar erscheinende Verbrechen, die zwar auch den ausländischen Staat verletzen, deren wesentliche Bedeutung aber in der Verletzung anderer Interessen liegt, insbesondere in der Verletzung von Treu und Glauben im Verkehr, also Fälschung der Münzen und Wertpapiere, Stempel,[228]) Siegel usw. eines fremden Staates, aber auch Fälschung der von der fremden Staatsgewalt oder ihren Beamten ausgestellten öffentlichen Urkunden.[229]) Aber auch Verletzung ausländischer, dem Verkehr dienender Anstalten, insbesondere von Eisenbahnen, von Telegraphenanstalten und Kabel,[230]) werden um so mehr hierher zu rechnen sein, als

[226]) Der Ausdruck „Beamte“ würde nicht umfassend genug sein. Es könnte sich z. B. um Widerstand gegen ausländisches Militär handeln.

[227]) Man würde hier allerdings zuweilen zu einer Beurteilung nach ganz allgemeinen Grundsätzen kommen, für welche die einheimischen Rechtszustände freilich einen gewissen Anhalt bieten. Aber völlig ist eine solche Beurteilung in internationalen Verhältnissen nicht zu entbehren, wie denn die englisch-nordamerikanische Jurisprudenz nicht selten von dem Begriffe der „*natural justice*“ Gebrauch macht. Es würde möglich sein, sich der Ausdrucksweise der belgischen Gesetzgebung zu bedienen, welche eine Bestrafung der Belgier nur eintreten läßt, wenn die im Auslande verübte Handlung Auslieferungsdelikt ist. Aber an einem Auslieferungsgesetze fehlt es uns leider. Vgl. oben Anm. 139[a].

[228]) Vgl. dafür auch RG. II 2. Juni 1882 (Rs. **4** S. 583).

[229]) In diesem Sinne auch *Heinze*, GArch. **17** S. 675. Übrigens macht schon *Tittmann* S. 22, 23 (vgl. S. 27) hier die richtige Unterscheidung.

[230]) In diesem Sinne verstehe ich auch *Binding*, Lehrb. **2** S. 48 Anm. 2, wenn er bemerkt, daß die unterseeischen Telegraphenkabel nicht erst seit dem auf Grund des internationalen Vertrages vom 17. März 1884 ergangenen Reichsgesetze vom 24. November 1889, sondern schon seit dem Inkrafttreten des StGB. strafrechtlich geschützt seien in Gemäßheit der §§ 3, 4 des StGB. Man muß

dergleichen Anstalten ihrem Wesen nach nicht Staatsanstalten zu sein brauchen, vielmehr ebensowohl im Besitze von Privatpersonen (Gesellschaften) sich befinden können, und als durch sämtliche hierher zu rechnende Handlungen auch Angehörige unseres Staates und letzterer selbst empfindlich geschädigt werden können, als endlich jedenfalls die allgemeine Sicherheit des Verkehrs und das Vertrauen zu derselben durch jene im Auslande begangenen Verbrechen beeinträchtigt wird.

**§ 101.** Indem ich glaube, die Erörterung der Frage, was als Territorium des Staates oder als dessen Zubehör zu betrachten ist, besser der völkerrechtlichen Literatur zu überlassen,[231]) fasse ich zum Schluß dieses Abschnittes die Ergebnisse meiner Untersuchung zusammen, soweit sie für die in Aussicht stehende Reform des Strafrechtes oder Revision des Strafgesetzbuches in Betracht kommen können.

Im großen und ganzen genommen erscheinen danach die Bestimmungen unseres gegenwärtig geltenden Rechtes als theoretisch richtig und praktisch zweckmäßig. Es wird aber nicht an heftigen Angriffen fehlen. Sie werden wahrscheinlich in ihrer positiven Bedeutung einen Aufbau der internationalen Bestimmungen unseres Strafrechtes, teils auf der Grundlage des Universalitätsprinzips, teils auf der Grundlage des sog. Real- und Schutzprinzips fordern. Die Empfehlungen des Universalitätsprinzips werden voraussichtlich weniger zahlreich sein

nur den freilich bestrittenen Satz hinzunehmen, daß in Gebieten, wo eine Staatsgewalt nicht existiert, das deutsche Strafgesetz den deutschen Staatsangehörigen bindet; sonst wären die Kabel nur im deutschen Küstenmeere, nicht aber unbedingt in offener See geschützt gewesen. — *L. Renault*, *Revue de droit international* (*Bruxelles*) **12** S. 256 hat freilich die Ansicht ausgesprochen, die Beschädigung ausländischer Telegraphenanlagen durch Franzosen könne in Frankreich nicht gestraft werden, weil hierin nur ein Delikt von lokalem (oder nach dem Ausdrucke der Engländer munizipalem) Charakter zu finden sei. Er hält daher Gegenseitigkeitskonventionen für zweckmäßig. Richtig ist nur, daß in Kriegszeiten der Schutz feindlicher Telegraphenanlagen aufgehoben werden könnte (wie denn die Truppenführer ohne weiteres das Recht der Beschädigung haben usw.), während Diebstahl und Mord z. B., welche Verbrechen *Renault* beispielsweise der Beschädigung der Telegraphen gegenüberstellt, auch im Kriege gegen den Feind nicht erlaubt sein können.

[231]) Ich habe diese Frage behandelt in meiner Theorie und Praxis des internationalen Privatrechtes **2** S. 609ff. und Lehrb. S. 336ff., auch mit Rücksicht auf das Luftmeer. Besondere Bestimmungen im StGB. über letzteres scheinen mir zurzeit nicht zweckmäßig. Man wird hier Wissenschaft und Praxis walten lassen und eventuell internationale Übereinkommen treffen können.

und bei der jetzt vorherrschenden Abneigung gegen jede Art des Kosmopolitismus wenig Beifall finden. Dagegen werden die Anhänger des Schutzprinzips den herbsten Tadel, wie auch schon geschehen ist, über die Behandlung des internationalen Strafrechtes unseres Strafgesetzbuches aus vollen Schalen ergießen, und vermutlich in manchen Anhängern des sog. Universalitätsprinzips gewissermaßen eventuelle Streitgenossen finden; denn die praktischen Beschränkungen, welche dem Universalitätsprinzipe auferlegt zu werden pflegen, laufen in ihrer positiven Bedeutung zum Teil auf Anerkennung des Schutzprinzips hinaus. Man wird auch nicht verfehlen, auf vielgepriesene neue gesetzgeberische Arbeiten, wie auf die Gesetzbücher für Norwegen und Rußland und den schweizerischen Entwurf, sich zu berufen. Man lasse sich aber nicht betören. Das sog. Schutzprinzip schmeichelt dem nationalen Stolze. Jedermann im Auslande mag sich vorsehen, einen Deutschen oder dessen Ehre oder Gut (oder Interessen) zu verletzen; läßt er sich im deutschen Machtbereiche betreffen, so faßt ihn das deutsche Strafgesetz. Es hilft ihm nicht, daß die Handlung, die er beging, nach dem Gesetz des Ortes, wo sie geschah, weniger strafbar oder gar erlaubt war; es hilft ihm auch nicht, daß er nicht wußte, daß die Handlung nach deutschen Gesetzen strafbar ist, und es hilft ihm nicht, daß er nicht wußte, gerade mit einem Deutschen zu tun zu haben. Und so muß er sich plötzlich in der Fremde verteidigen, wo Beweismittel fehlen, mit denen er seine Unschuld oder die Entschuldbarkeit seiner Handlung dartun könnte, und als einem Ausländer ist ihm in den meisten Fällen auch die Untersuchungshaft sicher! Also „*Hands off*“ wenn es sich um einen Deutschen handelt, und müssen wir nicht, wie Fürst Bismarck einst für Empfehlung des Schutzprinzips im Reichstage bemerkte, dafür sorgen, daß der Deutsche im Auslande ebenso geschätzt werde, wie er seinen Landsleuten gegenüber (d. h. in der Heimat) es ist?

Aber der dafür zu entrichtende Preis ist, daß nun auch der Deutsche im Auslande derselben Behandlung ausgesetzt werden kann, wenn ein Ausländer behauptet, durch ihn verletzt zu sein, ohne daß (nach dem völkerrechtlichen Grundsatze der Reciprocität) die Deutsche Regierung irgendwie das Recht hätte zu protestieren oder den Landsmann in Schutz zu nehmen. Daß es sich um einen Vorgang handelt, der ganz und gar in den Grenzen des Deutschen Reiches sich abspielte (etwa auch um ein Erzeugnis der deutschen Presse), und daß nach dem deutschen Strafgesetze die Handlung erlaubt oder nur eine Übertretung war, das ist dann gleichgültig. Es kommt nur darauf an, wie das Gesetz des Ausländers darüber bestimmt. Und auf die haltloseste Denunziation muß der Deutsche sich im Auslande, wo ihm vielleicht Antipathien entgegenwirken, verteidigen, vielleicht in Ländern, wo die Justiz keineswegs dieselben Garantien bietet wie bei uns, und wo die Untersuchungshaft seine Gesundheit zerstört. Er kann freilich darin Genugtuung finden, daß es dem Ausländer im Deutschen Reiche ähnlich ergeht. Der diplomatische Schutz der Deutschen im Auslande erfährt eine empfindliche Einbuße, sobald eine auswärtige Gesetzgebung ihrerseits das Schutzprinzip angenommen hat, und da heutzutage dergleichen Ideen, namentlich wenn sie in einem großen und angesehenen Staate verwirklicht sind, sehr rasch sich verbreiten und Zustimmung finden so könnte es vielleicht nicht lange dauern, bis ebenso wie in den letzten Dezennien die Schutzzoll-Idee, so auch das Schutzprinzip in einer erheblichen Anzahl von Ländern sanktioniert würde,[232]) vielleicht gerade in solchen Ländern, welche als Feld kommerzieller Tätigkeit von Deutschen stark besucht werden, deren Justiz aber andererseits nicht als besonders vertrauenswürdig betrachtet zu werden pflegt.

Andererseits aber werden, wie das Auftreten der nordamerikanischen Diplomatie im Falle Cutting schon einmal gezeigt hat, Reklamationen anderer Staaten nicht ausbleiben,[232a]) wenn wirklich von der auf das Schutzprinzip gegründeten Strafzuständigkeit Gebrauch gemacht werden sollte. Daß England auf das sog. Schutzprinzip in seiner Gesetzgebung sich einlassen werde, ist nach den bisherigen Meinungsäußerungen hervorragender englischer Justizen und Staatsmänner im äußersten Grade unwahrscheinlich, und dasselbe möchte von Nordamerika

---

[232]) Übrigens könnte das Schutzprinzip auch lediglich als Retorsion gegen Deutsche eingeführt werden!

[232a]) In manchen Ländern haben oft Gesetzbestimmungen nur den Wert papierner Schreckschüsse. — Bei uns aber pflegt jede, auch die unscheinbarste Gesetzbestimmung bald bitterer Ernst zu werden.

zu behaupten sein, gelegentliche Entgleisungen der Gesetzgebungen von Einzelstaaten der nordamerikanischen Union abgerechnet, die kaum von Bedeutung sind, da die Einzelstaaten der nordamerikanischen Union international überhaupt nicht als selbständige Staaten zählen, vielmehr hier allein die Zentralgewalt in Betracht kommt. Wie man sich einer energischen Reklamation Englands oder Nordamerikas gegenüber zu verhalten hätte, wenn z. B. ein Engländer oder Nordamerikaner im Deutschen Reiche verhaftet würde wegen Beleidigung eines Deutschen oder einer deutschen politischen Körperschaft, die durch einen Artikel in einer englischen oder nordamerikanischen Zeitung erfolgt sein sollte, mögen die Anhänger des Schutzprinzips darlegen. Berufung auf das deutsche Gesetz würde international in solchem Falle nicht helfen. Vielleicht daß gelehrte Historiker noch herausfinden, wie man früher in solchen Fällen in den kleinen deutschen Bundesstaaten[233]) sich geholfen hat, in deren Gesetzgebung das Schutzprinzip galt.[234]) Doch könnte ein Nachgeben unter irgend welchem Titel dem Ansehen eines großen Staates hier wenig förderlich sein.[235])

Bei allgemeiner Annahme des Schutzprinzips würde aber eine allgemeine Rechtsunsicherheit die Folge sein. Niemand würde, solange nicht die Strafgesetzgebungen inhaltlich uniform gestaltet sind, genau wissen, wo die Grenze des Erlaubten und andererseits des Unerlaubten ist, und nun bedenke man auch die oben hervorgehobenen, in einer Anzahl von Fällen bestehenden Schwierigkeiten, die Person des Verletzten festzustellen, die Kollisionen der Justizgewalten, die sich gerade aus der Annahme des Schutzprinzips ergeben müssen; und zwar mehr noch als bei Annahme des Universalitätsprinzips; denn während dem letzteren zufolge der einzelne

---

[233]) Diese Staaten hatten ihre Gesetzgebung — was zu beachten — übrigens wohl mehr auf den Verkehr mit anderen deutschen Bundesstaaten, als auf den früher weniger entwickelten Weltverkehr zugeschnitten.

[234]) Fälle, in denen nur die Strafzuständigkeit der Bundesstaaten im Verhältnisse zu anderen Bundesstaaten fraglich erscheinen konnte, kommen hier nicht in Betracht.

[235]) Wollte man die Strafverfolgung von der Genehmigung eines Ministers oder des auswärtigen Amtes abhängig machen, so wäre das, wie oben gesagt worden, erst recht bedenklich; außerdem würden hier mit Rücksicht auf die Justizhoheit der deutschen Einzelstaaten besondere Schwierigkeiten entstehen.

Staat in Vertretung sämtlicher Staaten handelt, übt nach dem Schutzprinzip der einzelne Staat, indem er den Angeklagten verurteilt oder freispricht, oder den Verurteilten begnadigt, immer nur sein eigenes Recht aus; hier ist Anerkennung eines auswärtigen freisprechenden Urteils, einer auswärtigen Begnadigung ein Attentat gegen das Prinzip selbst. Höchstens könnte die im Auslande vollzogene Strafe angerechnet werden, und eigentlich müßte in jedem nach dem Schutzprinzip unserer Strafgewalt unterworfenen Falle auch bei vollständig im Auslande erfolgter Strafverbüßung mittels eines neuen inländischen Strafverfahrens nachgeprüft werden, ob der Denkzettel, der dem Ausländer wegen Verletzung des Deutschen zuteil wurde, auch kräftig genug ausfiel. Wenig empfehlenswert wäre auch der Mittelweg, bestimmte Handlungen — mit Ausnahme der schweren Staatsverbrechen — auszuwählen, bei denen Strafzuständigkeit über Ausländer im Auslande stattfinden würde. Man kommt dabei unvermeidlich im Gesetze zu verwickelten Bestimmungen und in der Praxis zu bösartigen Zweifeln.[236])

In Frage kommen dürfte m. E. eher, ob nicht anzunehmen sei die Konsequenz des Schutzprinzips, welcher zufolge die deutsche Strafgewalt auch begründet sein würde, wenn die Handlung im engeren Sinne nicht im Gebiete des Deutschen Reiches begangen ist, vielmehr nur der Erfolg im Gebiete des Deutschen Reiches eintritt. Da die Zuständigkeit der Strafgewalt des Staates des Erfolgsortes in der Gesetzgebung oder durch die Praxis vieler bedeutender Staaten anerkannt ist, würden allerdings Reklamationen anderer Staaten weniger zu erwarten und eintretendenfalls leichter abzuweisen sein, obschon sie, wie gerade der Fall Cutting beweist, keineswegs

[236]) Man vergleiche die klare Einfachheit der Bestimmungen unseres StGB. z. B. mit den (von einzelnen Paragraphenzahlen starrenden) Vorschriften des norwegischen GB. § 12 ff., welches übrigens zum Teil dem Weltrechtsprinzip huldigt, ohne freilich die Konsequenzen gehörig zu berücksichtigen. Man sehe auch die komplizierten Bestimmungen, welche *Binding* auf Grund seines damals noch beschränkten Schutzprinzips in seiner Kritik des Entwurfs des StGB. für den Norddeutschen Bund vorschlug, S. 135, 136. Ein Entwurf auf Grund der *Hegler*schen Doktrin dürfte noch verwickelter werden. Kompliziert in der Anwendung sind Bestimmungen, welche für die einzelnen Deliktsarten eine verschiedene internationale Behandluug anordnen oder die Zuständigkeit von der Staatsangehörigkeit des Verletzten abhängen lassen.

außer Betracht bleiben dürfen, und die Zuständigkeit der Strafgewalt des Erfolgsortes gerade für die Freiheit der Meinungsäußerung und demnach insbesondere für die Freiheit der Presse bedenklich ist, welche ihrerseits wieder Rache nehmend den gegenseitigen Haß der Völker schüren und internationale Verstimmungen zu wirklichen Kriegsgefahren zu gestalten vermag. Aber einerseits bereitet die Bestimmung des Erfolgsortes in vielen Fällen große Schwierigkeiten, sodaß selbst hier der diplomatische Streit einsetzen kann, und sodann fragt sich, ob solche teilweise Einfügung eines heterogenen Prinzips nicht schon durch die verwirrenden Konsequenzen bedeutenden Schaden stiften würde.[237]) Der Nutzen indes ist gering, wenn in Betracht gezogen wird, daß da, wo zweifellos ein Delikt (auch nach dem Gesetz des Ortes der Handlung im engeren Sinne) vorliegt, die Bestrafung des Schuldigen erreicht werden kann.

Überhaupt aber darf man, wie deutscher Doktrinarismus[238]) in dieser Lehre zu tun pflegt, nicht ausgehen von der Annahme, als sei das Deutsche Reich ein sog. „isolierter Staat“ oder ein Staat umgeben nur von wilden Völkerschaften,[239]) in deren Gebiet Deutsche straflos betrogen, bestohlen, beraubt und gemordet würden, und deren Recht und Moral auf einer durchaus niederen Kulturstufe stände. Es muß vielmehr von der Annahme ausgegangen werden, daß wir allermeist mit Kulturstaaten gleichen Ranges zu tun haben, daß in diesen ein Unterschied des strafrechtlichen Schutzes der Inländer und andererseits der Ausländer nicht gemacht wird, und daß ebenso wie wir selbst über die Gestaltung des strafrechtlichen Schutzes in unserem Staatsgebiete das beste Urteil zu haben glauben, wir das gleiche Urteil auch diesen anderen Kultur-

---

[237]) Man würde damit auch in Wahrheit die Richtigkeit des im Deutschen Reiche beseitigten sog. fliegenden Gerichtsstandes der Presse gesetzlich anerkennen.

[238]) Doktrinäre sind nicht immer die Kenner der Wissenschaft, vielmehr ebenso oft andere Personen, die über das urteilen, was sie nicht kennen. Man hat hier zuweilen — und so ist es auch von *Hegler* (S. 169) geschehen — die Autorität des Fürsten *Bismarck* geltend gemacht, der bei Empfehlung des Entwurfs der Gesetzesnovelle von 1876 spottend die „Wissenschaftlichkeit“ als Hindernis des genügenden Schutzes der Deutschen bezeichnete. Aber die Autorität *Bismarcks* erscheint in Fragen der inneren Gesetzgebung zuweilen problematisch. Die sog. Kulturkampfgesetzgebung, die *Bismarck* selbst nach und nach aufzuheben sich veranlaßt fand, war eine gelungene Gesetzgebung nicht und der von ihm veranlaßte § 49a des StGB. ist kein gesetzgeberisches Meisterstück?

[239]) Über die Behandlung von Verbrechern, die nicht zivilisierten Stämmen angehören, vgl. oben Anm. 5a.

staaten für ihr Gebiet zutrauen, also den Schutz uns genügen lassen müssen, den diese Staaten in ihrem Bereiche unseren Staatsangehörigen gewähren.[240])

Liszt hat vor längeren Jahren als wünschenswert bezeichnet, daß das territoriale Geltungsgebiet der heimischen Strafrechtssätze in allen Staaten (möglichst) gleichmäßig bestimmt werde unter möglichster Vermeidung von Kollisionen (man darf hinzufügen auch von wirklichen internationalen oder diplomatischen Konflikten), ein Gedanke, dem bereits das Institut für internationales Recht nähergetreten war, und in dessen Ausführung 1883 zu München mit bedeutender Mehrheit die öfter zitierten Beschlüsse gefaßt wurden. Wenn dieser Gedanke beifallswert ist, so ist andererseits seiner Verwirklichung nichts hinderlicher als das sog. Schutz- oder Realprinzip, welches auf nichts anderem beruht, als auf dem absoluten Mißtrauen gegen die Angemessenheit der ausländischen, am Orte der Handlung (bezw. in der Heimat des Schuldigen) geltenden Strafgesetze, Mißtrauen auch gegen die Loyalität ihrer Anwendung, soweit angebliche oder wirklich verletzte Interessen unserer Staatsangehörigen in Frage stehen. Man könnte es auch bezeichnen, als universales Prinzip des absoluten und mißtrauischen Egoismus; ein System, in dessen Konsequenzen Kollisionen mit der Strafgewalt anderer Staaten geradezu wuchern müssen. Und dies System soll auf Grund eines unkritischen Doktrinarismus dem wohldurchdachten System[241]) unseres gegenwärtigen StGB. vorgezogen werden! Ungeachtet letzteres mehrfach anderen Gesetzgebungen und Gesetzesvorschlägen zum Muster gedient und im ganzen sich trefflich

---

240) Das Schutzprinzip verlangt, wenn es nicht Straflosigkeit der Handlung nach dem Gesetze des Ortes oder die daselbst gesetzliche mildere Strafe zulassen will, für die im Auslande verweilenden Inländer und deren dort befindliches Vermögen ein wirkliches Privileg gegenüber den in ihrem Vaterlande befindlichen Angehörigen des fremden Staates. Soll aber jene Straflosigkeit oder bzw. mildere Strafe Anwendung finden, so heißt das nichts anderes, als das Schutzprinzip, welches ja an dem Schutze des Auslandes sich nicht will genügen lassen, aufgeben.

241) Das Territorialitätsprinzip in Verbindung mit dem aktiven Personalprinzip, Erstreckung des Strafgesetzes auf Ausländer im Auslande nur unter ganz besonderen Voraussetzungen, ist im wesentlichen auch in *Liszts*, für den 16. d. deutschen Juristentag ausgearbeiteten Gutachten empfohlen. (Verhandlungen des 16. Juristentages **1** S. 7). Auf Grund des Gutachtens und des Vortrages hat der 16. Juristentag (Verhandl. **2** S. 309) den Vorschlägen *Liszts* zugestimmt. Jetzt ist *Liszt* (vgl. 14./15. Aufl. S. 102 § 21, III a. E. Anhänger des Schutzprinzips geworden.

bewährt hat, ungeachtet diesem System gerade die großen Kulturstaaten Frankreich und England sich anzuschließen auf dem besten Wege sind, und ungeachtet bei solchem Vorgehen weder Kollisionen mit Strafgewalten anderer Staaten noch Lücken des Gesetzes in bedeutendem Umfange voraussichtlich zu Tage treten werden.

Freilich sind diese Bestimmungen unseres Gesetzbuches der Verbesserung und Vervollständigung fähig und bedürftig, wie oben ausgeführt ist. Die Vervollständigungen dürften namentlich die Verbrechen in staatenlosen Gebieten und nicht zivilisierten Staaten, sowie gewisse Unternehmungen gegen fremde Staaten betreffen, und endlich scheint eine gewisse subsidiär-universelle Strafbefugnis für das Deutsche Reich verlangt werden zu müssen, namentlich da unser Staat jetzt in seinem Kolonialbesitze an Gebiete von Völkern grenzt oder Staaten nahe gerückt ist, denen Übeltäter nicht wohl immer zur Bestrafung ausgeliefert werden können, eine Strafbefugnis, die zugleich ausreichen würde, besonders gefährliche Verbrecher durch Strafe dann unschädlich zu machen, wenn weder ihre Staatsangehörigkeit noch der Ort ihres Verbrechens festzustellen ist.

**§ 102.** Zusammengefaßt ergeben sich für die Revision des Strafgesetzbuches folgende Bestimmungen:

§ 3. „Die Strafgesetze des Deutschen Reiches finden Anwendung auf alle im Gebiete desselben begangenen strafbaren Handlungen, auch wenn der Täter ein Ausländer ist.“ (Unverändert.)

§ 4. Wegen der im Auslande begangenen Verbrechen und Vergehen findet, abgesehen von den Fällen, für welche dies Gesetzbuch oder ein Reichsgesetz ein anderes ausdrücklich verordnet, Strafverfolgung nur dann statt, wenn der strafverfolgenden Behörde die Straftat im einzelnen Falle bedeutend genug erscheint und auch die Schwierigkeiten oder Kosten der Strafverfolgung nicht unverhältnismäßige sind. Unter dieser Voraussetzung kann nach den Gesetzen des Deutschen Reiches verfolgt werden:

1. ein Deutscher oder ein Ausländer, welcher im Auslande eine hochverräterische Handlung gegen das Deutsche Reich oder einen Bundesstaat begangen, oder in Beziehung auf Siegel, Münzen, Wertpapiere oder Wertzeichen

oder amtliche Stempel des Deutschen Reiches oder eines Bundesstaates ein Verbrechen oder Vergehen, oder als Beamter des Deutschen Reiches oder eines Bundesstaates eine nach den Gesetzen des Deutschen Reiches als Verbrechen oder Vergehen[242]) strafbare Handlung begangen hat, welche in Beziehung steht zu dem von ihm bekleideten Amte;[242a])

2. ein Deutscher, welcher im Auslande eine landesverräterische Handlung gegen das Deutsche Reich oder einen Bundesstaat begangen hat.[243])

3. ein Deutscher, welcher im Auslande eine Handlung begangen hat, die nach den Gesetzen des Deutschen Reichs als Verbrechen oder Vergehen anzusehen ist. Die Verfolgung ist auch zulässig, wenn der Täter bei Begehung der Handlung noch nicht Deutscher war, und diese Handlung nach den Gesetzen des Deutschen Reiches ein Verbrechen ist. In dem einen wie in dem anderen dieser beiden unter 3 bezeichneten Fälle findet, falls nicht ein Reichsgesetz ausdrücklich ein Anderes verordnet, das Gesetz des Ortes der Handlung Anwendung, falls dieses dem Angeklagten günstiger[244]) ist.

§ 4a. „Auf Handlungen, welche von Deutschen an Orten oder in Gebieten begangen werden, die im Besitze nichtzivilisierter Völkerschaften sich befinden, oder einem Staate überhaupt nicht angehören, findet das deutsche Strafgesetz Anwendung. Jedoch kann das Gericht nach

---

[242]) Im folgenden ist die gegenwärtig geltende Dreiteilung der strafbaren Handlungen zugrunde gelegt, da irgend eine Einteilung benutzt werden mußte, und die künftige Einteilung unbekannt ist. Nach letzterer würden eventuell die vorgeschlagenen Bestimmungen demnächst zu modifizieren sein.

[242a]) Bei hochverräterischen von Ausländern im Auslande vorgenommenen Handlungen würde übrigens Herabsetzung der Strafe gerecht sein, vorbehaltlich höherer Bestrafung auf den Titel eines gemeinen Verbrechens.

[243]) Nr. 2 des gegenwärtigen Gesetzes hat hier noch den Zusatz „oder eine Beleidigung gegen einen Bundesfürsten begangen hat." Majestätsbeleidigungen dürften aber kaum eine exzeptionelle Behandlung erfordern; es genügt hier (nach dem Vorbilde anderer Gesetzgebungen) die allgemeine Bestimmung unter 3. Der Eindruck, den die wirkliche Anwendung der exzeptionellen Vorschrift im Auslande machen würde, könnte dem Deutschen Reiche wenig vorteilhaft sein. Beleidigungen durch die ausländische Presse betreffend vgl. oben § 70.

[244]) Das Wort „günstiger" macht die gegenwärtige Nr. 3 des § 5 überflüssig und schneidet alle künstlichen Tifteleien über den Unterschied von Strafverfolgungs-, Strafanspruchs- oder Strafbarkeitsbedingungen ab. Es erübrigt danach auch eine besondere Bestimmung über die Verjährung.

Maßgabe der Umstände und Verhältnisse, unter denen die Handlung geschah, auf eine geringere Strafe als die nach deutschem Gesetze sonst angemessene erkennen, oder auch die Handlung für straflos erklären. Würde bei einer im Inlande vorgenommenen Handlung der gleichen Art die Strafe im Höchstbetrage eine Strafe von . . . . . sein können bzw. eine Strafe von . . . . . erkannt sein, so steht der Staatsanwaltschaft bzw. dem Angeklagten wegen unrichtiger oder unangemessener Anwendung bzw. Nichtanwendung dieser letzteren Bestimmung der Rechtszug an das Reichsgericht offen.

Diese Bestimmungen finden Anwendung auch auf Seeleute, Angestellte und Passagiere deutscher Seeschiffe, auf Passagiere, solange sie sich von Seeleuten des Schiffes oder von deutschen Passagieren nicht endgiltig getrennt haben.

§ 4b.[245]) Hat jemand ein Verbrechen begangen, auf welches, wenn es im Inlande begangen wäre, die §§ . . . .[246]) Anwendung finden würden, und ist der Ort der Begehung mit Sicherheit nicht zu ermitteln, auch die Auslieferung, an einen fremden zuständigen[246a]) Staat, nicht ausführbar, so kann Bestrafung im Deutschen Reiche stattfinden, jedoch nur, wenn nach einer nur auf dringendsten Verdacht zulässigen Verhaftung die Hauptverhandlung, ohne zusammengenommen länger als zwei Wochen ausgesetzt zu werden, stattfinden kann,[247]) binnen vier

---

[245]) § 4b entspricht der n. 10 der Münchener Beschlüsse des *Institut de droit international*. Dieser Beschluß konnte aber kürzer gefaßt werden, da er nur die allgemeinen Umrisse zeichnen sollte, ohne die Gesetzgebung und die geographische Lage eines einzelnen Staates zu berücksichtigen.

[246]) Hier wird eine spezielle Aufzählung der betreffenden schweren Verbrechen erforderlich sein; nicht jedes Verbrechen dürfte zu solcher Verfolgung sich eignen, insbesondere nicht Verbrechen, deren objektiver Tatbestand schwer festzustellen ist. Hier schaden solche Spezialbestimmungen nicht, da die Vorschrift überhaupt nur in besonderen Ausnahmefällen zur Anwendung kommen wird.

[246a]) Hiermit dürfte ausgedrückt sein, daß auch der Fall hierher zu rechnen ist, wenn Ungewißheit des Tatortes und zugleich Ungewißheit darüber obwaltet, welchem Staate der Schuldige angehört.

[247]) Hier wird es ohne genauere Bestimmung so wenig abgehen wie in den Artikeln 78, 79 der Wechselordnung. In dem Entwurfe des Textes ist sie aber nur angedeutet. Sollte auf den Gedanken eingegangen werden, so würden die Grenzbezeichnungen jedenfalls erheblichen Modifikationen zu unterziehen

Monaten, wenn das Verbrechen in Europa, binnen sechs Monaten, wenn das Verbrechen in Nordamerika oder Nordafrika bis zum 30. Grade nördlicher Breite, binnen zehn Monaten, wenn das Verbrechen in irgend einem anderen ausländischen Gebiete vermutlich begangen ist.[248])

Bei Entscheidung der Frage, welches Gesetz auf die Handlung Anwendung zu finden hat, ist zu bestimmen, welche Wahrscheinlichkeiten in Ansehung der Orte der Begehung bzw. der Staatsangehörigkeit des Schuldigen vorliegen. Unter diesen verschiedenen Strafgesetzen entscheidet das dem Angeklagten günstigste Gesetz und das deutsche Gesetz, falls es dem Angeklagten noch günstiger ist. Ist die Handlung im Gebiete einer nicht zivilisierten Völkerschaft oder in staatenlosem Gebiete begangen, so finden die beiden Schlußsätze des § 4 entsprechende Anwendung.

§ 5. Strafverbüßung, auf Grund des Urteils einer Staatsgewalt, in deren Gebiete eine deutsche Konsulargerichtsbarkeit nicht ausgeübt wird,[249]) schließt die Strafverfolgung im Deutschen Reiche aus. Das Gleiche gilt von Freisprechung, welche wegen Unzulänglichkeit der Beweise erfolgt ist. Freisprechung aus dem Grunde, daß die begangene Tat nicht strafbar sei, stellt die Straflosigkeit für die deutschen Gerichte in Gemäßheit desjenigen Gesetzes fest, auf Grund dessen sie ausgesprochen ist.

Im Zweifel ist anzunehmen, daß Freisprechung wegen Unzulänglichkeit der Beweise erfolgt ist.

Wiederaufnahme gegen ein Urteil eines ausländischen Gerichts ist zulässig, soweit das Gesetz dieses Gerichtes oder das inländische Gesetz gegen ein inländisches Urteil in gleichem Falle die Wiederaufnahme gestattet.

---

sein. — Gegen übermäßig langdauernde Verhaftungen muß in solchen Fällen das Gesetz energischen Schutz gewähren, und ohne solche Zeitbeschränkung könnte man auch in nicht gerade klaren Schuldfällen einzuschreiten sich veranlaßt finden.

[248]) Der zitierte Beschluß des Instituts verlangt «*preuves certaines de prime abord*». Bei zweifelhaften Beweisen oder Beweisen, die nicht schnell erbracht werden können, wäre Ausübung einer solchen Weltjustiz höchst bedenklich.

[249]) Durch die Ausnahme, welche in Beziehung auf fremde Länder gemacht ist, in denen eine Konsulargerichtsbarkeit ausgeübt wird, dürfte in genauer Weise der Kreis derjenigen Länder bezeichnet sein, deren Jurisdiktionsakte wir wegen wesentlich gleicher Kulturverhältnisse anzuerkennen Grund haben.

Begnadigung und Straferlaß seitens einer zuständigen[250]) auswärtigen Strafgewalt sind auch im Deutschen Reiche anzuerkennen.

Eine nach den Gesetzen eines auswärtigen Staates eingetretene Verjährung der Strafverfolgung hat dieselbe Wirkung wie ein von einem Gerichte jenes Staates gefälltes freisprechendes Urteil, welches die Tat nach dem Gesetze des Landes für nicht strafbar erklärt.

Die Bestimmungen dieses Paragraphen erleiden keine Anwendung auf die Nr. 1 und 2 des § 4 aufgeführten Handlungen.

§ 6. Im Auslande begangene Übertretungen sind nur dann zu bestrafen, wenn dies durch besondere Gesetze oder durch Verträge angeordnet ist. (Unverändert.)

§ 6a. Die Anwendung der Strafgesetze ist durch die völkerrechtlich bestehenden Ausnahmen beschränkt.[251])

Der Reichskanzler kann eine gegen einen Ausländer eingeleitete Untersuchung nach eingeholtem von dem Präsidium des Reichsgerichts zu erstattenden Gutachten niederschlagen, wenn die Zuständigkeit der deutschen Strafgewalt ihm völkerrechtlich[252]) zweifelhaft erscheint und diplomatische Reklamation gegen dieselbe erhoben ist. Die darüber ergangenen Aktenstücke sind dem Reichstage binnen drei Monaten nach ergangener Entschließung, bzw. bei der nächsten Einberufung des Reichstages mitzuteilen.[253])

§ 7. Eine im Auslande vollzogene Strafe ist, wenn wegen derselben Handlung im Gebiete des Deutschen Reiches abermals eine Verurteilung erfolgt, auf die zu erkennende Strafe in Anrechnung zu bringen. (Unverändert.) (Über Anrechnung von Freiheitsstrafe auf Todesstrafe vgl. oben S. 191.)

---

[250]) Die Bestimmungen des deutschen Gesetzes entscheiden hier nicht unbedingt über die Zuständigkeit. Vgl. oben §§ 87, 88,

[251]) Vgl. niederländisches StGB. Art. 8, norwegisches Art. 14.

[252]) Eine solche Bestimmung ist, da reichsrechtlich und gerade in den beiden größten Bundesstaaten ein landesrechtliches Abolitionsrecht nicht besteht, nötig, falls man sich nicht zu reichsgesetzlicher Wiedereinführung eines Abolitionsrechtes (selbstverständlich unter genügenden Kautelen) versteht.

[253]) Dies erscheint zweckmäßig, um unbegründete Reklamationen möglichst fernzuhalten.

§ 7a. Der Bundesrat ist ermächtigt, Bestimmungen zu erlassen über das Verhältnis, nach welchem ausländische Freiheitsstrafen bestimmter Staaten inländischen Freiheitsstrafen gleichzuachten sind. Diese Bestimmungen sind im Reichsgesetzblatt bekannt zu machen und dem Reichstage zur Genehmigung vorzulegen. Bei versagter Genehmigung treten sie außer Kraft.[253a])

§ 7b. Im Auslande erfolgte Verurteilung und Strafvollstreckung begründet die Strafe des Rückfalls ebenso, als wäre sie im Inlande erfolgt, wenn bei Prüfung der schriftlichen Akten der im Auslande geführten Untersuchung Bedenken gegen den auswärts erfolgten Schuldspruch sich nicht ergeben, und die Art und Weise der ausländischen Vollstreckung bei Vergleichung der bei uns stattfindenden Strafvollstreckungen gleichfalls Bedenken nicht erregt. Das Gericht hat die Befugnis, nach freiem Ermessen von der Rückfallsstrafe Abstand zu nehmen.[254])

§ 9. Ein Deutscher darf einer auswärtigen Regierung zur Bestrafung nur im Falle seines Einverständnisses ausgeliefert werden. Letzteres muß in Gegenwart eines gewählten bzw. vom Gerichtsvorsitzenden zu bestellenden Verteidigers vor der Strafkammer eines Landgerichtes von dem Auszuliefernden persönlich erklärt werden. Ist der Auszuliefernde minderjährig, oder steht er unter Pflegschaft, so muß auch der Vormund oder Vater oder Pfleger gleichzeitig seine Zustimmung erklären.

Dem Verteidiger ist Einsicht der Akten und die nötige Zeit zur Vorbereitung der Entschließung zu gewähren.

§ 37. (Aberkennung von Ehrenrechten nach im Auslande erfolgter Bestrafung) vgl. oben S. 204.

§ 102. Wer gegen einen nicht zum Deutschen Reiche gehörigen Staat oder dessen Staatsoberhaupt eine Handlung vornimmt, die, wenn er sie gegen einen Bundesstaat

---

253a) Redaktionell vielleicht dem Einführungsgesetze einzufügen.

254) Wesentlich übereinstimmend mit n. 15 die Beschlüsse des Instituts. Es ist nur in diesem Beschlusse der Art und Weise der ausländischen Strafvollstreckung nicht gedacht, weil Urteil und Strafvollstreckung in einem fremden völlig zivilisierten Staate vorausgesetzt und außerdem auf die Art und Weise der Strafvollstreckung nicht dasjenige Gewicht gelegt wurde, wie es wohl nötig sein wird, wenn neuere Theorien des Strafrechts und des Strafvollzugs einen (in gewissem Maße berechtigten) Einfluß bei uns erhalten sollten.

oder einen Bundesfürsten vorgenommen hätte, nach Vorschrift der Paragraphen usw. zu bestrafen wäre, wird .... bestraft, sofern nach einem vom Deutschen Reiche geschlossenen und vom Reichstage genehmigten, und im Reichstgesetzblatt veröffentlichten Vertrage die Gegenseitigkeit zur Zeit der Handlung verbürgt war.

Die Verfolgung tritt nur auf Antrag der auswärtigen Regierung ein. Die Zurücknahme des Antrages ist zulässig.

§ 102a. Mit ..... wird bestraft jede ein Unternehmen vorbereitende Handlung, welche gegen das Leben eines bei dem Deutschen Kaiser oder einem deutschen Bundesfürsten als Gast verweilenden Oberhauptes eines fremden Staates gerichtet ist.

§ 102b. Wer behufs Ausführung eines gewaltsamen Einfalles in das Gebiet eines befreundeten Staates, oder um dort ausgebrochene oder anzuregende Aufstände zu unterstützen, Werbungen vornimmt, oder sich anwerben läßt, oder um mit anderen Personen zu einem jener Zwecke sich zu vereinigen seinen Wohnort oder Aufenthaltsort verläßt, wird ..... bestraft. Wer zu einem jener Zwecke die Ausrüstung eines Schiffes unternimmt, wird ....... usw. .....

§ 102b. Auf Handlungen, die von Deutschen im Auslande begangen worden und, falls im Deutschen Reiche begangen, nach den in den Abschnitten[255]) ..... enthaltenen Bestimmungen bestraft werden würden, findet das deutsche Strafgesetz unter den in den §§ 4—7 bezeichneten Voraussetzungen und Beschränkungen nur insoweit Anwendung, als sie auch Verletzungen von Personen und Sachen enthalten, oder als Eigentums- oder Vermögensverbrechen oder -vergehen, oder als Versuche zu solchen Verbrechen oder Vergehen nach dem deutschen Gesetze strafbar sind. Die Rechtmäßigkeit der Handlung der Organe der ausländischen Staatsgewalt ist bei einer auf Grund dieses Paragraphen erhobenen Anklage nicht

[255]) Nach dem gegenwärtig geltenden StGB. Teil II Abschn. 6 (Widerstand gegen die Staatsgewalt), Abschn. 7 (Verletzung der öffentlichen Ordnung), Abschn. 28 (Verbrechen und Vergehen im Amte).

lediglich deshalb anzunehmen, weil dies nach den Gesetzen des auswärtigen Staates der Fall ist.[256])

§ 103a. Beschädigung usw. von Hoheitszeichen fremder Staaten. (Unverändert.)

§ 104. Beleidigung bei dem deutschen Reiche oder einem deutschen Bundesstaate beglaubigter Gesandten. (Unverändert.)

Voraussichtlich wird gegen die hier vorgeschlagenen Bestimmungen auch der Einwand erhoben werden, daß sie zu kompliziert seien. Demgegenüber ist daran zu erinnern, daß nicht selten das, was auf dem Papier kompliziert erscheint, in der Anwendung einfach ist, und umgekehrt. Die Bestimmungen des Einführungsgesetzes zum BGB. über das internationale Privatrecht erscheinen bei oberflächlichem Lesen demjenigen, der nicht schon eingehend mit dem internationalen Privatrechte sich beschäftigt hat, als übermässig kompliziert im Vergleich z. B. mit den entsprechenden Vorschriften älterer Gesetzbücher, z. B. des preußischen allgemeinen Landrechts, des französischen und des österreichischen Gesetzbuches. Ist man deshalb berechtigt sie für verkehrt oder unpraktisch zu erklären, oder auch nur zu leugnen, daß das Einführungsgesetz zum BGB. als ein Markstein des Fortschrittes in der legislativen Behandlung des internationalen Privatrechtes sich darstellt?

Die richtige internationale Behandlung der Strafgesetze ist bei dem Kulturzustande unserer Zeit durch ein paar Zeilen eines Gesetzes nicht vorzuzeichnen, und zwar gegenwärtig für das Deutsche Reich um so weniger, als dieses jetzt eine Kolonialmacht geworden ist, die in mannigfache Beziehungen treten muß mit Staaten stark abweichender Kultur und selbst mit nicht zivilisierten Völkerschaften, und als der unendlich sich steigernde internationale Verkehr Kollisionen mit der Strafgewalt anderer Staaten und selbst internationale Konflikte bei ungenauer und inkorrekter Abfassung der gesetzlichen Bestimmungen hervorzurufen geeignet ist.

---

256) Mit Bestechungen ausländischer Beamten werden wir uns nicht zu befassen brauchen, namentlich da die Bestrafung der sog. aktiven Bestechung überhaupt kriminalpolitisch wenig rätlich ist; sie dient dazu, die schwerer wiegende passive Bestechung sehr häufig der Strafe zu entziehen.

# VI. Exemtionen vom Strafgesetze.

*Gerau*, Zeitschrift für Zivilrecht und Prozeß. Neue Folge. 1845. **1** S. 1—45. *Herrmann*, Über strafrechtliche Verantwortlichkeit der Mitglieder der Ständeversammlungen. Arch. d. Cr. 1853 S. 341—394. *Heinze*, Die Straflosigkeit parlamentarischer Rechtsverletzungen und die Aufgabe der Reichsgesetzgebung. 1879. *Schleiden*, Die Disziplinar- und Strafgewalt parlamentarischer Versammlungen über ihre Mitglieder. 2 Hefte. 1879. *C. v. Kissling*, Die Unverantwortlichkeit der Abgeordneten und der Schutz gegen den Mißbrauch derselben. Leipzig und Wien 1882. *Zimmermann*, Zur Auslegung der §§ 11, 199, 233 des StGB., GArch. 31, 1884, S. 196—202. *Fuld*, GS. **35** S. 529ff. *Seidler*, Die Immunität der Mitglieder der Vertretungskörper nach österreichischem Recht. Wien 1891. *Schwedler*, Parlamentarische Rechtsverletzungen nach deutschem Reichsrecht. Diss. 1898. *Hubrich*, Die parlamentarische Redefreiheit und Disziplin. 1899. (Zitiert: *Hubrich.*) *v. Muralt*, Die parlamentarische Immunität in Deutschland und der Schweiz. Zürich 1902. *Barbier*, *Code annoté de la presse*. 2 Bde. Paris 1887. *Kloeppel*, Das Reichspreßrecht. 1894. *Grassi*, *la legislazione inglese sulla stampa comparata alla legislazione italiana*. Bologna 1895. *Hubrich*, Die Immunität der parlamentarischen Berichterstattung in *Hirths* und *Seydels* Annalen des Deutschen Reichs. **30** 1897 S. 1—65. (Zitiert *Hubrich*, Annalen.)

**§ 103.** Im Strafrecht der Gegenwart — nicht nur im deutschen Strafrecht — findet sich eine Anzahl von Exemtionen vom Strafgesetz, auf völkerrechtlichen[1]) und rein staatsrechtlichen Gründen beruhend. Fremde Souveräne[2]) sind aus völkerrechtlichen Gründen vom Strafgesetz des Landes eximiert und Gesandte eines anderen Staates der richtigen freilich bestrittenen Ansicht nach ebenfalls. Der Souverän ist aus staatsrechtslichem Grunde heutzutage von den Strafgesetzen des eigenen Landes eximiert.[3])

---

[1]) Vgl. über die völkerrechtlichen Exemtionen *Bar*, Lehrbuch S. 340ff. und Theorie und Praxis des internationalen Privatrechts **2** S. 621ff.

[2]) Die deutschen Bundesfürsten sind überall, auch im Deutschen Reiche von den Strafgesetzen eximiert; sie waren es vor Errichtung des (Norddeutschen Bundes) Deutschen Reiches aus völkerrechtlichem Grunde und in den Verträgen, auf welchen die Errichtung des (Norddeutschen Bundes) Deutschen Reiches beruht, kann ein Verzicht auf diese Exemtion nicht gefunden werden. Dem Papste kommt auf Grund des Herkommens, welches sich in Gemäßheit des italienischen Garantiegesetzes von 1871 gebildet hat, gleichfalls Exemtion zu, obwohl er nicht mehr Souverän im eigentlichen Sinne ist (vgl. auch *Liszt*, § 24, II.)

[3]) Nach einer von verschiedenen Autoren vertretenen Ansicht ist der bei uns beglaubigte Gesandte eines anderen Staates nur während der Dauer des Ge-

Die genauere Feststellung des Kreises dieser Personen — ob z. B. auch der Präsident einer Republik jenes Privileg der Exterritorialität genießt, ob auch der Regent von den Strafgesetzen des Landes eximiert ist — wird indes richtiger dem Völkerrecht und bzw. dem Staatsrecht überlassen. Man ist einig darüber, daß in den genannten Fällen nur eine rein persönliche Exemtion vorliegt, daß also eine sonst strafbare Handlung eines Eximierten, abgesehen von der Strafbefreiung, Unrecht und sogar den Umständen nach Delikt ist, daß also Notwehr gegen solche Handlung[4]) zulässig ist, und daß der nicht selbst eximierte Teilnehmer an solcher Handlung der Strafe verfällt.

Strafrechtliche Zweifel bestehen dagegen über die Bedeutung derjenigen Privilegien, welche in Ansehung des Strafgesetzes den Mitgliedern gesetzgebender Versammlungen und der Veröffentlichung von Berichten über die Verhandlungen solcher Versammlungen von dem modernen Staatsrechte zuerkannt werden.

**§ 104.** Das Mitgliedern der gesetzgebenden Versammlung für die ungestörte Ausübung ihres Berufs gegebene Privileg findet sich im Art. 30 der Reichverfassung für die Mitglieder des Reichstags und im StGB. § 11 für die Mitglieder der Landtage der Einzelstaaten in fast gleichlautender Weise sanktioniert.

Es fragt sich, wie im allgemeinen die solchergestalt ausgesprochene Freiheit von „Verantwortung" aufzufassen ist. Man kann darin lediglich einen persönlichen Strafausschließungsgrund finden, gegründet auf das besondere Berufsrecht der Abgeordneten. Und in der Tat war bis zur Publikation der Reichsverfassung oder bzw. des StGB. diese Auffassung, vielleicht für die Gesetze der Mehrzahl der deutschen Bundesstaaten, gerechtfertigt. Die früheren deutschen Landstande, durch ihre Stellung oft dahin gedrängt, dem fürstlichen Absolutismus

sandtschaftsverhältnisses von der Gerichtsbarkeit unseres Staates eximiert, so daß er nach Beendigung jenes Verhältnisses bei uns wegen Handlungen bestraft werden könnte, die er während jenes Verhältnisses beging. Wenn aber nach der richtigen Ansicht der Gesandte allein den Strafgesetzen seines Staates unterworfen ist, so wird er sich doch, abgesehen von Dienstdelikten, auf die am Orte der Tat etwa geltende Straflosigkeit der Tat berufen können.

[4]) Retorsion wird wegen der verfassungsrechtlichen Unverletzlichkeit des Monarchen allerdings ausgeschlossen sein.

im XVII. und XVIII. Jahrhundert entgegenzutreten, verlangten zunächst, wie wir aus J. J. v. Mosers Schriften ersehen, nichts weiter, als wegen ihrer Berufstätigkeit eintretenden Falles, wenn der Landesherr sich beschwert erachtete, lediglich vor den ordentlichen Gerichten zur Verantwortung gezogen zu werden; sie wollten nur nicht durch willkürlich zusammengesetzte Kommissionen abgeurteilt oder gar *via facti* in Gefängnisse und Festungen verschleppt werden, wenn sie, wie J. J. Moser, selbst die Gerechtsame der Landstände zu verteidigen sich veranlaßt gefunden hatten,[4a]) und namentlich in den kleinen Territorien konnte hier auch der Schutz des Reichskammergerichts sich wirksam erweisen.[5]) Von einem Privilegium war keine Rede. Aber selbstverständlich mußte ein gerechter Richter berücksichtigen, daß, wer Gerechtsame, Beschwerdepunkte zu vertreten amtlich berufen ist, jedenfalls ebenso wie der Beamte die Vermutung für sich hat, nur seines Amtes zu walten, nicht leicht aber beschuldigt werden darf, Beleidigungen, Aufruhr und Majestätsverbrechen begehen zu wollen.[6]) Diese Auffassung war in gewissem Umfange noch berechtigt, als Verfassungsgesetze begannen, die in den Kammern der Landtage von deren Mitgliedern gemachten Äußerungen in ausgedehnter Weise von strafgerichtlichen Verfolgungen zu eximieren, solange sie noch einzelne Ausnahmen vorbehielten,[7])

---

4a) Vgl. *J. J. Moser,* Von der landschaftlichen Personen-Sicherheit und denen ihn schuldgegebenen Amtsverbrechen, in *Mosers* Abhandlung verschiedener Rechtsmaterien. Bd. 2 1775. S. 1—55 und dazu *Herrmann* S. 347 ff.

5) Vgl. die von *Herrmann* S. 344 Anm. 3 gegebenen Zitate.

6) Vgl. in dieser Hinsicht *Zöpfl,* Grundsätze d. allgemeinen und des konstitutionell-monarchischen Staatsrechts § 161 und namentlich *Herrmann,* S. 381, der treffend ausführt, daß allen verbrecherisch sein könnenden Äußerungen ein Grund der Ablehnung des *Dolus* zur Seite stehe, wenn der Abgeordnete übertriebene oder grundlose Behauptungen, über Gemeinschädlichkeit, Gesetzwidrigkeit von Regierungshandlungen, Verwerflichkeit öffentlicher Institutionen vorbringe, vgl. auch die von *Herrmann* hier als richtig abgefaßt herangezogene Beistimmung des hannoverschen Landesverfassungsgesetzes von 1840 § 101 (wiederholt in dem Gesetze vom 5. September 1848 § 53) wonach „jede Äußerung eines Mitgliedes in der Versammlung immer die günstigste Auslegung erhalten soll".

7) Die hannoversche Gesetzgebung (vgl. Gesetz v. 5. September 1848 § 54) nahm hochverräterische Äußerungen, Beleidigungen und Verläumdungen aus. Andere Verfassungsgesetze machten für Beleidigungen einzelner, wie des Landesherrn und der Regierung, einen Vorbehalt. (Vgl. die Nachweisungen bei *Herrmann* S. 353 ff.) Offenbar scheute man sich die Privatrechtssphäre des einzelnen, die besonders leicht durch Reden von Abgeordneten verletzt werden kann, schutzlos zu lassen; dann schien es aber auch konsequent, die Verfolgung von Majestätsbeleidigungen und Beleidigungen der Minister in bezug auf ihre Amtsführung vorzubehalten, da hier auch die Privatrechtssphäre mitgetroffen wird.

in denen strafrechtliche Verfolgung stattfinden durfte. Man konnte diese Auffassung selbst da noch vertreten, wo allein zivilgerichtliche Verfolgung von Verläumdungen einzelner Personen vorbehalten wurde.[8])

**§ 105.** Eine andere Auffassung aber wird gerechtfertigt für diejenigen Verfassungsgesetze, die eine absolute Ausschließung jedweder Verfolgung unter wörtlicher Übernahme der französisch-belgischen Bestimmungen einführten.

Diese letzteren Bestimmungen weisen zurück auf das englische Recht.

Wenn in England Freiheit der Rede im Parlament als uraltes Recht erscheint, so hat es doch seine besonders greifbare Formulierung dadurch erhalten, daß König Heinrich IV. auf die Bitte des Unterhauses erklärte, er wolle niemand anhören und Glauben schenken über Beratungen der Gemeinen, bevor der gleichen Angelegenheiten auf Rat und mit Zustimmung der Gemeinen vor ihn gebracht würden, und im Art. 9 der *Bill of Rights* ist bestimmt, daß

> *„the freedom of speech and debates or proceedings in Parliament ought not to be impeached or questioned in any court or place out of Parliament.“*

Man kann hiernach in Verbindung mit dem Satze, daß dem strengen Rechte nach die Verhandlungen des Parlaments früher öffentliche nicht waren[9]) und jetzt nach dem Ermessen des einzelnen Hauses wenigstens nicht zu sein brauchen, den besonderen, die Redefreiheit der Parlamentsmitglieder und ihrer Abstimmungen garantierenden Rechtssatz definieren als ein Privileg zunächst nicht der einzelnen Mitglieder, sondern des Parlaments (des einzelnen Hauses) als solchen, vermöge dessen Beratungen im Parlamente als Unrecht nicht betrachtet werden dürfen; sie existieren, insoweit Unrechtsfolgen daran nach sonstigen Rechtssätzen geknüpft werden könnten, für die Gerichte nicht.[10])

---

[8]) Vgl. Großherzogl. Hessische Verfassungsurkunde von 1820. § 83.

[9]) *Erskine May*, Das englische Parlament und sein Verfahren, übersetzt von *Oppenheim* 1880 S. 114: „Äußerungen im Parlament — so wird fingiert — werden nirgend anders bekannt.“

Unhistorisch ist die Auffassung *Zimmermanns*, der in dem englischen Rechtssatze nur ein persönliches Privileg der Abgeordneten erblickt. *Seidler* S. 10 sagt richtig: „Das Wesen dieser (englischen) Immunität besteht darin, daß die parlamentarische Berufsübung von den Gerichten des allgemeinen Rechts eximiert und der ausschließlichen Kompetenz des Parlaments unterworfen ist“. Vgl. *Hubrich* S. 15 ff.

[10]) Vgl. *Hubrich* S. 24 ff.

Die französische Revolution[11]) ging zunächst aus von dem Begriffe der Volkssouveränetät: die Repräsentanten des Volkes können den Gerichten nicht unterworfen sein.[12]) Dieser Gedanke verbindet sich mit der Idee der Notwendigkeit der Trennung der drei Gewalten im Staat, der gesetzgebenden, richtenden und vollziehenden. In die Tätigkeit der gesetzgebenden Gewalt darf die richtende sich nicht hineinmischen. So gelangt bereits das Gesetz vom 13. Juli 1791 Art. 52 zu dem Satze:

«*Aucun représentant de la nation ne pourra être poursuivi devant les tribunaux ni recherché en aucune manière ni en aucun temps, pour raison de ses opinions ni pour tout se qu'il aura dit, écrit ou fait, dans l'exercice de ses fonctions de representant; il n'en est comptable qu'au corps legislatif.*»

Das Ergebnis ist genau entsprechend dem englischen Rechtssatze, obgleich die Ideen, welche in Frankreich den Rechtssatz zutage förderten, von den ursprünglich rein praktischen Erwägungen der Engländer verschieden sind. Man darf hierin sich auch nicht täuschen lassen dadurch, daß man in Frankreich die unmittelbare praktische Konsequenz, die persönliche Unverantwortlichkeit des einzelnen Volksvertreters voranstellte,[13]) während das Prinzip — die Fernhaltung der richterlichen Gewalt von der Versammlung — am Ende des Satzes erscheint. Die Sache wird auch dadurch nicht anders, daß spätere Gesetze von der persönlichen Unverantwortlichkeit der Abgeordneten einer- und der Disziplinargewalt der Versammlung andererseits in gesonderten Artikeln handeln. Und schließlich ist es un-

---

[11]) Vgl. *Seidler* S. 16ff., *Hubrich* S. 43ff.

[12]) Dies war auch eine in Deutschland viel vertretene Auffassung. Sie ist schon deshalb irrig, weil, wenn man auch der Volksvertretung als einem *Corpus* in der Gesamtheit Souveränetät zuschreiben könnte, darum doch die einzelnen Mitglieder noch nicht auf einzelne Privilegien dieses *Corpus* Anspruch erheben können. Es ist jetzt nicht mehr erforderlich, diese Auffassung eingehend zu widerlegen.

[13]) Bei Ausbruch der Revolution hatte man nicht wie in England in einem Parlamente eine altbefestigte, angesehene Institution. Vielmehr herrschte das Bewußtsein, daß diese sich aus den zusammenberufenen, von dem absoluten Königtum übermütig behandelten *Etats généraux* durch die Tätigkeit der einzelnen Abgeordneten erst zu entwickeln habe. Daher mußte die besondere Sicherheit der einzelnen Abgeordneten als persönliches Privileg zunächst betont werden. Man darf daher nicht allzuviel Gewicht auf diesen letzteren Umstand legen, um daraus eine weitgehende Differenz zwischen dem englischen und dem französischen Parlamentsprivileg herzuleiten.

bestrittenermaßen die Idee der Trennung der Gewalten, welche dem Art. 44 der belgischen Verfassung zugrunde liegt, «*Aucun membre de l'une ou de l'autre chambre ne peut être poursuivi ou recherché à l'occasion des opinions ou votes émis par lui dans l'exercice de ses fonctions*», nach dessen Vorbilde wieder der Art. 84 Abs. 1 der preußischen Verfassungurkunde abgefaßt ist:

> „Sie (die Mitglieder beider Kammern) können für ihre Abstimmungen in der Kammer niemals, für ihre darin ausgesprochenen Meinungen nur innerhalb der Kammer auf den Grund der Geschäftsordnung zur Rechenschaft gezogen werden."

Man kann also mit Grund behaupten, daß auch die Idee der Teilung der Gewalten für den Art. 84 Abs. 1 der preußischen Verfassung maßgebend gewesen ist, zumal im Jahre 1850 die Lehren des französisch-belgischen Konstitutionalismus in Deutschland noch unbedingt herrschten.

**§ 106.** Seitdem ist man allerdings in Deutschland, namentlich durch die Forschungen Gneists, zu der Erkenntnis gekommen, daß das englische Staatsrecht weder theoretisch noch praktisch auf der abstrakten Idee der Trennung der drei Gewalten beruht, ja daß diese Trennung überhaupt undurchführbar ist. Aber abgesehen davon, daß man nicht selten zu weit geht, wenn man annimmt, daß diese Idee nicht eine bedeutende relative Berechtigung habe, kann selbst bei Ablehnung der Trennung der Gewalten, der praktisch aus ihr einst abgeleitete Grundsatz festgehalten werden, der in der Tat der ursprünglich echt englische ist:

> „Es sollen, sofern es sich um Verantwortlichkeit der Mitglieder der Volksvertretung handelt, Abstimmungen und Äußerungen der Mitglieder in Ausübung ihres Berufs den Gerichten als nicht vorhanden gelten."

Wenn nun Art. 30[13a]) der Reichsverfassung wiederum die Bestimmung der preußischen Verfassung enthält, nur mit redaktionellen Änderungen, die einerseits einer irrigen, die

13a) „Kein Mitglied des Reichstags darf zu irgend einer Zeit wegen seiner Abstimmung oder wegen der in Ausübung seines Berufs getanen Ausführungen gerichtlich oder disziplinarisch verfolgt oder sonst außerhalb der Versammlung zur Verantwortung gezogen werden.

Redefreiheit beschränkenden gerichtlichen Interpretation,[14]) andererseits dem etwaigen Versuche der Regierungen entgegen tritt, Mitglieder der Versammlung, die zugleich Staatsbeamte sind, disziplinarisch zur Verantwortung zu ziehen, so kann der Sinn des Art. 30 der Reichsverfassung und selbstverständlich auch des § 11 [14a]) des StGB. in der gleichen Weise wiedergegeben werden. Man muß nur hinzufügen, daß auch für Disziplinar- und Regierungsbehörden dasselbe wie für Gerichte zu gelten hat.

Der letztere Satz war eigentlich selbstverständlich. Wenn die Volksvertretung nach der Verfassung irgendwelche Selbstständigkeit gegenüber den Regierungen haben sollte, gleichwohl aber die Wahl von Staatsbeamten in die Volksvertretung gestattet war, so konnten die Regierungen nicht unmittelbar selbst oder durch Disziplinarbehörden nach einem sehr unbestimmten Ermessen, wie solches im Disziplinarrechte zur Anwendung kommt, über Mitglieder der Volksvertretung ein Richteramt ausüben, ganz abgesehen davon, daß eine derartige Einwirkung der Regierung noch weniger angemessen sein muß,

---

[14]) Die gleichlautenden sensationellen Beschlüsse des OT. vom 29. Januar 1866 in den Untersuchungssachen gegen die Abgeordneten *Frentzel* und *Twesten* (GArch. **14** S. 210) erklärten, entgegen einer durch mehrfache frühere Beschlüsse betätigten Praxis (12. Dezember 1853 und 11. Dezember 1865, vgl. GArch. **2** S. 76 und auch **13** S. 207), daß durch Art. 84 der preußischen Verfassungsurkunde nicht sämtliche Äußerungen der Abgeordneten, sondern nur „Meinungen" in dem Sinne gedeckt seien, daß Behauptung und Verbreitung von Tatsachen (d. h. Verbreitung der Kenntnis von Tatsachen oder insbesondere des Glaubens an Tatsachen — Tatsachen selbst kann man doch nicht verbreiten; vgl. aber über das Bürgerrecht dieses sprachlichen Fehlers StGB. § 189—192) nicht darunter mitzuverstehen sei. Die Unhaltbarkeit der Beschlüsse vom 29. Januar 1866 ist in einer ganzen Reihe von Schriften und Aufsätzen dargetan; vgl. z. B. *A. Zachariae*, Über Art. 84 der preuß. Verfassungsurkunde 1866; *John*, Kritiken strafrechtlicher Entscheidungen des preuß. OT. 1866 S. 340—351; meine Anm. 19 zitierte Schrift, (weitere Literaturangaben bei *Hubrich* S. 276). Daß man über „Tatsachen" keine Meinung haben könne, ist eine willkürliche, dem Sprachgebrauche zuwiderlaufende Behauptung; Meinungen und Behauptungen lassen sich überhaupt nicht scharf trennen; endlich (vgl. darüber *Hubrich* S. 94) bedeutet das Wort «*opinions*», dessen Übersetzung das Wort „Meinungen" in der preuß. Verfassungsurkunde ist, in der französisch-belgischen Parlamentssprache speziell technisch „Parlamentsreden"! Es war eine Nachwirkung noch der Beschlüsse gegen *Twesten*, daß im Jahre 1879 als Sitz des Reichsgerichts Leipzig und nicht Berlin bestimmt wurde, da man Beeinflussung des höchsten Gerichtshofes, wenn dessen Sitz die Reichshauptstadt sein würde, von der Regierung befürchtete.

[14a]) „Kein Mitglied eines Landtags oder einer Kammer eines zum Reich gehörigen Staats darf außerhalb der Versammlung, zu welcher das Mitglied gehört, wegen seiner Abstimmung oder wegen der in Ausübung seines Berufs gethanen Äußerung zur Verantwortung gezogen werden."

als die Unterwerfung der Volksvertreter unter die ordentlichen Gerichte, da sehr oft die Regierung den Volksvertretern gegenüber gleichsam als Partei erscheint.

**§ 107.** Dieser Auffassung[15]) entspricht auch die Stellung, welche der Vorschrift im StGB. gegeben ist. § 11 findet sich nicht da, wo die Rede ist von den persönlichen Straf- oder Schuldausschließungsgründen, sondern unter den allgemeinen einleitenden Bestimmungen gerade da, wo von der Begrenzung des staatlichen Strafrechts gehandelt wird.[16]) Die Gründe, welche gegen diese Auffassung vorgebracht sind, können schwerlich als stichhaltig anerkannt werden. Sie laufen im wesentlichen darauf hinaus, daß, bei dem Mangel einer ausreichenden Disziplinargewalt durch die gesetzgebende Versammlung selbst, das Sonderrecht, wie es Art. 30 der Reichsverfassung und StGB. § 11 sanktionieren, im Interesse der Rechtsordnung möglichst enge zu begrenzen sei. Es wird dann, im Gegensatz zu der beschränkten Disziplinargewalt des Deutschen Reichstags, die als Disziplinarmittel gegen Mißbrauch der Redefreiheit nur den Ordnungsruf und die Entziehung des Wortes, seit einem Beschlusse vom 16. Februar 1895 auch die vom Präsidenten ergehende Aufforderung zum Verlassen der (einzelnen) Sitzung

---

15) § 11 des StGB. erwähnt der Ausschließung disziplinarischer Ahndung nicht, während schon nach dem Wortlaut der preuß. Verf. und insbesondere der Reichsverfassung diese Ausschließung klar gestellt ist. Es erklärt sich diese Differenz daraus, daß zwar die Verfassungen sich mit der Frage der disziplinaren Ahndung korrekterweise befassen konnten, nicht aber das StGB., dessen Gegenstand nur das allgemeine Strafrecht ist. Nach den Reichstagsverhandlungen kann aber gleichwohl nicht bezweifelt werden, daß nach § 11 des StGB., zumal, wie im Texte hervorgehoben, es der Natur der Sache entspricht, auch disziplinare Ahndung seitens der Regierung oder ihrer Behörde ausgeschlossen ist (vgl. auch *Binding* **1** S. 676 und die Zitate bei *Hubrich* S. 391).

16) Wesentlich übereinstimmend *Olshausen* Anm. 1 zu § 11. „Dem § 11 kommt eine weitergehende Bedeutung zu, als daß lediglich dadurch — was freilich folgeweise auch geschieht — für die Abgeordneten bezüglich bestimmter Handlungen ein persönlicher Strafausschließungsgrund statuiert würde" und ein unten noch zu erwähnendes (Anm. 24) Urt. des RG. Man kann hierher auch wohl alle diejenigen Schriftsteller rechnen, die mit diesem Urteile sich einverstanden erklären, so z. B. *Fuld* GS. **35** S. 530 und Archiv für öffentl. Recht **4** S. 346; *Oppenhoff-Delius* zu § 11 Anm. 6; *Schwarze* § 11 Anm. 5; *Rüdorff-Stenglein* § 11 Anm. 3.

In der Vorschrift des § 11 (Art. 30 d. Reichsverf.) erblicken dagegen nur einen persönlichen Strafausschließungsgrund *Binding* **1** S. 673 ff.; *H. Meyer* § 17 der die strafrechtliche Unverantwortlichkeit der Abgeordneten im unmittelbaren Anschluß an die davon völlig differente Unverantwortlichkeit des Monarchen behandelt); *Seidler* S. 82 ff. und besonders *Hubrich* S. 346 (der freilich — vgl. unten — im einzelnen nicht völlig konsequent entscheidet).

kennt,[17]) auf die ausgedehnte Strafgewalt des englischen Parlaments hingewiesen, das ja selbst zu einer arbiträren Einsperrung seiner Mitglieder äußerstenfalles schreiten kann. Selbst in Frankreich reichen die Disziplinarmittel der parlamentischen Körperschaft weiter, und dann wird geltend gemacht, wie schlimm und gerade dem deutschen Rechtsbewußtsein zuwiderlaufend es sei, wenn zahlreichen Personen das beklagenswerte Privileg gegeben sei, ohne jedwede Möglichkeit des Einschreitens der Gerechtigkeit Unrecht zu tun.[18]) Indes jene weitgehende, so gerühmte eigentliche Strafgewalt des englischen Parlaments ist in Wahrheit nur eine etwas veraltete Waffe, die man wirklich zu benutzen seit langer Zeit wohlweislich sich scheut,[19]) und trotz der schärferen Disziplinargewalt sind — von den Parlamenten einiger anderer Länder zu schweigen — Skandalszenen selbst im englischen Parlamente vorgekommen, die den gesetzgebenden Versammlungen des Deutschen Reichs bis jetzt fern

---

[17]) Die Rechtswirksamkeit dieses Beschlusses ist zweifelhaft; vgl. gegen die Gültigkeit *Binding* I S. 673 und *K. Perels*, Das autonome Reichstagsrecht 1903. S. 100. Wenn das von der Ausweisung betroffene Mitglied der Aufforderung des Präsidenten keine Folge leistet, so soll der Präsident nach Art. 61 der Geschäftsordnung verfahren, d. h. die Sitzung auf bestimmte Zeit aussetzen oder ganz aufheben. Eine eventuelle gewaltsame Entfernung des Ausgewiesenen ist nicht vorgesehen. Es fragt sich daher, was zu geschehen habe, wenn der Ausgewiesene in der wiedereröffneten Sitzung eigenmächtig wieder erscheint. *Hubrich* S. 437 ist der Ansicht, daß dann der Ausgewiesene, der sich auf Befehl des Präsidenten nicht entfernen würde, wegen Hausfriedensbruch nach StGB. 123 bestraft werden könnte. Allein dabei würde in Frage kommen, ob die Versammlung überhaupt berechtigt wäre, einem Mitgliede die Befugnis (vgl. StGB. 123) zu entziehen, während der Sitzungen im Saale zu verweilen, und diese Berechtigung muß, solange sie nicht durch Gesetz, und zwar durch einen Zusatz zur Reichsverfassung, gegeben ist, verneint werden; denn ebensogut wie für eine einzelne Sitzung könnte ja auch — wo ist hier die Grenze ohne gesetzliche Bestimmung? — der Ausschluß für eine ganze Sitzungsperiode, ja bis zu der nächsten Wahlperiode beschlossen werden. Der Ausschluß von Mitgliedern greift ein in die Rechte der Wähler, ja des gesamten Volkes.

[18]) So etwa *Binding* I S. 672 und S. 679 Anm. unter besonderer Berufung auf *Herrmann* S. 390. „An sich ist von allen Arten von Privilegien keines bedenklicher und gefährlicher als dasjenige, welches Befreiung von den strafrechtlichen Folgen von Verbrechen verleiht."

[19]) Die Disziplinargewalt der Volksvertretung über Entziehung des Wortes und Ausschluß des betreffenden Mitgliedes für ganz kurze Zeit oder Entziehung von Tagegeldern für einen kurzen Zeitraum zu steigern ist deshalb bedenklich, weil mit weitergehenden Disziplinarmitteln sehr leicht die Minoritäten in ihrer berechtigten Meinungsäußerung gehindert werden können. Daher eingedenk des Wortes „*hodie mihi, cras tibi*" die Scheu der Parlamente vor Anwendung solcher Mittel. — Das einzig mögliche dürften bei ehrenrührigen Vorwürfen parlamentarische Ehrengerichte (ohne wirkliche Strafbefugnis) sein. Vgl. die Vorschläge in meiner 1868 erschienenen Schrift „Die Redefreiheit der Mitglieder gesetzgebender Versammlungen S. 45, aber auch unten Anm. 70.

geblieben sind. Die Argumentation, daß im Deutschen Reiche die Volksvertretung eine privilegierte Stellung wie in England oder Frankreich nicht tragen und daher nicht verlangen könne, kommt also hinaus auf eine Verkennung der realen Verhältnisse.

**§ 108.** Es ist aber ebenso eine Verkennung der realen Verhältnisse, wenn behauptet wird, die Volksvertreter bedürften ein derartiges Privileg ebensowenig, wie etwa die Beamten (z. B. der Staatsanwalt), der gedeckt wird durch die bis zum Gegenbeweise geltende Vermutung der Legalität, durch die Vermutung, es habe ihm der rechtswidrige Vorsatz gefehlt.[20]) Die Frage aber, worin bei einzelnen Delikten, und besonders bei den durch Worte zu begehenden, der rechtswidrige Vorsatz bestehe, ist oft eine ziemlich heikle, und wenn ein Richter, der nie Mitglied eines Parlaments gewesen ist, auch eine recht bestimmte Vorstellung davon hat, was der Beruf eines Richters, Staatsanwalts, Verteidigers, Zeugen, eines Schullehrers, Landrates oder eines anderen Mitgliedes der Beamtenschaft mit sich bringt, so hat er trotz der Zeitungsberichte meist eine ausreichende Vorstellung davon nicht, unter welchen Umständen ein Mitglied eines Parlaments zu sprechen veranlaßt oder gezwungen sein kann, wie schwierig es ist, Informationen, die dem Abgeordneten zugehen, der doch nicht Personen eidlich vernehmen lassen kann, auf ihre Zuverlässigkeit zu prüfen. Mit dem Beamten verbindet den Richter der Regel nach eine gewisse Sympathie, während gegen Abgeordnete leicht eine Antipathie, je nach der politischen Überzeugung des Richters, unbewußt sich geltend machen kann; denn völlig entzogen sind manche Richter den politischen Strömungen doch nicht, und mit der Unabhängigkeit der englischen Richter läßt sich die Unabhängigkeit der unsrigen keineswegs auf gleiche Linie stellen.[20a]) Und dabei kommt in Betracht, daß nicht nur durch

[20]) So — unter Berufung auf *Gerau* S. 30; — *Binding* 1 S. 678: „Wer sich innerhalb dieser Schranken (verantwortungsfreier Bewegung) nicht äußern könne, dem fehlten die erforderlichen Eigenschaften des Geistes zur öffentlichen Rede, wer sie nicht beachten wolle, verdiene keine Schonung." Aber in der Aufregung der Debatte erscheinen die Dinge anders als nachher vom Sitze des Richters betrachtet, und die Auseinandersetzung *Geraus* ist hier nur eine durch die Tatsachen widerlegte Abstraktion. Vielleicht hätten selbst berühmte Staatsmänner wegen Injurien nach der Auseinandersetzung *Geraus* verurteilt werden müssen.

[20a]) Für die englischen Richter gibt es keine Beförderungen, keine Auszeichnungen durch besondere Titel. Gleichwohl existiert das Privileg unangefochten in England.

begründete, sondern ebenso durch unbegründete, aber eines gewissen Scheines nicht entbehrende Denunziationen und Anklagen ein Druck auf eine Versammlung und deren Mitglieder ausgeübt werden kann.[21]) Die alte Lehre aber von der Teilung der Gewalten ist zwar nicht so abstrakt richtig, wie ehemals die Meinung war; aber einen gewissen höchst beachtenswerten Kern birgt sie doch, und zweifellos richtig ist es, die Richter (die richterliche Gewalt) nicht in einen verhängnisvollen Gegensatz zu der Volksvertretung zu bringen, wie es leicht geschehen kann, wenn die Richter veranlaßt werden, über die berufliche Tätigkeit der Parlamentsmitglieder Urteile abzugeben, die sehr oft bestreitbar sein würden. Es mag manchen, die an die Untrüglichkeit abstrakter Formeln glauben, leicht erscheinen, die Grenze zwischen erlaubter Kritik und Beleidigung zu bestimmen; in der Anwendung auf wirkliche Fälle erweisen sich derartige Formeln oft zweideutig und dehnbar. Daher ist es richtig, wenn die moderne Gesetzgebung das geringere Übel, daß hin und wieder eine Rechtswidrigkeit ungeahndet bleibt — das ist übrigens auch bei der Amtsführung der Beamten der Fall — in den Kauf nimmt, um die notwendige Freiheit des Wortes in der Volksvertretung aufrechtzuerhalten und schwere Zerrüttung des Staatslebens — durch den geheimen Antagonismus der richterlichen Gewalt und der Volksvertretung — zu verhüten.[22]) Der Fall Liebknecht,[22a]) in welchem in völlig unrichtiger Weise eine Majestätsbeleidigung zu konstruieren versucht wurde, liefert für dergleichen Interpretationen und Anwendungen des Strafgesetzes einen sprechenden Beleg. Aus dem oben dargelegten Prinzip,

---

[21]) Eigentümlich ist die Begründung, welche *Heinze* S. 22 ff. dem Privilegium gibt. Er meint, es sei eigentlich unnötig; denn der Richter würde das Berufsrecht des Abgeordneten schon genügend anerkennen und § 193 des StGB. komme natürlich auch dem Abgeordneten zustatten. So bestehe dies Privileg nur um der Schwachheit mancher Abgeordneten willen, die sich grundlos vor Anklagen fürchten könnten und deshalb mit ihrer wahren Meinung zurückhalten möchten. Aber die Grenze zwischen strafbaren und nichtstrafbaren Äußerungen ist nicht stets so sonnenklar und zweifelsohne und die Gerichte haben doch oft recht anfechtbare verurteilende Erkenntnisse in solchen Angelegenheiten gefällt. — Siehe dagegen *Kissling* S. 1, 2, der aufmerksam macht auf eine ganze Reihe früherer ungerechter Verfolgungen deutscher Ständemitglieder. Es ist nicht garantiert, daß dergleichen sich nicht wiederholen könnte, wenn das Privileg der Abgeordneten nicht bestände.

[22]) Bekanntlich haben einst richterliche Urteile den Anlaß der zweiten englischen Revolution gegeben.

[22a]) Siehe unten zu Anm. 35.

„daß für das Recht (die Gerichte) die parlamentarischen Äußerungen und Abstimmungen der Volksvertreter als Vorgänge von rechtlicher Bedeutung nicht vorhanden sein sollen“, ergeben sich folgende Konsequenzen:

**§ 109.** 1. Es fällt nicht nur die subjektive Strafbarkeit des Mitgliedes des Reichstags (bzw. der Kammer) fort, es gibt auch keine Notwehr und keine Retorsion[23]) gegen Äußerungen jener Personen. Die Unzulässigkeit einer Retorsion hat auch das RG. in einem vielbesprochenen und vielfach angegriffenen Urteile anerkannt.[24]) Retorsion und Kompensation bei Beleidigungen können nicht anders angenommen werden, als wenn beide in Betracht kommende Handlungen an sich als strafrechtswidrige charakterisiert werden, und eben dies ist bei der einen dieser Handlungen, bei der Handlung des Volksvertreters, ausgeschlossen. Die Folge der entgegengesetzten Ansicht würde auch sein, daß nach StGB. § 233 das Parlamentsmitglied wegen einer Beleidigung, die in einer Parlamentsrede gefunden würde, zwar nicht gerichtlich verfolgt, wohl aber straflos mißhandelt werden könnte. Wenn dann die Reden z. B. der Mitglieder oppositioneller Parteien seitens der Gerichte — natürlich unbewußt oder *optima fide* — in bezug auf den sog. *Animus injuriandi* recht scharf beurteilt werden, so sieht man, daß in aufgeregten Zeiten gewisse Parlamentsmitglieder entweder mundtot oder, was körperliche Mißhandlungen betrifft, beinahe für vogelfrei erklärt werden würden. Ebenso kann in einem Verfahren wegen Beleidigung eines Parlamentsmitgliedes der Beweis der Wahrheit nicht dahin zugelassen werden, daß jenes

---

[23]) Hier hat also das Privileg der Abgeordneten eine weitergehende Bedeutung, als selbst das Privileg der Monarchen. Aber wohlgemerkt: es handelt sich nur um Erklärungen, während das Privileg des Monarchen sich auf Handlungen jeder Art erstreckt, und es gilt fast nur innerhalb des Parlamentshauses, bzw. für schriftliche Äußerungen des Abgeordneten als solchen. Diesen Unterschied übersieht *Zimmermann* S. 202, wenn er von einer Gleichstellung der Abgeordneten mit den Souveränen spricht und daraus ein Argument gegen das Anm. 24 zitierte Urteil des RG. entnimmt.

[24]) RG. III 5. März 1881 E. **4** S. 14 und zustimmend *Fuld* GS. **35** S. 533; *Merkel* S. 283; *Olshausen* zu § 11 Anm. 5; *Hubrich*. Gegen dasselbe *Zimmermann* S. 313, insbesondere *Binding* **1** S. 676 (der hier bemerkt, der Abgeordnete sei nicht von der Norm, sondern nur von der Strafe befreit, mit dieser Argumentation aber den Worten des Gesetzes Gewalt antut; denn „nicht zur Verantwortung gezogen werden“ bedeutet entschieden mehr, als nur straffrei bleiben), aber auch *Kronecker* GS. **41** S. 213; *Frank* § 199 II 3; *Finger* **1** S. 435. — (*H. Meyer* hat § 17 zu Anm. 9 sich gegen, aber § 44 Anm. 19 für das Urt. des RG. ausgesprochen) — *Liszt* § 72 Anm. 4.

Parlamentsmitglied durch eine berufsmäßige Äußerung oder Abstimmung eine strafbare Handlung begangen habe.[25])

Dagegen kann eine parlamentarische Äußerung, sofern ihr von der richterlichen Gewalt nicht der Charakter eines Delikts beigelegt wird, sehr wohl als reine Tatsache in Betracht kommen, z. B. kann sie für jemanden, der einen Abgeordneten in Anlaß einer Parlamentsrede beleidigt hat und nun wegen dieser Beleidigung angeklagt wird, die Entschuldigung des sog. berechtigten Interesses nach StGB. § 193 begründen.[26])

Unmittelbare Notwehr gegen eine beleidigende Äußerung könnte juristisch nur so gedacht werden, daß der Betroffene alsbald nach der Äußerung in den Parlamentssaal (von der Galerie aus) hineinriefe. Man braucht diese Frage nur zu stellen, um sie verneinend zu beantworten.[27]) Daß aber jemand gegen den Inhalt einer parlamentarischen Rede protestiere, diesen Inhalt als unzutreffend oder objektiv unwahr bezeichne, ist vollkommen erlaubt und juristisch nicht Notwehr, da von Notwehr im juristischen Sinne nur bei einer an sich (d. h. der Regel nach) unerlaubten Handlung zu sprechen ist.

Aus dem oben dargelegten Prinzip und nicht minder aus dem unmittelbaren Wortlaut des Gesetzes ergibt sich ferner, daß auch zivilrechtliche Entschädigungsklagen nicht auf

---

[25]) Vgl. *Hubrich* S. 350, der zwar bemerkt, es lasse sich eine allgemein passende Antwort nicht geben, aber hinzufügt, „sofern die präjudizielle Rechtswidrigkeit auch nur indirekt mit einem Rechtsnachteile für den Volksvertreter sich verbinde", greife das Verbot des „Zur-Verantwortungsziehens" durch. Ein idealer Ehrennachteil wird aber wohl immer veranlaßt werden durch solche Feststellung. Die Behauptung, daß jemand in einer Parlamentsrede sich einer Verleumdung schuldig gemacht habe, ist also strafbar, ohne daß die *Exceptio veritatis* Platz greifen könnte.

[26]) So RG. III 22. Februar 1882 Rs. 4 S. 183 und die wohl überwiegend angenommene Ansicht, vgl. *Olshausen* Anm. 5a. Dagegen *Hubrich* S. 390, der in der Anerkennung eines berechtigten Interesses auf Seite des Gegners eine Feststellung der Schuld des Abgeordneten findet. Aber ein berechtigtes Interesse setzt nicht immer ein subjektives Unrecht auf der anderen Seite voraus. Ein berechtigtes Interesse wird z. B. häufig für einen sich verteidigenden Angeklagten vorhanden sein, ohne das deshalb von einer Schuld des Staatsanwalts zu reden wäre. Es ist sogar ein berechtigtes Interesse im Sinne des StGB. § 193 denkbar, wenn nicht einmal ein Unrecht im objektiven Sinne vorliegt, z. B. wenn eine Äußerung mißverstanden ist.

[27]) Anders selbstverständlich alle diejenigen, welche wie *Binding* in dem Privileg nur einen persönlichen Strafausschließungsgrund erblicken, so z. B. *Binding* 1 S. 676, aber auch *Olshausen* Anm. 6; *Hubrich* S. 349, der hier m. E. inkonsequent verfährt, und *Liszt* S. 107 (§ 24).

privilegierte parlamentarische Äußerungen gegründet werden können; auch darin würde ein Verantwortlichmachen des Parlamentsmitgliedes, ein „Zurrechenschaftziehen", eine Kritik der richterlichen Gewalt und der inneren parlamentarischen Vorgänge liegen.[28]) Aber ebenso wie in einem Strafverfahren kann die parlamentarische Äußerung für eine von dem Abgeordneten verklagte Person möglicherweise eine Einrede begründen, aber nicht die Einrede der Kompensation; diese ist Geltendmachung eines Gegenanspruchs.

**§ 110.** 2. Es gibt meiner Ansicht nach keine Beihilfe und Anstiftung für eine parlamentarische Äußerung im strafrechtlichen Sinne; denn da die Haupttat selbst der strafrechtlichen Charakterisierung durch den Richter entzogen ist, kann auch die akzessorische Handlung, deren Strafbarkeit von der Strafbarkeit des Täters abhängt, strafrechtlich nicht charakterisiert werden. Um sich klar zu machen, daß in der Verfolgung eines Teilnehmers auch ein Verantwortlichmachen des Täters liegt, braucht man nur zu bedenken, daß in Wahrheit nicht allein der Strafvollzug die Strafe enthält, sondern auch das richterliche Urteil an sich, die in demselben liegende autoritative Mißbilligung der Tat. Wenn der Strafrichter den Teilnehmer verurteilt, was er nicht anders kann, als daß er auch den Täter als einer strafbaren Tat schuldig bezeichnet, so trifft er mit diesem Ausspruche auch den Täter. Es kommt hinzu, daß bei Verurteilung eines Teilnehmers, z. B. des Anstifters, während der Täter, der Abgeordnete, straffrei ausgehen würde, das Privileg des letzteren das Rechtsgefühl ganz anders verletzen wird, als wenn vermöge des Privilegs des Parlaments über dem gesamten Vorgange der Schleier von Gerichts wegen überhaupt nicht gelüftet werden darf.[29]) Auch kann auf die freie Meinungsäußerung, auf die Besprechung bedenklicher Vorgänge durch Abgeordnete eine Hemmung ausgeübt werden, wenn nach Mitschuldigen gesucht, und nun der Abgeordnete zum Zeugnis

---

[28]) So *Binding* 1 S. 670; *Olshausen* § 11 Anm. 4; *Muralt* S. 96; *Hubrich* S. 370; auch *Pandectes belges, Immunités parlem.* ch. I n. 22. — A. M.: *Oppenhoff* § 11 Anm. 6; *Rüdorff-Stenglein* Anm. 2; *Frank* Anm. 4; *Finger* 1 S. 433 Anm.

[29]) Hier erklärt die in Deutschland herrschende Meinung sich gegen mich. So *Liszt* § 24 I; *Rüdorff-Stenglein* § 11 Anm. 5.

darüber gezwungen werden soll, wer ihm die fragliche Mitteilung gemacht habe.[30])

**§ 111.** 3. Schon nach dem Wortlaut deckt das Privileg Äußerungen und Abstimmungen nach jeder möglichen Richtung und Auffassung. Es ist unerfindlich, wie Binding S. 675 und ihm folgend Hubrich (S. 365, 366),[31]) Olshausen (§ 11 Anm. 3b.) und neuerdings auch Finger (1 S. 436) die Beschränkung rechtfertigen können, daß der Abgeordnete, der in einer Rede zu einem nicht durch Worte zu vollbringenden Verbrechen anstifte oder Beihilfe leiste, strafbar sei. Man kann nicht Reden unterscheiden, die nach außen keine, und solche, die nach außen eine Wirkung haben,[32]) und in Wahrheit werden Worte nie an sich, sondern insofern sie irgend eine Wirkung nach außen haben, bestraft; ist doch bekanntlich sogar ein Selbstgespräch, das Verachtung eines anderen zum Ausdruck bringt, nicht als Beleidigung strafbar, muß doch jede beleidigende Äußerung zu dem Zwecke gemacht sein, um zur Kenntnis irgend eines anderen zu gelangen, also auch zu dem Zwecke irgend eine weitere Wirkung ausüben; es gibt keine Wortverbrechen ohne weitere Wirkung, und Binding und Hubrich verwechseln hier die formelle Vollendung des Deliktes, die mit dem gesprochenen Worte eintreten mag, mit dessen eigentlichem Wesen. Das Privileg ließe sich übrigens auf diese Weise zum großen Teil leicht illusorisch machen, wenigstens durch Anklagen, möchten sie sich auch hinterher als unbegründet erweisen. Vielleicht könnte öfter behauptet werden, es sei beabsichtigt worden, Jemanden zu einem Delikte anzustiften; wenn dann — was ja auch einer bekannten kriminalistischen Richtung entspricht — die sog. erfolglose Anstiftung allgemein

[30]) Die Frage, ob StGB. § 11 (bzw. Reichsverfassung Art. 30) auch vom Zeugnis befreit — eine Frage, die von den meisten verneinend beantwortet wird —, ist als zum Prozeßrecht gehörig hier nicht zu erörtern.

[31]) Richtig dagegen *Heinze* S. 8.

[32]) Die Durchführung dieser Unterscheidung zwischen Delikten, die durch Worte begangen werden können, und solchen Delikten, bei denen dies nicht zutrifft, macht einen eigentümlichen Eindruck. Forderung zum Zweikampf soll z. B. straflos sein, nicht aber Aufforderung zum Fürstenmord. Das drastische Beispiel kann trotz seiner Schreckhaftigkeit nicht über die Schwäche der Argumentation täuschen. Gegen *Binding* mit Recht *Seidler* S. 92 („Eine Äußerung hört darum nicht auf Äußerung zu sein, weil sie das Strafgesetz als Tatdelikt charakterisiert") und *H. Meyer* S. 129, der *Bindings* Ansicht als durchaus willkürlich bezeichnet.

unter Strafe gestellt würde, so wäre unbemerkt ein großer Teil des Privilegs der Vernichtung überliefert. Würde man aber in das Strafrecht, wie dies vielleicht manchen gegenwärtigen Tendenzen entspricht, auch die Möglichkeit einer kulposen Anstiftung aufnehmen, so könnte indirekt das Privileg fast illusorisch, die Stellung des Abgeordneten, dessen Rede in alle Welt verbreitet wird, zu einer höchst gefährdeten werden.[32a])

**§ 112.** 4. Äußerungen können übrigens nicht nur durch Worte, sondern auch durch Geberden erfolgen. Auch diese müssen von jeder strafrichterlichen Beurteilung als eximiert betrachtet werden.[33]) Es ist möglich, daß man daran bei Abfassung der gesetzlichen Bestimmungen nicht gedacht hat. Aber darauf kann es nach bekannten, für die Anwendung von Gesetzen geltenden Grundsätzen nicht ankommen. Es wäre völlig widersinnig, wörtliche Gedankenäußerungen zu eximieren, symbolische aber zu strafen; schon deshalb widersinnig, weil bei letzteren richtige Deutung und Beweis viel schwieriger sind. Schikane und rachsüchtige Denunziation oder Privatklage würden also ein ergiebiges Feld finden. Oder sollte etwa von Staatsanwalts wegen in Reichstagssälen und in den Sitzungen der Landtage immer ein Moment-Photographie-Apparat in Benutzung sein?[33a]) Es war daher[34]) völlig verfehlt, als im Jahre 1894 von seiten der damaligen Berliner Staatsanwaltschaft der sogar von mehreren Abgeordneten, z. B. Gamp und v. Buchka,[35])

---

32a) Die richtige Ansicht vertritt hier *Schwedler* S. 41.

33) A. M.: *Binding* S. 675. Siehe dagegen *Olshausen* Anm. 3 E. und *Oppenhoff*.

33a) Bekanntlich hat man ja auch schon im Lachen, Lächeln oder einem bestimmten Gesichtsausdruck Beleidigungen entdeckt.

34) Abgesehen auch davon, daß das Nichteinstimmen in ein „Hoch" oder das Sitzenbleiben bei solcher Gelegenheit bei einem Abgeordneten, der ein Recht auf den Aufenthalt im Saale hat, aus anderen Gründen niemals Beleidigung, also auch nicht Majestätsbeleidigung sein kann (vgl. *Bar*, Gerichtssaal **52** S. 111, L. **13** § 4 *D. de injuriis* 47, 10). Eine erzwungene Huldigung oder Ovation hat keinen Wert und sobald im Falle erfolgloser Aufforderung die Beleidigungsstrafe droht, ist die Ehrenbezeugung erzwungen. Eine Beleidigung kann also bei Weigerung, an einer Ovation teilzunehmen, nur dann vorliegen, wenn jemand lediglich, um die Weigerung als Zeichen seiner Nichtachtung hervortreten zu lassen, eine besondere Gelegenheit gesucht hat, z. B. an einem Mittagsmahl, welches zur Feier des Geburtstags des Landesherrn stattfindet, teilnimmt in der Absicht, dann bei dem Toaste auf den Landesherrn demonstrativ sitzen zu bleiben.

35) Merkwürdigerweise hat damals der Abgeordnete *v. Buchka* sich zur Verteidigung der Ansicht, daß Geberden der Abgeordneten durch das Privileg nicht gedeckt seien, sich auf meine Schrift über die Redefreiheit berufen, die

gutgeheißene, indes fehlgeschlagene Versuch gemacht wurde, die Verfolgung des Abgeordneten Liebknecht wegen Majestätsbeleidigune deshalb zu erreichen, weil dieser Abgeordnete bei einem vom Präsidenten des Reichstags vorgeschlagenen und unmittelbar darauf auch ausgebrachten Hochruf sich nicht vom Sitze erhoben hatte. Gegenüber dem damals im Reichstage vorgebrachten Argumente, daß dann jede Willensäußerung, also auch Angriffe mit Revolvern und Messern, im Parlament straffrei sein würden, bemerkt Hubrich (S. 360) sehr richtig, daß Äußerung von Gedanken und Willensäußerung keineswegs identische Begriffe seien, und daß nur Handlungen und Unterlassungen, die als Ersatzmittel für gesprochene Worte dienen sollen, als verantwortungsfrei gelten sollen. Für den Beschluß des Reichstags, der die Gestattung der Verfolgung ablehnte, wurde insbesondere geltend gemacht, daß die angeblich strafbare Handlung „in direkter Entgegnung auf eine Aufforderung des Präsidenten“ [36]) geschehen sei. Hier wurde also obschon dies von anderer Seite nicht zugegeben wurde, die Weigerung (oder Unterlassung) als eine Art der Abstimmung aufgefaßt, und dies ist auch richtig. Allerdings wird über das Hochrufen nicht erst besonders vorher abgestimmt, da man gewöhnlich Einstimmigkeit oder überwiegende Mehrheit dabei als vorhanden voraussetzt. Abstimmung und Handlung, über deren Vornahme durch die Versammlung abgestimmt wird, werden also zusammengezogen, und daraus ergibt sich

sich in ihrem kritischen Teile aber nur mit dem vom OT. aufgebrachten Unterschiede von Meinungen und Behauptungen beschäftigt. An einen Fall wie den *Liebknechts* hatte damals überhaupt noch niemand gedacht. — Vgl. stenographische Berichte 1894/95 I S. 137 ff. Der Reichstag hatte sich schlüssig zu machen, ob die von ihm nach Art. 31 der Reichsverfassung erforderliche Genehmigung zur Verfolgung des Abg. *Liebknecht* zu erteilen sei. Diese Genehmigung konnte nicht wohl erteilt werden, wenn von der Ansicht auszugehen war, daß das Benehmen des Abg. *Liebknecht* eine Majestätsbeleidigung nicht enthielt, oder daß es in jedem Falle durch Art. 30 der Reichsverfassung gedeckt war; denn für ungegründete Verfolgungen konnte der Reichstag jene Genehmigung nicht erteilen. So erschien die Bedeutung des Art. 30 als Vorfrage der Genehmigung der Verfolgung. Vgl. namentlich die in juristischer Hinsicht treffenden Reden der Abgeordneten *Roeren* und *v. Bennigsen*, welche sehr wesentlich zu dem negativen Beschlusse des Reichstags beitrugen, infolgedessen wohl die Verfolgung *Liebknechts* überhaupt nach Schluß der Session unterblieb, eine gerichtliche Entscheidung also über die Anwendung des Art. 30 auf den fraglichen Fall nicht ergangen ist.

36) Diesen Grund betrachtet *Seydel*, Kommentar zur Verfassungsurkunde für das Deutsche Reich, 2. Aufl. S. 211, als durchschlagend.

schon, daß das Nichtsicherheben, Nichtmiteinstimmen nicht als strafbare Handlung aufgefaßt werden kann, weil damit zugleich dem Abgeordneten das Recht, über die Vornahme der Handlung abzustimmen, genommen werden würde. Aber selbst wenn darüber erst vorher abgestimmt und von der Mehrheit das Hochrufen beschlossen wäre, würde das Nichtaufstehen doch durch Art. 30 der Reichsverfassung gedeckt worden sein; denn ein Beschluß der Mehrheit, die einzelnen zu Huldigungsäußerungen zu zwingen, ist durchaus unzulässig; sonst hätte ja der Abgeordnete weniger freie Meinungsäußerung als der Privatmann, und ein Recht, den einzelnen hinauszuweisen, welcher an einer Äußerung der Mehrheit nicht teilnehmen will, wäre eine klare und grobe Rechtsverletzung. Nicht einmal eine disziplinare Rüge ist hier denkbar, wenn sich das Haus nicht einer moralischen Tyrannei über die einzelnen Mitglieder schuldig machen will.

**§ 113.** 5. Nach der allgemein angenommenen und richtigen Ansicht bezieht sich das Privileg auch auf berufsmäßige Äußerungen in Kommissions- und Abteilungssitzungen wie auf schriftliche Äußerungen in Berichten. Auch schriftliche (gedruckte) Anträge an das Plenum oder Kommissionen oder Abteilungen des Reichstags und Berichte, ja Erklärungen, die außerhalb des Versammlungslokales, aber im Auftrage der Versammlung (des Reichstags, der Kammer) von Deputationen der Versammlung abgegeben werden, gehören hierher;[37]) schriftliche Anträge insbesondere sind oft geschäftsordnungsmäßig die unerläßliche Voraussetzung der Abstimmung. Auch Zwischenrufe müssen hierher gerechnet werden.[38]) Sollen sie auch nach der Geschäftsordnung[39]) nicht stattfinden, so sind sie doch bei aufregenden Debatten unvermeidlich und nicht selten geeignet,

---

37) So auch *Heinze* S. 7; *Seidler* S. 85; *Olshausen* § 11 Nr. 3; *Hubrich* S. 363.

38) Übereinstimmen *Binding* S. 675; *Seidler* S. 85. — A. M.: *Hubrich* S. 363, der je nach dem Brauche des einzelnen Hauses — ob Zwischenrufe erlaubt sind oder nicht — die Straffreiheit begrenzen will. Das erscheint unpraktisch, da den Gerichten hiermit eine mißliche Untersuchung aufgebürdet und ein großer Teil der wohltätigen Wirkungen des Privilegs vernichtet wird, während der Nutzen der Bestrafung in einigen Fällen sehr problematisch sein würde. Zwischenrufe werden in einer Geschäftsordnung ausdrücklich wohl nie als erlaubt bezeichnet werden.

39) Die Geschäftsordnung dürfte überhaupt für den Richter nur insoweit in Betracht kommen, als sie den Zeitraum und den Ort begrenzt, innerhalb welcher überhaupt das Privileg gelten kann. Die interne Beobachtung der

das Land über die eigentliche Stimmung eines großen Teils der Volksvertretung aufzuklären. Zuweilen sind sie sogar eine Art Notwehr gegen den Mißbrauch der Rede, wenn etwa Gegner des Redners nach Lage der Debatte nicht mehr das Wort erhalten können. Dann aber wäre es durchaus widersinnig, die Debatten im ganzen dem Urteile der Gerichte zu entziehen, dagegen Zwischenrufe demselben zu unterwerfen, um so mehr, als die Zwischenrufe ohne die Rede, auf welche sie sich beziehen, meist gar nicht richtig beurteilt werden können. Selbst Privatgespräche der Abgeordneten während der Sitzung gehören hierher, insofern sie auf Äußerungen und Abstimmungen im Parlament und Geschäfte derselben Bezug haben, und ebenso Äußerungen und Abstimmungen in den im Parlamentsgebäude abgehaltenen Fraktionssitzungen unter der gleichen Beschränkung.[40]) Die entgegengesetzte Ansicht würde hier überall zu einer nach dem Grundgedanken des Gesetzes ausgeschlossenen eingehenden richterlichen Beurteilung innerer parlamentarischer Vorgänge führen. Insofern dagegen in Fraktionssitzungen, möchten sie auch mit Bewilligung des Präsidiums des Parlaments im Parlamentsgebäude abgehalten werden, Schritte erörtert werden, die außerhalb des Parlaments getan werden sollen, z. B. Wahlvorbereitungen, kann von strafrechtlicher Unverantwortlichkeit keine Rede sein.

**§ 114.** 6. Formell begrenzt ist die privilegierte Stellung des Reichstags und der Landtage durch die gesetzmäßige Einberufung und deren Dauer, sowie durch die, wenn auch nur provisorische, Berufung des einzelnen als Mitglied;[41]) eine eigenmächtig unter Nichtachtung der gesetzlichen Voraussetzungen zusammentretender oder ungeachtet der erfolgten

---

Geschäftsordnung — wobei oft weitgehende Diskretion und ein für Außenstehende schwer bestimmbares Herkommen eine erhebliche Rolle spielen — entzieht sich der richterlichen Beurteilung. — Vgl. die oben Anm. 17 zitierte Schrift von *K. Perels.*

[40]) In England unterstehen alle und jede im Parlamentsgebäude vorgekommenen Privatgespräche der Parlamentsmitglieder lediglich der Sondergerichtsbarkeit des Parlaments; vgl. *Hubrich* S. 26. — Vgl. auch *Pandectes belges 51 Immunités parlamentaire* n. 21 . . . *«la disposition de l'art. 44 doit s'interpréter extensivement. Il importe au bon fonctionnement du régime parlementaire qu'aucune restriction ne soit apportée à la liberté des représentants et des sénateurs.»*

[41]) Eine spätere Ungültigkeitserklärung der Wahl eines einberufenen Abgeordneten hat bekanntlich weitwirkende Kraft nicht. Vgl. übereinstimmend *Pandectes belges* a. a. O. n. 11.

Auflösung oder Vertagung beratender Reichs- oder Landtage würde nicht das Privileg haben, und jene gesefzlichen Voraussetzungen würden eintretendenfalls Gegenstand der richterlichen Prüfung sein. Dagegen kann die Frage, ob der Reichs- oder Landtag materiell seine Zuständigkeit bei einem Beschlusse überschritten habe, schon nach dem klaren Wortlaut des Art. 30 StGB. § 11 niemals Gegenstand richterlicher Prüfung zu dem Zwecke sein, um einen Abgeordneten wegen jenes Beschlusses zur Verantwortung zu ziehen. Dies ergibt sich schon daraus, daß die Privilegierung von „Abstimmungen", die innerhalb der Zuständigkeit der Versammlung liegen,[42]) sinnlos sein würde,[43]) da ein gesetzlicher Gebrauch einer gesetzlichen Befugnis doch nicht strafbar sein oder irgend eine Verantwortlichkeit begründen, wenn auch vielleicht unzweckmäßig erscheinen kann. Nun ist es bei dem Privileg allerdings nicht darauf abgesehen, ungesetzlichen, die Zuständigkeit überschreitenden Abstimmungen Schutz zu verleihen. Aber es ist nicht ganz unmöglich, auch einen legalen Beschluß einer Volksvertretung als gesetzwidrig, revolutionär oder hochverräterisch zu bezeichnen und daraufhin Anklage zu erheben, und völlige Unparteilichkeit in politischen Prozessen ist auch bei Richtern ein nicht immer gefundener Vorzug.

Wollte man daher die völlige Unabhängigkeit und Freiheit der legalen Beschlüsse, so mußte man die doch selten vorkommenden illegalen privilegieren. Daher haben Deduktionen, welche, ebenso wie bei Beleidigungsklagen gegen einzelne Parlamentsmitglieder, annehmen, daß die Gerichte in jedem konkreten Falle auch völlig richtig urteilen werden, absolut keinen Wert. Sie waren so lange am Platze, aber auch nur so lange als es sich nur um eine aus der Berufstätigkeit des Abgeordneten nach allgemeinen Grundsätzen abzuleitende Straffreiheit

---

42) Dies ist freilich die singuläre Meinung *Bindings* 1 S. 674.

43) Diese Widerlegung der in der vorhergehenden Anm. erwähnten Meinung *Bindings* findet sich bereits in dem Gutachten der Göttinger Juristenfakultät, welches abgedruckt ist in der Schrift: Der permanente landständische Ausschuß in Kurhessen vor dem Kriegsgerichte, Verteidigungsschrift . . . Kassel 1851 S. 151, 152. Hier ist gesagt in bezug auf eine gleiche Interpretation des § 87 der ehemaligen kurhessischen Verfassung: „sie (die Interpretation) würde damit der Verfassung den sinnlosen Satz aufbürden: Ständische Mitglieder dürfen . . . nicht zur Rechenschaft gezogen werden, wenn materiell kein Rechtsgrund dafür vorhanden sei."

handelte. Nachdem die Gesetzgebung zu einem wirklichen exceptionellen Privilegium der Volksvertretung sich entschlossen hat, sind sie bedeutungslos geworden.

**§ 115.** 7. Dagegen ist die Wiederholung einer berufsmäßig getanen Äußerung außerhalb der parlamentarischen Funktionen eine neue durch das Privileg nicht gedeckte Handlung und zum Beweise der Strafbarkeit dieser Handlung, kann die innerhalb des parlamentarischen Bereichs getane Äußerung benutzt werden;[44]) denn als reine Tatsache ist die letztere Äußerung der richterlichen Feststellung nicht entzogen, zumal sie regelmäßig nach Maßgabe des stenographischen Berichts gar nicht zu bestreiten sein wird.[44a])

Möglicherweise kann aber die Wiederholung straffrei sein auf Grund des Privilegs, welches für wahrheitsgetreue Berichte über Reichstags- und Landtagsverhandlungen besteht; denn nirgend ist gesagt, daß dem Abgeordneten, der über die eigene Tätigkeit als Teil einer Verhandlung berichtet, dies Privileg nicht zur Seite stehe.[44b])

**§ 116.** 8. Nicht unbestritten, aber zu bejahen ist es, daß das Privileg auch zukommt den „Bürgerschaften" der freien Städte und dem Landesausschuß für Elsaß-Lothringen. Im wesentlichen nehmen diese Körperschaften die Funktionen der Landtage in den monarchischen Staaten wahr, und wenn die Bürgerschaften der freien Städte verfassungsmäßig etwa auch als Mitträger der Souveränetät gelten, so kann dies dem Privileg gewiß keinen Eintrag tun.

Dagegen haben das Privileg nicht andere Körperschaften in den einzelnen Staaten; hier können vielmehr nur die allgemeinen Grundsätze Platz greifen, wie sie früher in An-

---

44) So auch RG. III 20. Oktober 1880 (E. 2 Nr. 152 S. 365) (in diesem Falle hatte ein Abgeordneter außerhalb des Reichstags erklärt, er halte den Inhalt seiner im Reichstage gehaltenen Rede vollständig aufrecht) und RG. III 11. Oktober 1886 (R. **8** S. 611); als Überführungsmaterial (Indizien) können auch im Reichstage gehaltene Reden benutzt werden. *Olshausen* zu § 11 Anm. 7.

44a) Sie wird von der herrschenden Ansicht verneint, vgl. *Hubrich* S. 372; *Olshausen* § **11** Anm. 5b. Nur *Fuld* S. 536 nimmt Befreiung an. Vgl. aber für dieselbe *Pandectes belges, Immunités parlementaires* n. 16ff. und *G. Meyer*, Deutsches Staatsrecht § 105 Nr. 3 bemerkt, die Zeugnispflicht dürfe nicht benutzt werden, um die strafrechtliche Verantwortlichkeit illusorisch zu machen.

44b) Auch den Mitgliedern des Mecklenburgischen Landtags ist das Privileg nicht zu bestreiten. Ob der Landtag im modernen Sinne Volksvertretung ist, dürfte schon nach dem Wortlaut des StGB. § 11 unerheblich sein.

sehung der alten Landstände gelten mußten; die Wahrnehmung berechtigter Interessen kann auch hier manche Äußerungen als straffrei erscheinen lassen, die bei einer Privatperson strafbar sein würden. So wichtig auch die Verhandlungen einzelner jener Körperschaften sein mögen — vielleicht oft wichtiger als manche Verhandlungen des Landtages eines der kleinen Fürstentümer — so fehlt doch hier das Moment der Verhandlung mit der höchsten Spitze der Regierung eines, wenn auch kleinen, Gemeinwesens und besteht andererseits eine ganz andere Möglichkeit, Konflikte der Körperschaft mit der Regierung zu beseitigen, während zugleich die Ausdehnung des Privilegs auf jene untergeordneten Körperschaften entschieden zu weit führen würden.

Auf das Privileg haben ebenfalls keinen Anspruch: Minister, Regierungsvertreter, Mitglieder des Bundesrats und Mitglieder der Senate der freien Städte, nicht sowohl deshalb, weil ihnen gegenüber (die übrigens im Reichstage und in den Landtagen nicht weitreichende) Disziplinargewalt der Versammlung fehlt,[45]) als weil bei ihnen das Privileg einerseits zum größten Teile überflüssig und andererseits oft noch weit schädlicher wirken würde. Überflüssig wäre das Privileg zum größten Teile deshalb, weil die Strafverfolgungsorgane doch mehr oder weniger abhängig von der Regierung sind und daher der Hauptgrund des Privilegs, die Notwendigkeit des Schutzes vor unbegründeten Anklagen und vor einer zu extensiven Anwendung des Strafgesetzes tatsächlich nicht als vorhanden anerkannt werden kann, und weil den Vertretern der Regierung ganz andere Quellen der Information als den Volksvertretern zu Gebote stehen. Weit nachteiliger aber würde das Privileg wirken wegen der größeren Autorität, die eben wegen der Möglichkeit besserer Information den Äußerungen der Regierungsvertreter zukommt. Endlich würde ja auch konsequent das Privileg nicht nur mündliche Äußerungen der Regierungsvertreter während der Sitzungen der Landtage, sondern auch Aktenstücke decken, die von der Regierung an den Landtag gesandt wären und unmittelbar wirksame Regierungsakte enthalten könnten.

Schwieriger ist die Frage zu beantworten, ob ein Vertreter der Regierung, der zugleich Parlamentsmitglied ist, auf das

---

45) So *Schwarze*, § 11, Anm. 2.

Privileg Anspruch hat. Binding (S. 674) will es ihm allgemein geben, weil der Wahlkreis den Vertreter der Regierung zugleich als seinen Vertrauensmann gewählt habe. Aber wie Hubrich (S. 356) dagegen bemerkt, es besteht gar kein rechtliches Band zwischen dem einzelnen Wahlkreise und dem von ihm gewählten Abgeordneten, und das Argument paßt überhaupt nicht auf nichtgewählte Mitglieder der ersten Kammern. Daher unterscheiden die Meisten[46]) mit Recht, ob der Vertreter der Regierung in dieser seiner Eigenschaft oder als Mitglied des Hauses gesprochen habe, und faktisch undurchführbar ist diese Unterscheidung durchaus nicht, wie Hubrich gegen Binding ausführt: ein Minister z. B., der über Angelegenheiten seines Ressorts Auskunft erteilt, äußert sich nicht als Abgeordneter.

**§ 117.** Eine andere juristische Natur hat das in Art. 22 der Reichsverfassung und § 12 des StGB. gegebene Privileg der wahrheitsgetreuen Berichte über Verhandlungen des Reichstages und der Landtage.

Jedenfalls ist es nicht unmittelbar juristisch aus dem Prinzip der parlamentarischen Redefreiheit abzuleiten, wenn es auch, was man jetzt verkennt, in Zusammenhang mit diesem letzteren Prinzip steht.[47]) Es umfaßt weit mehr als die Rede- und Abstimmungsfreiheit der Parlamentsmitglieder, da es sich auch bezieht auf Reden von Nichtparlamentariern im Parlamente, auf alle und jede Vorgänge während der Verhandlungen, und die Straffreiheit hängt andernfalls ab nicht sowohl von formellen Merkmalen, als vielmehr von materieller Übereinstimmung des Berichts mit der Wahrheit. Es beruht in England nicht auf uraltem Recht, wie die Redefreiheit, sondern auf einem allmählig erwachsenen Gewohnheitsrechte, so daß noch 1837 ein Prozeß wegen der auf Anordnung des Hauses der Gemeinen selbst erfolgten Veröffentlichung von Aktenstücken gegen den Drucker stattfinden konnte, und ein beson-

---

[46]) Z. B. *Heinze* S. 9.

[47]) In den meisten deutschen Staaten hat man sich lange Zeit nach 1815 gegen die Öffentlichkeit der landständischen Verhandlungen durchaus abwehrend verhalten, oder man gestattete doch nur Berichte, in denen die Namen der Redner verschwiegen wurden. Sehr richtig sagte aber *Rotteck* in seiner Fortsetzung des Staatsrechts der konstitutionellen Monarchie von v. Aretin II, 2 (1828) S. 204, ein Landtag hinter verschlossenen Türen bedeute eine Vernichtung der Repräsentation.

deres Gesetz (3 et 4 Vict. c. 9. 1840) erst die Straffreiheit für diese besonderen Fälle bestimmen mußte. Dies Gewohnheitsrecht hat aber allerdings eine sehr rationelle Grundlage; wenn das Parlament eine wirkliche Vertretung des Volkes sein soll, ist es praktisch durchaus notwendig, obwohl auch nach abstrakter Logik ein anderes denkbar ist, daß die Verhandlungen des Parlaments öffentliche sind — wenigstens der allgemeinen Regel nach — schon damit das Volk wisse, wem es bei Wiederkehr der Wahlen sein Vertrauen schenken könne; und diese Öffentlichkeit ist in wirksamer Weise nur durch die Presse zu erreichen, da unmittelbar bei den Verhandlungen doch nur wenige Personen anwesend sein können. Auf diese nach der Theorie des konstitutionellen Staatsrechts notwendige[48]) Öffentlichkeit wird denn auch heutzutage in Frankreich wie in Deutschland das sog. Privileg der Parlamentsberichte theoretisch gegründet. Es bleibt dabei aber allerdings zu bedenken, daß, sobald die Freiheit der Berichte eingeschränkt wird, indirekt auch die Freiheit und Wirksamkeit der Rede leiden muß — und zwar auch innerhalb derjenigen Grenzen, welche nicht erst durch das Privileg, sondern schon durch das gemeine Recht gedeckt werden. Denn nicht immer wird bei den oft vorhandenen Schwierigkeiten, in einer politischen Rede die Grenze des Erlaubten oder Unerlaubten zu bestimmen, von den Gerichten diese Freiheit im Berichte geachtet werden, und die Scheu vor ungegründeten Preßprozessen wird einerseits auf dem Redner lasten, der befürchten muß, daß die Wahrheit nur in verhüllter Gestalt den Weg in die weitere Öffentlichkeit finden werde, und andererseits nach gemachten Erfahrungen die Presse veranlassen, Ausmerzungen vorzunehmen, die vielleicht gar nicht erforderlich wären.

---

[48]) Vgl. darüber besonders *Hubrich*, Annalen S. 23. Auch *Stahl* erkannte (Philosophie d. Rechts 3. Aufl. 2 S. 204ff.) diese Notwendigkeit an. — Gegen *Bornhak* (Preuß. Staatsrecht 1 S. 422) der neuerdings diese Notwendigkeit in Zweifel gezogen hat, bemerkt *Hubrich* a. a. O.: „Das Wesen der nach allen Seiten durchgeführten Repräsentativverfassung beruht auf dem Grundgedanken, daß die öffentliche Rechts- und Staatsverwaltung nicht Sache einer sich streng gegen das übrige Volk abschließenden Beamtenklasse, sondern Sache aller fähigen Volksangehörigen sein soll, daß die gesamte Volkskraft den Dienst der dem Gemeinwohl geordneten Verwaltung tun soll. Die(se) Idee .... bringt es von selbst mit sich, daß das Funktionieren einer mit so allgemeinen Mitteln arbeitenden Staatsmaschine nach keiner Seite verhüllt sein kann, sondern überall äußerlich hervortreten muß.“

**§ 118.** Das geltende Recht, welches im wesentlichen übrigens nur den Satz des § 38 des preußischen Preßgesetzes vom 12. Mai 1851 wiederholt,[49]) ist folgendes:

1. Die Versammlungen betreffend, für deren Verhandlungsberichte das Privileg gilt, so kann auf das oben § 116 gesagte Bezug genommen werden.

2. Unter einem Berichte ist auch ein mündlicher (etwa in öffentlicher Versammlung erstatteter) mitzuverstehen.[49a]) Besonders wichtig sind aber selbstverständlich die in der Tagespresse gelieferten.

3. Unter einem Berichte ist auch ein abgekürzter Bericht mitverstanden;[50]) aber er muß entweder die einen bestimmten Gegenstand betreffende Verhandlung oder die Verhandlung, wie sie nach dem Verfahren der Versammlung selbst als ein gewisses Ganzes sich darstellt (z. B. als Inhalt einer Sitzung), wenn auch in verkleinertem Bilde, umfassen. Doch ist auch auf die tatsächliche Möglichkeit vollständig die Verhandlung erschöpfender Berichterstattung Rücksicht zu nehmen, z. B. ist ein in der Zeitung gebrachter und deshalb abgebrochener Bericht, weil die Sitzung sich bis in die ungewöhnliche Stunde verlängerte, oder weil der Raum des Blattes nicht ausreichte, noch ein wahrheitsgetreuer Bericht.

4. Wiedergabe willkürlich tendenziös herausgerissener Teile

---

49) Preußen war bis zum Jahre 1868, wo Baden mit einer gleichen Vorschrift nachfolgte, der einzig deutsche Staat, der eine besondere Bestimmung über die Straffreiheit parlamentarischer Berichte hatte. Art. 59 der Wiener Schlußakte und hierauf sich gründender Beschluß des deutschen Bundes von 1824 waren einer (vermeintlich) zu weitgehenden Öffentlichkeit der Verhandlungen der deutschen Landtage entgegengetreten. Die Bewegung des Jahres 1848 brachte dann die Öffentlichkeit rasch zur Geltung, ohne daß jedoch, abgesehen von Preußen, eine Bestimmung über die Straffreiheit wahrheitsgetreuer Berichte getroffen wurde. Schon damals wurde die Straffreiheit als Konsequenz verfassungsmäßiger Öffentlichkeit wohl behauptet, während z. B. *Herrmann* (S. 385, Anm. 53) sich weniger bestimmt aussprach. Indes scheinen Strafverfolgungen wahrheitsgetreuer Berichte kaum vorgekommen zu sein. Vgl. die genaueren Angaben über die Behandlung der Berichterstattung über Kammerverhandlungen in den einzelnen deutschen Staaten bei *Hubrich*, Annalen S. 30—38.

49a) Wie allgemein angenommen wird und dem gesetzlichen Wortlaut entspricht. Vgl. *Binding* 1 S. 683; *Hubrich*, Annalen S. 50, Redefreiheit S. 486; *Olshausen* § 12 Anm. 3.

50) Die Beschränkung des Privilegs auf die äußerst umfangreichen stenographischen amtlichen Berichte mit völlig wörtlicher Wiedergabe der Verhandlungen würde tatsächlich die Öffentlichkeit und die Benutzung der Verhandlungen zu einem großen Teile aufheben.

einer Verhandlung[51]) ist nicht Bericht, jedenfalls nicht wahrheitsgetreuer Bericht. Der Bericht hat die in der Verhandlung erfolgten Äußerungen auch solcher Personen zu umfassen, die nicht Parlamentsmitglieder sind, insbesondere der Regierungsvertreter.

5. Absolut wahrheitsgetreu ist vielleicht kein Bericht. Es muß genügen, wenn er in gutem Glauben und so erstattet wurde, wie man ihn von jemanden erwarten kann, der die Fähigkeit zur Berichterstattung in mittlerem Maße besitzt.[52]) Die Entschuldigung auf Grund einer besonderen persönlichen Unfähigkeit könnte nicht zugelassen werden; es würde damit die Umgehung des Gesetzes in gefährlicher Weise ermöglicht werden. Ein Bericht ist auch dann objektiv unwahr, wenn er unwahr ist, weil der Berichterstatter unfähig ist, den Vorgang zu erfassen.

6. Gleich ist, ob der Bericht mündlich oder schriftlich erfolgt. Auch hört ein Bericht nicht deshalb auf unter dem Schutze des Art. 22 bzw. des StGB. 12 zu stehen, weil daran Bemerkungen geknüpft werden, wie dies freilich ein Urteil des RG. angenommen hat;[53]) denn es kann, wenn einmal

---

51) Möglicherweise kann aber die Wiedergabe einer einzelnen Rede, wenn z. B. weder ein anderer Redner gesprochen hat, noch bemerkenswerte Äußerungen des Präsidenten oder Beschlüsse der Versammlung selbst erfolgt sind, ein Bericht sein. — In Frankreich hat nach Art. 150 des *Règlements* der Deputiertenkammer jeder Abgeordnete das Recht, eine von ihm in der Kammer gehaltene Rede «*librement*» (d. h. frei von Verantwortlichkeit) auf seine Kosten drucken und verteilen zu lassen. *Schleiden*, Heft **2** S. 48. — In Frankreich haben Senat und Deputiertenkammer auch das Recht, die «*Affichage*» auf Staatskosten von Reden und Verhandlungen zu beschließen. — Über Italien vgl. *Brusa*, Das Staatsrecht des Königreichs Italien, in *Macquardsens* Hdb. des öffentlichen Rechts S. 160.

52) Die amtlichen stenographischen Berichte haben absolute Beweiskraft nicht. Es kann die Wahrheitstreue eines Berichts auch gegen das Stenogramm der angestellten Stenographen bewiesen werden, insbesondere auch daß etwas gesagt ist, was durch jenes Stenogramm nicht wiedergegeben ist. Für die Unanfechtbarkeit der amtlichen stenographischen Berichte existiert kein Rechtssatz, wie ihn unsere deutschen Prozeßordnungen in Ansehung der Beobachtung der Formen der öffentlichen Sitzungen freilich enthalten. Ebenso kann eine Übersetzung in eine andere Sprache ein wahrheitsgetreuer Bericht sein. Vgl. hierüber treffend: *Sládecek*, Zeitschr. **16** S. 126ff.

53) RG. II 5. November 1886 E. **15** Nr. 9 S. 33: „es ergibt sich, daß der Art. 22 nur Berichte im Auge hat, welche sich auf wahrheitsgetreue Mitteilung dessen, was in den öffentlichen Sitzungen des Reichstags verhandelt ist, beschränken, jedenfalls aber nicht Berichte, welche den Inhalt einer von einem Reichstagsabgeordneten gehaltenen Rede nicht nur wiedergeben, sondern auch einer Besprechung unterwerfen. Von diesem Standpunkt aus ist es gleichgültig, daß der erste Richter die strafbare Beleidigung in dem Inhalte der mitgeteilten Rede und nicht in der dieser beigefügten Bemerkung gefunden hat." Siehe dagegen die treffenden Bemerkungen *Klöppels* S. 339. — A. M. freilich *Seydel*, Kommentar zur Verfassungsurkunde des Deutschen Reichs 2. Aufl. S. 201, der dabei auf das Urteil des RG. sich beruft.

unbeschränkte Öffentlichkeit eines Vorganges stattfinden soll, unmöglich damit beabsichtigt sein, daß die Mitteilung dieses Vorgangs lediglich als toter Memorierstoff behandelt werden dürfe, und nicht vielmehr auf das Volk in der einen oder anderen Richtung anregend oder erziehend oder auch abmahnend wirken solle. Selbstverständlich dürfen die Bemerkungen keine Billigung des Inhalts der Verhandlungen enthalten, falls durch solche Billigung ein Delikt begangen würde.

7. Verschieden beantwortet wird die Frage, ob nur Berichte über öffentliche oder auch Berichte über nicht öffentliche Verhandlungen privilegiert sind. Im Art. 22 Abs. 1 der Reichsverfassung ist gesagt: „Die Verhandlungen des Reichstags sind öffentlich", und im Anschluß daran in Abs. 2 bestimmt: „Wahrheitsgetreue Berichte über Verhandlungen in den öffentlichen Sitzungen bleiben von jeder Verantwortung frei." Dagegen sind nach Verfassungsbestimmungen der einzelnen Bundesstaaten auch geheime Sitzungen der Landtage zulässig. Wenn nun § 12 des StGB. das Privileg der wahrheitsgetreuen Berichte ohne ausdrückliche Beschränkung auf öffentliche Verhandlungen erteilt hat, so kann angenommen werden,[54]) was freilich bestritten ist, daß dasselbe auch den Berichten über nichtöffentliche Verhandlungen zukommt, obwohl die legislative Begründung des Privilegs für nichtöffentliche Verhandlungen jedenfalls nicht vollständig zutrifft, und gegen die Ausdehnung des Privilegs hervorgehoben wird, daß § 12 des StGB. das im Art. 22 der Reichsverfassung geschaffene Privileg nur auf die Berichte über Landtagsverhandlungen übertragen habe.

Vielleicht ist aber eine passende Lösung des Zweifels darin zu finden, daß das Privileg erstreckt wird auf Verhandlungen, die zwar nicht gesetzlich oder auf Grund ausdrücklichen Beschlusses, wohl aber dem Herkommen nach oder kraft stillschweigenden Überkommens als öffentliche behandelt werden, da allerdings in älteren Verfassungsgesetzen einzelner Bundesstaaten öffentliche und nichtöffentliche Sitzungen oder Ver-

---

[54]) Wir nehmen an; *Schwarze* § 12 Anm. 1; *H. Meyer* § 18 Anm. 11; *Oppenhoff-Delius* § 12 Anm. 1; *Rüdorff-Stenglein* § 12 Anm. 1; *Kayser* in *Holtzendorffs* Handb. **4** S. 565; *Frank* § 12, I; *Heinze* S. 10; *Olshausen* § 12 Anm. 5. A. M.: *Berner* S. 264; *Binding* **1** S. 681; *Klöppel* S. 335; *Hubrich* S. 485 (nicht ganz bestimmt *Hälschner* **2** S. 184.

handlungen nicht mit Schärfe von einander geschieden werden. Auf ausdrücklich als geheim bezeichnete Verhandlungen würde das Privileg dann keine Anwendung finden.[54a]) Die Kontroverse, ob geheime Verhandlungen des Reichstags im Sinne der Reichsverfassung als Reichstagsverhandlungen gelten können — da Abs. 1 des Art. 22 die Öffentlichkeit kategorisch vorschreibt, und ein Geschäftsordnungsbeschluß des Reichstags sich über eine Verfassungsbestimmung nicht hinwegsetzen kann[55]) — würde damit für die Frage des Privilegs der wahrheitsgetreuen Berichte gegenstandslos werden, d. h. die Erstreckung des Privilegs auf diesen Fall würde verneint sein.

8. Ausgeschlossen ist gegen wahrheitsgetreue Berichte auch das sog. objektive Strafverfahren des StGB. § 12. Dafür spricht sowohl die Ausdrucksweise des § 12 wie die *Ratio legis*, wahrheitsgetreue Berichte dienen stets der vom Gesetze gewollten Öffentlichkeit.

9. Die Bestimmung der Reichsverfassung Art. 22 und des StGB. § 12 weicht insofern von dem englischen und französischen Rechte[55a]) ab, als nach dem ersteren die Wahrheitstreue, nach dem englischen und französischen Rechte die *bona fides*, mit welcher der Bericht abgefaßt ist, entscheidet. Man hat hiernach behauptet, jemand könne nach dem deutschen Gesetze eine böswillige Verleumdung straflos in der Art bewerkstelligen, daß er einem Abgeordneten eine unwahre Mitteilung macht, dieser Abgeordnete die Mitteilung in einer Parlamentsrede vorbringt, und nun der Verleumder den Bericht verbreitet oder zu gelegener Zeit, vielleicht nach langer Zeit wieder hervorholt. Indes ist zu bestreiten, daß in einem Wiederholen eines Berichtes, wobei der Sprechende oder Schreibende durchblicken läßt, daß er an die Wahrheit des in der Rede gemachten Vorwurfs glaube

---

54a) Die Verhandlungen der Kommissionen des Reichstags sind nicht für jedermann öffentlich. Den Teilnehmern einer Kommission ist es aber nicht verwehrt, Mitteilungen über die Verhandlungen an die Öffentlichkeit gelangen zu lassen. Vgl. *Perels* a. a. O. S. 26, der den Art. 22 auch für solche Mitteilungen anwendbar erscheint.

55) Der Reichstag hat einmal (17. März 1900) für einen Teil einer Plenarverhandlung auf Grund der Bestimmung des § 36 Satz 2 seiner Geschäftsordnung die Öffentlichkeit ausgeschlossen. Die Gültigkeit des Satz 2 § 36 wird aber in der Literatur ganz überwiegend verneint. *Perels* S. 37.

55a) Das französische Preßgesetz vom 17. Mai 1881 (Wiederholung aus dem Gesetze von 1819): «*Ne donnera lieu à aucune action le compte rendu des séances publiques des deux chambres fait de bonne foi dans les journaux.*»

— und so wird der Fall meist liegen — nur ein Bericht im Sinne des Gesetzes und nicht auch eine nebenherlaufende Behauptung zu befinden sei.[56] Gerade das Hervorheben nach langer Zeit ohne erweislichen anderen Zweck macht den Charakter der Erzählung als Bericht schon zweifelhaft, wie denn das englische Gesetz über die Straffreiheit von Zeitungsberichten über öffentliche Gerichtsverhandlungen (51 et 52 Vict. c. 62 s. 3) ausdrücklich fordert, daß der Bericht *„contemporaneously published“* sei, wonach also ein nach längerer Zeit erst veröffentlichter Bericht von vornherein als nicht privilegiert, als ein nicht im öffentlichen Interesse erstatterter Bericht betrachtet wird. Das Erfordernis der *bona fides*, welches von Hubrich als ein Vorzug des englisch-französischen Rechts betrachtet wird, hat in der Tat keine erhebliche Bedeutung gegenüber dem Erfordernis der Wahrheitstreue in Verbindung mit dem Begriffe des Berichtes: der Unterschied ist ein verschwimmender, kaum faßbarer, da die Wahrheitstreue doch, wie bemerkt, in gewissem Umfang nur subjektiv bemessen werden kann. Man kann aber einen sehr bedenklichen Unterschied hineintragen, den Unterschied, daß, wer auf Grund eines erstatteten Berichts angeklagt wird, seine *bona fides* zu beweisen habe, oder den, daß der Berichtende mit dem Berichte einen erlaubten Zweck verfolgen und die Existenz dieses Zweckes ebenfalls beweisen müsse. Bei dieser keineswegs ganz fernliegenden, wenngleich unrichtigen, Auslegung des positiv aufgestellten Erfordernisses der *bona fides* würde dann die Berichterstattung leicht einem wenig zu kontrollierenden Ermessen der Gerichte ausgesetzt sein, und würden durch unbewußte Parteigesinnung der Richter diktierte Urteilssprüche unvermeidlich sein.

**§ 119.** Es kann jetzt die Frage beantwortet werden: Wem denn eigentlich das Privileg der Reichsverfassung Art. 22 bzw. StGB. § 12 erteilt ist? Mit Recht wird verneint, daß hier ein Privileg des Reichstags bzw. der Landtage vorliege — denn

[56]) Das von *Gneist* im Reichstage am 7. März 1879 (Stenograph. Berichte S. 316) entrollte Schreckensgemälde, welches *Binding* I S. 682 und ebenso *Hubrich*, Annalen S. 57 reproduzieren, ist also genau betrachtet nur ein Phantom. Zutreffender waren *Bismarcks* Bemerkungen, daß die zu einer bestimmten Partei gehörigen (oder ihr zuneigenden) die Reden ihrer Parteigenossen genau und andächtig lesen, die Entgegnungen und Widerlegungen aber regelmäßig wenig beachten, daß also selbst ein unparteiisch und wahrheitsgetreu abgefaßter Bericht sehr oft unparteiisch und wahrheitsgetreu nicht wirkt.

es sind nicht etwa nur die amtlichen Berichte privilegiert. — Ebensowenig aber kann von einem Privileg des Publikums die Rede sein; denn dieses verhält sich rein passiv. Mehr Grund hat es, von einem Privileg der Berichterstatter und Berichtverbreiter mit Binding (S. 684) zu reden, oder genauer von einem Privileg der Handlung des Berichterstatters. Aber genau betrachtet existiert überhaupt kein Privileg; es ist vielmehr nur das, was der Natur der Sache entspricht, durch eine allerdings kategorische Vorschrift sanktioniert worden, wie denn in England die Freiheit der Berichte ohne eine derartige besondere Bestimmung anerkanntes Recht ist.[57]) Der eminenten Öffentlichkeit der Verhandlungen der hier in Betracht kommenden Körperschaften entspricht die vollkommene Rechtmäßigkeit einer wahrheitsgetreuen Mitteilung[58]) über jene Verhandlungen und somit auch die objektive Rechtmäßigkeit und nicht etwa nur Straffreiheit der Berichte als einfache Rechtskonsequenz.[59]) Daß sich hierin ein gewisses subjektives Moment, aber meines Erachtens nur in sekundärer Weise ebenfalls bemerkbar macht, ist darin begründet, daß eine Mitteilung niemals völlig absolute Wahrheit enthält, wenigstens dies niemals völlig sicher ist, sondern nur Wahrheit, wie sie sich in der Auffassung des Mitteilenden reflektiert. Danach ist denn auch die Frage der Möglichkeit einer strafbaren Teilnahme an einer nur objektiv unrichtigen Berichterstattung zu verneinen. (Der Teilnehmer wäre hier Urheber.)

**§ 120.** Aus dem Gesagten folgt aber keineswegs, daß Art. 22 Abs. 2 der Reichsverfassung und § 12 des StGB. tatsächlich

---

57) Vgl. *Grasss* S. 147, 148. Mitglieder des Parlaments, die ihre Rede selbst veröffentlichen, werden freilich strenger beurteilt als die Herausgeber von Zeitungen; erstere bedürfen, wenn der Inhalt z. B. eine Injurie enthält, jedenfalls eines besonderen Rechtfertigungsgrundes.

58) Vgl. auch RG. II 5. November 1886 (E. **15** Nr. 9 S. 32) (der Vorschrift des Art. 22) „liegt der gesetzgeberische Gedanke zugrunde, daß bei der gesetzlich stattfindenden Öffentlichkeit der Reichstagsverhandlungen keine Veranlassung vorliegt, deren wahrheitsgetreue Verbreitung durch den Druck zu verhindern, daß es vielmehr dem Geiste der Reichsverfassung entspricht, niemanden über das, was in den öffentlichen Sitzungen des Reichstags verhandelt ist, in Unkenntnis zu lassen.

59) Im wesentlichen übereinstimmend auch *Klöppel*, Reichspreßrecht S. 33 ff., der allerdings, was mir nicht genau richtig scheint (vgl. S. 338), den Nachdruck auf das mangelnde Gefühl der Rechtswidrigkeit bei dem Handelnden legt, während, wie sich aus dem Texte ergeben dürfte, nicht einmal von einem objektiven Unrecht die Rede ist.

überflüssig und deshalb aus der Gesetzgebung auszumerzen seien. Es ist nicht unwahrscheinlich, daß, wenn diese Bestimmungen nicht existierten, die Freiheit auch der *optima fide* erstatteten Parlamentsberichte und damit, wie oben bemerkt worden ist, indirekt auch die Freiheit der Rede der Abgeordneten durch die Rechtsprechung der Gerichte empfindlich beschränkt werden würde. Auch die Verhandlungen unserer Gerichte sind, einige Ausnahmefälle abgerechnet, öffentlich, und das Gesetz hat diese Öffentlichkeit für so wichtig erachtet, daß es die Verletzung des Grundsatzes der Öffentlichkeit bei einer mündlichen Verhandlung, auf deren Grund das Urteil ergangen ist, unbedingt als einen Grund der Anfechtung dieses Urteils mittels der Revision betrachtet. Gleichwohl hat sogleich nach Beginn seiner Tätigkeit das RG. (I)[60]) den Satz aufgestellt, daß die erwähnte Öffentlichkeit dahin — d. h. im Zusammenhange nur dahin — zu verstehen sei, daß jedem Gelegenheit gegeben werde, Kenntnis von Strafverhandlungen zu nehmen, und aus diesem Grunde wurde eine Verurteilung wegen Beleidigung für zulässig erklärt in dem Falle, daß eine Zeitung „ohne jeden sonst erkennbaren ersichtlichen rechtfertigenden Zweck", in dem Berichte über die Gerichtsverhandlung selbst die beleidigende Äußerung, über die verhandelt wurde, mitgeteilt hatte. Nachdem eine wesentlich übereinstimmende, zugleich aber die erhabene Stellung des Monarchen als Motiv anführende Entscheidung[61]) in Ansehung der Mitteilungen über Majestätsbeleidigungsprozesse ergangen ist, erscheinen Berichte über Gerichtsverhandlungen der letzteren Art kaum anders als in der Art, daß gesagt wird, es sei der X wegen Majestätsbeleidigung auf Grund von Zeugenaussagen verurteilt oder freigesprochen; allenfalls wird gesagt, daß das Gericht in der dem Angeklagten zur Last gelegten übrigens nicht angegebenen Äußerung eine Majestätsbeleidigung nicht habe finden können.[62])

---

60) 20. November 1879 (E. **1** Nr. 8 S. 19).

61) RG. II 4. Oktober 1881 (E. **5** Nr. 15 S. 46).

62) Freilich hat das RG. II 28. Januar 1881 (E. **3** Nr. 115 S. 303) anerkannt, daß insbesondere die Mitteilung von Entscheidungen des höchsten Gerichtshofes zum Zwecke der Rechtsbelehrung des Publikums nach StGB. 193 in der Presse straffrei erfolgen könne. Aber in dem Urteil vom 29. Mai 1889 (E. **19** Nr. 68 S. 238) hat derselbe Senat nochmals betont, daß nicht einmal immer der nebenbei verfolgte Zweck der Belehrung des Publikums die Veröffentlichung rechtfertige. Diese Praxis kommt also darauf hinaus, in der Regel macht sich der Redakteur

Ungeachtet nun anzuerkennen ist, daß eine Mitteilung über eine Beleidigung in der Presse sehr wohl eine selbständige neue Beleidigung enthalten kann[62a]) und die Wirksamkeit der ursprünglichen Beleidigung dann durch die weite Verbreitung in der Presse in hohem Grade verschärft wird, so verstößt die Praxis des Reichsgerichts doch m. E. gegen zwei aus der Natur der Sache sich ergebende Rechtssätze.[63]) Erstens ist Mitteilung über eine erfolgte Beleidigung nicht ohne weiteres Aneignung des Inahlts oder Billigung der Beleidigung und damit Wiederholung der Beleidigung. Wer seine ehrliche Entrüstung über eine erfolgte Schmähung oder Verleumdung ausspricht, beleidigt oder verleumdet nicht selbst, obschon er dabei die Schmähung oder Verleumdung mitteilt. Allerdings beleidigt, wer den Inhalt einer eine üble Nachrede enthaltenden Äußerung weiterverbreitet, nacherzählt und dabei irgend zu erkennen gibt, daß er die Äußerung für nicht unglaubhaft halte, und dabei ist die Berufung auf einen sog. Gewährsmann keine Entschuldigung, und ebenso beleidigt, wer von einer erfolgten Schmähung berichtet und dabei irgend seine Freude oder Billigung zu erkennen gibt. Es ist aber zweitens eine ungerechtfertigte Beschränkung der Öffentlichkeit der Gerichtsverhandlungen, wenn dieselbe beschränkt wird auf die Möglichkeit unmittelbaren Zuhörens und auf gleichsam in *usum Delphini* zurechtgestutzte Auszüge, in denen oft das wesentliche weggelassen werden muß, und wegen der Zweifelhaftigkeit des Begriffes der Beleidigung oft noch weit mehr als das Strafbare weggelassen werden wird, da die Redaktionen befürchten müssen, sich Strafverfolgungen auszusetzen, mögen diese auch schließlich sich als unbegründet erweisen. Abgesehen von einigen besonderen Sensationsprozessen wird damit die volle Öffentlichkeit beschränkt auf eine Anzahl bei den einzelnen Gerichten beschäftigter Personen, einiger Zeugen usw., und auf ein Publikum, das in den Gerichtssälen Unterhaltung und nicht

---

einer Zeitung strafbar, wenn er in einem Berichte über eine Gerichtsverhandlung die üble Nachrede oder Verleumdung mitteilt, welche den Gegenstand der Verhandlung bildete, ja selbst die Gründe eines Urteils darf er nicht mitteilen, wenn sie an sich einen Vorwurf gegen eine Person enthalten.

62a) Die Mitteilung einer zweifellosen Schimpfrede, deren Wortlaut für den anständigen Leser kein Interesse hat, würde demnach in der Regel als Beleidigung, bezw. Majestätsbeleidigung strafbar sein.

63) *John*, Kritiken strafrechtlicher Entscheidungen des preuß. Obertribunals (1886) S. 261 ff.

selten eine nicht gerade wünschenswerte Belehrung sucht, während die wirkliche wirksame und somit auch vom Gesetzgeber gewollte Öffentlichkeit heutzutage nur durch die Berichte der periodischen Presse ermöglicht wird. Dafür liefert auch den Beweis das englische Recht. Um die allerdings zuweilen in der Rechtsprechung bemerklich gewordenen Zweifel zu beseitigen, hat das englische Gesetz vom 24. Dezember 1880 (*An Act to amend the law of libel, 51 et 52 Vict. c. 64*) unter anderem «*fair and accurate reports in any newspaper*» also wahrheitsgetreue Berichte[64]) in Zeitungen (und Zeitschriften) über öffentliche Gerichtsverhandlungen gegen Strafverfolgung privilegiert.[65]) Dagegen fehlt es an einem ausdrücklichen Gesetze dieser Art über die öffentlichen Parlamentsverhandlungen — vielleicht weil das Parlament nur ungern zu Gesetzen sich entschließt, die seine eigenen Angelegenheiten berühren. Aber es steht jetzt unter Übereinstimmung aller Mitglieder der *Kings Bench* fest, daß das gleiche Recht, welches für Berichte über Gerichtsverhandlungen gilt, auch auf Berichte über Parlamentsverhandlungen Anwendung zu finden habe. Der *Lord Chief Justice*[66]) bemerkte ausdrücklich, daß dieselben Gründe das eine wie das andere Privileg rechtfertigen. Dieser einfachen und schlagenden Deduktion gegenüber dürften künstliche Argumente, wie wir diese selbst bei Liszt[67]) finden, um zwei Arten

---

[64]) Ausgenommen ist nur Publikation von „*blasphemous or indecent matter.*"

[65]) *Folkard, The law of libel and slander*, 5. Edit. 1891 S. 218 bemerkt, das Gesetz habe nur deklaratorischen Charakter, es stelle nur fest, was schon früher der herrschenden Praxis entsprochen habe. Vgl. auch *Bar* GS. **52** S. 146.

[66]) *Folkard* a. a. O. S. 252.

[67]) Das deutsche Reichspreßgesetz 1880 S. 161: „So wenig die Verhandlung überhaupt durch Referate ersetzt werden kann . . . so wenig kann sie es für das Publikum . . . Ist es denn wirklich dasselbe, ob ich am Frühstückstische sitzend, die mehr oder weniger schalen Witze des Reporters lese, oder dem tragischen Schauspiele der zwangsweisen Beugung des Verbrecherwillens unter das Gesetz in eigener Person beiwohne?" Aber über wirklich tragische Gerichtsverhandlungen machen die Reporter gewöhnlich nicht schale Bemerkungen; diese kommen vielmehr meist nur vor, wenn Anklage oder Urteil von zweifelhafter Begründung sind, und sind erst recht möglich und üblich gegenüber den Parlamentsverhandlungen, auch wenn diese sehr bedeutsame sind. Die mißbilligende Stimmung des Hauses, den Eindruck einer scharfen Rüge des Präsidenten geben aber Parlamentsberichte nicht oder nur nach Gefallen wieder, während das Urteil im Strafprozesse im Berichte nicht wohl weggelassen werden kann. So ist es nicht schwer, diese Argumente umzudrehen — und wäre das Privilegium nicht — sie gegen die Freiheit gerade des Parlamentsberichtes zu verwenden. — *Hubrich*, Annalen S. 56 stimmt der Praxis des RG. gleichfalls zu. Er begründet den Satz, daß das deutsche Recht die Öffentlichkeit der Gerichtsverhandlungen nicht in demselben

von Öffentlichkeit zu unterscheiden — die eine der Parlaments- und die andere der Gerichtsverhandlungen — kaum ins Gewicht fallen. Eins aber ist wahrscheinlich, wenn nicht die kategorischen Vorschriften des Art. 22 der Reichsverfassung und des § 12 des StGB. aufrecht erhalten bleiben, so werden infolge einiger dann zu erwartender gerichtlicher Erkenntnisse die Berichte über parlamentarische Vorgänge der Art verstümmelt oder mit vieldeutigen Lücken und unbestimmten Bemerkungen wiedergegeben werden, daß überall Mißtrauen gesät wird, und demgegenüber die ungeschminkte Wahrheit, wie sie nach dem gegenwärtigen Rechtszustande mitgeteilt wird, als eine Wohltat erscheinen muß. Ebenso ist es auch entschieden als das geringere Übel zu betrachten, daß bei der Erlaubtheit von Kürzungen und der unvermeidbaren Subjektivität des Urteils über wesentliches und unwesentliches, nicht selten auch parteiisch abgefaßte und zugestutzte Berichte straffrei ausgehen.[68]) Genau betrachtet gehörten diese Bemerkungen nicht an diese Stelle, wenigstens nicht, soweit sie diese Mitteilungen über gerichtliche Verhandlungen betrafen. Aber wenn schon eine Erörterung *de lege ferenda* nicht vermieden werden konnte der Angriffe wegen, welche gerade von juristischer Seite gegen das sog. Privileg der parlamentarischen Berichte erhoben worden sind, so war die Parallele der Gerichte über Gerichtsverhandlung geeignet, zu zeigen, was vermutlich aus der Öffentlichkeit der Berichte werden würde, sobald man gesetzgeberisch mit einer Aufhebung oder Durchlöcherung des Prinzips Ernst machte.[68a])

---

Sinne gewollt habe, wie die Öffentlichkeit der Parlamentsverhandlungen mit dem Hinweis darauf, daß nach dem Gerichtsverfassungsgesetze die Öffentlichkeit doch nicht für sämtliche Verhandlungen der Gerichte, sondern nur für die Verhandlungen vor dem erkennenden Gerichte bestehe, und für diese auch unter gewissen Voraussetzungen ausgeschlossen werde. Diese Argumente treffen ebenfalls nicht; denn 1. parlamentarische Kommissionsverhandlungen sind auch nicht öffentlich; 2. zwar nicht in der Reichsverfassung, wohl aber in den Verfassungen einzelner Staaten sind auch nichtöffentliche Plenarverhandlungen vorgesehen.

[68]) Dieser Übelstand ist mehrfach als Grund der Beschränkung des Privilegs hervorgehoben, namentlich auch von *Heinze* S. 17, der bemerkt, die Bedingungen der Straflosigkeit schrumpfen dahin zusammen, daß der Berichterstatter nicht neues hinzudichten dürfe.

[68a]) Es ist bemerkenswert, daß der Satz, die Öffentlichkeit der Gerichtsverhandlungen komme für die Straffreiheit eines Berichts über dieselben nicht in Betracht, erst neueren Ursprungs ist. Die von *Liszt*, Das Preßrecht für seine Meinung, herangezogenen Urteile des preußischen OT. (24. Oktober 1860;

**§ 121.** Es dürfte heutzutage, wo überall telegraphische oder telephonische an die Zeitungen ergehende Mitteilungen über wichtige Parlamentsverhandlungen eingeführt sind und die Berichte in fast unglaublich kurzer Zeit dem Publikum in der Zeitung zugestellt werden, unmöglich sein, der Presse die Verantwortlichkeit der Aussonderung des Erlaubten von dem Unerlaubten aufzubürden. Daher war allerdings der gesetzgeberische Versuch, den Fürst Bismarck im Jahre 1879 unternahm, und der wesentlich darin bestand, jene Aussonderung durch den Reichstag selbst vornehmen zu lassen, immerhin rationeller. Es sollte nach § 4 dieses Entwurfes der Reichstag die Ausschließung von Äußerungen eines Abgeordneten aus dem amtlichen stenographischen Berichte beschließen können, und die Mitteilung solcher vom amtlichen Stenogramm ausgeschlossenen Äußerungen in der Presse einer besonderen Strafe verfallen. Indes abgesehen davon, daß es höchst bedenklich sein muß, der Majorität eine solche leicht zu mißbrauchende und also auch in ihrem berechtigten Gebrauche leicht zu verdächtigende Strafe in die Hand zu geben, welchen Eindruck würden die Berichte hervorrufen, in denen Lücken — wie früher die vom russischen Zensor geschwärzten Stellen auswärtiger Zeitungen — bemerkbar wären, oder in denen manche solche Lücken auch nur vorausgesetzt würden? Und dazu kommt, daß das auf der Tribüne befindliche Publikum die Äußerung doch gehört hat, die Äußerung also nicht einmal geheim bleiben, aber vermutlich alsbald in viel verschlimmerter Gestalt mündlich weiter verbreitet werden würde. Der Gesetzentwurf ist also auch, was diesen § 4 betrifft, vom Reichstage mit Recht abgelehnt worden.[69])

12. Januar 1863; 20. November 1863; GArch. **8** S. 816; **11** S. 351; **12** S. 66) scheinen mir wesentlich aus anderen Gründen gerechtfertigt, wenngleich, was ja auch richtig ist, die beiden letztgenannten Urteile bemerken, daß die Öffentlichkeit einer Verhandlung keineswegs eine Veröffentlichung mit dem *Animus injuriandi* ausschließe. Erst in einem späteren der von *Liszt* zitierten Urteile vom 27. September 1876 (GArch. **24** S. 632) finde ich in voller Schärfe den Satz ausgesprochen: „Ein Rechtsgrundsatz, daß wahrheitsgetreue Berichte über öffentliche Gerichtsverhandlungen straflos seien, besteht nicht", wodurch denn allerdings der Öffentlichkeit jede Bedeutung scheint abgesprochen zu sein. In dem (GArch. **26** S. 229) mitgeteilten Urteile des bayerischen K. H. ist dieser Satz zwar mitbenutzt, aber im wesentlichen stützt sich dies Urteil auf einen anderen Grund.

69) Noch weniger annehmbar als der Entwurf der verbündeten Regierungen vom Jahre 1879 war wohl ein Vorschlag *Heinzes* (vgl. besonders S. 49). Danach sollte der Ordnungsruf oder eine besondere Erklärung des Präsidenten über die

**§ 122.** Die Gesetzgebung befindet sich bei der Exemtion der Mitglieder der Volksvertretung und der Berichterstattung über Verhandlungen der Volksvertretungen in einer Zwangslage. Sie muß, um schlimmere Übelstände zu vermeiden, einen anderen Übelstand zulassen, und solange wir nicht ideale Gerichte haben, die niemals verkehrt urteilen, und deren Urteile, was auch erforderlich wäre, von niemandem mit irgend einem Scheine als unrichtig angegriffen werden können, ja solange nicht selbst ungegründete Anklagen Sache der Unmöglichkeit sind — von diesen Annahmen gehen vielleicht Verbesserungsvorschläge aus —, ist jedenfalls das Privileg der Volksvertretung selbst durchaus aufrechtzuerhalten.[70]) Ein besonderes Privileg der Berichterstattung ist *in abstracto* zwar entbehrlich; aber die Beseitigung würde tatsächlich Rechtsunsicherheit der Presse und indirekt eine vielleicht verhängnisvolle Minderung der Bedeutung der Volksvertretungen mit sich bringen.

Genau betrachtet, gehört die Erörterung des Privilegs der wahrheitsgetreuen Parlamentsberichte systematisch nicht an diese Stelle. Es handelt sich bei diesem Privileg um eine materielle Prüfung, während die Freiheit der parlamentarischen Äußerung

---

Möglichkeit einer Strafverfolgung sowohl des betreffenden Mitgliedes selbst, wie der Mitteilung der fraglichen Äußerung in der Presse entscheiden. Eine solche Machtvollkommenheit wird wohl keine Versammlung ihrem Vorsitzenden übertragen wollen, und ebensowenig wird ein Vorsitzender Neigung empfinden, sie zu übernehmen. Man denke: über jene wichtige Frage soll ein einzelner durch eine im Laufe der Debatte gemachte Zwischenbemerkung ohne weitere Überlegung und Begründung entscheiden.

[70]) „Das Gut", sagt *Herm. Schulze* (einst preußischer Kronsyndikus und Mitglied des preußischen Herrenhauses wie der badischen ersten Kammer) in seinem deutschen Staatsrecht (1888) (1 S. 602) „welches ernstlich gefährdet wird, wenn man den Landesgerichten ein Urteil über die Grenzen der Redefreiheit, einen Eingriff in das Hausrecht der vornehmsten und selbständigsten Staatskörperschaften gestattet, ist unendlich viel wichtiger als jede andere Rücksicht. Es bleibt daher nur der einzige Ausweg übrig, daß man die Ahndung solcher durch den Mißbrauch der Redefreiheit begangener Rechtsverletzungen der Selbstgerichtsbarkeit des Hauses überweist." — In der zitierten kleinen 1868 erschienenen Schrift hatte ich den Vorschlag gemacht, daß wegen Beleidigungen durch Reden von Parlamentsmitgliedern eine Klage bei einem parlamentarischen Ehrengerichte erhoben werden könne. Ich habe mich später davon überzeugt, daß dieser Vorschlag unpraktisch und bedenklich war; bei der bekannten deutschen Empfindlichkeit insbesondere könnten Reichstag und Landtage vielleicht einen erheblichen Teil ihrer Zeit mit der Aburteilung angeblicher Verleumdungen verbringen. Ein von *Kissling* gemachter Vorschlag wollte die Strafe weglassen, die ich jetzt auch für sehr bedenklich erachte; im übrigen ist er auch nicht praktisch. In eklatanten Fällen ist bekanntlich ein Parlament nicht verhindert, eine Untersuchungskommission zu bestellen, allerdings im Deutschen Reiche, ohne auf die Zwangsmittel des Strafprozesses Anspruch erheben zu können.

und Abstimmung auf einem nur formell zu prüfenden Fundamente beruht: der Justiz wird nicht gleichsam Einhalt geboten vor dem parlamentarischen Berichte, wie es der Fall ist bei der parlamentarischen Tätigkeit. In letzterer haben wir eine wirkliche Exemtion vom Strafgesetze, in der Straffreiheit der Berichte nur eine *Praesumtio juris et de jure* des Fehlens der Rechtswidrigkeit zu erblicken. Aber es besteht zwischen beiden Privilegien ein innerer sachlicher Zusammenhang, und dieser verdient, wenn die Gründe von Rechtsinstitutionen darzulegen sind, mehr beachtet zu werden als eine lediglich logische Systematik.

Druck von Georg Reimer in Berlin.

FSC
www.fsc.org
MIX
Papier | Fördert
gute Waldnutzung
FSC® C083411

Kolibri 360 GmbH
Ferdinand-Jühlke-Straße 7
99095 Erfurt, Deutschland
produktsicherheit@kolibri360.de